LES COVSTVMES DV BAILLIAGE DE SENLIS,

CORRIGE'ES SVR L'ORIGINAL qui est au Greffe de la Cour.

AVEC DES REMARQVES PARTI-culieres, augmentées en cette derniere Edition,

Par M. IEAN MARIE RICARD, Aduocat au Parlement.

A PARIS,

En la boutique de Langelier

Chez IEAN GVIGNARD, le pere, au premier pilier de la grande Salle du Palais, au Sacrifice d'Abel.

M. DC. LXIV.

AVEC PRIVILEGE DV ROY.

A

MONSEIGNEVR

MESSIRE

NICOLAS CHOART,

EVESQVE ET COMTE DE BEAVVAIS
Vidâme de Gerberoy, Pair de France.

ONSEIGNEVR,

    Ce sont les Loix ciuiles de vostre Comté sous un nom supposé du Coustumier de Senlis que ie vous presente : les Officiers du Bailliage de Senlis en l'an 1493. prenans auantage des Commissions qui leur furent addressées de la part du Roy

ã ij

pour la redaction des Couſtumes de ce pays, ayans eſté ceux qui luy ont imposé ce nouueau nom contre la foy de l'antiquité. En effect voſtre Ville, que l'Hiſtoire Romaine nous apprend auoir eu l'Empire & le commandement ſur tout le reſte de la Gaule Belgique, & auoir eſté capable d'enuoyer ſoixante mille hommes d'élite, tirez de cent mille qu'elle pouuoit mettre ſur pied dans les guerres que le plus grand Empereur du monde nous propoſe, comme le chef-d'œuure de ſes plus belles actions, auoit porté ſes Loix non ſeulement dans toute ſa Prouince, mais auſſi dans toutes les villes qui l'auoiſinent. Les peuples qui eſtoient ſoûmis à ſa puiſſance n'auoient pû ſans doute ſe figurer d'idée plus conuenable pour la grandeur à laquelle cette Nation a touſiours aſpiré, que l'imitation des mœurs de la ville qui faiſoit leur principale gloire. C'eſt pourquoy Philippes de Beaumanoir, qui en l'an 1283. exerçoit la Charge de Bailly du Comté de Clermont, ayant voulu rediger par écrit les Couſtumes de ſa Iuriſdiction, n'a pû déguiſer leur veritable nom, & a intitulé ſon ouurage, cy commence le liure des Couſtumes & des vſages de Beauuoiſins. Et la conformité qui ſe rencontre dans les Couſtumes de Senlis & de Valois auec celle de Clermont, ne nous permet pas de douter que ce ne ſoit la meſme diſpoſition que celle qui ayant pris ſa naiſſance dans voſtre pays, en portoit autresfois le ſeul nom. Mais il eſt enfin arriué que l'auantage que vos Predeceſſeurs

*Euefques s'eftoient conferué par leur authorité,
de ne fouffrir l'eftabliffement d'aucune Iuftice Royale
dans le deftroit de leur Iurifdiction, leur a enfin
caufé ce preiudice en confequence de cette maxime, que le Roy n'addreffe iamais fes commiffions
qu'à fes Iuges, qu'au lieu que voftre Comté auoit
donné fes Loix à toute la Contrée, il s'eft trouué
reduit de les receuoir d'vne Ville qui eft en toute
chofe inferieure à la voftre, & qui n'auoit la Iurifdiction Royale dans fon fein que parce que la
ville de Beauuais auoit eu affez de priuilege pour
s'en exempter. Mais ie m'abufe & m'emporte fans
raifon dans ces regrets, puis qu'en negligeant ce
qui n'eft qu'en apparence, & fans m'arrefter à ce
qui fe trouue abufiuement redigé par écrit, ie puis
dire dans la verité, comme i'ay commencé de faire, que c'eft le Couftumier du Beauuoifis auec quelques Remarques que i'ay faites pour fon éclaircif-
fement, que ie vous prefente. Si ie n'auois fçeu,
MONSEIGNEVR, que voftre vertu pareille
à la palme s'éleue par le poids des plus grandes
charges, & que le faix des emplois extraordinaires que vous prenez en qualité de Prince de l'E-
glife, affermit la folidité de voftre iugement & aug-
mente la viuacité de voftre genie: I'aurois apprehendé que ce liure qui ne contient autre chofe que
des conteftations du Barreau, ne vous euft efté im-
portun au milieu d'autres occupations plus éleuées.
Mais puis que Dieu d'vne main liberale verfe fes
benedictions à proportion de l'importance des af-*

faires qu'il commet à vostre direction, & que vous
estes non seulement vn grand Euesque, mais que
vous auez aussi auec les dignitez de Comte & de
Vidâme, l'administration des plus grandes Iustices de la Prouince, i'ay osé me promettre qu'en
vous abordant en ces deux dernieres qualitez, pour
mettre à l'abry de vostre protection ce petit ouurage qui vous appartient à iuste titre, puis qu'il
contient l'explication d'vne Coustume qui est toute vostre, vous ne refuseriez pas vostre faueur à
celuy qui est né,

MONSEIGNEVR,

Vostre tres-humble & tres-obeïssant
seruiteur, IEAN MARIE RICARD.

TABLE DES TITRES
DE LA COVSTVME
DE SENLIS,

LES

COVSTVMIER
DV BAILLIAGE
DE SENLIS.

C'EST LA DECLARATION ET DIVISION des Duchez, Comtez, Chastellenies Royales du Bailliage de Senlis & anciens Ressorts, & des autres Chastellenies particulieres subalternes de chacun desdits Duchez, Comtez & Châtellenies Royales : quels ressorts par appellations & autrement, ont & doiuent auoir lesdites Chastellenies Royales & subalternes sous icelles, ensemble des Preuostez Royales dudit Bailliage.

Ce titre & les suiuans, iusques à celuy qui traite des successions, ne contenans que des reglemens particuliers, pour les Iurisdictions qui sont soûmises à cette Coustume, ie me suis resolu d'obmettre plusieurs remarques que j'auois preparées : parce que la plûpart des questions qui naissent de ces titres, sont presentement agitées entre Monsieur l'Euesque de Beauuais, & les Officiers du Presidial de la mesme Ville : si bien que ie n'eusse pû, sans me rendre suspect à l'vn ou à l'autre, interposer mon iugement sur cette matiere.

ARTICLE PREMIER.

DE l'ancien Ressort du Bailliage de Senlis, est le Duché de Vallois, en ce que consistoit le Comté dudit Vallois, auparauant qu'il fust erigé en Duché ; ensemble les Chastellenies de Pierrefons, Bethysi & Verberie, distraites dudit Bailliage de Senlis, pour eriger ledit Comté de Vallois en Duché.

A

I I.

Auſſi les Terres & Seigneuries aſſiſes audit Duché de Vallois, appartenans à pluſieurs Egliſes, tant de Senlis, Compiegne, Soiſſons, qu'autres, ſont demeurées exemptes de la Iuriſdiction dudit Duché de Vallois, & du tout ſujettes à la
Iuriſdiction du Roy ; les aucunes és Sieges des Bailliage &
Preuoſté dudit Senlis : Et les autres à Compiegne, à cauſe de
la Preuoſté, qu'on dit l'exemption de Pierrefons, reſſortiſſant audit Compiegne.

I I I.

De l'ancien reſſort dudit Bailliage de Senlis, eſt le Comté
de Clermont, au moins la pluſpart d'iceluy, meſmement les
Chaſtellenies de Clermont, Bulles, Milly, Gournay ſur
Arondes, Sacy & Remy, auquel Comté y a de preſent Bailly nouuellement erigé.

I V.

Sous ledit Comté de Clermont, y a pluſieurs terres exemptes, reſeruées à la Iuriſdiction du Roy, qui reſſortiront reſpectiuement és lieux, où d'ancienneté elles ſouloient & ont
accouſtumé reſſortir.   V.

Chaſtellenies Royaux eſtans dudit Bailliage de Senlis.

V I.

Senlis, qui eſt Siege capital.

V I I.

Compiegne.

Le Siege de la Ville de Compiegne, & des autres lieux mentionnez aux Articles ſuiuans, ſont reellement ſeparez du Siege capital de
Senlis : de ſorte qu'il ne ſuffiroit
point d'inſinuer vne donation
d'heritages ſcituez, par exemple,
dans l'eſtenduë de la Iuriſdiction
de Compiegne à Senlis, & il eſt
neceſſairement requis pour la validité de la donation, qu'elle ſoit
inſinuée au Greffe des Inſinuations
du Siege de Compiegne. Ainſi iugé par Arreſt du 1. Feurier 1577.
rapportée par Charondas en ſes
reſponſes, liure 7. chap. 27. où il
fait mention d'autres Arreſts ſemblables.

V I I I.

Creeil.

I X.

Ponthoiſe.

X.

Chaumont.

Voy l'Hiſtoire du Vexin le Fran-
çois, & du Vexin le Normand dans
Choppin, *de morib. Pariſ. lib.* 1.
tit. 2. *num.* 7. Aimoin liure 5. chap.

53. de l'Hiſtoire de France, & dans
les Commentaires de Tournet &
de Brodeau, ſur la Couſtume de
Paris, art. 3.

XI.

Beaumont ſur Oize, de preſent eſtant Comté, comme il a eſté d'ancienneté, appartenant à heritage [a] à haut & puiſſant Seigneur, Anne de Montmorancy, Baron dudit lieu, Conneſtable & Grand-Maiſtre de France, à la charge que les Officiers dudit Comté, ſont demeurez & demeurent Royaux.

Verius ad vſumfructum impro-
prium, vt in §. 42. *C. M.*
Le Comté de Beaumont eſt du
Domaine du Roy, preſentement

engagé aux heritiers de Monſieur
le Mareſchal de la Mothe-Hou-
dancourt.

XII.

Chambly le Haut Berger.

XIII.

Eſquelles ville & Chaſtellenie de Senlis, doiuent eſtre reſidens & demeurans le Bailly dudit Senlis, ſon Lieutenant general, & Particulier en ſon Siege dudit Senlis, qui en l'abſence dudit Bailly & ſon Lieutenant General, vſe de pareille preeminence & authorité que ledit Lieutenant General, & les Aduocat, Procureur & Receueur ordinaire en chef. Auquel lieu de Senlis, qui eſt lieu capital dudit Bailliage, de tout temps & ancienneté par Ordonnance du Roy noſtre-dit Seigneur, & de Meſſieurs les Threſoriers de France, dernierement faite, a eſté accouſtumé connoiſtre, diſcuter & terminer du fait du domaine du Roy de tout ledit Bailliage, ſans que les Officiers Subſtituts particuliers eſdites Chaſtellenies en doiuent, ou puiſſent connoiſtre.

XIV.

Et pour ce que leſdites Chaſtellenies de Chaumont, Compiegne & Ponthoiſe, ſont diſtants dudit lieu de Senlis, Siege capital dudit Bailliage, l'vne de huit lieuës, l'autre de dix, & l'autre de quatorze lieuës ou enuiron, & pour releuer les ſujets deſdits lieux & leur adminiſtrer Iuſtice à moindre frais & deſpens, a eſté de tout temps & ancienneté ordonné, qu'à chacune deſdites Chaſtellenies, & autres deſſus nommées, ſeroit vn Lieutenant Particulier de mondit Seigneur le Bailſy, qui pourroit connoiſtre de toutes querelles, cauſes & matieres qui pourroient ſuruenir pardeuant luy chacun iour, tout ainſi que ſi ledit Bailly ou ſon Lieutenant General & autres Officiers y eſtoient reſidens en perſonnes, excepté toutesfois des cauſes & matieres du domaine du Roy, & reformation comme dit eſt.   XV.

La Chaſtellenie de Senlis s'eſtend és preeminences & droits cy-apres declarez ; autres que n'ont les autres Chaſtellenies dudit Bailliage.

Preuoſts Royaux ſous la Chaſtellenie dudit Senlis.

XVI.

Le Preuoſt Forain de Senlis qui eſt Iuge ordinaire de toute la Chaſtellenie.

Maiſtre Guy Coquille en ſon Commentaire ſur la Couſtume de Niuernois tit. de Retraiĉt lignager art. 2. remarque vn ᴀʀʀᴇſt du Mardy 3. Fevrier 1550. par lequel il dit auoir eſté iugé ſur la conteſtation d'entre le Preuoſt de la Ville de Senlis, & le Preuoſt Forain, que le Preuoſt de la Ville connoiſtroit des Retraiĉts lignagers, des choſes aſſiſes aux champs entre les habitans de la Ville. Ce qui fait voir que l'aĉtion de Retraiĉt eſt plus perſonnelle que reelle : ᴀuſſi Meſſieurs des Requeſtes du Palais ſont ils en poſſeſſion d'en connoiſtre.

XVII.

De ladite Preuoſté ordinaire ont eſté faits d'ancienneté deux membres pour ſupporter le peuple, pource que ladite Chaſtellenie eſt grande; c'eſt à ſçauoir la Preuoſté d'Angy ₐ & la Mairie de Brenoulle, qui ſont Iuges Royaux.

ₐ *La Preuoſté d'Angy*] Il a eſté iugé par Arreſt rendu au Roolle de Senlis le 28. Fevr. 1656. entre Monſieur l'Eueſque de Beauuais, les Officiers du Preſidial du meſme lieu, & le Preuoſt d'ᴀngy, que le Preuoſt deuoit auoir ſa ſeance dans la Ville de ʙeauuais; & toutesfois qu'il n'auoit pû prédre la qualité de Preuoſt en Garde de ʙeauuais : mais ſeulement celle de Preuoſt d'Angy.

Et entre les Preſidiaux & le Preuoſt, que le Preuoſt ne deuoit pas auoir connoiſſance des differends des Nobles, & des Communautez, ſoit qu'elles fuſſent de fondation Royale, ou non : mais qu'elle appartiendroit aux Officiers du ʙailliage, & qu'ils connoiſtroient concurremment des cauſes des ſujets des Haults Iuſticiers non reuendiquez, ſoit qu'il s'agiſſe d'Obligations & Contraĉts paſſez ſous Seel Royal, ou d'autre matiere.

Et auparauant faire droiĉt ſur l'appel interietté du deſmembrement fait de la charge de Preuoſt d'Angy, en eſtabliſſant vn Officier à ʙeauuais, & l'autre à Angy, Ordonné que le pretendu Preioft d'Angy à Angy fera appellé, & cependant deffenfes d'exercer.

XVIII.

Le Siege de ladite Preuofté d'Angy fe tient à Angy qui appartient au Roy, & au Doyen & Chapitre de l'Eglife Colle-
gial & Chappelle Royale S. Franbouft de Senlis par indiuis.

XIX.

Audit lieu d'Angy y a Mairie de par le Roy & defdits de
Chapitre, au moyen d'vne affociation que l'on dit pieça auoir
efté faite au Roy par lefdits de Chapitre : Et parce ladite Mairie eft reputée Iuge Royal, mais à prefent laditeMairie en tout
appartient aufdits de Chapitre, par acquifition naguieres faite de la portion qui en apparrenoit au Roy, à la charge de faculté de rachapt perpetuel.

XX.

Le Siege de ladite Mairie de Brenoulle fe tient audit Brenoulle.

XXI.

Lefdits Preuoft d'Angy & Maire de Brenoulle n'ont point
de connoiffance de gens d'Eglife, Nobles & Communautez;
mais font referuées au Preuoft Forain de Senlis, qui comme
dit eft deffus, eft Iuge Chaftelain, excepté quant aufdits
gens Nobles, & autres deffus-nommez, eftans de la Chaftellenie dudit Senlis, defquels le Bailly de Senlis, & fes Lieutenans audit lieu, auront la connoiffance, quant aux cas declarez en l'Edit fait parle Roy, fur la Iurifdiction & reglement des
Baillis, Senefchaux & Iuges Prefidiaux, & felon iceluy Edit.

XXII.

Lefdits Preuofts d'Angy & Maire de Brenoulle ne peuuent
tenir vn prifonnier criminel plus de vingt-quatre heures en
leurs mains, fans le mener és prifons ordinaires dudit Senlis,
fi lefdits Preuoft & Maire n'auoient caufe raifonnable & ex-
cufation, qu'ils ne pourroient fi-toft mener ou enuoyer audit
Senlis, leurfdits prifonniers.

XXIII.

Lefdits Preuoft d'Angy & Maire de Brenoulle, doiuent &
font tenus, faire & parfaire le procez de leurfdits prifonniers
criminel és prifons dudit Senlis; & font faire les executions
criminelles en la Iuftice de Senlis, comme la Iuftice de la
Chaftellenie; & n'en ont point d'autre.

XXIV.

Ledit Preuoſt Forain de Senlis a connoiſſance des gens d'E-
gliſe, Nobles & Communautez aux reſeruations cy-deſſus
contenuës.

XXV.

A Senlis y a vn autre Preuoſt, nommé le Preuoſt de Ville,
qui n'a que moyenne & baſſe Iuſtice, & connoiſſance des
matieres perſonnelles.

XXVI.

Sous le nom de moyenne Iuſtice, ledit Preuoſt a & peut
auoir connoiſſance du larcin commis en furt, ſans autre circonſtance aggrauant, comme crocheterie, ou autre effort.

XXVII.

Les fourches patibulaires des hauts Iuſticiers doiuent eſtre
à deux pilliers, & ſont les liens par dehors les pilliers, en ſigne que leſdits hauts Iuſticiers ont regard aux champs, &
eſtenduë de haute iuſtice & Seigneurie.

Sous la Chaſtellenie de Senlis y a les Chaſtellenies ſubalternes
cy-apres declarées.

XXVIII.

C'eſt à ſçauoir le Comté de Beauuais tenu en Pairie.

Les Eueſques & Comtes de Beauuais, qui ont touſiours eſté fort puiſſans, ont empeſché long-temps l'eſtabliſſement d'vn Bailliage & Siege Preſidial dans la Ville de Beauuais : mais enfin depuis la redaction de cette Couſtume, & par Edict du mois de Decembre 1581. verifié en Parlement, par Arreſt du 23. Decembre 1582. le Roy a creé dans cette Ville vn Bailliage & vn Preſidial, qui eſt preſente-ment vn Siege des plus conſidera-bles du Royaume, qui s'eſtend dans quatre Couſtumes differen-tes ; ſçauoir, Senlis, Clermont, Amiens & Mondidier, & qui eſt remply de perſonnes de doctrine & de probité. Il y a eu diuers Arreſts de la Cour interuenus en interpre-tation de cet Edit qui ſont rappor-tez pour la plus grande partie, par M. Eſtienne Girard dans ſon trai-té des Offices liu. 3. tit. 26.

XXIX.

L'Eueſque & Comte de Beauuais a ſon Bailly, duquel les
appellations ſortiſſent deuant le Bailly de Senlis ª, à l'aſſiſe &
Siege dudit Senlis : apres en deſcendant de degré en degré
apres les Preuoſts Royaux qui y ſortiſſent, qui cy-apres ſont
nommez.

a *Duquel les appellations ſortiſ-*
ſent deuant le Bailly de Senlis]
C'eſtoit vne pretention des Officiers de Senlis, qui auoient redigé la Couſtume en 1506. ce qui a
toûjours eſté conteſté par les Eueſques de Beauuais, à cauſe la Pair-
rie ; ainſi qu'il paroiſt au procez
verbal. Et quoy que ce ſoit, la poſſeſſion eſt demeurée à Meſſieurs
les Eueſques, l'appel des Sentences renduës par le Bailly du Côm-
te de Beauuais, en telle matiere
que ce ſoit, reſſortiſſant directement au Parlement.

XXX.

Ledit Eueſque & Comte de Beauuais a auſſi ſon Preuoſt de
Beauuais ᵃ, & ſi a Preuoſt en pluſieurs Chaſtellenies de ladite
Comté, Sergens & autres Officiers, les appellations deſquels
ſortiſſent pardeuant le Bailly de Beauuais à ſon aſſiſe.

a *Son Preuoſt de Beauuais*] Cette Preuoſté a eſté abrogée par l'article 24. de l'Ordonnance de Rouſſil-
lon, par lequel toutes Iuriſdictions
ayans pluſieurs degrez en vn meſme lieu, ont eſté reduites à vn.

XXXI.

Pareillement ledit Bailly de Beauuais a connoiſſance des
appellations de toutes les Seigneuries, quelles qu'elles ſoient
tenans en fief de ſadite Comté, & de leurs Officiers : Et ſi aucunes appellations ſont releuées ailleurs, les cauſes d'appel
doiuent eſtre renuoyées pardeuant le Bailly.

XXXII.

Ledit Bailly de Beauuais iuge en ſon aſſiſe, par le Conſeil
& Ordonnance des hommes de fiefs au peril de ſoixante ſols
pariſis d'amende que payeront leſdits hommes de fiefs, s'il
eſtoit dit mal iugé.

XXXIII.

Iceluy Bailly de Beauuais hors aſſiſe en quelque cas ſoit ciuil ou criminel, en quelque iugement ou exploit de iuſtice
qu'il faſſe, iuge au peril de ſoixante ſols pariſis d'amende s'il
eſtoit dit mal iugé ou exploité : laquelle amende ſeroit tenu
de payer ledit Eueſque & Comte de Beauuais, pource que
ledit Bailly eſt tenu & reputé pour auoüé de ſoy.

XXXIV.

Auſſi au Bailliage de Senlis y a la Baronnie & Chaſtellenie
de Mello, la Baronnie & Chaſtellenie de Moucy le Chaſtel.

XXXV.

Le Seigneur de Mello & le Seigneur de Moucy, ont chacun ſon Bailly tenant aſſiſe, en laquelle aſſiſe reſſortiſſent les

appellations de leurs Preuoſts & Sergens, & auſſi des Preuoſts, Maire & Sergens des Seigneurs tenans en fief de leurs
Chaſtellenies ; Et ſi les appellans ont releué ailleurs, leſdites
appellations ſe doiuent renuoyer pardeuant leſdits Baillifs.

XXXVI.

Les Religieux, Abbé & Conuent de ſainct Lucien de Beauuais, ont priuilege, & en ioüiſſent, par lequel ils ont Bailly,
aſſiſe & reſſort de leurs ſujets & Officiers, comme les autres
Baillifs, & ſont reputez en ce cas comme Chaſtelains ; mais il
conuient entendre que leur Egliſe eſt aſſiſe és meres du Bailliage d'Amiens, & leurs Seigneuries ſont aſſiſes en trois Bailliages, c'eſt à ſçauoir Amiens, Vermandois & Senlis. Tous
leurs ſuiets deſdits trois Bailliages indifferemment ſont conuenus en leur Iuſtice ordinaire : & auſſi reſſortiſſent à l'aſſiſe
du Bailly de ſainct Lucien, qui tient ſon ſiege en ladite Egliſe
pour tous leſdits Bailliages, & s'il y a appellations, elles reſſortiſſent pardeuant le Bailly Royal, ſous lequel l'appellation eſt ſujette : c'eſt à ſçauoir les ſujets du Bailliage de Senlis, pardeuant le Bailly de Senlis en ſon aſſiſe audit Senlis, les
ſujets dudit Bailliage de Vermandois, pardeuant le Gouuerneur de Montdidier qui eſt la Chaſtellenie Royale ſous qui
ils ſont ſujets, & les ſujets d'Amiens pardeuant le Bailly
d'Amiens.

XXXVII.

Les Baillifs de Mello, Moucy, & ſainct Lucien, iugent par
le Conſeil & Ordonnance de leurs hommes de fiefs, aux perils de ſoixante ſols pariſis : & au regard des autres iugemens
& exploits ordinaires, où leſdits hommes de fiefs ne ſont pas
appellez pour iuger, leſdits Baillifs iugent au peril de telle
amende que deſſus, dont les Seigneurs reſpondront, tout
ainſi que deſſus a eſté declaré du Bailly de Beauuais.

Preuoſts Royaux & Baillifs ſubalternes reſſortiſſans
à l'aſſiſe de Senlis.

XXXVIII.

Le Preuoſt Forain de Senlis le premier, le Preuoſt d'Angy,
le Maire de Brenoulle, le Preuoſt de Ponts, le Preuoſt de
Ponpoingt, le Maire d'Angy, & le Preuoſt de la ville de
Senlis.

XXXIX.

Leſdits Preuoſts de Ponts & de Pontpoingt, ne ſont point
de la

de la Chastellenie de Senlis, & si n'ont point d'assise sur le
lieu, comme ont Creil, Chambly & autres Chastellenies :
mais sont simples Preuosts ressortissans à l'assise dudit Senlis.

XL.

Ladite Preuosté de Ponts est vne Preuosté ordonnée au
moyen d'vne association que l'on dit auoir esté faite au Roy
par les Seigneurs Chastelains de Ponts. Et a ledit Preuost de
Ponts pour le Roy sa connoissance, & ses droicts limitez sans
rien entreprendre sur les droicts de Seigneur Chastelain.

XLI.

Ledit Seigneur Chastelain a pour luy son Preuost & Officiers, qui pareillement ressortissent à ladite assise de Senlis.

XLII.

Les Religieuses, Abbesse & Conuent de Moncel, sont Dames vsufructuaires [a] de Pontpoingt, & le Roy est le proprietaire, & par leur fondation, leur Preuost & Sergens sont reputez Officiers Royaux : Et veut le Roy, que tous leurs droicts
se conduisent en son nom & à ses despens, & soient Officiers
Royaux, & ainsi en vsent lesdites Dames, & par ce ressortissent en ladite assise de Senlis.

*a Heteroclitus vsusfructus quia per-　Rex aliquid retinet. C. M.
petuus est : Videtur magis vsus quia*

XLIII.

Lesdits Preuosts & Sergens de Pontpoing ressortissent, comme dessus, en ladite assise de Senlis.

XLIV.

Le Bailly de Beauuais, le Bailly de Mello, le Bailly de Moncy, & le Bailly de sainct Lucien, ensemble tous les Sergens
executeurs de leurs commissions & exploits ressortissent à
l'assise dudit Senlis.

XLV.

Si en ensuiuant les Ordonnances Royaux les appellans d'vn
Sergent executeur, comme excedant les termes de sa commission, vouloient releuer pardeuant le Bailly qui auroit donné ladite commission, faire le pourroient,

XLVI.

Les appellans desdits Baillifs, Preuosts, Sergens, & Officiers, soient Preuosts ou Sergens Royaux, ou subalternes,
sont tenus releuer en dedans quarante iours, à compter le

iour de l'appellation pour vn iour, & le iour du relief pour v
autre, fur peine de defertion.

XLVII.

Lefdits appellans peuuent renoncer à leurs appellation
dedans la huictaine du iour de leurfdites appellaticns, fan
amande.

XLVIII.

Si aucuns appellans fubalternes, ou fujets des Iuges Cha
ftelains dudit Bailliage ont releué à l'affife dudit Senlis, *omiſ
medio*, ils font renuoyez de ladite affife pardeuant leur Iug
d'appel immediat, chacun endroit foy, s'il n'y auoit aucun at-
tentat ou caufe pourquoy on en doiue retenir la connoiffance

XLIX.

Les appellations defdits Baillifs de Beauuais, Mello, Moncy & fainct Lucien, fe releuent à l'affife de Senlis, pareillement en dedans quarante iours.

L.

La publication de toutes affifes fe doit faire du moins quarante iours deuant, & publier en iugement, & attacher és
lieux publics.

LI.

Tous les Preuofts & Sergens Royaux, iugent & exploitent
fans danger d'amende.

LII.

Lefdits Preuofts & Sergens s'ils fouftiennent leur iugé &
exploits, auec les parties intimées, s'il eft dit mal iugé ou exploité, ils payent les defpens pour moitié, & auffi les acquierent pour moitié s'ils gagnent leur caufe, pourueu que lefdits
Preuofts & Sergens foient intimez és matieres d'appel, ou
qu'ils ayent aucun intereft notable concernant leurs Offices
& droits d'iceux.

LIII.

Si lefdits Preuofts & Sergents declarent, qu'ils fe rapportent aux parties de fouftenir, ou ne fe prefentent point, ils ne
doiuent nuls defpens, fi ainfi n'eft qu'il n'y ait abus ou excez,
pour lefquels ils foient pris à partie, efquels cas ils feront tenus de fouftenir leur iugé & exploit, à leurs perils & fortunes
d'amende & de defpens, felon l'exigence des cas.

LIV.

Les Fermiers des exploits & amendes de toutes les Iurifdictions Royales du Bailliage, pourront faire la poursuite en Iustice des cas, delits, & malefices, dont l'amende excede soixante sols parisis, mais ne pourront composer a de telles amandes que pour les cas & delits ja commis ; ne faire ladite composition, sinon par forme de condamnation, qu'ils seront tenus faire enregistrer, au Greffe du Iuge des amendes & exploits, duquel ils seront Fermiers : & desdites compositions & condamnations, ils seront tenus conferer & communiquer auxgens du Roy ; lesquels Iuges & gens du Roy seront tenus proceder sommairement & de plein esdites matieres, ce qui aura lieu & en sera vsé aux Chastellenies & Iurisdictions particulieres dudit Bailliage de Senlis & Comté de Beaumont.

a *Composer*] Les compositions dont parle cet Article, sont absolument reprouuées par l'Ordonnance de l'an 1554. art. 12. posterieure à la reformation de nostre Coustume : comme elles l'auoient desia esté auparauant par vne ancienne Ordonnance de l'an 1356. faite par Charles V. estant lors Regent en France, à cause de la prison du Roy Iean son pere. Et ie n'estime pas que toutes les precautions dont se sont aduisez les Compilateurs de cet Article, pour rendre telles pactions valables, de faire registrer la composition au Greffe, & d'en conferer aux gens du Roy, fussent approuuées par la Cour : dautant qu'elles commencent *ab illicitis;* estant vne chose odieuse de composer pour vn crime, & il est mesme honteux d'auoir laissé passer cet Article, qui doit estre rayé, comme se trouuant contraire aux bonnes mœurs & abrogé par vn vsage contraire.

LV.

Si en telles causes d'Office y a appellation, le Preuost Fermier est reputé partie intimée pour son interest, pourquoy s'il est dit, mal iugé, il est condamné és despens de l'appellant.

LVI.

Si les appellans des Preuosts & Sergents Royaux ont mal appellé, ils sont condamnez és despens & en l'amende de soixante sols parisis, que prend le Preuost Fermier, chacun en ses termes.

LVII.

Les appellans des Baillifs, Preuosts & Iuges subalternes, qui releuent leur appellation en assise, ou dehors par anticipation, s'il est dit mal appellé l'appellant du Iuge subalterne qui n'est Iuge Royal, est condamné és amendes de son fol appel, c'est à sçauoir en soixante sols parisis enuers le Iuge duquel il est

appellant, & autres ſoixante ſols pariſis enuers le Roy, qui
ſont pris & cueillis par le Fermier des amendes pour le Roy,
qui eſt en la Chaſtellenie de Senlis, le Fermier des exploits de
la Preuoſté foraine, lequel prend leſdites amendes de ſoixante ſols pariſis, tant du Iuge dudit Bailly, que dudit Preuoſt
Forain.

LVIII.

Les appellants des Sentences données par le Preuoſt de la
Ville dudit Senlis, s'il eſt dit bien iugé par ledit Preuoſt, &
mal appellé par eux, ou que tel appel ſoit declaré deſert, ne
payeront qu'vne amende de ſoixante ſols pariſis, qui ſera leuée par le Fermier des exploicts du Bailliage, & pareillement
des appellations qui ſeront interiettées du Preuoſt de la Ville
de Compiegne, Preuoſt de la Ville de Chaumont, & du Preuoſt, Maire de Ponthoiſe, ce qui aura auſſi lieu és autres
Chaſtellenies particulieres dudit Bailliage, & par tout iceluy.

LIX.

Par le ſtile notoire qui eſt gardé, les appellans ſoit en aſſiſe
ou en iour ordinaire, ſont tenus de coter le iour de leur appellation, & de leur relief, pour fonder iugement, ſur peine
de donner congé de Cour, qui emportera declaration de la
deſertion de ladite appellation, & par conſequent mal appellé, s'il n'y auoit aucune cauſe ou excuſation apparente
pour laquelle le Iuge de ſon Office & pour iuſte cauſe ſup-
pleaſt par l'opinion des aſſiſtans, & n'y ſert de rien de demander abſence en ce cas.

LX.

Le Preuoſt Forain de Senlis & autres Preuoſts en garde, qui
ne ſont Fermiers des exploits, ne payent aucuns deſpens.

LXI.

Les Iuges, Sergens & Officiers ſubalternes, s'ils ont mal
iugé & exploicté, ſont condamnez en ſoixante ſols pariſis d'a-
mende pour leur mal iugé, & és deſpens des parties, *idem* des
Baillifs Chaſtelains, qui ſont condamnez en pareille amende
pour leur mal iugé : mais les Iuges Royaux, comme le Preuoſt
Forain de Senlis, le Preuoſt de la Ville, le Preuoſt d'Angy ne
payent amende de leur mal iugé.

LXII.

Si le Seigneur a donné la Sentence, ou fait l'empriſonne-
ment ou exploit en perſonne, dont il eſt appellé, & il eſt dit

bien appellé & mal iugé ou exploicté, tel Seigneur eft condamné en telle amendé que deffus, comme les Baillifs Cha-
ftelains, pource que le Seigneur eft aduoüé de foy.

La Chaftellenie de Compiegne.

LXIII.

Le Lieutenant General de Monfeigneur le Bailly de Senlis,
va tenir l'affife à Compiegne; & s'il a empefchement, le Lieutenant Particulier la tient; à laquelle affife reffortiffent les
Preuofts qui enfuiuent.

LXIV.

Primò, le Preuoft Forain de Compiegne qui eft le Iuge ordinaire & Preuoft Chaftelain, comme le Preuoft Forain de
Senlis.

LXV.

Le Preuoft de l'exemption de Pierrefons qui tient fon Siege audit lieu de Compiegne, qui eft pareillement Iuge ordinaire fur fes fuiets.

LXVI.

Et eft à entendre que c'eft de l'exemption de Pierrefons, &
dudit Preuoft, qui tient ainfi fon Siege audit Compiegne,
comme le Preuoft ordinaire. Il eft vray que quand le Duché
de Valois fut baillé au Duc d'Orleans par empannage, plufieurs Eglifes qui eftoient de fondation Royale audit Duché
de Valois, s'oppoferent que leurs terres & Seigneuries de-
meuraffent fujettes audit Duché de Valois, par quoy fut faite
cette Ordonnance, d'y commettre vn Preuoft pour le Roy,
des terres exemptes & amorties, & mefmement des terres affifes en la Chaftellenie de Pierrefons, qui eftoit & eft la plufpart dudit Duché, & où il y a plus de terres d'Eglifes Royal-
les; & fut affis & ordonné le Siege dudit Preuoft des exempts,
à Compiegne, comme la plus prochaine ville du Roy : Et au
regard d'autres Eglifes & terres exemptes du cofté de Senlis,
elles demeurent nuëment de la Preuofté de Senlis, & encore
en iouyt le Roy paifiblement, auffi fait-il de toute l'exemption de Pierre-fons.

Les Lettres patentes du Roy Iean touchant l'exemption de Pierrefons en datte du 26. Aouft 1354. font in-ferées dans les Regiftresde la Cour, en ces termes. *Notum facimus quod*	*cum dilecti noftri, Prapofitus, De-canus, & Capitulum Ecclefia Suef-fion. cum eorum familiaribus, rebus, & bonis in fingulari protectione & faluagardia Regum exiftere confue-*

uerint & debeant, & eorum sub-
diti à prima eorum Ecclesia funda-
tione in dicta saluagardia sub no-
stris ressorto & superioritate Regis
remanere, ad eorumque notitiam de-
uenerit, quod Castellanias & Vil-
las de Petra-fonte & Vlcheto, in
quorum Castellanijs & Præpositu-
ris, dum in manu Regis existebant,
consueuerant ressortiri, Charißimo
fratri nostro Duci Aurelianensi tra-
didimus, nobis humiliter supplica-
runt, vt eis, & eorum subditis alte-
rum locum regium, in quo ressortiri
habeant, modo & forma quibus in
dictis Castellanijs & Præposituris
ressortiri solebant, assignare velle-
mus. Nos autem attentis prædi-

ctis, ipsis Præposito, Decano, &
Capitulo, eorum subditis locum &
villam de Compendio in omnibus
causis & negotijs suis, de quibus apud
Petram-fontem locum & Villam
de Fimes, vbi apud Vulcheium res-
sortiri consueuerant, tenore præsen-
tium tum in Præpositurarum quam
Bailliuiarum sedibus assignamus, à
dictis Castellanijs, sedibus & ressor-
tis de Petra-fonte & Vlcheio peni-
tus eximentes, Bailliuisque Silua-
necti, & Victriaci, ac Præposito
foraneo de Compendio & Præposito
de Fimis, & cuilibet eorumdem præ-
sentibus & futuris mandamus,
&c.

LXVII.

Le Preuost de la ville de Compiegne a pareille Iurisdiction que le Preuost de la ville de Senlis, & ressortit à ladite assise de Compiegne.

LXVIII.

Le Preuost de Marigny, & le Preuost de Thorotte, pareillement ressortissent à ladite assise ; auquel lieu de Thorotte, le Preuost de Compiegne tient Siege & Iurisdiction, chacune semaine le Ieudy.

LXIX.

Toutes les appellations de tous les Iuges, Sergens & Officiers subalternes ressortissent à ladite assise.

La Chastellenie de Ponthoise.

LXX.

A Ponthoise y a pareillement Lieutenant Particulier, & y est tenu assise par le Lieutenant General, comme és autres Chastellenies.

LXXI.

A ladite assise ressortissent le Preuost Vicomtal de Ponthoise, comme le Iuge Chastelain.

LXXII.

Le Preuost & Maire dudit Ponthoise, qui est en moyenne & basse Iustice comme les autres.

LXXIII.

Le Preuost de la Villeneufue le Roy, & tous les Iuges, Sergens & Officiers de toutes les Iustices subalternes, ressortissent ausdites assises, & n'en a point le Preuost de connoissance.

LXXIV.

Le Preuost Vicomtal de Ponthoise est Preuost en garde en Office, & n'est tenu payer aucun despens és cas & ainsi que dit est dessus du Preuost Forain de Senlis, & a connoissance des Nobles, & autres matieres à luy attribuées par Edit special à luy octroyé par le Roy, & verifié en la Cour de Parlement à Paris.

LXXV.

Sous ladite Chastellenie de Ponthoise y a la Chastellenie de l'Isle Adam, en laquelle y a assise & ressort, & ont connoissance de leurs sujets par appellations, comme les autres Baillys dont cy-dessus est faite mention, qui semblablement iugent au peril de telle amende que les autres Baillifs, & ressortissent à ladite assise de Ponthoise.

LXXVI.

Les appellans & intimez sont tenus releuer & poursuiuir leurs appellations, comme dessus.

LXXVII.

Aussi les Seigneurs, leurs Iuges & Sergens, iugent sous les perils d'amende & de despens, tout ainsi que cy-dessus est declaré.

LXXVIII.

Toutes les appellations interjettées dudit Bailly de Senlis, ou ses Lieutenans, en tous lesdits Sieges, soit en assise ou dehors assise, ressortissent en Parlement, aux iours ordinaires du Bailliage de Senlis.

De la Chastellenie de Chaumont.

LXXIX.

Audit Chaumont y a ordinairement Lieutenant particulier, comme és autres Chastellenies, & y va pareillement le Lieutenant General tenir l'assise, s'il n'a empeschement, sous laquelle Chastellenie sont les Preuosts & Baillifs qui s'ensuiuent.

LXXX.

Primò, Le Preuost Forain de Chaumont, qui est Iuge or-

dinaire & Preuoſt Chaſtelain, & a vn Siege au village de Maigny, pource qu'vne portion de pays, nommé à preſent l'ec-
croiſſement de Maigny, eſt de preſent & dès long-temps ad-
joint auec & ſous ladite Chaſtellenie de Chaumont, à cauſe
que c'eſt loin de Senlis, & qu'on ne veut faire Preuoſté &
Siege à part.

LXXXI.

Le Preuoſt de la ville de Chaumont a moyenne & baſſe Iuſtice, comme les autres de Senlis & Compiegne, & reſſortiſſent à ladite aſſiſe.

LXXXII.

Le Bailly de la Roche Guion eſt ſous la Chaſtellenie de
Chaumont, & y reſſortit en l'aſſiſe, & iuge ſous tel peril de
l'amende, comme les autres Baillifs Chaſtelains dudit Bailliage de Senlis.

LXXXIII.

Ledit Bailly a ſon aſſiſe & reſſort & connoiſſance de ſes Preuoſts, Sergens & ſujets, en telle condition & ainſi que cy-
deſſus eſt declaré, tant en amende que deſpens.

Comté & Bailliage de Beaumont ſur Oiſe, maintenus par le Procu-
reur du Roy au Bailliage de Senlis, eſtre Chaſtellenie ancien-
ne dudit Bailliage de Senlis.

LXXXIV.

Audit Comté y a Bailly qui a ſes Lieutenans & autres Officiers pour le Roy, & a droit d'aſſiſe où reſſortiſſent le Preuoſt
Royal dudit Beaumont, enſemble les appellations des Sergens, auec les Baillys, Chaſtelains & Iuges ſubalternes dudit Comté.

LXXXV.

Dudit Comté ſont les Chaſtellenies de Perſent & Meru, re-
ſortiſſans par appel en l'aſſiſe dudit Beaumont : les Baillys deſquelles Chaſtellenies iugent à peril d'amende, & ſont tenus
de ſouſtenir leur iugé comme deſſus.

La Chaſtellenie de Creeil.

LXXXVI.

Ledit Bailly de Senlis ou ſon Lieutenant, tient pareillement l'aſſiſe audit Creeil, à laquelle reſſortit le Preuoſt de
Creeil qui a toute connoiſſance ordinaire, pource qu'il eſt
ſeul Preuoſt.

LXXXVII.

LXXXVII.

Auffi y a aucunes Mairies Royales, comme la Mairie de Montataire, S. Queulx & autres en maniere de Sergens fief-fez, [a] & n'eft pas grand'chofe, & les Seigneurs fubalternes ref-fortiffent à ladite affife, & illec n'y a autres Sergents que ceux que y commet le Sergent fieffé, par priuilege qu'il a : mais il n'en peut commettre que iufques au nombre de trois ; c'eft à fçauoir deux à cheual & vn à verge, qui font inftituez par le Bailly de Senlis ou fon Lieutenant, & font tenus & reputez Sergens Royaux.

[a] *Sergens fieffez*] Des Sergens fieffez, voy Brodeau en fon Com- mentaire fur la Couftume de Paris art. 1. nu. 14.

LXXXVIII.

Les hommes des fiefs de ladite Chaftellenie, font affiftans & iugeans pour ledit Bailly, à leurs perils de telle amende que les autres dont deffus eft parlé, pource que depuis aucun temps, comme de deux cents ans ou enuiron, ladite Chaftel-lenie a efté revnie en la main du Roy. Et au temps qu'vne partie eftoit en la main de feu Meffire Porrus de la Vercine, qu'on dit qui la confifqua, lefdits hommes de fiefs y eftoient tenus feruir, & depuis y a efté ainfi continué.

LXXXIX.

Les Preuofts, Maires, Sergens, appellans & intimez, font tenus eux conduire & fe reglent en leurs appellations, con-demnations d'amandes & de defpens, comme il eft declaré cy-deffus, felon la Preuofté de Senlis.

XC.

Chambly eft vn petit Siege où ledit Lieutenant va tenir l'af-fife, & y a auffi Lieutenant particulier ordinaire fur le lieu.

XCI.

A l'affife de Chambly reffortit le Preuoft dudit Chambly, fes Sergens & aucuns fujets de la Seigneurie, qui eft de petite eftenduë.

XCII.

Ladite Seigneurie de Chambly appartient en vfufruit aufdi-tes Religieufes du Moncel, & au Roy en proprieté, pour les caufes, & ainfi qu'il eft dit cy-deffus touchant la Seigneurie de Ponpoingt, & font au furplus les appellans & appellations de pareille condition d'amende & defpens que deffus.

C

XCIII.

A vn Seigneur Chastelain outre vn haut Iusticier, appartient assise & ressort de ses Preuost ou Gardes de Iustice, ses sujets, pardeuant son Bailly en cas d'appel, & autrement par reformation: il a seel authentique, Tabellion, droit de marché, [a] & aucuns ont droit de trauers, Prieuré, ou Eglise Collegiale, Hostel-Dieu & Maladerie, Tour & Chastel s'il luy plaist, Fort & pont-leuis.

a. *Droit de marché*] Outre la disposition de cette Coustume, il est encore requis la permission du Roy, auquel il appartient d'accorder tels Priuileges: parce que les Coustumes n'ont pû deroger aux droicts du Roy; le droict d'octroyer marché estant purement Royal par deux raisons, l'vne que *ius mercatus & nundinarium regale est*: comme l'atteste Monsieur d'Argentré sur la Coustume de Bretagne art. 5. *nota* 1. *nu.* 4. où il improuue la Coustume d'Aniou, qui permet aux Barons d'accorder ce droit. L'autre est qu'il n'est permis à qui que ce soit de faire des assemblées en ce Royaume, sans le congé du Roy, sous quelque pretexte que ce puisse estre; nos Ordonnances estans remplies de telles deffenses. Mais ie crois que cet arr. pourroit seruir contre les oppositions des Seigneurs voisins, a la charge toutefois d'accommoder par le Seigneur qui obtiendroit ce nouuel establissement, son iour de marché, auec ceux des autres Seigneurs qui ont pareille faculté en dedans les cinq lieues aux termes des reglemens mentionnez aux Arrests rapportez par Choppin en son Traitté du Domaine liu. 3. tit. 27. nomb. 7.

XCIV

Item, les sujets de toute sa Chastellenie, sont bien conuenus pardeuant son Preuost, Chastelain, ou Bailly, lesquels neantmoins sont tenus les renuoyer, quand ils en sont requis suffisamment, par vn Seigneur [a] son sujet, ayant haute Iustice sous luy: sinon toutesfois que le demandeur se rapporte de sa demande au serment du deffendeur; auquel cas le Iuge Chastelain en connoistra, sans qu'il soit tenu en faire aucun renuoy.

a. *Requis suffisamment par vn Seigneur*] La partie seule ne peut point en ce cas demander son renuoy: parce que c'est la Iustice originaire, & il n'y a que le Seigneur inferieur qui le puisse requerir pour la conseruation de ses droits & de sa Iurisdiction. Il en faut dire de mesme à l'esgard de la Iustice Royale, de laquelle le suiet seul ne peut pas obtenir son renuoy: parce que c'est la Iustice naturelle de tous les habitans du Royaume : le Roy estant fondé en Iustice vniuerselle, de sorte qu'il n'y a que les Seigneurs Iusticiers qui pour leur interest particulier ayent droict de reuendiquer leurs iusticiables. Il en iroit autrement, si le suiet estoit attiré en vn autre ressort que celuy de son domicile ; car lors comme estant luy-mesme interessé, il peut demander le renuoy, & par la mesme raison il peut aussi decliner lors qu'estant de la Iustice Royale inferieure, il est directement assigné en la Iustice superieure, le particulier ayant interest de ne point perdre vn degré de Iurisdiction, & les Iustices Royales n'ayans aucune preuention les vnes sur les autres.

Ce qui est si veritable, que les sujets mesmes ne peuuent proroger Iurisdiction, ny s'y soûmettre au preiudice de leur Seigneur ; si ce n'est à la Iurisdiction Royale, & encores est-il necessaire que ce soit en passant quelque contract : car s'il paroissoit que ce fût *mutandi indicij causa* seulement, & pour priuer le Iusticier de sa Iustice, il pourroit demander le renuoy par-deuant ses Officiers. Mais si la submission estoit faite à vne Iustice non Royale, quoy qu'en passant mesme vn contract, celuy qui s'est soufmis ne pourroit pas à la verité decliner de son chef : Mais le Iusticier a droit de le pourfuiure.

Seigneur] ou son Procureur Fiscal, & n'est necessaire qu'il ait à cette fin procuration speciale du Seigneur : parce que cette requisition est de son Office ; & mesme dans leurs prouisions les Seigneurs y mettent ordinairement vne clause qui porte ce pouuoir.

Au serment] Cette disposition est contraire à celle de la Loy *etsi §. ex quibus D. de Iudic. ex quibus causis non cogitur quis iudicium accipere, nec iurare cogendus est : quia hoc iusiurandum in locum litis contestatæ succedit.*

<h2 style="text-align:center">XCV.</h2>

Item, tel Bailly dudit Seigneur Chastelain peut reformer en tout temps, aussi bien en assise que dehors, les Iuges & Officiers, hauts, moyens, & bas Iusticiers sujets à sa Chastel-lenie, des abus par eux commis, & pareillement ses vassaux, à ce appellez les autres pairs & compagnons, qui sont sujets à assister és iugements de la Iustice dudit Seigneur Chastelain, auec lesdits vassaux qu'on veut reformer. Aussi le Sergent executeur du Bailly, ou Preuost Chastelain est tenu demander assistance a au haut Iusticier ou ses Officiers : mais quand ledit Bailly ou Preuost, ou leurs Lieutenans besongnent en personnes és termes de ladite Chastellenie, ils ne sont point tenus demander assistance. Neantmoins vn Sergent seul, en l'absence de tel Iuge, peut sans assistance, prendre vn delinquant, & sa prinse faite auant le transport, le notifier à tel haut Iusticier, ou son Iuge, pour oster les abus, qu'ils pour-roient commettre, & sont tenus lesdits Pairs & compagnons

iuger à leurs perils & fortunes & danger de telle amende que
deſſus, enuers le Roy, en tous les procez dés aſſiſes & autres,
ſi à ce faire ils ſont appellez par le Seigneur Chaſtelain ou ſon
Bailly : & ou ils ne ſont appellez, tel Bailly eſt auoüé de ſoy-
meſme de iuger au danger du Seigneur Chaſtelain ſous telle
amende.

a *Aſſiſtance*] Les Sergents Royaux ſont diſpenſez de prendre cette aſſiſtance par l'article 96. de l'Ordonnance d'Orleans & autres qui ont ſuiuy.

Il y a accord homologué au Par-lement le 25. Ianuier 1402. par lequel les Sergens de l'Eueſque & du Chapitre de Beauuais peuuent adiourner leurs ſuiets dans les terres l'vn de l'autre.

Des cas appartenans au haut Iuſticier.

XCVI.

Meurtre, rapt, bouteſeu, peché contre nature, de toutes
bateries & mutilures faites de fait à guet & de propos deliberé
ſans port d'armes, & *maxime* à la requeſte & priere d'autruy, par don, promeſſe ou autre choſe, de tous ports d'armes, de chaude collé la connoiſſance en apparient au haut
Iuſticier, ſi le cas n'eſt que la connoiſſance en doiue appartenir au Roy ou à ſes Officiers, ainſi comme dit eſt, il a ſemblablement en ſa Seigneurie & haute Iuſtice, regard ſur les meſures, fait meſurer & eſtalonner les poids & meſures, dont
l'on vſe en ſadite haute Iuſtice : il fait faire tous cris publics,
donne congé de pendre prix & ioyaux pour ioüer à la paume,
aux barres & autres ieux, aſſeoir bornes, & punir les arra-
cheurs d'icelles bornes pour gagner terre, a regard & connoiſſance ſur les voiries : il a ſemblablement connoiſſance des
auuens ſur rue, & ne peut aucun picquer, hoüer, abbattre ou
emondre arbres ſur la voirie ſans ſon congé ou licence, & ap-
poſer bornes entre Iuriſdictions & terroirs de Seigneurie : il
peut donner congé de mettre auuens, enſeignes de tauernes,
& autres exploits.

XCVII.

Le haut-Iuſticier a connoiſſance des eſpaues, confiſcations,
& treſors trouuez en ſa Iuſtice, & viennent à ſon profit, ſur
lequel droit de confiſcation, le moyen Iuſticier doit prendre
ſoixante ſols pariſis pour ſon droit d'amande ſur ſes iuſticia-
bles, quand il en fait diligence.

XCVIII.

Le haut-Iuſticier a connoiſſance de punition corporelle, comme d'abſçiſſion de membre, fuſtigation, banniſſement de ſa terre & Seigneurie, releguer à temps, de deporter, ou bannir à touſiours, & faire declaration de confiſcation.

XCIX.

Le haut-Iuſticier connoiſt des cas criminaux qui ſont de ſa Iuriſdiction, de toutes cauſes reelles & poſſeſſoires deſſus declarées & ciuiles : paſſer les decrets en ſa Cour, pourueu que les criées ayent eſté publiées au lieu de ſa Seigneurie par ſon adiugé, non par obligation de ſeel Royal, pource que de tel ſeellé il ne peut auoir connoiſſance.

C.

Il loiſt à vn haut-Iuſticier de ſaiſir ou faire ſaiſir, & mettre en ſa main, tous les heritages eſtans és fins & metes de ſa Iuſtice, pour contraindre les detenteurs deſdits heritages à monſtrer & enſeigner à quel titre ils les tiennent & poſſedent.

CI.

Item ſi les detenteurs & poſſeſſeurs deſdits heritages s'oppoſent audit Arreſt, ledit Arreſt ſeruira ſeulement pour adjournement ; Et pendant le procez, leſdits detenteurs & poſſeſſeurs iouyront deſdits heritages ou heritage ſaiſis, poſé ores qu'il fuſt & ſoit notoire que ledit heritage ou heritages, ſaiſis comme dit eſt, fuſſent ſituez & aſſis és fins & limites de la haute Iuſtice dudit Seigneur haut-Iuſticier.

CII.

Item ſi au moyen dudit Arreſt & ſaiſie au regime & gouuernement deſdits heritages ſaiſis, y a Commiſſaire ou Commiſſaires ordonnez, & ſi ledit Commiſſaire eſt pourſuiuy, pour rendre compte de l'adminiſtration deſdits heritages ſaiſis, & le detenteur & poſſeſſeur s'oppoſe audit Arreſt, & à ce eſt receu, ladite pourſuite ceſſera à l'encontre dudit Commiſſaire, & aura ledit detenteur & poſſeſſeur main-leuée & tournera la matiere en action.

CIII.

Item il loiſt au haut-Iuſticier mettre en ſa main tous heritages & biens vacans qui ne ſont tenus n'occupez par les proprietaires, ne de leur conſentement, & iouyt d'iceux heritages & biens vacans, iuſques à ce qu'aucun proprietaire s'appare. Mais par ladite Couſtume, ſur iceux biens vacans les

creanciers ſeront payez de leur deu, ou ils feront vendre &
decreter iceux heritages & biens vacans.

<h3 style="text-align:center">CIV.</h3>

Item aucun ne peut proceder ou faire proceder par voye de
Arreſt, ou mainmiſe de fait ſur le corps & biens d'autruy, s'il
n'a ſur luy & ſes biens, obligation, condemnation, ou choſe
priuilegiée qui le vaille.   CV.

Item droit de trauers eſt droit Seigneurial de haute-Iuſti-
ce, & les exploits qui ſont faits à la conſeruation dudit droit,
ſont tenus & reputez exploits de haute Iuſtice : auquel appartient la punition & correction des tranſgreſſeurs dudit droit
de trauers & non pas au moyen & bas Iuſticier.

<h3 style="text-align:center">CVI.</h3>

Item à haut-Iuſticier d'aucun lieu appartient à faire faire le
cry le iour de la Feſte dudit lieu, prendre & faire prendre punir & corriger les malfaicteurs, les punir criminellement, donner congé de faire pendre prix pour iouer à la paulme, aux
barres & autres ieux & aſſemblées, licites, honneſtes & raiſonnables, appeller ou faire appeller à ban les delinquans
quand ils l'ont deſſeruy, ſaiſir biens, faire inuentaire, pendre, traiſner, fuſtiger, eſſoriller, pilloriſer, eſcheler, faire
bournages, limites & ſeparations de Seigneuries & autres
grands exploits.   CVII.

Item, aux Seigneurs hauts-Iuſticiers ayans droit de gruerie
& garenne, appartient la paiſſon & panage des bois aſſis en
leurs terres & Seigneuries, eſtans dedans les fins & metes de
leur haute Iuſtice & grurie, auec la chaſſe au gros, & non pas
aux moyens & bas Iuſticiers.

Entre les droits appartenans au Seigneur haut-Iuſticier, eſt celuy de ſe dire Seigneur du lieu : parce que la principale Seigneurie & la plus noble eſt celle qui dépend de la Iuſtice ; iuſques-là meſme qu'il a eſté iugé par Arreſt rendu pour cet-te Couſtume en l'Audience de la Grand Chambre le 24. Ianvier 1611. & rapporté par M. Antoine Mor-nac ſur la Loy 1. *C. de Offic. Præf. Vrb.* que le Seigneur haut-Iuſticier peut faire deffenſes à vn particulier qui aura vn fief au dedans de ſa ter-re de ſe qualifier autrement que Seigneur d'vn tel fief, ſciz en vne telle terre.

Des cas appartenans au moyen Iuſticier.

<h3 style="text-align:center">CVIII.</h3>

Le moyen Iuſticier ès termes de ſa Iuſtice, a connoiſſance
& peut connoiſtre de delit, d'arracher bornes & limitation

de terres, & auffi mettre bornes en terre de voifins, & non
point de limitation de Iuftice ou Seigneurie.

CIX.

Le moyen Iufticier a connoiffance de celuy qui a batu autruy
iufques au fang & playe ouuerte *incluſiuè*, & de poing parmy.

CX.

Le moyen Iufticier connoift auffi de celuy qui a donné
coups orbes de chaude colle, fans toutesfois prendre or, argent ou chofe promife, & fans propos deliberé, ne de fait
precogité. ### CXI.

Le moyen Iufticier peut auoir prifon fermée, ceps, anneaux,
pour mettre & tenir en feureté les malfaicteurs, & les punir,
fi meftier eft. ### CXII.

Le moyen Iufticier peut donner tuteurs & curateurs de
fes fujets, aux mineurs, fes hoftes & fujets; contraindre lefdits tuteurs & curateurs à faire la folemnité en tel cas requife,
& faire inuentaire. ### CXIII.

Le moyen Iufticier a la connoiffance de fa main brifée, du
champart emporté, de ventes recelées, de foy mettre en heritage vendu fans faifine, & les amendes à ce ordinaires iufques à foixante fols parifis. ### CXIV.

Il a auffi connoiffance d'vn laid dit, ou iniure faite en iugement pardeuant fon Preuoft ou garde de Iuftice.

CXV.

Le moyen Iufticier peut auoir Maire ou garde de Iuftice,
Sergents, & Promoteur d'Office pour exercer fadite Iuftice.

CXVI.

Item, fi le fuiet du moyen & bas Iufticier, eft conuenu ou
adjourné pardeuant le Iuge Royal, Iuge Chaftelain fubal-
terne, ou autre haut Iufticier, pour raifon des cas & matieres,
dont la connoiffance eft audit Seigneur moyen & bas Iufticier,
& tel fujet eft requis par fon Seigneur ou fon Procureur, ledit Iuge Royal Chaftelain ou haut Iufticier, feront tenus en
faire renuoy pardeuant le Maire ou Garde de Iuftice dudit
moyen & bas Iufticier; fauf que fi la partie demandereffe fe
fubmettoit au ferment du deffendeur, & que la matiere fe
pût expedier fur le champ, auquel cas n'en feroit fait aucun
renuoy. ### CXVII.

Item, vn moyen & bas Iufticier ne peut faire bournage ne
feparation de terroir, Iuftice & Seigneurie, de foy-mefme;

mais ce appartient aux hauts Iuſticiers & non à autres, de faire bournage, limites & ſeparations des Seigneuries, comme
dit eſt deſſus.

CXVIII.

Item, le moyen & bas Iuſticier peut prendre beſtes en preſent meffait, ſur les heritages eſtans en ſa Seigneurie, pareillement prendre & arreſter priſonniers, ceux qui cueillent
fruicts en autruy heritage, ſaiſir & mettre en leurs mains heritages eſtans en leur cenſiue par faute de cens non payé, prendre ceux qui ont briſé la main de Iuſtice, auoir connoiſſance
de champart emporté.

CXIX.

Item, le moyen Iuſticier peut aſſeoir ou faire aſſeoir en ſon
terroir entre ſes ſujets, & entre deux voiſins, bornes & ſeparations.

Des bas Iuſticiers, & des cas à eux appartenans, & deſquels le
moyen Iuſticier a la connoiſſance.

CXX.

Pareillement le bas Iuſticier a connoiſſances des meubles,
de battre autruy ſans ſang & ſans poing garny, de vilaines paroles & iniures entre ſes ſuiers & hoſtes.

CXXI.

Item, peut auſſi mettre bornés entre deux ſentiers, entre
champs & terres arables, & faire diuiſion de champs & terres
voiſines entre diuers heritiers ſes ſuiets.

CXXII.

Item, auoir connoiſſance de ſa cenſiue, condamner ſes ſujets en amende, par faute de cens non payé.

CXXIII.

Item, faire arreſter & mettre brandons ſur les terres, par
faute dudit cens non payé, commettre Commiſſaires à icelles
terres arreſtées, comme dit eſt.

CXXIV.

Item, auoir connoiſſance de ſa main briſée, de champart
emporté, dont l'amende eſt de ſoixante ſols pariſis.

CXXV.

Item, peut prendre forage, roüage, vientrage, des vins &
autres breuuages vendus, & les amendes qui en dépendent,
où en ſa terre il a ce droit.

Cette

Cette Coustume ne contient au-cun article qui permette d'auoir des Colombiers & Volets à Pigeons : comme fait la Coustume de Paris aux articles 69. & 70. ny aussi au-cun article prohibitif : neantmoins il a esté iugé par Arrest rendu en l'Audience de la Grand Chambre le Lundy 6. Feurier 1612. au profit de Messire Pierre du Careil & Da-me Claude Turpin sa femme, Sieur & Dame de Liencourt Bailliage de Senlis , que Maistre Roger Lam-bert Curé du mesme lieu, ne pou-uoit tenir volet à Pigeons sans la permission du Seigneur, sur ce qu'il n'auoit pas cinquante arpens de ter-re , tant de son propre que du Do-maine de sa Cure, & sans s'arre-ster à ce qu'il auoit droit de leuer la dixme sur toutes les terres de la Parroisse.

Des successions des fiefs, & autres heritages roturiers & biens meubles.

Ce titre n'explique pas suffi-samment toute la matiere qui y est contenuë ; & de fait outre ce qui est exprimé en cette rubrique, les articles 143. 144. 148. & 173. con-cernent les donations entre-vifs, mutuelles & testamentaires. Les 145. 146. 147. regardent la commu-nauté d'entre mary & femme. Les 152. 153. & 154. sont pour la garde noble : enfin le 155. parle de l'aage des enfans nobles.

CXXVI.

Quand aucun va de vie à trespas, & il delaisse plusieurs en-fans, ou enfans de ses enfans, ses heritiers en ligne directe, masles ou femelles, le masle aisné, pour son droit d'aisnesse, aura & emportera les deux parts des fiefs *a* demeurez du de-ceds de ses pere ou mere, ayeul ou ayeule, ou autre en ligne directe, par tout le Bailliage de Senlis & ancien ressort d'ice-luy, en ce qui est de delà *b* la riuiere d'Oize, non compris la Chastellenie de Ponthoise, où y a Coustume locale cy-apres contenuë & declarée, auec vn principal manoir *c* en chacune desdites successions, *d* & le jardin (si jardin y a) iusques à deux arpens, *e* si tant y en a , & s'il n'y a manoir ne jardin *f*, aura le vol d'vn chappon, estimé à vn arpent de terre en fief, & les autres enfans auront le tiers seulement, sans que l'aisné pren-ne aucun droit audit tiers.

---

a Des fiefs.] *Non distinguit an feudum nobile vel rurale, ergo idem. Consultus fui de hac quæstione sub hac consuetudine : Rusticus habens domum & hortum non contiguum, continentem duo iugera , omnia in censum, egit cum domino directo, vt hæc deinceps non in censum, sed in feudum tenerentur, & fecit fideli-tatem & homagium, dinumeramen-tum dedit , receptum : Posteà dictam domum ædificando auget vltrà 200.*

aureos & moritur relictis pluribus filiis ? Reſpondi quod primogenito ſpectat tota domus, iure præcipui, nec tenetur aliquid refundere de inædificatis: ſed non lucratur hortum in totum, quia non eſt contiguus: quamuis in dinumeramento ponatur vt hortus domus: quia attenditur veritas, & ſic habet tantùm beßem horti. C. M.

b *Delà la riuiere.*] Eu eſgard à la ville de Senlis où la Couſtume a eſté redigée.

c *Manoir.*] Pour reconnoiſtre ce qui doit eſtre compris ſous la domination d'vne maiſon, il faut voir la Loy *prædijs* 91. *D. de legat.* 3. qui eſt belle à ce ſuiet.

d *En chacune deſdites ſucceßions*] Ie ſuis bien de l'aduis de Maiſtre Charles Du Moulin, en ce qu'il dit dans ſon Commentaire ſur la Couſtume de Paris §. 18. nu. 4. que ſi vn fief eſt acquis pendant la communauté, dans lequel il y ait deux manoirs, que l'aiſné les prendra tous deux, l'vn à cauſe de la ſucceſſion du pere, & l'autre pour la ſucceſſion de la mere. Mais ie ne puis applaudir à ce qu'il adiouſte, que s'il n'y a qu'vne ſeule maiſon, l'aiſné la prendra entierement, pour luy tenir lieu de preciput en vne des ſucceſſions, & qu'en l'autre il prendra l'arpent, afin de le remplacer de ſon preciput. Eſtimant au contraire que comme toutes les maiſons des champs ſont d'ordinaire partageables, que le manoir doit par fiction eſtre diuiſé en deux, ainſi qu'il ſeroit par effet, s'il s'agiſſoit de faire vn partage reel, & par ce moyen que les deux moitiés de maiſons tiendront lieu de manoirs aux deux portions, qui leur ſeront autant proportionnées, qu'eſtoit la

maiſon entiere au total du meſme fief, attendu que l'on doit faire en ce rencontre, comme s'il s'agiſſoit d'vn partage à faire entre deux ſortes d'heritiers, auquel cas ma propoſition ne receuroit pas de difficulté.

Mais, comme les Couſtumes operent chacune dans ſon territoire, ſi en la ſucceſſion du pere il y a des fiefs ſcituez en differentes Couſtumes ſemblables à la noſtre, le fils aiſné aura vn manoir en chacune Couſtume : mais on ne conſiderera point en cette occaſion la diuerſité des Bailliages; comme par exemple l'aiſné n'aura qu'vn manoir, quoy qu'il ſe rencontre deux fiefs dans la ſucceſſion, dont l'vn ſoit ſcitué dans le Bailliage de Beauuais, & l'autre dans le Bailliage de Senlis, s'ils ſont tous deux dans la Couſtume de Senlis : dautant que la Couſtume n'a point d'autres limites que ſon eſtenduë, & ne ſe diuiſe point par Iuriſdiction, qui eſt vne diſtinction eſtrangere à l'eſgard de la Couſtume. Sur le meſme principe, il pourra auſſi arriuer que l'aiſné aura deux manoirs dans vn meſme Bailliage, ce qui peut ſe preſenter frequemment dans le Bailliage de Beauuais, qui comme nous auons dit, s'eſtend dans quatre Couſtumes.

e *Et le iardin, ſi iardin y a, iuſques à deux arpens.*] On peut dire que la nature de cette conionction, ET, eſtant de conjoindre auſſi bien ce qui ſuit, que ce qui precede, s'il n'y a de puiſſantes coniectures qui faſſent p'eſumer au contraire, ſuiuant l'opinion de tous les Docteurs ſur le §. *nihil differt. l. Titiæ textores, D. de legat.* 1. que le manoir doit eſtre reduit auſſi bien que le iardin, à cette proportion de deux arpens prescrite par cet article. Neantmoins i'estime au contraire que dans l'expression de deux arpens, le manoir n'est nullement compris, & qu'il doit appartenir entierement à l'aisné de telle continence qu'il soit, suiuant l'vsage general de la France. Estant bien vray que la particule ET, conjoint icy manoir & iardin, & les assujetit à mesme disposition, pour les faire appartenir à l'aisné: mais il ne s'ensuit pas que la restriction suiuante, *iusques à deux arpens si tant y a*, se refere au manoir & iardin tout ensemble: mais *ad proximius & conuenientius*, qui est iardin que la Coustume a voulu restraindre à cause des grands iardins & vergers que les peres de famille estendent à leur volonté, n'y ayant pas d'apparence que l'intention de la Coustume ait iamais esté de rien retrancher du manoir qu'elle donne entierement à l'aisné. Laquelle interpretation est conforme à la Loy 53. *D. de verb. signific. Sæpè ita compertum est, vt coniuncta pro disiunctis, & disiuncta pro coniunctis accipiantur, interdum soluta pro separatis*, qui veut dire que les questions qui naissent sur semblables difficultez, doiuent estre resoluës selon la vray-semblance du fait particulier. Aussi l'arti. 128. qui porte à peu prez la mesme disposition, s'explique-il plus nettement, & plus conformement à nostre resolution.

f *Ne iardin*] Sçauoir si de ces deux mots, *ne iardin*, on peut induire, que l'intention de la Coustume ait esté de donner le iardin, lors qu'il est sans manoir, pour tenir lieu de preciput à l'aisné? Par la disposition precedente du mesme article, le iardin luy est donné auec la maison: mais il n'est point parlé du iardin seul, de sorte que i'estimerois que cette addition, *ne iardin*, est superfluë, & que ces deux mots ont esté coulez par mégarde, & en consequence de ce qu'il auoit esté parlé plus haut du iardin auec le manoir conjoinctement; comme il est arriué en plusieurs endroits de la Coustume, qui a esté redigée auec fort peu de soin & de circonspection: c'est pourquoy ie ne voudrois pas tirer de cette negatiue, *ne iardin*, vne conclusion affirmatiue, pour dire que lors qu'il y a vn iardin sans maison, l'aisné le puisse prendre pour son preciput, s'il excede vn arpent, ou que les puisnez ayent droit de le contraindre à le prendre, s'il est moindre qu'vn arpent; veu principalement que cette disposition seroit contraire à la decision la plus commune de nos Coustumes, qui ne donnent pas le iardin sans manoir. Aussi le iardin est il principalement pour l'vsage de la maison & pour le plaisir du maistre qui l'habite. D'où vient que chez les bons Autheurs Grecs il se trouue que pour exprimer vn iardin, ils se sont seruis du mot ἡδονή qui est à dire *voluptas, deliciæ*.

CXXVII.

Item, és fiefs estant deçà la riuiere d'Oise, comme venant de Creil, Beaumont & Compiegne audit Senlis, tirant au pays de France & de Vallois, excepté en ladite Chastellenie de Ponthoise, comme dit est, ledit masle aisné n'aura que la

moitié, auec le principal manoir, & vn jardin, ſi jardin y a,
iuſques à deux arpens, ſi tant en y a, & ſi manoir & jardin n'y
a, aura le vol d'vn chapon, eſtimé à vn arpent de terre le plus
prochain dudit manoir, *a* & les autres enfans l'autre moitié.
Et neantmoins ne pourra ledit aiſné, en chacune deſdites
ſucceſſions auoir ne pretendre qu'vn principal manoir, ſoit
deçà ou delà ladite riuiere d'Oiſe.

a Le plus prochain dudit manoir] Ces mots ſont impertinents & doiuent eſtre oſtez : car comment l'arpent donné par cet article ſe pourroit-il prendre le plus prochain du manoir, veu qu'il n'eſt donné qu'au cas qu'il n'y ait aucun manoir. Eſtant au pardeſſus à obſeruer que cet erreur procede de ce qu'en l'ancienne compilation, cet article étoit conceu autrement : c'eſt à ſçauoir *qu'ès fiefs eſtans au deçà de la riuiere d'Oize, le maſle aiſné n'aura que la moitié auec le principal manoir, & vn iardin ſi iardin y a, & ſi iardin n'y a, aura de terre le vol d'vn chappon, ou vn arpent de terre le plus prochain dudit manoir, les autres enfans l'autre moitié.* Cela eſtoit clair & bien pertinent : mais on a changé cette diſpoſition par la nouuelle Couſtume, ſans qu'il en ſoit fait mention au procez verbal, ny auoir pris l'aduis des aſſiſtans: de ſorte qu'il ſe void par l'ancienne compilation, qu'en toute l'eſtenduë de la Couſtume, ſoit delà ou deçà la riuiere d'Oize, il appartenoit à l'aiſné le manoir & iardin, ſi iardin y auoit, & au defaut du iardin, le vol du chappon eſtimé à vn arpent de terre *le plus prochain dudit manoir, ou enuiron ledit manoir,* qui ſont mots que l'on a retenu aueuglement en cet article 127. & au ſuiuant 128. de la nouuelle, ſans prendre garde à ſa diſpoſition, laquelle contre l'ancienne ne donne le vol du chappon qu'au defaut de manoir & de iardin.

CXXVIII.

Item, s'il n'y a que deux enfans ; c'eſt à ſçauoir deux fils, ou
vu fils & vne fille, le fils aiſné tant deçà ladite riuiere que delà, deſdits fiefs aura leſdites deux parts . & par preciput, &
outre aura le principal manoir, ainſi qu'il s'eſtend & compor-
te en cloſture, auec le jardin, ſi jardin y a, iuſques à deux arpens, ſi tant y en a, & ſi manoir ne iardin n'y a, aura le vol
d'vn chappon eſtimé à vn arpent, enuiron ledit manoir, *a* &
l'autre tiers appartiendra à l'autre fils maiſné, ou fille.

a Enuiron ledit manoir.] Meſme erreur qu'en l'article precedent.

CXXIX.

Item, par la Couſtume locale de la Chaſtellenie de Ponthoiſe, ſi homme ou femme noble, ou autre tenant & poſſe-

dant fiefs, ou arrierefiefs nobles, va de vie à trespas, delaisse
plusieurs enfans masles & femelles, ou tous masles, ses enfans
legitimes & naturels, le fils aisné, soit qu'il y ait filles plus anciennes que luy ou non, aura & doit auoir pour son droit d'aif-
nesse & succession en iceux fiefs & arrierefiefs, qui appartenoient à sesdits pere & mere, ou aucun d'eux, ou de sesdits
ayeul ou ayeule, ou au dessus en ligne directe, les deux parts
dont les trois font le tout desdits fiefs & arrierefiefs, & outre
ce que dit est, iceluy fils aisné aura & doit auoir le principal
& maistre manoir entierement, auec le clos du jardin, s'il est
au pourpris dudit manoir, & sans que les puisnez ayent quelque chose audit maistre-manoir, & aux puisnez tous ensemble,
soient fils ou fille, vn ou plusieurs, appartient chacun pour te-
ste ou égale portion l'autre tiers desdits fiefs, & arrierefiefs,
terres & Seigneuries.

CXXX.

Item, si auec le manoir principal qu'a pris & choisi le fils
aisné, & qu'il doit auoir par ladite Coustume, n'y a iardin
tenant audit manoir, il a & doit auoir au lieu dudit jardin, le
vol d'vn chappon, estimé à vn arpent de terre.

CXXXI.

Item, entre filles n'y a point de droit d'aisnesse, & parce si
dudit trespassé n'y a que filles, deux, trois, ou plusieurs, & il
y a fiefs, la fille aisnée n'aura pas plus de prerogatiue en ladite succession, que les autres maisnées, & n'en emportera
plus l'aisnée que les autres.

CXXXII.

Item, les puisnez peuuent releuer leurs parts & portions de
leur aisné, ou du Seigneur principal, lequel bon luy semble,
pour la premiere fois, sans payer finance aucune pour le rachapt des fiefs dont n'est deu aucune finance, & des fiefs dont
est deu finance, seront tenus les puisnez de rembourser l'aifné à prorata, pour leur contingente portion, quand ledit
aisné aura releué le tout du principal Seigneur feodal: mais
si iceluy fief eschet à fille & qu'elle soit mariée, pource que
son mary est personne estrange, il payera plein relief au Seigneur feodal. a

<hr>

a *Il payera plein relief au Seigneur*
feodal.] Si vn fief eschet à vne
femme pendant son mariage par
succcession collateralle : ou mesme
en directe dans les lieux où le relief
est deu à toutes mutations, comme

D iij

il y en a quelques-vns en cette Couſtume, ſçauoir s'il ſera payé double
relief, l'vn à cauſe de la mutation
de la perſonne du deffunĉt en celle
de la femme, qu'elle deuroit quand
meſme elle ne ſeroit pas mariée, &
l'autre pour la iouïſſance du mary
pendant le mariage ? Il ſemble que
l'affirmatiue ſoit eſtablie en cette
Couſtume par l'art. 157. qui porte
qu'en ligne collaterale ceux à qui
eſchéent les fiefs, doiuent plein relief au Seigneur, & par les autres
qui contiennent qu'en quelques
lieux ſuiets à cette Couſtume, relief eſt deu à toute mutation ; ce qui
ſert de fondement à la premiere
propoſition que le relief eſt deu
par la femme pour les fiefs qui luy
eſchéent, & quant à la ſeconde elle
eſt fondée ſur la fin de cet article,
qui decide en vn cas auquel le relief
n'eſt deu du chef de la femme, que
le mary en doit de ſon chef à cauſe
qu'il eſt perſonne eſtrange. D'où
l'on peut tirer cette conſequence
que le Seigneur peut pretendre double relief lors qu'il ſe rencontre
qu'il eſt deu de part & d'autre, ſçauoir pour la mutation arriuée en la
perſonne de la femme, & à cauſe
de la tranſmiſſion de la iouïſſance
de la perſonne de la femme en celle du mary.

Neantmoins ie tiens le contraire,
& qu'il n'eſt deu dans l'eſpece pro-
poſée qu'vn ſeul & vnique relief;
parce que s'agiſſant d'vne charge
& d'vne loy onereuſe dans vn cas
non preueu par la Couſtume, il n'y
a point d'apparence de conjoindre
deux propoſitions, pour en induïre
vn double relief en vne eſpece en
laquelle la Couſtume n'a entendu
parler que ſeparement & en diuers
lieux : Et ainſi, quoy que le relief ſoit

deu par la Couſtume, lors qu'il y a
ouuerture à vne ſucceſſion en ligne
collaterale pour les fiefs qui s'y
trouuent, & d'ailleurs que le legataire doiue auſſi le relief pour les
meſmes fiefs qu'il reçoit de la liberalité du Teſtateur, neantmoins on
ne doute pas que le Seigneur ne
puiſſe pretendre qu'vn relief, combien qu'il ſe faſſe deux mutations
ſujetes à relief ſeparement, l'vne
de la perſonne du deffunĉt en celle
de l'heritier qui eſt ſaiſi par la Couſtume, & l'autre de la perſonne de
l'heritier en celle du legataire qui
eſt tenu de demander deliurance.
Et en effet on ſuit la doĉtrine eſtablie par Du Moulin en ſon Commentaire ſur la Couſtume de Paris
§. 33. *gl.* 1. *nu.* 106. où il auance cette propoſition generale que de pluſieurs mutations neceſſaires arri-
uées en vne meſme année & parti-
culieremét en meſme temps, il n'en
eſt deu qu'vn ſeul relief : ce qui eſt
fondé ſur cette raiſon naturelle, que
le relief eſtant le reuenu d'vne année, le Seigneur ne peut pas prendre deux fois les fruits d'vn meſme
heritage. Et dauantage dans l'eſpece particuliere l'auis que noûs ſuiuons eſt aidé par la diſpoſition de
l'art. 160. cy-deſſous, en ce qu'il
porte que quand à vne femme mariée eſchet aucun fief par la ſuccef-
ſion de ſon pere ou autres parens, &
que ſon mary pour & au nom d'elle, ou comme mary & bail a fait
les foy & hommage & payé les
droits, qu'apres le decéds du mary
la femme ſuruiuante ne doit plus
droits ny deuoirs, ſinon la foy &
hommage ; ces mots *pour & au
nom d'elle, ou comme mary & bail,*
qui ſont conceus alternatiuement
eſtans à obſeruer pour monſtrer que

la Coustume suppose qu'il n'est dit qu'vn seul droit.

CXXXIII.

Item, quand à ladite succession n'y a que terre & heritages roturiers, soient propres acquests, ou conquests & meubles, & en icelle y a plusieurs enfans, tant masles que femelles, soient deux, trois, cinq, ou six, ou autre plus grand nombre, lesdits enfans viennent également à ladite succession de pere ou de mere, ayeul ou ayeule, sans y auoir quelque droit de prerogatiue d'aisnesse.

CXXXIV.

En ligne collaterale filles ne succedent point és fiefs, où en pareil degré y a hoir masle, comme de frere & sœur, cousins & cousines, soit entre nobles ou non nobles, le masle emportera le tout, & n'y ont rien les femelles; posé ores qu'elles soient aisnées du masle.

CXXXV.

Item, femmes & filles succedent és fiefs en ligne collaterale, quand elles sont plus prochaines en degré de consanguinité, & excluent les masles qui ne sont en si prochain degré de consanguinité, comme elles sont : Et quand il n'y aura que filles, elles succederont également en ligne directe, comme dit est.

Antoine le Barbier Bourgeois de Beauuais, apres son deceds laisse pour heritiers Philippes le Barbier sa sœur, Margucrite Foy rappellée au lieu de deffuncte Catherine le Barbier sa mere sœur du deffunct, & Claude & Iean le Barbier, & Damoiselle Anne le Barbier, femme de Charles Aubert, Escuyer sieur de Rochy, rappellez au lieu de deffunct Maistre Raoul le Barbier, viuant Conseiller au Presidial de Beauuais leur pere & frere du deffunct, de la succession duquel il s'agissoit. Debat touchant le partage des fiefs laissez en sa succession, situez en cette Coustume pardeuant le Bailly du Comté de Beauuais, qui par sa Sentence du 24. Avril 1632. adiuge tous les fiefs aux nepueux rappellez, enfans des freres du deffunct. Duquel iugement y ayant eu appel, par Arrest donné en la deuxiéme Chambre des Enquestes, au rapport de Monsieur Hodic, la Cour infirmant cette Sentence, ordonna que les fiefs seroient partagez par tiers, entre Philippes, les enfans de Raoul, & ceux de Catherine le Barbier. Et ainsi iugé qu'vne niepce venant par representation de sa mere en consequence du rappel à la succession de son oncle auec sa tante & les enfans masles d'vn autre oncle, deuoit estre admise au partage des fiefs, par la consideration de ce que la tante qui est seule au premier degré, n'ayant droit d'exclure personne, seruoit de regle à la succession & non les nep-

ueux qui ne venoient que par priuilege & par le benefice de la repreſentation, leſquels autrement, &
s'ils fuſſent venus de leur chef, euſſent ſans doute exclus leur couſine
germaine. Depuis la meſme queſtion s'eſtant preſentée au roolle de
Senlis, le 11. Fevrier 1635. entre les
Cagnarts, pareil Arreſt eſt interuenu lecture faite du premier, conformément aux Concluſions de Monſieur l'Aduocat General Talon.

CXXXVI.

Item, s'il y a pluſieurs freres ou couſins en vn meſme degré
de lignage, leſdits fiefs ainſi écheus en ligne collaterale, ſe
partiront teſte à teſte entre-eux, ſans prerogatiue de droit
d'aiſneſſe, leſquels freres & ſœurs *a* prefereront d'vn degré
leſdits couſins.

a Freres & ſœurs.] Il faut entendre ces deux mots *freres & ſœurs*
alternatiuement, dautant que par
l'art. 134. les filles ne doiuent pas
ſucceder auec les maſles en ligne
collaterale, pour ce qui eſt des fiefs.
Ou bien meſme on peut encores
leur donner vne autre explication,
ſans bleſſer les termes de l'article,
en diſant qu'ils doiuent s'entendre
quand les freres & ſœurs ſont de
differents lits : de ſorte que les freres excluent leurs ſœurs en ce qui
eſt des propres paternels, s'ils ſont
d'vn meſme pere : mais pour ce qui
eſt des maternels, les maſles n'e-
ſtans pas de la ligne, ſeront exclus
par les femelles; & ainſi il ſera vray
de dire, que les freres & ſœurs, meſme enſemblement, prefereront d'vn
degré les couſins.

CXXXVII.

Item en ligne collaterale où il y a pluſieurs maſles en vn
méme degré ſuccedans en fiefs, tels fiefs ſe diuiſent également
entre-eux teſte à teſte, ſans prerogatiue d'aiſneſſe.

CXXXVIII.

Item, en ligne collateralle en autres heritages que fiefs,
ſoient propres, acqueſts, conqueſts immeubles, ou meubles,
leſdits heritages, biens, meubles, & ſucceſſions, ſe partiront
entre-eux, tant maſles que femelles, teſte à teſte, ſans quelque droit ne prerogatiue d'aiſneſſe.

CXXXIX.

Item, en ſucceſſion de ligne directe, repreſentation a lieu,
c'eſt à ſçauoir la fille, ou fils du frere *a* repreſenteront leur
pere treſpaſſé *b* à l'encontre de leur oncle ou tante : en la ſucceſſion de leur ayeul ou ayeule.

a Ou fils du frere.] *Idem dico de*   *quidquid voluerit vetus conſuetudo,*
nepotibus vel neptibus in infinitum,   *quæ denegabat repræſentationem,*
quæ

quæ tamen poterat reseruari, & reseruata vni filiorum, videbatur reseruata omnibus. Accidit quod vnus filiorum vel filiarum, cui non reseruatum in tractatu sui matrimonij, nec aliàs, præmortuus est, relictis nepotibus: deinde vni filiorum reseruatur, qui moritur relictis liberis: deinde moritur parens filij & nepotes mortuorum post reseruationem apertam volebant excludere nepotes mortui ante vllam reseruationem. Respondi quod simul admittuntur per text. in authent. de nupt. col. 4. ad fin. & l. posthumus §. ex his D. de inoffic. testam. & ita iudicatum per Arrestum, pronuntiatum vigilia sancti Matthiæ, an. 1545. C. M.

b *Leur pere trespassé.*] Et non s'il estoit encore viuant, & qu'il renonçast à la succession : dautant qu'il n'y a point de representation d'vne personne viuante, suiuant qu'il a esté iugé par Arrests des 11. Decembre 1612. & 8. Iuillet 1614. Mais c'est vne fort grande question de sçauoir s'ils y peuuent venir de leur chef, en cas que ceux qui se presentent pour succeder, ne soient pas en degré plus auancé qu'eux ? Maistre Charles du Moulin auoit decidé cette question en sa note sur l'article 241. de la Coustume du Maine, en faueur des enfans, dont le pere auoit renoncé, & ie n'auois point crû que son aduis fut susceptible de difficulté, nonobstant vn Arrest du 7. Decembre 1628. donné en la cinquiesme Chambre des Enquestes, au rapport de Monsieur Gillet, entre Louis Vicquet à cause de Françoise le Fort sa femme niepce de Iean du Temple, de la succession duquel il s'agissoit, & le Curateur des enfans de Charles du Temple frere de Iean, par lequel le

contraire auoit esté iugé. Ie me fondois pour suiure l'opinion de Maistre Charles du Moulin, sur ce que l'adition d'heredité est volontaire ; de sorte que le pere, qui renonce à vne succession ; n'ayant iamais porté le titre d'heritier, & sa renonciation ayant vn effect retroactif au moment de la mort du deffunct, il ne peut pas empescher que ses enfans, qui par son abdication se trouuent au degré le plus proche auec leurs cousins, ne partagent ensemble la succession. Et ie trouue ce sentiment authorisé d'vn texte formel, tiré de la Loy *si quis* 4. §. *si filius D. vnde liberi. Si filius emancipatus non petierit bonorum possessionem, ità integra sunt omnia nepotibus atque si filius non fuisset: vt quod filius habiturus esset petita bonorum possessione, hoc nepotibus de eo solis, non etiam reliquis accrescat.* Neantmoins la question s'estant encore vne fois presentée en l'Audience de la Grand Chambre, l'Arrest de l'année 1628. fit pancher la balance du mesme costé, & par vn second Arrest qui est interuenu le Mercredy 6. Avril 1661. à huis clos, touchant la succession de Charles de Lamberuille, la Cour a encore iugé que les enfans du pere qui auoit renoncé, ne pourroient venir à la succession de leur oncle auec leurs cousins germains, quoy qu'en les considerant de leurs chefs, ils fussent tous en pareil degré. Il y en a, qui voulans concilier l'opinion de Maistre Charles du Moulin auec les Arrests, distinguent la ligne directe d'auec la collaterale, sur ce que cet Autheur met l'espece dont il parle en la ligne directe, au lieu que les Arrests des années 1628. & 1661. ont esté rendus en ligne collaterale : mais, c'eſt s'attacher aux paroles que d'eſtablir de ſemblables diſtinctions, ne voyant pour ce regard aucune difference à faire entre la ligne directe & la collaterale : En effet ce que Du Moulin parle de la directe, n'eſt point pour la diuiſer de la collaterale, & au contraire ce qu'il en dit n'eſt que par forme d'ampliation, *etiam in linea directa.*

C X L.
Item, en ligne collateralle repreſentation n'a point de lieu.

Il a eſté iugé en cette Couſtume par Arreſt ſolemnel du 30. Aouſt 1614. prononcé en robbes rouges, le 23. Decembre de la meſme année, & que la Cour ordonna eſtre leu aux ſieges de Beauuais & de Senlis, pour ſeruir de loy & auoir lieu en cas ſemblables, qu'vn rappel fait en vn teſtament par vn oncle, de ſes neueux, pour venir à ſa ſucceſſion auec ſes freres, auroit lieu non ſeulement *in vim legati*, ainſi que les freres le vouloient reduire, mais meſme qu'il ſuppléeroit abſolument la repreſentation, au moyen dequoy les nepueux prendroient en la ſucceſſion de leur oncle, telle part qu'eut fait leur pere decedé, s'il euſt eſté encore viuant, & dont le deffunct n'eût pû diſpoſer par teſtament, attendu que ſa ſucceſſion conſiſtoit principalement en propres. Cet Arreſt donné en infirmant la Sentence du Bailly de Beauuais qui auoit iugé le contraire : Entre les Godins parties plaidantes.

La meſme queſtion auoit eſté auparauant iugée en cette Couſtume & en l'ancienne de Paris, qui n'admettoit pas auſſi la repreſentation, par vn autre Arreſt ſolemnel rendu au profit de Monſieur le premier Preſident de Thou, & qui fut pareillement prononcé en robbes rouges à la Noſtre-Dame de Septembre de l'année 1564. rapporté par Papon en ſon recueil d'Arreſts, liu. 21. tit. 1. nu. 20.

Nunc, in magno Conſilio 1542. eſt difficultas an in conſuetudine Siluaneetenſi, quæ idem dicit ; ſcilicet que repreſentation n'a point de lieu en ligne collaterale ; *ſed non dicit quod ſublata ſit duplicitas vinculi, vt infra eo. §. 154. an quantum ad mobilia & conquæſtus nepos ex fratre vtrimque coniuncto, excludatur per fratrem paternum, vel vterinum tantum ? videtur quod non : quia non eſt ſimplex, ſed duplex, & ſic in articulo ſimpliciter non comprehenditur, quia conſuetudo odioſa, tum debet intelligi vt minus corrigat ius commune ; ergo cum ſatis operatur inter cæteros æquales, non debet habere locum vt aliud præponderet, nec debet corrigere in duobus caſibus, cum corrigat ſatis in vno caſu. Sed contrà conſuetudo eſt generalis, & ſic generaliter debet ſtare : quia generaliter negat repræſentationem ; & ſic conuerto argumentum & dico quod ius duplicis vinculi ſatis eſt : quod operetur quando non opus eſt repræſentatione, vt inter fratres : ſecùs tamen non eſt ſatis potens, ſed indiget repræſentatione, quia tunc non poteſt operari : ſed hoc videtur abſurdum, ideò quod iſte qui nihil habuiſſet, haberet totum præmoriente fratre vtrimque coniuncto, cum re-*

linquat liberos : sed certè tunc satis est quod nepos habeat paterna, vel materna, si qua sunt ad quæ alter est extraneus. C. M. in consuet. Paris. §. 149. La resolution de cet Autheur reçoit d'autant moins de difficulté que la raison de douter qu'il propose, ne se trouue pas veritable dans le fait ; le double lien estant osté par l'art. 168. cy-apres, aussi bien que par la Coustume de Paris.

Item quid soror est hæres in omnibus sitis à Senlis, *vbi decessit defunctus & habebat domicilium : sed defunctus habebat* quelques acquests *Neustriæ, vbi super eis constituerat reditum : nepotes de fratre* representant *in sitis* en Beausse & à Chartres, *certè sunt tanquam instituti in re loci, quia consuetudines sunt locales : & sic soror habetur pro hærede vniuersali, & sic tenetur soluere debita* & ladite rente, *& non tenentur nepotes nisi in subsidium. C. M.* Cette derniere note de M. Charles Du Moulin ne seroit point presentement suiuie : parce qu'elle est fondée sur vn faux principe & sur vn erreur, dans lequel estoit cet Autheur touchant le payement des debtes, ainsi que nous establirons cy-apres sur l'article 149. & il resulte de ce que nous auons dit en cet endroit, que dans l'espece proposée par Du Moulin, les nepueux ne pourroient pas s'empescher de payer la rente *à rata* de l'emolument.

En mon Commentaire sur cette Coustume que i'auois deliberé de donner au public, auparauant que d'auoir pris la resolution de traitter en general des principales matieres de nostre Iurisprudence, i'auois discuté fort au long cette matiere des representations & rappels, y ayant quantité de questions importantes à ce suiet qui sont tres-mal entenduës : mais comme mon dessein est de trauailler au traitté des successions, dont ces questions sont dependantes, immediatement apres celuy des donations, ie n'en parleray pas icy dauantage.

CXLI.

Item, en ligne directe si vn fils ou fille va de vie à trespas, sans hoirs de son corps, à iceluy ou à icelle succedera le pere ou mere, ayeul ou ayeule *a* quant aux meubles, acquests & conquests immeubles. *b* Et quant aux propres *c* heritages, les freres, sœurs, ou autres qui seroient les plus prochains du trespassé, du costé & ligne desquels ils sont auenus au trespassé, succederont ; (pource que les propres ne remontent point,) à la charge de payer, par celuy qui aura & prendra les meubles, acquests & conquests, les debtes mobiliaires, *d* & les obseques funerailles du deffunct.

a *Le pere ou la mere, ayeul ou ayeule.*] *Scilicet* tous deux coniointement, chacun dans leur degré, s'ils sont encore viuans, c'est à dire le pere & la mere premierement, & en suitte l'ayeul & l'ayeule ; la preference du sexe n'estant d'aucune consideration parmy nous, sinon pour les fiefs.

b *Quant meubles acquests & con-*

queſts immeubles.] Comme auſſi à
ce qu'ils ont donné au deffunct,
ſuiuant la pratique generale de ce
Royaume.

c *Et quant aux propres.*] *Quidam ſine liberis obijt ſub hac conſuetudine, relictis quatuor patruis &
quatuor nepotibus & duabus neptibus ex ſorore. Reſpondi quoad mobilia vbicumque ſita, quia ſequun-
tur domicilium perſonæ, omnes ve-
niunt æqualiter. Idem de immobili-
bus acquiſitis ſub hac vel ſimili conſuetudine, vbi ſoli nepotes & nep-
tes viriliter. Quantùm verò ad quæ-
ſita per patrem defuncti vel eius ma-
trem, quia ſunt facta propria in linea acquirentis, patrui nihil habent
qui non ſunt de linea: ſed ſoli nepotes qui ſunt de linea. Quantùm ad
propria aui vel auiæ defuncti omnes
in capita. Et debita ſoluuntur viriliter, etiam ſi non ſint æquales; l. 1.
C. ſi cert. pet. ſic omnia debita actiua
habent æqualiter, ad hoc infrà, §.*
149. *C. M.* Ce chef de la reſolution
de Maiſtre Charles Du-Moulin,
qu'aux propres naiſſans du defunt,
acquis par ſon pere, les nepueux y
doiuent ſucceder à l'excluſion des
oncles, a eſté confirmé par Arreſt
du 14. Aouſt 1570. donné en cette
Couſtume, & rapporté en forme
par le Vel, chap. 107. Et depuis le
meſme a eſté iugé en la Couſtume
de Paris par Arreſt donné auec
grande connoiſſance de cauſe, en la
cinquieſme Chambre des Enqueſtes, le 27. Mars 1646.

C'eſt vn vſage vniuerſel dans le
païs Couſtumier, que les biens des
mineurs ne changent pas de nature
durant leurs minoritez à l'eſgard de
leurs heritiers; de ſorte que combien que les propres qui leur appartiennent ſoient valablement

alienez, le prix qui en procede ou
le bien qui en eſt acquis eſt reputé
propre, & appartient dans la ſucceſſion du mineur à celuy auquel l'heritage aliené eſtoit deferé par la
Couſtume. C'eſt la Iuriſprudence
eſtablie par l'addition faite à l'article 94. de la nouuelle Couſtume
de Paris, qui eſt obſeruée dans les
autres Couſtumes, par cette conſideration qu'elle eſt fondée ſur la
doctrine des Arreſts qui eſtoient
interuenus auparauant, & particulierement ſur vn qui auoit eſté rendu en cette Couſtume de Senlis, &
prononcé en robbes rouges par
Monſieur le Preſident de Thou le
7. Septembre 1570. qui iugea que
l'heritage acquis par le tuteur du
prix prouenu de la vente qu'il auoit
faite d'vn propre maternel, deuoit
appartenir aux freres vterins, à l'excluſion des freres conſanguins, celuy des biens duquel il s'agiſſoit
eſtant mort en minorité. Cet Arreſt eſt rapporté par Maiſtre René
Choppin *de priuileg. ruſt. lib. 1. cap.
5. nu. vlt.*

d *Les debtes mobiliaires.*] Les articles de cette Couſtume qui parlent des debtes, s'expliquent diuerſement pour ce qui eſt des qualitez
qu'ils leur donnent; celuy-cy & le
144. qui eſt pour le don mutuel,
auec le 152. qui concernent la garde
noble, diſent, *mobiliaires,* le 199.
qui eſt pour le haut Iuſticier confiſquant, dit, *perſonnelles:* le 145. qui
eſt pour le partage des biens de la
communauté, dit *perſonnelles &
mobiliaires,* & le 146. qui parle des
nobles gagnans les meubles par priuilege de nobleſſe, dit, *dettes,* ſeulement.

En conſequence dequoy il y a lieu
de demander de quelles debtes ont

entendu parler chacuns de ces articles, & s'ils ont eu differentes in-
tentions ? I'estime que ces deux
mots, *personnelles & mobiliaires*
sont synonimes en ces endroits, &
que ces articles, en s'expliquant
de differente maniere, ont neantmoins voulu dire la mesme chose.
Dautant que lors de la premiere redaction de cette Coustume, ils n'a-
uoient pas d'autres debtes personnelles, que les purement mobiliaires & pour vne fois payer ; attendu
que toutes sortes de rentes, mesme
les constituées à cause de leur assignat necessaire sur vn certain heritage, ainsi qu'il se void par l'art.
197. passoient pour debtes immo-
biliaires & reelles, se voyant mesme par l'article 175. que les heritages sur lesquels elles auoient leur
assignat, estoient vendus à la charge de ces rentes, du moins pour celles qui estoient ensaisinées ou infeodées. De sorte mesme que cet
assignat estoit limitatif, & si celuy
qui auoit constitué vne rente, ve-
noit à vendre l'heritage sur lequel
il l'auoit assigné, la rente suiuoit
l'heritage, & les autres biens du
constituant, mesme sa personne, en
demeuroient absolument deschargez : si bien que cette sorte de debte
estoit entierement reelle & ne te-
noit rien de la personalité. D'où
s'ensuit que sous le mot de debtes
personnelles, ne venoient que les
mobiliaires & pour vne fois payer:
Ce qui se peut assez colliger de l'article 199. qui fait distinction des
debtes personnelles & des rentes
constituées.

Mais ce qui rend difficile l'intelligence & l'execution du contenu
en ces articles, est le changement
qui est arriué par nostre Iurispru-

dence en ces sortes de debtes : car
leur nature ayant esté mieux connuë, nous auons consideré l'assignation de ces rentes sur vn heritage pour accessoire, & comme vne
simple hypotheque, qui donnoit
ius ad rem, non pas *in re :* de sorte
mesme que nous auons cessé de croi-
re que cet assignat fût necessaire
pour la validité de telles rentes, &
auons estimé que celuy qui n'auoit
aucun heritage, ne laissoit pas d'e-
stre capable d'en constituer sur luy;
& en consequence nous auons placé ces rentes constituées, non plus
au rang des debtes reelles, mais
des debtes personnelles, comme
suiuans principalement la personne, & la chose par accessoire seulement ; celuy qui les a creées n'e-
stant plus liberé pour mettre hors
de ses mains les heritages sur lesquels il les auoit assignées, & le
creancier n'a plus aussi de sa part
que la declaration d'hypotheque
sur ces heritages, mis hors des
mains de son debiteur. Et ainsi les
rentes constituées passent maintenant auec les sommes pour vne fois
payer, pour debtes generales &
personnelles, voire mobiliaires, à
l'esgard du debiteur : puisque pour
ce qui le concerne, il ne doit que
de l'argent, & est quitte en payant
vne somme de deniers, & non point
pour debtes particulieres d'vn certain heritage, comme autrefois.

Cela supposé pour en faire l'application aux articles que nous in-
terpretons, ie n'estime pas qu'ils
doiuent estre entendus suiuant cette explication moderne, & du temps
present : mais conformement à ce
qu'ils ont voulu parler & à leur intention : *non enim dubium est in le-*
gem committere eum, qui verba le-

gis amplexus, contra legis nititur voluntatem l. 5. C. de legib.

De ſorte que comme l'art. 141. par vn droit particulier charge les aſcendans qui ſuccedent aux meubles & acqueſts de leurs enfans, de payer les debtes mobiliaires; ie ne voudrois pas les obliger à payer ſeuls les rentes conſtituées; mais les faire porter par tous les heritiers des immeubles, tant des acqueſts que des propres, *à rata* de ce que ils en perçoiuent, puis que les heritages des debiteurs d'vne rente n'y ſont plus obligez par aſſignat: mais generalement hypothequez, de ſorte que l'vn n'en ſera point plus tenu que l'autre, ce qui ſera conforme par ce moyen à l'eſprit de noſtre Couſtume, toute proportion gardée. Il y a lieu de decider la meſme choſe à l'eſgard de l'art. 144. qui concerne le don mutuel, & dire que combien qu'il ne charge le donataire mutuel que du paye-ment des debtes mobiliaires, il doit neantmoins acquitter toutes les debtes de la communauté de telle nature qu'elles ſoient, par cette raiſon particuliere que permettant de diſpoſer à tiltre vniuerſel de tous les biens de cette communauté, les debtes dont elle eſt chargée doiuent neceſſairement eſtre portées par le donataire en conſequence de cette

maxime que *bona non dicuntur niſi deducto ære alieno.* Et autrement ſi les propres du donateur demeu-roient chargez de la moitié des debtes reelles de la communauté, les propres ſe trouueroient indire-ctement compris dans le donmu-tuel; puiſqu'ils ſeruiroient à aug-menter les biens de la commu nau-té, en les acquittant des debtes dont ils ſont naturellement char-gez, ce qui ſeroit contre l'intention de la Couſtume, veu meſme qu'il pourroit arriuer par ce moyen que les propres du premier decedé ſe-roient abſorbez par cette eſpece de debtes. Mais au cas des art. 146. & 152. qui ne donnent au gardien no-ble ou au noble ſuruiuant, que les meubles, il les faut du tout dechar-ger des rentes conſtituées. Quant à l'article 145. qui regarde la commu-nauté, il ne peut pas y auoir de diffi-culté, que la femme eſt tenuë de la moitié des rentes deuës par cette communauté, puis qu'elle prend la moitié des heritages qui y ſont obligez; ce qui auoit lieu par cette raiſon au temps meſme de la reda-ction de cette Couſtume. Enfin pour ce qui regarde l'art. 199. nous en parlerons, lors qu'il viendra en ſon lieu, ayant à y faire quelques remarques particulieres ſur ce ſuiet.

CXLII.

Item, le mort ſaiſit le vif ſon plus prochain heritier habile à luy ſucceder, lequel par ladite Couſtume eſt ſaiſi de tous les biens meubles & immeubles, demeurez du deceds du trepaſ-ſé, pour d'iceux en iouyr comme vray heritier.

Cette regle de noſtre droit Fran-çois, *le mort ſaiſit le vif,* en vertu de laquelle vn heritier eſt ſaiſi de plein droit des biens de la ſucceſ-

ſion, eſt fort differente de la diſpo-ſition du droit Romain, par lequel l'heritier ne ſe pouuoit dire ſaiſi qu'apres l'adition qu'il auoit faite de l'heredité qui luy eſtoit eſcheuë. Sur cette diſtinction a eſté iugé dans cette Couſtume en interpretation de cet article, que combien que par le droit ciuil il fût libre à celuy qui eſtoit appellé à vne ſucceſsion d'y renoncer au preiudice de ſes creanciers & de l'Edit du Preteur, *Quæ in fraudem credit. Qui repudiauit hæreditatem vel legitimam, vel honorariam, vel teſtamentariam non eſt in ea cauſa vt huic ediƈto locum faciat: noluit enim acquirere, non ſuum proprium patrimonium diminuere, l. qui autem 6. D. d. tit. quæ in fraud.* Neantmoins le contraire deuoit auoir lieu parmy nous, & que les creanciers pourroient obliger leur debiteur à accepter la ſucceſsion qui luy eſtoit deferée, par Arreſt que Maiſtre Iean Bacquet, qui le rapporte en ſon traitté des droits de Iuſtice chap. 21. nu. 359. dit auoir eſté ſolemnellement rendu le 9. Avril 1586. en cette eſpece: Marguerite Mallard eſtant chargée de pluſieurs debtes, il luy eſcheut & à deux de ſes ſœurs, deux ſucceſsions, dans le deſſein de faire paſſer ſa portion hereditaire à deux enfans qu'elle auoit, elle renonce à la ſucceſsion au preiudice de ſes creanciers, leſquels intentent leur aƈtion pardeuant le Preuoſt de Chaumont, pour voir dire que la renonciation qu'elle auoit faite demeureroit reuoquée, ſurquoy interuint Sentence, par laquelle il fut ordonné, qu'auparauant de proceder au Iugement diffinitif du procez, les autres heritiers ſeroient tenus de declarer s'ils entendoient que les enfans de Marguerite Mallard ſuccedaſſent en ſon lieu: ce Iugement ayant eſté confirmé par le Bailly de la meſme Ville, les creanciers en interjetterent appel au Parlement, comme d'vn interlocutoire inutil, & la cauſe ayant eſté inſtruite, par l'Arreſt qui interuint, la Cour mit l'appellation & ce, emendant, euoquant le principal & y faiſant droit, Marguerite Mallard fut condamnée, ſans auoir eſgard à ſa renonciation, d'accepter les parts & portions à elle deferée aux ſucceſsions dont il s'agiſſoit aux perils & fortunes de ſes creanciers, & en baillant par eux bonne & ſuffiſante caution de l'acquiter, garentir, & indemniſer de l'acceptation de ces ſucceſsions, & les coheritiers condamnez à communiquer aux creanciers les lettres & titres de la ſucceſsion & leur faire partage, pour les biens qui aduiendroient en leur lot eſtre vendus, les deniers en prouenans à eux baillez iuſques à concurrence de leur deu, & que le ſurplus appartiendroit à la debitrice; ſi mieux n'aimoient les coheritiers payer les creanciers de leur deu.

CXLIII.

Item homme & femme conjoints enſemble par mariage, ne peuuent par teſtament ou ordonnance de derniere volonté, leguer, donner, ou laiſſer aucune choſe l'vn à l'autre, ſoit qu'il y ait enfans, ou non.

Il faut voir pour l'interpretation de cet article, mon traitté des donations & particulierement en la partie 1. ch. 2. ſeƈt. 6. & 7.

L'Article 15. du tiltre de ſucceſ-ſion de l'ancienne Couſtume, au lieu duquel celuy-cy a eſté ſubſti-tué, contenoit vne diſpoſition tou-te contraire, & permettoit aux ma-ris & femmes de diſpoſer par teſta-ment au profit l'vn de l'autre de leurs meubles, acqueſts, & con-queſts immeubles, & du quint des propres à touſiours & de l'vſufruict du ſurplus des propres, ſoit qu'il y eût enfans, ou non. En interpreta-tion de cet article, il eſtoit interue-nu vn Arreſt ſolemnel du 22. May 1545. qui eſt rapporté en forme dans le recueil de le Veſt chapitre 28. en cette eſpece : par le Contract de Mariage de Pierre le Gendre & de Charlotte Briſſonnet du mois de Iuin 1511. le mary auoit conſtitué trois cens liures de rente de Doüai-re prefix au profit de ſa femme, Et par ſon Teſtament il auoit encore diſpoſé en faueur de ſa femme de l'vſufruict de ſes meubles & de ſes heritages, n'ayant laiſſé à ſes he-ritiers que la ioüiſſance de quelques rentes & la proprieté du ſurplus de ſes biens. Apres ſon deceds la fem-me, qui eſtoit en poſſeſſion de ſon vſufruict, ne laiſſe point de faire aſſigner les heritiers de ſon mary, pour eſtre condamnez à luy payer les arrerages de ſon Doüaire, ſur-quoy ayant obtenu aux Requeſtes du Palais Sentence à ſon profit, el-le fut infirmée par l'Arreſt qui ren-uoya les heritiers de ſon mary quit-tes & abſous de ſa demande. Il faut voir ce que i'ay eſcrit à ce ſujet en mon traitté des Donations partie 2. nomb. 168. & ſuiuans, & en la par-tie 3. nomb. 1218. & ſuiuans.

CXLIV.

Item, homme & femme conjoints enſemble par mariage, peuuent faire l'vn à l'autre don mutuel de tous leurs biens meubles, acqueſts ou conqueſts *a* immeubles, pourueu qu'ils n'ayent aucuns enfans, & qu'iceux conjoints ſoient égaux en aage, *b* & cheuance *c*, à la charge que le ſuruiuant ſera te-nu de payer & acquitter les debtes mobiliaires, *d* deuës au iour du treſpas du deffunct, auec les obſeques & funerailles dudit deffunct, en acceptant ledit don mutuel,

a *Acqueſts ou conqueſts*] Ces mots ſont ſynonimes en cette oc-caſion, & ne ſignifient que les ac-quiſitions faites pendant la commu-nauté & qui ſont communes entre les conjoints, ainſi que i'ay fait voir en mon traitté du don mutuel nom. 179. & ſuiuans, & que ie remarque-ray encore cy-apres.

b *Egaux en aage.*] L'ancienne compilation faite en 1506, porte la meſme clauſe, *Egaux en aage &*

cheuance. Mais la plus ancienne fai-te en 1493. porte eſgaux en force, aage & cheuance.

On a demandé de quelle propor-tion cette Couſtume entendoit par-ler lors qu'elle requiert egalité d'â-ge entre conjoints, à l'effet de ſe pouuoir donner mutuellement ? Il y a eu trois Arreſts rendus ſur cette difficulté : le premier du 6. Mars 1616. confirmatif d'vne Sentence de Meſſieurs des Requeſtes du Pa-lais,

lais, du 6. Iuillet 1612. entre Monsieur Loysel President en la Cour des Aydes, donataire de deffuncte Dame Marie de Hacqueuille sa femme, contre André de Hacqueuille, Escuyer, sieur de Garge frere de la deffuncte, par lequel le don mutuel auoit esté declaré bon & valable, combien que la femme fust plus aagée que son mary de 6. à 7. ans. Le second Arrest est du 19. Feurier 1647. rendu au roolle de Senlis, conformement aux conclusions de Monsieur l'Aduocat General Talon, plaidant Maistre Iacques Lambin & moy, entre M. Pierre le Lanternier sieur d'Auchy Esleu en l'Eslection de Beauuais, donataire mutuel de deffuncte Damoiselle Angadresme Paiot sa femme, contre Maistre Iosse Paiot, frere & heritier de la deffuncte, par lequel ce don mutuel fut pareillement confirmé : quoy que le sieur d'Auchy fust plus aagé que la Damoiselle sa femme, de vnze à douze ans. Par le troisiesme Arrest donné au rapport de Monsieur le Clerc le 14. Aoust 1649. vne donation mutuelle a esté declarée nulle en cette Coustume, entre Laurens Capon heritier de Pierre Capon appellant d'vne Sentence du Bailly de Senlis du 10. Septembre 1645. portant deliurance du don mutuel & Martine Roussel vefue de Pierre Capon intimée : apres que par Arrest interlocutoire du 7. Septembre 1647. la Cour auoit ordonné qu'auparauant faire droit, les parties informeroient du fait de l'aage : l'heritier du mary predecedé ayant articulé que le defunct estoit plus aagé que sa femme de 10. à 25. ans.

Au reste il ne sera pas inutile de tirer encor ce fruict du premiere de ces Arrests, qu'il a iugé, que le don mutuel fait entre le Sieur & la Dame Loysel seroit reglé suiuant la disposition de la Coustume de Senlis, combien que leurs articles de mariage eussent esté accordez par deuant Notaires a Paris ; le contract de mariage passé veritablement a Senlis : mais auec stipulation que la communauté seroit reglée suiuant la Coustume de Paris, & les Sieur & Dame Loysel n'ayans demeuré à Senlis que 7. à 8. ans, pendant lesquels le don mutuel auoit esté fait, & en suitte estoient venus demeurer en cette Ville de Paris, en laquelle la femme estoit decedée. Ce point iugé en ce que par l'Arrest la proprieté des meubles & acquests a esté adiugée à Monsieur Loysel, suiuant la disposition de cette Coustume, au lieu que par celle de Paris ces choses ne luy eussent appartenu qu'en vsufruit.

c *Et Cheuance.*] C'est à dire en biens : mais il y a grande apparence que ces mots sont à present inutiles en cette Coustume, & laissez par inaduertance du texte de l'ancienne (comme desia i'ay remarqué auoir esté fait en d'autres articles) estant permis aux conjoints par l'ancienne de se donner mutuellement, non seulement leurs meubles, acquests ou conquests immeubles : mais aussi le quint des propres à perpetuité & l'vsufruit du surplus, de sorte qu'il se pouuoit rencontrer beaucoup d'inegalité en semblables donations, quant aux biens : mais suiuant les termes où la nouuelle Coustume a reduit le don mutuel, ie ne vois pas où cette esgalité de cheuance puisse estre appliquée : Car combien que cet article porte que l'on peut donner ses ac-

F

queſts ou conqueſts, ie ne croy pas que cela puiſſe s'entendre des acqueſts faits par l'vn ou l'autre des conjoints auparauant leur mariage: ainſi que i'ay fait voir au Chapitre du don mutuel: dautant qu'à l'eſgard des conjoints, les acqueſts ſont propres, & comme tels la femme y prend ſon doüaire ; ſi bien qu'ils ne peuuent eſtre donnez mutuellement : Auſſi la Couſtume ne dit-elle pas *acqueſts & conqueſts*, mais *acqueſts ou conqueſts*, ce qui monſtre qu'elle n'a point voulu ſignifier par ces deux mots deux choſes differentes, mais qu'elle les a pris comme ſynonymes & identiques, pour les acquiſitions faites pendant la communauté.

d **v.** *notata ad art.* 141. *lit. d.*

Il faut voir pour vne plus ample explication de cet article, le Traitté du don mutuel que i'ay donné au public.

CXLV.

Item, quand l'vn des deux conjoints enſemble par mariage, ſoient nobles, ou non nobles, va de vie à treſpas, les biens meubles acqueſts & conqueſts, immeubles faits durant & conſtant leur mariage, ſe diuiſent & partiſſent également, entre le ſuruiuant & les heritiers du treſpaſſé, à la charge de payer chacun par moitié, les debtes perſonnelles & mobiliaires.

Iugé en cette Couſtume par Arreſt du 30. Avril 1620. donné en la premiere Chambre des Enqueſtes au rapport de Monſieur Barillon, entre Marie Chaſtelain vefue de deffunct Maiſtre Pierre Germain Aduocat en Parlement, Marguerite Germain vefue de Nicolas Germain & conſorts heritiers du meſme deffunct, que le remploy ſeroit fait par les heritiers au profit de la vefue ſur les biens de la communauté, de toutes les rentes & heritages à elles auenus & eſcheus par le deceds de ſes pere & mere, qui ſe trouueroient racheptez ou vendus par ſon mary, & que les intereſts des deniers procedans de ſes propres alienez, ſeroient payez à raiſon de l'Ordonnance depuis le iour du deceds du mary ; combien qu'il n'y eut aucune clauſe de remploy par le Contract de Mariage. La meſme choſe auoit auparauant eſté iugée par autre Arreſt auſſi interuenu en cette Couſtume, ſur procez par eſcrit le 17. Mars 1612. entre Philippes de Coſſant, Marie du Perthuis ſa femme & conſorts d'vne part, & Anthoinette le Maiſtre vefue en ſecondes nopces de Nicolas de Perthuis d'autre.

a **v.** *notata ad art.* 141. *lit. d.*

CXLVI.

Item, entre nobles *a* conjoints enſemble par mariage, le ſuruiuant peut prendre & apprehender les meubles demeurez du deceds du treſpaſſé, en payant les debtes *b* deuës au iour du treſpas, obſeques & funerailles du treſpaſſé.

a *Nobles.*] Puisque la' Couſtume ne diſtingue pas , ie ne veux pas auſſi diſtinguer les nobles de race , d'auec ceux qui ont acquis ce titre , à cauſe de leurs charges & dignitez, & des annoblis ; croyant qu'ils doiuent tous prendre part en cet article , puis qu'ils ſont tous compris ſous ce mot general de nobles.

Dauantage i'eſtime qu'il ſuffit que le mary ſoit noble , pour faire que cet article ait lieu , *iuxta l. fœmina, D. de Senatorib. l. mulieres, C. de dignitat.* dautant que le mary an-

noblit ſa femme par le mariage qu'il contracte auec elle , & luy communique ſa dignité ; de ſorte meſme que la femme apres le deceds de ſon mary la retient & iouyt des priuileges , tant qu'elle demeure en viduité. Mais au contraire la nobleſſe en la perſonne de la femme ne ſuffiroit pas , parce que tant s'en faut qu'elle la communique à ſon mary roturier , qu'elle l'eſteint pendant ce mariage.

b *v. notata ad art.* 141. *lit. d*

CXLVII.

Item , vn noble homme *a* aille de vie à treſpas , ſa femme *b* ſuruiuant peut renoncer aux meubles & acqueſts par eux faits durant & conſtant leur mariage , incontinent ; c'eſt à ſçauoir dedans trois mois *c* du iour du treſpas : & en ce faiſant , elle demeurera quitte des debtes perſonnelles que deuoit ſon mary auparauant le mariage , & que tel treſpaſſé auoit fait durant & conſtant leur mariage , eſquelles elle ne ſe ſeroit point obligée. *d*

a *Vn noble homme.*] *Idem* du roturier ſuiuant la pratique generale de ce Royaume ; qui eſt obſeruée ſans contredit en cette Couſtume.

b *Sa femme ſuruiuant.*] Et ſes heritiers en cas de ſon predeceds , puis qu'ils ſont en ſa place.

c *Dedans trois mois.*] Meſme apres ce temps , *rebus integris* , par la raiſon de la Loy *mancipiorum, D. de opt. vel elect. leg.* & ſuiuant ce iugé par Arreſt donné en cette Couſtume , le Mercredy 30. Mars 1605. en la Chambre de l'Edit , plaidans Tardif & Berger ; Giury, Chaumont & du Brueil , parties plaidantes , qu'vne femme eſtoit re-

ceuë à renoncer à la communauté d'entre-elle & ſon deffunct mary, dix ans apres ſa diſſolution , ſe voyant qu'elle n'auoit rien pris des biens de cette communauté , qu'en qualité de garde noble de ſes enfans. Il en iroit autrement , ſi ſans auoir pris autre qualité , elle demeuroit en poſſeſſion des biens de cette communauté apres les trois mois : car pour lors elle ſeroit preſumée & declarée commune.

d *Obligée.*] Suppoſé qu'elle y ſoit obligée , elle peut à la verité eſtre pourſuiuie par le creancier ; mais elle doit eſtre acquitée par l'heritier de ſon mary.

CXLVIII.

Item, l'executeur ou executeurs du teſtament d'vn treſpaſſé, ſont ſaiſis des biens meubles dudit teſtateur, iuſques à la
concurrence dudit teſtament, pour iceluy accomplir dedans
l'an & iour.

v. mon Traitté des Donations partie 2. chap. 1.& 2.

CXLIX.

Item, les heritiers d'vn treſpaſſé, ſont tenus des faits promeſſes & obligations d'iceluy treſpaſſé, chacun pour telle
part & portion qu'ils en ſont heritiers.

Il s'en eſt rencontré pluſieurs qui
ont eſté cy-deuant dans cette opinion, que cet article, auſſi bien que
le 163. cy-apres, ne concernent que
les creanciers & reglent ſeulement
à leur eſgard, comme les heritiers
peuuent eſtre pourſuiuis des debtes
d'vn deffunct, & non pas de quelle
façon ils ſont tenus entr'eux de
ces debtes, qu'ils ſouſtiennent deuoir eſtre acquittées par les heritiers mobiliers, conformément à
l'ancienne pratique de ce Royaume.

Cette opinion a pour fondement
l'art. 141. qui charge les aſcendans,
ſuccedans aux meubles & acqueſts
du payement des debtes mobiliaires : le 146. par lequel le ſuruiuant
noble prend tous les meubles en
payant les debtes : le 152. qui donne au gardien noble les meubles &
la iouïſſance des fruits des heritages
appartenans aux mineurs, à condition de payer les debtes mobiliaires & arrerages de rentes, & le 199.
par lequel le Seigneur haut Iuſticier
confiſquant les meubles, eſt tenu des
debtes perſonnelles. D'où il ſemble que l'on pouuoit conclure, que
l'eſprit general de la Couſtume eſt
de faire payer les debtes à celuy qui
prend les meubles.

Et toutesfois l'opinion contraire
a preualu, & ces diſpoſitions particulieres ont eſté priſes pour autant
d'exceptions qui confirment la re-
regle generale dans les cas non ex-
ceptez. Auſſi cette Couſtume qui,
par l'article 163. diſpoſe du payement des debtes à l'égard du creancier, & regle de quelle façon les
heritiers peuuent eſtre par luy pourſuiuis, auroit-elle parlé inutilement
des meſmes debtes en cet article,
s'il ne concernoit pas les heritiers
& comme ils les doiuent payer entr'eux. Et de fait il eſt enoncé par
ces termes generaux, *les heritiers
ſont tenus, &c.* De ſorte que l'on
ne fait plus de difficulté de l'interpreter de la ſorte, conformement
à la Couſtume de Paris, & à la pluſpart des autres de ce Royaume, qui
contiennent des diſpoſitions remplies d'equité ; ce qui fait que le iu-
dicieux Coquille parlant au Chapitre des droicts de Iuſtice de ſes
Inſtitutions de l'article 199. de noſtre Couſtume, qui charge, comme nous auons dit, le Seigneur prenant les meubles de payer les debtes mobiliaires, remarque que cet
article deſpend de l'ancienne opinion erronée, qui chargeoit ainſi

l'heritier mobiliaire, au lieu de respandre les debtes vniuersellement sur les biens de la succession.

Il conuient obseruer que nous n'entendons pas cet article, de la mesme façon qu'a fait Maistre Charles Du Moulin, lors qu'il a dit sur l'article 141. *debita soluuntur viriliter, etiamsi non sint æquales.* Car cet Autheur prenant à contre-sens, pour ce regard, la disposition du droit, vouloit que de la mesme façon que chez les Romains les heritiers instituez participans aux biens d'vn deffunct inegalement, ne laissoient pas de payer les debtes personnellement, sans auoir esgard à ce que les vns prenoient plus que les autres, *l. 1. C si cert. petat.* les heritiers parmy nous payassent aussi les debtes esgalement, au cas mesme qu'ils vinssent à succeder auec inegalité, comme il arriue souuent par les dispositions de nos Coustumes.

Mais il ne prenoit pas garde, que la raison pourquoy l'establissement du droit Romain estoit tel, procedoit de ce que les successions *ab intestat*, estoient partagées egalement & sans distinction de patrimoine. D'où vient que les successions testamentaires ayant esté introduites à l'*instar* des autres, les heritiers instituez ne pouuoient estre appellez inesgalement pour ce qu'ils prenoient en cette qualité d'heritiers. De sorte que s'il leur estoit fait quelque auantage, ils le prenoient par forme de prelegs, & non comme heritiers; ce qui faisoit que les legs n'estans sujets aux debtes, celuy au profit duquel ces prelegs estoient faits, n'en estoit pas tenu outre sa portion hereditaire, ainsi qu'il est expliqué *l. ex fa-*

cto, & l. qui non militabat, D. de hæredib. instit.

Ce qui n'est pas de mesme parmy nous; veu que nos loix qui sont nos Coustumes, diuisent les successions entre les heritiers auec in egalite, & suiuant les differentes especes de biens qui s'y rencontrent, donnant aux vns les meubles & acquests, & aux autres les propres, suiuant la ligne dont ils touchoient de parenté celuy, de la succession duquel il s'agit.

Si bien qu'en conseruant les principes du droit Romain, toutes choses proportionnées, nous obligeons les heritiers à payer les debtes, suiuant les parts & portions de ce qu'ils amendent & *à rata* de l'emolument qu'ils en perçoiuent, en y comprenant mesme les donataires & les legataires vniuersels, que nous comparons aux heritiers. Et par ce moyen conformement à la disposition du droit escrit, nous rejettons les debtes sur tous les biens de la succession, *æs alienum totum patrimonium imminuere constat, l. si fideicommissum 50 §. tractatum, D. de iudicijs,* conformément à l'article 334. de la Coustume de Paris qui l'a ainsi declaré & que nous suiuons en celle icy, comme conforme à la raison, ayant esté composée des Arrests de la Cour, & entr'autres d'vn solemnel, du mois de May 1562. vulgairement appellé des Boulards. Aussi voyons-nous dans le droit Romain mesme, que dans les cas ausquels il estoit permis aux Testateurs de diuiser les successions en diuerses especes de patrimoines, la charge des debtes passiues se partageoit inesgalement, & la proportion virile n'y estoit pas obseruée. *Iulianus etiam ait, si quis alium caſtrenſium rerum, alium cæterarum ſcripſiſſet hæredem: qua-ſi duorum hominum duas hæredita-tes intelligi: vt etiam in æs alienum quod in caſtris contractum eſſet, ſo-lus is teneatur qui caſtrenſium re-rum hæres inſtitutus eſſet: Extrà caſtra contracto ære alieno is ſolus obligetur qui cæterarum rerum hæ-res ſcriptus eſſet. l. ſi certarum 18. §. Iulianus D. de milit. teſt. V. & l. ſi peculium D. de pecul. leg. & l. 20. 21. 23. 24. 25. 26. & 27. D. de relig. & ſumpt. fun. & l. 20. §. 3. D. fam. erciſc.*

Toutesfois nous ne faiſons pas payer aux aiſnez plus grande part des debtes, pour ce qu'ils prennent par preciput & droit d'aiſneſſe; comparans cet auantage qu'ils pré-nent hors part, aux prelegs des Ro-mains, & pour cela eſt exprez l'art. 163. cy-apres. Mais nous n'en vſons pas de la ſorte, lors que les maſles prennent les fiefs par droit d'exclu-ſion, comme l'ordonnent la pluſ-part de nos Couſtumes, & entr'au-tres celle cy, pour ce qui eſt de la li-gne collaterale: car pour lors les femelles n'eſtant heritieres en çe genre de bien, elles ne ſont pas te-nuës des debtes dont il eſt char-gé: mais les maſles doiuent plus payer des debtes que les femelles, eu eſgard & à proportion des fiefs; ce qui eſt decidé par l'article 335. de la Couſtume de Paris. Cette que-ſtion ayant eſté agitée dans cette Couſtume entre les ſieurs des Vr-ſins, de Palloiſeau, & autres heri-

tiers d'Auuenterre, elle fut appoin-tée par Arreſt interuenu en l'Au-dience de la Grand Chambre du Mardy 23. Mars 1600. Mais depuis elle a eſté iugée diffinitiuement ſur vne autre conteſtation formée en-tre les Poſſins, touchant la ſucceſ-ſion d'Anthoine Poſſin qui auoit ſon domicile dans la Couſtume de Senlis, & qui auoit laiſſé dans ſa ſucceſſion la terre de Menainuille ſituée dans la Couſtume de Mont-fort, qui eſt entierement conforme à celle-cy: Il s'agiſſoit de ſçauoir ſi les debtes de la ſucceſſion du de-funct ſe payeroient virilement, ou à proportion de l'emolument dans ces deux Couſtumes, entre ſes he-ritiers, qui eſtoient Georges, An-ne, & Marie Poſſin ſes freres & ſœurs, & particulierement, ſi le frere en deuoit payer dauantage à proportion de la terre qu'il prenoit ſeul. Par l'Arreſt qui interuint le 15. Ianvier 1614. en la 3. Chambre des Enqueſtes, au rapport de Monſieur Scarron, il fut iugé que les debtes ſeroient payées *pro modo emolumen-ti*, & que le frere ſeroit tenu d'y contribuer à proportion du fief meſme qu'il prenoit à l'excluſion de ſes ſœurs. Le meſme Arreſt iu-gea vne autre queſtion, qu'vne ren-te conſtituée de mil liures par cha-cun an, qui eſtoit deuë pour le prix du fief eſtoit vne debte perſonnel-le, & en conſequence qu'elle de-uoit auſſi eſtre payée par tous les heritiers à proportion de l'emolu-ment.

C L.

Item,, quand aucun habile à eſtre heritier d'vn treſpaſſé, s'immiſce & prend de la ſucceſſion dudit treſpaſſé, ou prend & applique à ſon profit iuſques à la valeur de cinq ſols pariſis,

il est tenu & reputé vray heritier *a* du trépassé, & comme
tel peut estre valablement poursuiuy par les creanciers dudit
trespassé.

a Est reputé vray heritier.] Non
toutesfois s'il le fait en autre qualité, ou apres auoir renoncé à la succession.

CLI.

Item, quand aucuns enfans ont esté mariez des biens communs de leur pere & mere, ayeul ou ayeule, & l'vn d'eux, soit
le pere ou la mere, l'ayeul ou ayeule, va de vie à trespas, si
iceluy enfant ou enfans ainsi mariez veulent venir à la succession de tel trépassé, auec les autres enfans non mariez, faire le pourront, en rapportant la moitié de ce qui a esté donné en mariage, ou autrement auantagez, ou moins prenant
des biens desdites successions, & si tous deux ; c'est à sçauoir
les pere & mere, ayeul ou ayeule, estoient decedez, tels aduantagez rapporteront le tout, ou prendront moins desdites
successions, comme dessus.

On a douté en cette Coustume,
en interpretation de cet article, sçauoir si de petits enfans succedans à
leur ayeule par representation de
leur mere, estoient obligez de rapporter les aduantages faits par cette
ayeule à vne de leurs sœurs, qui auoit
renoncé à sa succession ? Cette question s'estant presentée pardeuant
le Lieutenant du Bailly de Senlis à
Compiegne, entre Hierosme le
Caron & conforts freres & sœurs
demandeurs en rapport en la succession d'Anthoinette le Martin
leur mere, & Claude Thibaut, au
nom & comme tuteur des enfans
tant de luy, que de Bonauenture le
Caron sa femme, veufue en premieres nopces de Iacques Poulletier ; la petite fille auantagée, nom-
mée Catherine Poulletier, estant
fille du premier mariage de Bonauenture le Caron : la Sentence fit
distinction entre les auantages faits
du viuant de la mere, & ceux qui
auoient esté faits apres son deceds,
& en consequence condamna à rapporter les premiers, comme pre-
sumez faits en sa consideration, &
non les autres, comme censez faits
pour le seul merite de la donataire.
De laquelle Sentence y ayant eu
appel, la Cour par son Arrest prononcé en robbes rouges par Monsieur le Premier President du Har-
lay, le Vendredy 22. Decembre
1606. ordonna, en infirmant cette
Sentence, que tous les auantages
faits par l'ayeule à sa petite fille,
encore qu'elle eust renoncé à sa
succession, seroient precomptez
sur la part hereditaire que la mere
eust pû prendre en la succession de
cette ayeule, sauf le recours aux
freres & sœurs contre leur sœur donataire pour leur legitime. Et apres
la prononciation de l'Arrest, Monsieur le President aduertit les Aduo-

cats, que la Cour auoit iugé que les auantages faits par l'ayeul à fon petit fils, foit du viuant, ou apres le deceds du pere, font reputez faits au pere en auancement de fucceffion, & que les heritiers du pere les doiuent rapporter à la fucceffion de l'ayeul, ou renoncer tous à cette fucceffion.

Cet Arreft eft rapporté par de Montholon au chap. 109. de fon Recueil, & par l'Hofte en fon Commentaire fur la Couftume de Montargis chap. 11. art. 2. où il dit, qu'il auoit efté rendu en la quatriefme Chambre des Enqueftes au rapport de Monfieur de Lauau fon Oncle, dés le 24. Iuillet 1599.

Il auoit efté iugé auparauant par Arreft donné en cette mefme Couftume le 4. de Fevrier 1584. entre Maiftre Pierre Coffin Procureur à Compiegne, d'vne part, & Maiftre Nicolas Bayard Efleu au mefme lieu, d'autre part, que ce qui auoit efté donné par l'ayeul à fon petit fils, deuoit eftre rapporté par le pere venant à la fucceffion de l'ayeul.

Que fi la donation eftoit faite par l'ayeul à fon petit fils, ou mefme par le pere à fon fils en recompenfe de feruices, elle ne feroit pas fujette à rapport: parce qu'en ce cas c'eft pluftoft vn payement defguifé du titre de donation, qu'vne veritable liberalité: dont il y a Arreft qui eft auffi interuenu en cette Couftume, & qui a efté prononcé en robbes rouges à la Pentecofte, de l'année 1594. touchant vne donation de mil efcus faite par vn ayeul à fa petite fille, pour aider à la marier, & pour les bons offices qu'elle auoit receus d'elle. Il faut pourtant obferuer en cette occafion, que com-

me il s'agir d'vne donation faite au profit d'vne perfonne prohibée, il ne fuffit point que l'acte qui la contient, faffe vne fimple mention des feruices: mais il eft neceffaire qu'ils foient iuftifiez, & que la donation n'excede pas confiderablement le feruice; ainfi que i'ay fait voir en mon Traitté des difpofitions conditionnelles chap. 3.

Par autre Arreft donné pareillement en cette Couftume, au rapport de Monfieur de Refuge, en la cinquiefme des Enqueftes, le 16. Mars 1596. prononcé en robbes rouges par Monfieur le Prefident Riant, il a efté iugé, en infirmant la Sentence du Bailly du Comté de Beauuais, que Catherine Caignard pouuoit eftre donataire de Guillemine Martine fon ayeule, & heritiere de Charles Caignard fon pere, le pere n'eftant heritier; mais donataire & legataire vniuerfel de fa mere, ayeule de la petite fille.

Nous auons quelques Couftumes qui decident que les frais faits par vn pere, pour faire obtenir le degré de Docteur à fon fils, ne font pas fujets à rapport, ce qui s'obferue auffi dans les autres Couftumes qui n'en difpofent pas, dont il y a eu Arreft en celle-cy, interuenu en l'Audiéce de la Grand Chambre le Mardy 21. Fevrier 1651. à la prononciation duquel i'eftois prefent: vn pere nommé le Feron de la Ville de Compiegne, auoit ordonné entre autres chofes par fon teftament, que fon fils aifné feroit tenu de rapporter à fa fucceffion la fomme de 450. liures qu'il auoit defbourfé pour luy faire obtenir fes licences en Medecine, dequoy la Cour le defchargea par fon Arreft,

CLII.

CLII.

Item, si l'vn des deux nobles *a* conjoints par mariage, ayans enfans mineurs, va de vie à trépas, le suruiuant desdits deux conjoints, pourra auoir & accepter la garde noble desdits enfans, & en acceptant ladite garde, ledit suruiuant aura & luy appartiendra les meubles de tels mineurs, & si iouyra de leurs heritages, & fera les fruicts siens durant ladite gardenoble, tant & si longuement qu'il se tiendra en viduité, *b* sans payer quelque droit de relief, en offrant la foy & hommage au Seigneur seulement, auec le chambellage, selon la nature du fief : parce que de pere à fils, ou fille non mariée n'y a que la bouche & les mains, sinon és lieux esquels reliefs sont deubs, *c* à la charge de garder, nourrir & entretenir lesdits mineurs bien & honnestement, iceux faire instruire selon leur qualité, estat & vacation, d'entretenir leurs maisons & heritages, & les rendre en aussi bon estat qu'elles estoient quand il prit ladite gardenoble, payer les debtes mobiliaires & arrerages de rente, testament, obseques & funerailles, acquitter lesdits mineurs, bien & deuëment regir & gouuerner leurs Iustices, *e* & soustenir les procez aux despens dudit gardien : Et quant à l'ayeul ou l'ayeule, n'auront ladite garde noble ; mais pourront accepter l'administration desdits mineurs & de leurs biens, comme tuteurs & curateurs, si à ce ils sont éleus.

a Nobles] *v. notata ad art.* 146.

b *Tant & si longuement qu'il se tiendra en viduité*] Il y a lieu de demander, si cette clause se rapporte aussi bien aux meubles, qu'aux fruits des immeubles ; de sorte que le gardien noble venant à se remarier auparauant la garde noble finie, il cessera non seulement de iouïr des immeubles : mais il sera encore tenu de restituer les meubles ? Pour l'affirmatiue on peut dire, que si on en vsoit autrement, il pourroit arriuer, que ce que la Coustume a eu intention d'ordonner pour peine contre le Gardien noble, luy tourneroit à profit, & qu'ayant nourry & entretenu les mineurs pendant leur bas aage moyennant vne despense fort modique, il se deschargeroit de faire de plus grands frais dans le temps que ses mineurs seroient auancez en aage, & cependant que non content d'auoir fait les fruits siens à proportion de sa iouïssance, il conferueroit encore la proprieté des meubles, qui deuoient seruir à contribuer aux charges pendant tout le temps de la garde noble, qu'il a perduë par sa faute.

Neantmoins l'opinion contraire ne peut pas receuoir de difficulté dans cette Coustume, en consequence de l'article 146. cy-dessus, par lequel entre noble, sans le benefice de la gardenoble, & par vn priuilege particulier de Noblesse, le ſuruiuant peut prendre les meubles par preciput. Mais ie paſſe meſme plus auant, & crois que dans vne autre Couſtume où les meubles n'appartiendroient pas au ſuruiuant à autre tiltre que de Gardien noble, & où au ſurplus la diſpoſition ſeroit pareille à celle de noſtre Article, qu'au cas par nous propoſé le Gardien noble ne ſeroit pas obligé de rendre les meubles: parce qu'il ne les prend pas gratuitement; eſtans particulierement affectez au payement des debtes qui ſe trouuent deuës, & des obſeques & diſpoſition teſtamentaire du deffunct; de ſorte que quand la garde noble ne dureroit que trois mois à cauſe de l'aage des mineurs, le Gardien noble ne feroit pas moins ſiens tous les meubles, que ſi elle deuoit durer long-temps. Et en effet ſi la premiere opinion auoit lieu, il faudroit que la garde noble demeuraſt reſoluë en retrogradant dés ſon commencement, & que le Gardien rendiſt compte de ſon adminiſtration, puis qu'il ne ſeroit point iuſte qu'il eût payé les charges ſans en conſeruer le profit; ce qui n'eſt point conforme à l'eſprit de noſtre Couſtume, laquelle dans noſtre eſpece ne donne atteinte à la garde que pour l'auenir, & maintient le Gardien dans la ioüiſſance du paſſé pour ce qui eſt des fruicts. D'où il s'enſuit que les meubles luy doiuent auſſi demeurer, attendu que l'article eſtablit au commencement qu'ils luy appartiennent, ce qui doit s'entendre d'vne proprieté incommutable, puiſqu'il n'y eſt point particulierement deſrogé dans la ſuitte; & ce d'autant pluſtoſt qu'il ſemble que les redacteurs de la Couſtume ayent voulu diſtinguer les meubles d'auec les fruits par deux clauſes ſeparées l'vne del'autre; afin de faire que les termes qui donnent lieu à noſtre queſtion n'euſſent leur rapport qu'à la ioüiſſance des fruits.

c *Sinon és lieux eſquels reliefs ſont deubs.*] En ce cas c'eſt au Gardien à en rendre quittes les mineurs, quoy qu'ils ſoient deubs de leur chef: parce qu'il eſt tenu d'acquitter les debtes mobiliaires, du nombre deſquelles eſt le relief, lors qu'il eſt eſcheu.

Mais quoy ne pourroit-on pas ſouſtenir dans ces lieux où reliefs ſont deubs à toutes mutations, qu'ils ſont non ſeulement acquis au Seigneur pour la mutation qui arriue par l'eſcheance de la ſucceſſion du pere au fils: mais auſſi par la conſideration de ce que le fils tombe en la garde du Gardien noble, qui eſt vne autre eſpece de mutation? Ie n'eſtime pas que le Seigneur fuſt bien fondé à le pretendre, dautant que la ioüiſſance du Gardien, ne produit pas vne mutation effectiue, & il ne iouit point comme proprietaire, mais ſous le nom de ſes mineurs; & par cette raiſon, il ne peut pas de ſon chef intenter vne action reelle, deſpendante des heritages dont il fait les fruits ſiens: Tellement que comme ces droicts qui ſont à charge au public paſſent parmy nous pour odieux, & particulierement ces Couſtumes locales qui eſtabliſſent le relief à toutes mutations, elles ne doiuent eſtre entenduës que des mutations reelles & veritables; ſi ce n'eſt qu'elles ayent expreſſement eſtendu dauantage leurs diſpoſitions dans des cas particuliers, leſquels encores ne peuuent pas eſtre

protogez de l'vn à l'autre. Et de fait
pour ce qui eſt de l'eſpece de la
gardenoble, le contraire a eſté trouué ſi inique, que l'article 32. de
l'ancienne Couſtume de Paris portant que le Gardien noble deuoit
relief, a eſté corrigé par le 46. de
la nouuelle, qui eſtablit ſa deſcharge. A quoy il faut adjouſter vne
autre raiſon qui reſulte de ce que
nous auons dit ſur l'article 132. que
quand deux mutations arriuent en
meſme temps en vn fief, le Seigneur
n'en peut pretendre qu'vn ſeul droit
de relief.

d *Debtes mobiliaires & arrerages
de rente*] Il a eſté iugé en cette Couſtume par Arreſt rendu en l'Audience de la Chambre de l'Edit le
Mercredy 30. Mars 1605. & qui eſt
rapporté par Chènu en ſa deuxieſme Centurie chap. 95. par Peleus
qu. 101. & par Brodeau ſur Loüet
lettre R. nomb. 30. qu'vne mere,
qui auoit accepté la garde noble de
ſes enfans, n'auoit point confondu
en elle l'action de remploy qui luy
eſtoit deuë à cauſe de ſes propres
alienez pendant la communauté.
Cette queſtion ſeroit preſentement
ſuſceptible de grande difficulté,
nonobſtant cet Arreſt: parce que
nous apprenons par l'Hiſtoire de
noſtre Iuriſprudence, qu'au temps
qu'il a eſté rendu, les aduis eſtoient
fort partagez, de ſçauoir, ſi vne
action de remploy des propres
eſtoit mobiliaire, ou immobiliaire, au lieu que nous ne faiſons
maintenant aucun doute, que ce
ne ſoit vne debte purement mobiliaire : attendu que cette action ne
peut produire qu'vne ſomme de deniers : De ſorte que dans la rigueur
& en expliquant cet article à la lettre, la femme qui accepte la garde

noble, & qui par cette Couſtume
eſt obligée de payer toutes les debtes mobiliaires, confond en elle
ſon action de remploy : puiſque
c'eſt vne debte de la qualité de celles qu'elle eſt tenuë d'acquitter.
Mais ce qui donne lieu de douter
en faueur de la femme, eſt que
dans le temps auquel cette Couſtume a eſté redigée, les redacteurs
n'ont point vray-ſemblablemétſon-
gé au remploy des propres : d'autant
que par la doctrine des Arreſts de
ce temps-là, qui a eſté en l'année
1539. il ne s'adiugeoit point, & la
femme n'auoit point d'action pour
l'indemnité de ſes propres vendus
par ſon mary, ſur les biens de la
communauté, ou autrement : ce
qui auoit donné lieu à vn dire commun, que le mary ne ſe pouuoit
leuer aſſez matin pour vendre les
propres de ſa femme. A quoy il
conuient adjouſter que le prix procedant de la vente des propres ſe
conuertit le plus ſouuent en acqueſts ; tellement qu'il y auroit
quelque injuſtice de charger le
Gardien noble d'acquitter le remploy ; veu qu'il ne profite point
de la proprieté des acqueſts qui
en ſont procedez : & meſme il ſeroit en la liberté du mary de rendre la garde noble, comme auſſi le
priuilege de Nobleſſe eſtably par
l'article 146. cy-deſſus inutile, en
alienant ſes propres, ou ceux de ſa
femme, & en conuertiſſant le prix
qu'il en a receu en acqueſts.

Toutes ces conſiderations qui
ſont alleguées de la part de la femme & qui authoriſent l'Arreſt ſont
fort preſſantes ; & neantmoins i'aurois beaucoup de peine à m'y rendre : parce que ie n'abandonneray
iamais le ſentiment dans lequel i'ay

G ij

touſiours eſté, que les queſtions generales, comme eſt celle-cy, doiuent eſtre iugées dans les grandes
regles, & autrement les hommes
ſe rendent maiſtres de iuger ſuiuans
leurs inclinations, & toutes ſortes
de queſtions deuiennent arbitrai-
res: Mais de plus, outre que les maximes ſont en cette occaſion contre
la femme, on peut encore luy dire que les conſiderations de faueur
ſur leſquelles elle fonde ſon intereſt, peuuent eſtre retorquées contre elle, & que ſi les Arreſts qui
ſont ſuruenus depuis la redaction
de la Couſtume, luy ont accordez
vne nouuelle grace, en luy donnant
le remploy de ſes propres alienez,
quoy qu'il n'aye point eſté ſtipulé,
ſoit par ſon Contract de Mariage,
ou en alienant, qu'il n'eſt point iuſte de luy en accorder vne ſeconde
contre vn texte de la Couſtume, &
au preiudice de pauures mineurs
qui demeureroient chargez d'vn
nouueau fardeau, cependant que
leur mere profiteroit doublement;
c'eſt à ſçauoir de leurs meubles, &
du remploy de ſes propres; que ſi
on doit auoir eſgard à quelque faueur ce doit eſtre du coſté des enfans, puis qu'il y va de la conſeruation de leur bien, & non point de
la mere, qui pretend acquerir, &
qu'au reſte il luy eſt libre d'accepter la garde noble, ou d'y renoncer : ſi bien qu'elle ne peut ſouffrir
aucune perte, & il n'y a point lieu
meſme de preſumer que le mary ait
fait quelque choſe au deſaduantage
de ſa femme, parce qu'il ne peut
rien faire contre ſa femme, qui ne
ſoit eſgalement contre luy : Mais
dauantage il pourroit meſme arriuer que la femme profiteroit deux
fois du prix de ſes propres ; ſçauoir

lors que les deniers qui en ſeroient
procedez ſe trouueroient encore
en nature dans la communauté, ou
qu'ils auroient eſté conuertis en
d'autres effets mobiliers. Et quoy
que ce ſoit on ne doute point à l'eſgard de la repriſe, qu'elle ne demeure confuſe en la perſonne de la
mere, c'eſt l'eſpece de l'Arreſt interuenu contre la vefue de Monſieur Cüjas, au mois de Septembre
de l'année 1594.

Debtes mobiliaires] v. *notata ad
art.* 141. *lit. d.*

e *Bien regir & gouuerner leurs
Iuſtices.*] Si en conſequence de cette obligation, le Gardien peut de-
poſſeder les Officiers, & en mettre
d'autres de ſa main? Il ſemble qu'il
auroit raiſon de le pretendre, particulierement en cette Couſtume,
où il eſt ſpecialement chargé de
bien gouuerner les Iuſtices, & en eſt
rendu reſponſable, ce qui luy ſeroit
fort onereux, s'il n'auoit point la
liberté de choiſir des Officiers ſur
les mœurs & la probité deſquels il
pût ſe repoſer. On peut adjouſter
que le Gardien noble, comme les
autres vſufruictiers, ayans pouuoir
d'inſtituer les Officiers en cas de
vacance, il a auſſi le droit de les de-
ſtituer, du moins pour le temps de
ſa iouïſſance : attendu que les Offices des hauts-Iuſticiers ne ſont donnez que par vne eſpece de commiſſion, auec cette clauſe, *tant qu'il
nous plaira :* de ſorte qu'ils ne ſe
peuuent dire Officiers que tant que
la volonté de celuy qui a le pouuoir
de les inſtituer a de durée, ce qui
doit d'autant pluſtoſt auoir lieu au
cas du Gardien noble, qu'il repre-
ſente vn proprietaire, qui eſt incapable d'agir & de declarer ſa volonté.

Ie n'estime pas toutefois que les termes de nostre article contiennent aucune disposition particuliere & differente des autres : dautant que tout Gardien noble faisant les fruits siens, & iouïssant mesme des emolumens de la Iustice, ne peut pas s'exempter d'en porter les charges, & de veiller qu'elle soit bien & fidellement administrée. Or dans la question generale il est beaucoup plus iuste d'establir que le Gardien noble, non plus que les autres vsufruictiers ne peuuent pas destituer les Officiers des Seigneuries pendant leurs iouïssances : parce que le Gardien noble, qui est tenu de bien & deuëment administrer & de suiure les traces des predecesseurs de ses mineurs, ne peut point durant sa garde changer l'estat des choses, *quamuis melius repositurus l. 8. & 9. D. de vsufr.* Et il va mesme de l'interest public & des mineurs, que les anciens Officiers ne puissent estre destituez sans cause, pour veiller & controller en quel-

que façon les actions du Gardien. Aussi les Seigneurs ne sont-ils plus garends des fautes que peuuent commettre leurs Officiers de la mesme façon qu'ils l'estoient autrefois, & à moins que l'on ne iustifie qu'il y a eu de la collusion entre le Seigneur & son Iuge, on ne rendroit pas le Seigneur responsable de la mauuaise administration de son Officier aux termes de la Iurisprudence, que nous obseruons aujourd'huy. Et en effet nostre questiona esté iugée conformement à la resolution que nous auons suiuie par deux Arrests, l'vn du 5. Aoust 1586. pour le Bailly de Roüanne, & l'autre du 16. Feurier 1564. contre Madame de Guise. Que si neantmoins les Officiers se trouuoient dans des fautes notables, il n'y a pointde doute que le Gardien pourroit valablement les reuoquer, & ce doit estre là le principal effet du soin qui luy est donné par la Coustume, de veiller que les Iustices soient bien regies & administrées.

CLIII.

Item, gardenoble se doit accepter en iugement.

CLIV.

Item, tel gardien noble apres ladite acceptation, en dedans trois mois, à compter du iour d'icelle acceptation, sera tenu de faire voir *a* & visiter bien & deuëment & par gens experts, qui en feront rapport en iugement, tous & chacuns les maisons & edifices desdits mineurs, desquels il aura accepté ladite garde ; afin que ladite gardenoble finie, on puisse connoistre, s'il les aura entretenus & rendus en l'estat suffisant & pareil qu'ils estoient lors de ladite visitation. Et neantmoins sera tenu ledit gardien noble, faire les menuës reparations & autres dont est tenu vn vsufruictier, *b* durant ladite gardenoble, & ce, sur peine de soy rendre comptable des fruicts & leuées des heritages desdits mineurs.

G iij

a *De faire voir.*] Dans l'original, il n'y a que, *le voir & viſiter:* mais il eſt mieux, ſuiuant qu'il a eſté adiouſté dans les Imprimez, & il faut neceſſairement que cette obmiſſion ait eſté vne faute de l'Eſcriuain.

b *Menuës reparations, & autres dont eſt tenu vn vſufruiĉtier.*] Il ſemble que ces mots cauſent vne côtradiĉtion auec le commencemét de l'article & la fin du precedent, dont on peut induire que le gardien noble eſt auſſi tenu des groſſes reparations, puis qu'ils parlent de prendre les edifices par viſiration, afin de les rendre en pareil eſtat qu'il les a trouuez. Neantmoins il faut reſoudre au contraire, que la premiere diſpoſition doit eſtre interpretée par la derniere, & que le gardien noble n'eſt tenu que des reparations vſufruĉtuaires, de meſme que dans les autres Couſtumes: comme Paris art. 277. qui ſont conformes en cela au droit commun, qui n'oblige pas les vſufruiĉtiers aux groſſes reparations qui arriuent par cas fortuit, ou par l'antiquité & decadence de la choſe: mais ſeulement de rendre *ſarta teĉta L. haĉtenus D. de vſufr.* Au reſte, ſuiuant cette explication, la premiere diſpoſition de noſtre article n'eſt pas meſme inutile: car quoy que le gardien ne ſoit point tenu de faire les groſſes reparations à ſes deſpens, il eſt pourtant obligé de tenir la main à ce qu'elles ſoient faites: *Eſt enim velut procurator proprietarij l. 1. D. de oper. noui nuntiat.* de ſorte que s'il neglige de prendre ce ſoin, & que les edifices viennent à ſe deteriorer, non ſeulement il eſt tenu des dommages & intereſts du proprietaire, comme tout autre vſufruiĉtier : mais meſme il perd les fruiĉts de ſa garde, & ſe rend comptable comme vn tuteur ; ainſi qu'il eſt expreſſement voulu par la fin de noſtre article.

CLV.

Item, vn enfant noble, maſle, eſt reputé aagé à vingt ans & vn iour, & vne fille à ſeize ans & vn iour, toutesfois n'eſt permis l'alienation d'aucun immeuble, iuſques à aage de droit, qui eſt de vingtcinq ans accomplis.

Vingt cinq ans accomplis.] Quoy que les heritages ſoient ſituez dans l'eſtenduë d'vne autre Couſtume, qui permette de diſpoſer à vn aage moins auancé: dautant qu'il s'agit en cette occaſion d'vne capacité perſonnelle qui ſe regle par la ſeule Couſtume du domicille. Et ainſi iugé par Arreſt du 28. Aouſt 1600. prononcé le 2. Septembre enſuiuant interuenu en la cinquieſme Chambre des Enqueſtes, au rapport de Monſieur de Fortia, qu'vn particulier domicilié en cette Couſtume aagé de 20. ans, n'auoit pû valablement vendre vn heritage ſitué dans la Couſtume d'Anjou; combien qu'en l'article 444. elle permette l'alienation des immeubles à vingt ans. Cét Arreſt eſt rapporté par Monſieur Loüet lettre C. nomb. 42. Mais combien que cet Autheur teſmoigne que cette queſtion a eſté iugée par l'Arreſt dans la theſe generale, & que i'eſtime auec luy qu'elle ne reçoiue aucune difficulté:

neantmoins il faut obferuer que dans la Couftume d'Anjou mefme, on tient qu'vne perfonne, quoy que aagée de vingt ans ne peut vendre fes immeubles que *fub fpe reftitutionis*, & que *tunc tollitur tantum nullitas, non autem reftitutio in integrum*; ce que i'ay veu iuger par Arreft rendu en l'Audience de la Grand Chambre du Mardy 21. Avril 1648. qui entherina les lettres de refcifion obtenuës par vne femme contre vn Contract de vente de fes heritages qu'elle auoit paffé, aagée de 20. ans, mais au deffous de 25. ayant fait voir que le prix n'auoit point tourné à fon profit.

Et quoy que ce foit, la fin de cet article interprete clairement ce que plufieurs Couftumes ont laiffé dans l'obfcurité, en difant fimplement que les enfans font aagez à 15. 18. ou 20. ans : comme Anjou en l'article cy-deffus cotté, Maine article 455. Boulenois 120. Dreux 54. Blois 2. Bourbonnois 33. 173. fur tous lefquels articles Maiftre Charles Du Moulin a efté foigneux d'adioufter l'equiuallent de la fin de noftre article, que ces difpofitions particulieres qui eftabliffent la maiorité en vn aage moins auancé que le droit commũ, ne s'entendoient pas d'vne pleine maiorité, & qu'elles ne don-

noient point la faculté d'aliener, *nifi fub fpe reftitutionis*.

Et ainfi cette maiorité particuliere de noftre Couftume & des autres femblables, n'eft que pour l'auantage des mineurs : par exemple pour les faire fortir hors de garde, & pour les rendre habiles au maniement de leurs biens, en les emancipant *ipfo iure*, & fans lettres.

Il faut excepter la Couftume de Normandie, en laquelle l'aage de maiorité n'eft que de 20. ans accomplis pour toutes fortes d'effets; comme de donner, vendre, fuiuant l'article 131. de cette Couftume, fur lequel Berault cotte vn Arreft pour les filles non mariées & qu'elles peuuent à 20. ans accomplis auffi bien que les mafles, difpofer de leurs biens meubles & immeubles, par donation, vendition, & autres alienations. Ce que les habitans de cette Prouince ont introduit, à caufe de la fagacité de leurs efprits, que l'experience donne en effet à connoiftre eftre fort bons, dont neantmoins Accurfe qui eftoit vn Docteur Vltramontain, a fait vne raillerie en fa glofe fur la Loy *fequitur § pupillus D. de vfucap.* où alleguant la maxime *malitia fupplet ætatem*, il adioufte, *vt in Normannis*.

CLVI.

Item, en ligne directe en matiere de fief, comme de pere à fils *a* n'eft deu aucune finance pour droit de relief; mais feulement bouche & mains, auec le chambellage, qui eft felon la nature dudit fief, excepté les fiefs des Chaftellenies de Ponthoife & Chaumont, *b* qui fe releuent de toutes mains & mutations, excepté auffi les Chaftellenies de Mello & Moncy le Chaftel, & les fiefs qui en dependent, qui pareillement fe releuent de toutes mains & mutations, *c* tant en ligne directe que collateralle.

a *Comme de pere à fils.*] Ces mots n'eſtans mis que par forme d'exemple, ils ne doiuent point eſtre pris pour limitatifs de la propoſition generale ; ſi bien qu'en cette Couſtume le relief n'eſt point deub pour les mutations qui arriuent, tant en la ligne directe aſcendante, que deſcendante, comme il eſt decidé par les articles 3. & 4. de la Couſtume de Paris

b *Chaumont.*] L'article 209. de la Couſtume de Sens porte, que ſi le Seigneur tient en ſa main les terres des mineurs qui n'ont aucuns meubles, parens, gardes, ne dequoy viure, il n'eſt pourtant tenu, s'il ne luy plaiſt, de nourrir & gouuerner leſdits enfans. Surquoy Maiſtre Charles Du Moulin adiouſte en ſa note ; *iniquiſſima conſuetudo :* veu meſme que ſouffrance eſt deuë aux mineurs : *Et contrarium obtinui per Arreſtum in terminis conſuetudinis* de Chaumont au Vexin le François.

c *Se releuent de toutes mains & mutations.*] *Sed quæritur, vtrùm conſtituto de infeudatione ad onus releuandi ab omni manu, debeatur releuium contingente mutatione ex parte patroni ? Dico breuiter quod non, ſi quidem alia ratione non debetur hoc caſu, quia propter caſum contingentem ex parte Patroni, ſiue voluntariè, ſiue à caſu, non debet conditio vaſſalli aggrauari. arg. not. in l. ſi vno §. item cùm quidem D. loc.*

tum conſuetudo noſtra in §. 57. generaliter reſpondit, nullum ius vtile deberi propter mutationem contingentem ex parte Patroni : nec excipit feuda quæ reguntur more Vulquecini, quæ aliàs veriſimiliter excepiſſet, ſicut & hic. Et ſecundùm prædicta puto intelligendam in ſimili conſuetudinem Syluanectenſem in tit. des ſucceſſions des fiefs §. 156. *vbi dicit quod in toto Bailliuatu Syluanectenſi nulla debentur releuia in ſucceſſione directa, niſi in duabus tantùm Caſtellanijs, gallicè nuncupatis* de Mello, & de Moncy le Chaſtel, *& earum dependentijs, vbi releuia debentur ab omni manu : quod intelligo de mutatione efficaci ex parte vaſſalli tantùm. Et ita obſeruatur quod mos Vulquecini ſolum habet locum in mutationibus vaſſallorum. Carol. Mol. in conſ. Pariſ. §. 2. gloſ. 6. num. 7. vide & §. 3; quæſt. 22. ſub fin.*

Maiſtre Iulien Brodeau en ſon Commentaire ſur la Couſtume de Paris art. 3. nomb. 9. & ſuiuans, iuſques à la fin, a eſcrit fort au long de l'origine de ces fiefs, qui releuent à toutes mains, ſuiuant la Couſtume du Vexin le François. I'ay vn ancien manuſcrit qui eſt à la fin de Philippes de Beaumanoir, qui contient vn colloque entre le Roy & le Couſtumier, où il eſt traitté des Couſtumes de France, & enſuitte ſont les Couſtumes du Vexin.

CLVII.

Item, & en ligne collaterale, ceux à qui eſcheent leſdits fiefs, doiuent plein relief au Seigneur, dont les fiefs ſont tenus & mouuans, auec les droicts de chambellage.

CLVIII.

Item, droit de relief, eſt du reuenu d'vne année pour vne fois, & ſe doit offrir par le vaſſal au Seigneur feodal, en ſa perſonne,

ſonne, en ſa Seigneurie, ou au chef lieu dudit fief Seigneurial, en cette maniere; C'eſt à ſçauoir vne ſomme de deniers pour vne fois, ou de trois années vne, laquelle il choiſira & déclarera; ou le dit des Pairs (qui ſont les vaſſaux du Seigneur feodal, tenant de luy fief de pareille nature & condition) au cas que ledit fief ou arrierefief n'auroit eſté eſtimé ou apprecié pour les pris du fief, ſoit eſperons dorez ou autre choſe. Et ſi le Seigneur prend & choiſit le dit des Pairs, & les Pairs par leur appointement, diſent que l'offre de la ſomme eſtoit raiſonnable, la Sentence, appointement & dépens deſdits Pairs ſera aux deſpens du Seigneur, *ſi contrà*, ce ſera aux deſpens du vaſſal.

CLIX.

Item, en matiere de fiefs, incontinent *a* apres le treſpas d'vn vaſſal, le Seigneur feodal peut faire ſaiſir & mettre en ſa main, & en la main du ſouuerain en confortant la ſienne, *b* les fiefs, terres & Seigneuries nobles, tenus de luy, par faute d'homme, droits & deuoirs non faits : & les quarante iours paſſez apres ledit treſpas, peut regaler leſdits fiefs,& faire les fruicts ſiens depuis le iour de la ſaiſie, *c* au cas que dedans les quarante iours apres ledit treſpas, le vaſſal n'aura fait les foy & hommage au Seigneur feodal, ſatisfait des droits Seigneuriaux *d*, ou fait les offres pertinentes.

a *Incontinent.*] On demande ſi ce mot doit s'interpreter à la lettre: ou ſi l'on doit donner vn temps raiſonnable au vaſſal pour ſe reconnoiſtre & porter la foy & hommage auparauant que le Seigneur puiſſe ſaiſir & mettre en ſa main, à l'exemple de l'art. 147. cy-deſſus, où le meſme mot, *incontinent*, eſtant employé, il eſt enſuite adiouſté; c'eſt à ſçauoir dedans trois mois? Il paroiſt que Bouchel ſur cet article a eſté d'aduis de ſuiure cette interpretation, en ce qu'il dit qu'il eſt interuenu Arreſt en la Couſtume de Montfort Lamaury, où il y a vn pareil article, par lequel il a eſté iugé que ce delay deuoit eſtre obſerué, meſme és autres cas de mutation. l'eſtime neantmoins au contraire que cette queſtion ne peut pas receuoir de difficulté en cette Couſtume pour l'opinion directement oppoſée : d'autant qu'il eſt adiouſté dans la ſuitte, *& les quarante iours paſſez apres ledit treſpas*, ce qui monſtre que noſtre mot, *incontinent*, doit eſtre pris à la lettre; puiſque les quarante iours donnez enſuitte, pour ſatisfaire au ſujet de la ſaiſie, ſont pris du meſme iour du treſpas. Auſſi l'Arreſt rapporté par ce Commentateur eſt-il induit ſous la ſuppoſition, que la Couſtume de Montfort eſt conforme & ſemblable à la noſtre; quoy qu'il y ait article, ſçauoir le 3. qui contient vne diſpoſition formellement contraire. Et d'ailleurs c'eſt encore mal à propos que cet Autheur tire vn argument *à fortiori,* de ce qu'il dit auoir eſté iugé qu'il falloit donner vn delay au vaſſal en cas d'autres mutations que de mort ; veu que la raiſon eſt tout au contraire ; ainſi qu'à ſagement diſtingué noſtre Couſtume, ſur les principes de la matiere feodale. Car en matiere de mutation, qui arriue, par exemple, par vente, iuſques à ce que le vaſſal ſe ſoit deſſaiſi & deſueſtu de ſon droit, il n'y a pas proprement d'ouuerture au fief ; l'ancien vaſſal n'eſtant point deſlié de ſa fidelité enuers le Seigneur : C'eſt pourquoy noſtre Couſtume donne en ce cas vn delay de 40. iours par l'article 148. cy-apres, auparauant que de pouuoir ſaiſir : Mais en matiére de mutation par mort, auſſi-toſt le deceds du vaſſal arriué, il y a ouuerture au fief, au moyen de ce que le Seigneur n'a plus d'homme, ce qui fait que la Couſtume luy permet en ce cas la mainmiſe incontinent apres la mort, ſuiuant cette regle des fiefs, que tant que le vaſſal dort, le Seigneur veille. Ce que la Couſtume toutefois a tellement moderé, qu'elle donne vn temps competent au vaſſal ; ſçauoir 40. iours depuis le deceds de l'ancien vaſſal, pendant leſquels le Seigneur ne fait point les fruits ſiens, ſi le vaſſal dedans ce temps ſe mét à ſon deuoir.

Mais il reſte vne queſtion incidente ; ſçauoir ſi le Seigneur ayant ſaiſi incontinent apres le deceds du vaſſal, l'heritier vient dans les 40. iours portez par la Couſtume, faire ſes deuoirs & payer les droits qui peuuent eſtre deubs, qui ſera tenu

de ſupporter les frais de la ſaiſie? I'eſtime que le vaſſal ne peut pas s'en exempter: d'autant que la ſaiſie eſtant legitime & dans les termes de la Couſtume, c'eſt au debiteur à payer les frais de ce qui a eſté fait pour le ſuſciter & mettre à ſon deuoir ; les 40. iours de delay ne luy eſtans donnez que par indulgence, & pour empeſcher que pendant ce temps il ne perde les fruits.

b *Et en la main du Souuerain en confortant la ſienne.*] Il ſemble que l'on puiſſe ſouſtenir que cette formalité n'eſt pas abſolument neceſſaire pour rendre la ſaiſie valable, attendu que la Couſtume ne la requiert que par vne eſpece de confirmation, *en confortant la ſienne* ; Neantmoins l'autre opinion eſt mieux fondée ; dautant que nous tenons que nos Couſtumes ne contiennent rien d'inutile, de ſorte que le Seigneur ne peut pas s'exempter dans vne matiere de rigueur d'obſeruer cette ſolemnité ; & en faiſant inſerer dans ſon exploit que le fief qu'il ſaiſit eſt mis en ſa main & en celle du Souuerain, ce que noſtre article requiert en effet conioinctement ; ſi bien que l'on peut dire, que cette corrobation, s'il faut ainſi parler, eſt renduë de l'eſſence de la ſaiſie feodale par cet article.

c *Et les quarante iours paſſez apres ledit treſpas, peut regaler leſdits fiefs, & faire les fruicts ſiens depuis le iour de la ſaiſie.*] Quid ſi la ſaiſie n'a pas eſté faite incontinent apres le deceds : mais poſterieurement aux 40. iours, le vaſſal pourra-il empeſcher la perte des fruicts, en cas qu'il ſe preſente en dedans les 40. iours de la ſaiſie. Ce qui fait le doute eſt que la Couſtume au commencement de noſtre

article suppose vne saisie feodale
dés aussi-tost apres la mort de l'ancien vassal, & ne parle ensuitte du
gain des fruicts que par vne espece
de connexité auec ce qui a esté dit
auparauant. Il est pourtant aisé de
voir en penetrant dans le sens de
l'article que l'intention de la Coustume n'a esté que de donner 40.
iours de delay au vassal pour empescher la perte des fruicts, soit que
la saisie fust faite incontinent apres
le deceds ou longtemps depuis, &
qu'en cas qu'elle soit faite apres les
40. iours, le Seigneur doit faire les
fruicts siens du iour de la saisie, ce
qui resulte assez de ce que tous les
termes portez par cet article, commencent du iour du deceds, & particulierement pour faire la foy &
hommage, dont le seul deffaut donne lieu à l'ouuerture du fief.

d *Les foy & hommage au Seigneur
feodal, satisfait des droits Seigneuriaux.*] Cette clause doit s'entendre copulatiuement à l'esgard des
droits, de telle sorte que le Seigneur ne puisse saisir, & faire les
fruits siens, s'il a receu le vassal en
foy & hommage, sans exiger les
droicts : dautant que c'est vne maxime generale parmy nous, & qui
consequemmét doit auoir lieu dans
toutes les Coustumes qui ne disposent pas disertement au contraire,
que le Seigneur n'a la voye de la
saisie, & droit de faire les fruicts
siens que pour les droicts honorables & deuoirs feodaux, c'est à dire iusques à ce qu'il ait esté reconnu à Seigneur, de façon neantmoins
qu'il n'est pas obligé de receuoir le
vassal à foy & hommage qu'il ne le
satisfasse de ses droicts, & c'est proprement ce que veut dire nostre texte par ces mots, *satisfait des droits*

Seigneuriaux, tellement que s'il a
receu son vassal en foy sans estre satisfait de ses droicts, il n'a plus que
la voye de l'action pour s'en faire
payer ; si ce n'est qu'il ait baillé
mainleuée conditionnellement. Ce
qui est fondé sur cette raison que
dés l'heure que le Seigneur a admis
son vassal à luy faire la foy, l'ouuerture du fief cesse, & le vassal
commencer à veiller, si bien que
le Seigneur n'a plus droict de pos-
feder le fief & de le saisir iusques à
ce qu'il y ait vne autre ouuerture
par vne nouuelle mutation, *& ta-
lis est obseruantia valdè æqua non
mutanda,* dit Du Moulin en cette
occasion, quoy que Maistre Iulien
Brodeau ait entrepris de soustenir
le contraire en son Commentaire
sur la Coustume de Paris art. 24.
nomb. 2. sans neantmoins auoir
estably son opinion sur aucune
authorité ny fondement. De sorte que nostre Coustume ne contenant aucune disposition particuliere, & ayant conjoint ces deux
choses *droicts & deuoirs,* nous ne
deuons pas les disioindre pour introduire vne doctrine particuliere
contre l'vsage general de la France.

L'article 209. de la Coustume de
Sens, porte que si le Seigneur feodal tient en sa main les terres des
mineurs qui n'ont aucuns meubles,
parens, gardes ne dequoy viure, il
n'est pourtant tenu, s'il ne luy
plaist, de nourrir & gouuerner lesdits enfans. Sur lequel article M.
Charles Du Moulin remarque vn
Arrest interuenu dans la Coustume
de Chaumont au Vexin François,
qui fait partie de celle-cy, en ces
termes. *Iniquissima consuetudo,* veu
mesme que souffrance est deuë aux
mineurs. *Et contrarium obtinui per*

arreſtum Parlamenti Pariſ. in ter-   au Vexin François.
minis conſuetudinis, de Chaumont

CLX.

Item, aucun ne peut eſtre heritier & legataire enſemble: mais celuy à qui ſeroit fait aucun laiz, ſe peut tenir à ſondit laiz & renoncer à la ſucceſſion dudit deffunct, ſi bon luy ſemble.

Il a eſté iugé en interpretation de cet article, qu'il s'entendoit auſſi bien de la ligne collaterale, que de la directe, par Arreſt rendu entre les ſieurs de Montceaux, heritiers du ſieur de Hanuoelles leur frere, dont Bouchel fait mention en ſon Commentaire ſur la Couſtume de Vallois art. 80.

Pour vne plus ample explication de cet article, il faut voir ce que i'ay eſcrit en mon Traitté des donations part. 1. chap. 2. ſect. 15.

CLXI.

Item, quand aucun enfant eſt auantagé en mariage, ou autrement par donation faite entre vifs, par ſes pere ou mere, ou autre en ligne directe, tel auantagé ſe peut tenir au tranſport à luy fait, ſans ce qu'il puiſſe eſtre contraint venir à ſa ſucceſſion, & rapporter tel auantage: neantmoins tel auantagé, en ſoy tenant audit aduantage, ſera tenu de ſuppléer à ſes autres freres & ſœurs, iuſques à la concurrence de leur legitime, *a* ſi le reſte deſdits biens n'eſtoit ſuffiſant pour le ſupplément de ladite legitime lors du decedſ du donateur, & quant à ce ſeront leſdits biens donnez & auantages, deſlors *b* affectez & hypotequez, *c* iuſques à la concurrence d'icelle legitime.

a Legitime.] La quotité de cette legitime n'eſtant pas preſcrite par noſtre Couſtume, ſçauoir ſi pour la regler il faut auoir recours au droit ciuil, ou à la Couſtume de Paris? Si nous auons eſgard à l'equité, nous iugerons ſans doute, que la proportion eſtablie par la Couſtume de Paris, eſt bien plus iuſte que n'eſt point celle du droit eſcrit, puis qu'elle ſe trouue toûjours egale. Et eſt par l'art. 298. la moitié de telle part, que chacun enfant euſt eu en la ſucceſſion de ſes aſcendans, s'ils n'euſſent pas diſ- poſé par donation entre-vifs ou teſtament. Au lieu que par le droit Romain, Iuſtinien en la Nouelle de *Triente & Semiſſe,* corrigeant l'ancienne diſpoſition, par laquelle la legitime eſtoit le quart de tous les biens du pere ou autre aſcendant de la ſucceſſion duquel il s'agiſſoit, l'a eſtably au tiers, quand ils ſont quatre enfans ou moins, & s'ils ſont plus, à la moitié; en quoy il ne ſe rencontre pas vne proportiõ ſi raiſonnable qu'en la Couſtume de Paris, où la part des enfans eſt toûjours egale, puiſque par cette diſposition du droit escrit, il se rencontre des cas ausquels les enfans profitent dauantage de la legitime en vn cas que dans vn autre.

Neantmoins, comme il ne s'agit pas icy de faire vn nouueau Droit, mais seulement de penetrer dans les sentimens du Legislateur & de ceux qui ont redigé la Coustume, ie ne croy pas que l'on puisse raisonnablement suiure la Coustume de Paris en cette rencontre: car laissant à part toutes les raisons generales que l'on a coustume d'apporter en pareils sujets, il est certain que l'article de la Coustume de Paris qui a reglé la legitime de cette sorte, contient vne disposition nouuelle & singuliere, qui n'est appuyée sur aucun ancien vsage de ce Royaume. C'est vne pensée particuliere qu'ont eu les Reformateurs de cette Coustume, & qui a esté aggreée par les Estats pour nouueau droit contre l'ancienne pratique de la France, en laquelle il est hors de doute que l'on s'arrestoit generalement, pour determiner la legitime, au droit Romain.

C'est ce que quelques-vnes de nos Coustumes qui l'ont expliqué, ont voulu dire, quand elles se sont enoncées de la sorte, que la legitime doit estre reglée selon la raison escrite. C'est aussi ce que nous apprenons de Bouteiller en sa Somme Rurale titre 103. des testamens, où l'on void quel estoit l'vsage & la pratique de ce temps.

De sorte que quand par nostre article la legitime a esté reseruée aux enfans, en vn temps auquel la Coustume de Paris n'estoit pas encore corrigée, on n'a pû se proposer pour exemple cette Coustume; mais bien le droit commun, qui estoit lors en vsage par tout. Et si les redacteurs eussent eu d'autre pensée que celle du droit escrit, ils n'eussent point manqué de l'exprimer, puis qu'il n'y auoit pas lors d'autre regle, pour seruir de proportion à la legitime. Et d'ailleurs nous tenons communement que dans les matieres que nous auons tirées du droit Romain, comme est sans doute celle de la legitime, on doit suiure le mesme droit, lors que il s'agit de l'interpretation de ce que nos Coustumes en ont estably, sans auoir recours aux Coustumes voisines ou à celle de Paris, ne se pouuant pas trouuer d'explication plus sincere, que dans sa source.

Et de fait la Cour l'a ainsi iugé en semblables Coustumes, sçauoir en celle de Blois, Vallois & Vitry par Arrest du dernier Mars 1618. entre les Sardinys, & en celle de Chartrés par autre Arrest du 20. Aoust 1611. Coquille en sa Coustume de Niuernois, tit. des Donations, article 7. fait encore mention d'vn precedent du premier Iuin 1545. Et il y en a mesme vn en cette Coustume, du premier Auril 1620. rapporté par Monsieur le Prestre, chapitre 83. de sa premiere Centurie. Il y a eu vn Arrest semblable rendu en la Grand Chambre au Roolle de Vermandois le 4. Decembre 1640. pour la Coustume de Ribemont. Il est vray que cette Coustume en l'article dernier renuoye toutes les questions qui n'y sont pas decidées à celle de Vermandois, & que cellecy en l'article 52. reserue la legitime aux enfans selon la raison escrite; c'est à dire le droit ciuil.

Ceux qui n'ont que le sens naturel, & qui ne sont point suffisanment inſtruits dans les principes, reclament contre la reſolution à laquelle nous nous ſommes arreſtez, par cette ſeule raiſon qu'ils trouuent la proportion eſtablie par la Couſtume de Paris beaucoup plus facile, & qu'ils n'ont pas ſeulement aſſez de lumiere pour comprendre le *Triems* & le *Semis* du droit ciuil. Et de fait cette queſtion ayant depuis peu fait quelque eſclat dans le Palais, au ſuiet d'vne ſemblable difficulté qui s'eſt rencontrée dans la Couſtume de Troyes qui parle de la legitime ſans en ſpecifier la quotité, & Meſſieurs de la quatrieſme Chambre des Enqueſtes ayans demandé l'aduis des autres Chambres, & quelques-vns d'entr'eux ayans auſſi ſouhaité d'auoir le ſentiment du Barreau, les ſuffrages ſe ſont trouuez fort partagez: Mais l'on a remarqué que tous ceux qui eſtoient dans la reputation de ſçauoir les maximes, ſe ſont trouuez d'auis de ſuiure le droit Ciuil. Neantmoins l'eſpece qui ſe preſentoit a eſté iugée ſur le particulier par Arreſt du dernier Aouſt 166. lequel a eſté fondé ſur ce que i'ay appris de quelques-vns de Meſ-

ſieurs qui ont eſté des Iuges, ſur ce que Maiſtre Louis le Grand, nouueau Commentateur de la Couſtume de Troyes, atteſte ſur l'art. 95. nomb. 9. que la diſpoſition de la Couſtume de Paris eſt obſeruée dans cette occaſion en celle de Troyes par vne commune vſance, après pluſieurs iugemens rendus ſur les lieux & confirmez par Arreſts.

b *Deslors affectez & hypothequez.*] C'eſt à dire dés le temps de la donation, de ſorte que les creanciers du donataire n'y peuuent rien pretendre au preiudice des legitimaires qui tirent leur droit du donateur.

c *Affectez & hypothequez.*] Ces mots ſont impropres en ce qu'ils ne ſont pas aſſez energiques : dautant que les enfans qui ſe font adiuger leur legitime ſur les biens donnez, n'ont pas vn ſimple droit d'hypotheque, mais part en la proprieté qui leur doit eſtre deliurée en nature & par forme de partage.

Pour les queſtions generales qui concernent la legitime, elles peuuent eſtre veuës en mon Traitté des Donations partie 3. chap. 8.

CLXII.

Item, les propres heritages d'vn deffunct, retournent toûjours aux plus prochains parens, du coſté & ligne dont ils viennent poſé ores qu'ils ne ſoient ſi prochains au treſpaſſé que d'autres, comme les heritages venus au treſpaſſé du coſté de ſon feu pere, iront aux heritiers dudit deffunct de ſondit pere, & ceux du coſté de ſa feuë mere, aux heritiers du coſté de ſadite mere.

En mon Commentaire ſur cette Couſtume i'auois fait pluſieurs remarques ſingulieres ſur le ſuiet de cet article, que le deſſein de ces no-

tes ne me permet pas d'expliquer, & ainſi il faut remettre à en parler en vn autre lieu.

CLXIII.

Item, les heritiers d'vn trespassé peuuent estre poursuiuis personnellement, des faits, promesses & obligations du trespassé, pour telle part & portion qu'ils sont heritiers, & hypothequairement pour le tout, supposé qu'aucun des heritiers pour le droit d'aisnesse ait plus grande portion que les autres, desdits biens de la succession, & n'en est point tenu l'aisné plus que l'vn des autres.

v. *sup.* article 249.

CLXIV.

Item, hypotheque *a* a lieu par tout le Bailliage de Senlis, & ne se diuise point.

a *Hypotheque.*] Cette hypotheque est fort irreguliere, ainsi qu'il se peut voir au titre des decrets, *vbi dixi.*

CLXV.

Item, institution d'heritier audit Bailliage n'a point de lieu, pource que ledit Bailliage & ancien ressort, sont en pays coustumier.

Cet article doit s'entendre auec l'explication adioustée à l'article 299. de la nouuelle Coustume de Paris, qui adiouste, *c'est à dire qu'elle n'est requise & necessaire pour la validité d'vn testament, mais ne laisse valoir la disposition iusques à la quantité des biens dont le testateur peut valablement disposer par la Coustume.* Lequel article de la Coustume de Paris a esté adiousté à l'ancienne, qui ne portoit art. 120. autre chose que la nostre, & ce en consequence de l'apostille de Maistre Charles Du Moulin. Suiuant cette doctrine, il a esté iugé dans cette Coustume de Senlis, que les rappels faits par testament en collaterale des petits nepueux, qui sont hors des dégrez de representation, aux termes méme du droit, deuoient auoir effet, du moins par forme de legs, par trois Arrests interuenus en l'Audience de la Grand Chambre, les deux premiers entre les Boicernoise les 6. Feur. 1646. & 19. Feur. 1647. & le dernier entre les Courtins le 6. Mars 1660. plaidans M. Guillaume Bluet & moy.

CLXVI.

Item, en vne succession où il y a fils ou fille, vne ou plusieurs, & il y a fief, dont le fils ait fait la foy & hommage au Seigneur feodal, la fille tant qu'elle se tiendra à marier, ne payera aucun relief pour sa part dudit fief: car par la Coustume, comme dit est, de pere à fils, ou fille, n'y a que bouche & mains, auec le chambellage, excepté des Chastellenies de Ponthoise, de Chaumont, de Mello, & de Moncy, & les fiefs qui en dépendent, qui ſe releuent de toutes mains & mutations. *a*

a v. *ſupra* 16ʃ.

CLXVII.

Item , mais incontinent que ladite fille ſe mariera, le mary eſt tenu releuer l'heritage de ſadite femme, pource qu'il eſt eſtrange perſonne, & toutesfois qu'elle ſe mariera, ſera ſemblablement tenuë, ou ſondit mary pour elle, payer relief, tel que deſſus eſt declaré.   **CLXVIII.**

Item , meubles & acqueſts ſans conſideration de ligne, ſont au plus prochain, en telle maniere, que s'ils ſont trois freres, dont les deux ſoient freres de pere & de mere, & l'autre de mere tant ſeulement, ſi l'vn des deux qui ſont de pere & de mere, va de vie à treſpas delaiſſez ſes deux freres, l'vn de pere & de mere, & l'autre de mere ſeulement, tous deux viennent également aux meubles & acqueſts dudit frere treſpaſſé.

CLXIX.

Item , quand l'vn des deux conjoints enſemble par mariage, va de vie à treſpas, & delaiſſe aucuns enfans mineurs dudit mariage, ſi le ſuruiuant deſdits conjoints ne fait faire inuentaire, *a* les enfans, ou enfant ſuruiuans peuuent, ſi bon leur ſemble, demander cõmunauté en tous les biens meubles & ez conqueſts immeubles du ſuruiuant, faits depuis la ſocieté contractée par ledit mariage, ſans preiudicier aux droicts & priuileges des nobles *b* deſſus declarez ; poſé qu'iceluy ſuruiuant ſe remarie, *c* & iuſques à ce que ledit inuentaire ait eſté fait. *d*

a *Inuentaire.*] Sçauoir ſi en cette Couſtume qui parle ſimplement d'inuentaire, ſans dire clos & ſolemnel, comme la Couſtume de Paris art. ʃ40. & 241. Il eſt neceſſaire qu'il ſoit parfait & clos pour produire la diſſolution de communauté : Le premier Arreſt qui a prononcé ſur cette difficulté en cette Couſtume, auoit iugé pour la negatiue, & ſe trouue en forme dans le Veſt chapitre 63. en datte du 13. Aouſt 1ʃʃ8. Mais le contraire a depuis eſté iugé par pluſieurs Arreſts interuenus en cette meſme Couſtu-me;de ſorte que l'on n'y doute plus, que pour diſſoudre la communauté, vn inuentaire ne ſuffit pas , s'il n'eſt clos & parfait. Nous en auons trois Arreſts, ſçauoir le premier du 12. May 1666. que Roüillard, qui le rapporte au 39. de ſes Reliefs, dit eſtre interuenu en la premiere Chambre des Enqueſtes auec grande connoiſſance *Conſultis claſſibus,* & qu'il fut meſme deliberé que l'Arreſt ſeroit prononcé en robbes rouges pour ſeruir de Loy à l'auenir en toutes les Couſtumes , qui ne requierent pas expreſſement la cloſture

ſture & l'affirmation de l'inuentaire: Le deuxieſme du 18. Ianuier
1620. & le dernier du 5. Mars 1622.
que la Cour ordonna eſtre leu aux
Sieges de Senlis & de Ponthoiſe les
Audiences tenans.

Mais il faut prendre garde que
dans les eſpeces de ces Arreſts les
inuentaires, que l'on arguoit de
nullité, n'eſtoient ny clos ny affir-
mez: car i'eſtime qu'il en faudroit
dire autrement, ſi l'inuentaire auoit
eſté bien & deuëment clos, & que
l'on obiectaſt pour defaut de ſolemnité en cette Couſtume, qu'il n'a
point eſté fait auec legitime con-
tradicteur, pour n'y auoir pas eu de
tuteur ſubrogé, cette formalité ne
s'obſeruant pas en ce pays; veu que
les ſolemnitez des inuentaires, n'e-
ſtans point preſcrites en France par
aucune loy generale, il faut ſuiure
l'vſage de chaque Prouince, & ce
ſeroit ſans apparence que l'on ſoû-
tiendroit qu'vn inuentaire qui auroit eſté fait auec le Procureur du
Roy, ſuiuant l'vſage du pays, ne
ſeroit pas ſolemnel en cette Couſtume.

b *Priuilege des nobles.*] *Scilicet,*
par l'article 146. lequel entre nobles
laiſſe la liberté au ſuruiuant de prendre les meubles demeurez du deceds du treſpaſſé, & par l'article 152.
en vertu duquel le ſuruiuant noble
peut accepter la gardenoble des enfans mineurs, & en ce faiſant prendre les meubles de la communauté
& ioüir de leurs heritages, aux
charges portées par ces deux articles.

Mais ie demande ſi le ſuruiuant
noble prenant les meubles en conſequence de ces deux articles 146.
& 152. il eſt à couuert contre la
continuation de communauté, com-

bien qu'il ne faſſe point faire d'inuentaire; ou s'il à ſeulement cet
aduantage que les meubles ne ſont
point partie de la continuation de
communauté? On peut ſouſtenir
auec beaucoup d'apparence, que les
nobles qui veulent ſe preualoir de
la diſpoſition de ces deux articles
ne ſont pas ſuiets à la continuation
de communauté: parce que l'inuentaire ne ſe fait particulierement
que pour la conſeruation des meubles: & pour ce qui regarde les immeubles, quoy que les tiltres en
ſoient ordinairement inuentoriez:
neantmoins il eſt aiſé d'en auoir la
connoiſſance par d'autres moyens,
& meſme il arriue ſouuent que les
heritages ſont dans les familles ſans
autre tiltre que la poſſeſſion. Il faut
toutefois s'arreſter à l'opinion contraire: dautant que noſtre article
ne diſtinguant pas dans ſa diſpoſition generale les nobles d'auec les
roturiers, & ces mots, *ſans preiudi-*
cier aux droicts des nobles deſſus de-
clarez, qui forment la difficulté, ne
voulans dire autre choſe dans leur
ſens litteral, ſinon que nonobſtant
la continuation de communauté, le
noble ne laiſſe point de conſeruer
l'aduantage qui luy eſt donné par
les articles 146. & 152. nous ne pouuons pas multiplier leurs priuileges,
ny les eſtendre au delà de ce qui eſt
contenu en ces deux articles & en
celuy-cy, qui ne portent pas que le
ſuruiuant noble ſoit exempt de la
continuation de communauté; de
ſorte que tout ce que nous pouuons
dire en ſa faueur eſt qu'il retient en
vertu de ſon priuilege de nobleſſe
les meubles par preciput, & que la
continuation de communauté n'a
ſon effect que pour les acqueſts. Et
en effect il importe grandement aux

mineurs que les tiltres des acquiſitions faites par leurs pere & mere ne ſoient inuentoriez, parce qu'autrement il ſeroit ſouuent facile dans la ſuitte des années qui ſe paſſent pendant vne longue minorité de lés en priuer. Et quoy que ce ſoit, la continuation de communauté eſtant donnée en general par noſtre article aux mineurs, ſans exception, ſi ce n'eſt pour les meubles à l'eſgard des nobles, il doit demeurer en leur liberté de ſe ſeruir de cette grace pour le ſurplus, ou de ſe tenir au droit commun; n'y ayant pas de difficulté que ce priuilege eſtant introduit en leur faueur, ils peuuent y renoncer ſi bon leur ſemble.

c *Poſé qu'iceluy ſuruiuant ſe remarie.*] *Sunt verba ampliatiua non reſtrictiua aut limitatiua*, De ſorte qu'il ne laiſſera point d'y auoir lieu à la continuation de communauté, combien que le ſuruiuant ne paſſe point à vn ſecond mariage.

Si le ſuruiuant ne ſe remarie pas, il n'y a point de difficulté que la communauté ſe continue apres la mort du predecedé par moitié, comme elle eſtoit auparauant le deceds: mais s'il vient à ſe remarier, on doit ſuiure la diſpoſition de l'art. 242. de la Couſtume de Paris tres-raiſonnable, & tirée de l'apoſtille de Maiſtre Charles Du Moulin ſur l'article 118. de l'ancienne Couſtume, qu'il dit eſtre conforme aux Arreſts qui eſtoient auparauant interuenus: Et porte cet article 249. Que ſi le ſuruiuant ſe remarie, la communauté eſt continuée entr'eux pour vn tiers, tellement que les enfans ont vn tiers, le mary & la femme chacun vn tiers, & que ſi chacun d'eux ont enfans d'vn precedent mariage, la communauté ſe

continue par quart: De ſorte que les enfans de chacun mariage ne paſſent que pour vne teſte, & le mary & la femme chacun pour vne. Dont il y a eu Arreſt pour cette Couſtume ſur procéz par eſcrit le 17. Mars 1612. entre les enfans du premier & du ſecond lit de Nicolas de Perthuis, & fut iugé que la premiere communauté eſtoit demeurée continuée, ſçauoir par moitié pour les conqueſts immeubles faits par le pere iuſques au iour de ſon ſecond mariage, & des meubles tant du premier que du ſecond mariage, & pour vn tiers des conqueſts faits pendant le ſecond mariage. Ce qui doit auoir lieu, ſi ce n'eſt que ceux qui ont droit en cette continuation de communauté n'ayent par le contract de mariage plus grande, ou moindre part: car pour lors la communauté doit eſtre continuée de la façon qu'elle a eſté commencée.

d *Et iuſques à ce que ledit inuentaire ait eſté fait.*] L'article 241 de la Couſtume de Paris deſire pour diſſoudre la communauté, que l'inuentaire ſoit clos trois mois apres qu'il aura eſté fait, ce qui n'empeſche point que ſi l'inuentaire n'eſt clos que longtemps apres les trois mois, la diſſolution de communauté n'aye effet du iour de la cloſture. Ainſi iugé en cette Couſtume de Senlis, par Arreſt donné en l'Audience de la Grand Chambre du 3. Feurier 1597. Il eſt toutefois neceſſaire en ce cas, que le mary ou la femme ſuruiuant qui fait faire l'inuentaire y faſſe adiouſter ce qu'il peut auoir acquis depuis que l'inuentaire a eſté commencé, & que ſon affirmation ſoit generale, en comprenant meſme le temps, qui s'est escoulé entre l'inuentaire & la closture, qui n'a point en cet- te occasion d'effect retroactif au temps que l'inuentaire a esté fait,

CLXX.

Item, quand vn Prestre seculier, Beneficié ou non, va de vie à trespas, à iceluy succederont ses plus prochains parens & heritiers, habiles à luy succeder, posé ores qu'il n'eust aucuns heritages de propre, ne d'acquests.

CLXXI.

Item, vn Religieux, ou Religieuse profez, ne succede point ny le Monastere, ny le Conuent pour eux.

CLXXII.

Item, vn bastard aussi ne succede point, sinon és meubles & acquests *a* de ses enfans legitimes.

a *Et acquests.*] *Idem* de ce qui leur a esté donné pour leur estre propre, sinon qu'il eust esté dit pour estre propre du costé de la mere C. M.

CLXXIII.

Item, auant qu'vn testament soit reputé solemnel, il est requis qu'il soit écrit & signé de la main & seing manuel du testateur, ou signé de sa main, & à luy leu, & par luy entendu, en la presence de trois témoins; ou qu'il soit fait pardeuant deux Notaires, ou pardeuant le Curé de sa Parroisse, ou son Vicaire general, & vn Notaire, ou dudit Curé, ou Vicaire & deux témoins, ou d'vn Notaire & deux témoins, ou quatre témoins, iceux témoins suffisans & non legataires dudit testateur, fors & excepté, entant que touche les legats pitoyables, obseques & funerailles d'iceluy testateur, esquels toutesfois, & pour le moins sera gardée la solemnité du droit Canon.

Pour l'intelligence de cet article, faut voir mon Traitté des Donations part. 1. chap. 3. Sect. 4.

a *De sa Parroisse.*] C'est à dire de celle où il est lors qu'il fait son testament.

Des doüaires.

CLXXIV.

Il y a deux manieres de doüaire, l'vn qu'on appelle doüaire couſtumier, & l'autre prefix.

CLXXV.

Le doüaire couſtumier, dont la femme peut eſtre doüée, eſt de la moitié de tous les heritages, *a* que le mary auoit au iour de ſes nopces, *b* & de ceux qui luy ſont eſcheus & eſcherront en ligne directe durant & conſtant leur mariage. *c*

a De tous les heritages.] Par l'article 250. de la Couſtume de Paris, l'heritage, quoy que noble, ſe partage entre les enfans doüairiers ſans prerogatiue d'aiſneſſe. Il y a deux raiſons conſiderables pour leſquelles il ſemble que le contraire doiue eſtre reſolu en cette Couſtume. La premiere ſe tire du procez verbal de la Couſtume de Paris meſme, en ce qu'il porte que cette diſpoſition y a eſté adiouſtée pour auoir lieu à l'aduenir, ſans preiudice du paſſé, ce qui fait preſumer que l'on iugeoit autrement du temps de l'ancienne Couſtume; & ainſi que cette nouuelle diſpoſition eſt vne deciſion particuliere, qui doit eſtre renfermée dans le territoire de la Couſtume à laquelle elle a eſté adiouſtée. La deuxieſme raiſon reſulte de l'article 112. de la Couſtume de Vallois, qui porte que le douaire en heritage noble ſe partira entre les enfans renonçans à la ſucceſſion du pere auec telle prerogatiue d'aiſneſſe que feroit la ſucceſſion, ſi les enfans ſe portoient heritiers. De ſorte que comme cette Couſtume eſt voiſine de la noſtre, & que le Duché de Vallois a meſme

fait autrefois partie du Bailliage de Senlis, on peut dire que dans les cas obmis, ces deux Couſtumes doiuent eſtre reſpectiuement interpretées l'vne par l'autre.

Neantmoins l'opinion contraire a preualu dans la Couſtume de Senlis auec beaucoup de fondement : parce que la maxime qui veut que le droict d'aiſneſſe n'ait point de lieu en matiere de douaire, eſt eſtablie ſur vn principe general; ſçauoir que comme la prerogatiue que nos Couſtumes attribuent aux aiſnez ou aux maſles dans les ſucceſſions *ab inteſtat*, eſt vn droict ambitieux, ou quoy que ce ſoit, vn priuilege particulier, il ne doit pas eſtre eſtendu d'vn cas à l'autre; & il y a d'autant moins lieu de l'introduire dans noſtre eſpece, que l'on ne peut point argumenter du douaire à la ſucceſſion : attendu que la ſucceſſion eſt deuë par la Loy ſeule, au lieu que le douaire eſt particulierement acquis en conſequence du traitté de mariage, & de ces paroles que le Preſtre fait dire par l'homme à la femme quand ils s'eſpouſent : *du douaire qui eſt diuiſé entre mes parens & les tiens, ie te doüe :* ou du moins à preſent *ex pacto præſum-pto*, depuis l'Ordonnance du Roy Philippe Auguſte, qui regla le douaire à la moitié, lequel n'eſtoit auparauant qu'à l'arbitrage des parties, ſuiuant la remarque qu'en fait cet ancien Praticien Philippes de Beaumanoir en ſon liure intitulé les Couſtumes de Beauuaiſis au tiltre de douaire. Tellement que c'eſt auec raiſon que l'on n'admet point le droit d'aineſſe à l'égard du douaire, dans toutes les Couſtumes qui ne contiennent aucune diſpoſition particuliere à ce ſuiet, comme la noſtre.

Et tant s'en faut que ceux qui ſuiuent le ſentiment contraire puiſſent pretendre aduantage de ce qui ſe pratiquoit auparauant la derniere reformation de la Couſtume de Paris, ſous pretexte de ce qu'il eſt fait mention par le procez verbal que l'addition faicte à l'article 250. & les articles ſuiuans auront lieu pour l'aduenir ſans preiudice du paſſé, qu'il s'apprend par vn ancien Arreſt interuenu dans la Maiſon de Montmorency, auparauant meſme la premiere redaction de la Couſtume de Paris le premier Feurier 1492. & depuis prononcé en robbes rouges à la Noſtre-Dame de Septembre enſuiuant, que la queſtion y auoit eſté iugée à l'aduantage des cadets contre le droit d'aiſneſſe, & Maiſtre Charles Du Moulin en ſa note ſur l'ancienne Couſtume, qui ne contenoit aucune diſpoſition à ce ſuiet, a decidé ſuiuant cet Arreſt, que le douaire deuoit eſtre partagé eſgalement, & ſans droit d'aiſneſ-ſe, ce qu'il a encore repeté ſur l'article 131. de la Couſtume d'Eſtam-pes. L'exemple de la Couſtume de Vallois ne doit auſſi eſtre d'aucune

conſideration : parce que les Couſtumes voiſines ne ſeruent point de deciſion, mais de raiſon ſeulement, en tant qu'elles ſe trouuent conformes au veritable eſprit de la Iuriſprudence.

Mais dans cette ſuppoſition que l'aiſné eſtoit priué de ſon droit d'aineſſe en ſe tenant au douaire, ayant declaré qu'il ſe portoit heritier, & les cadets ayans renoncé à la ſucceſſion pour accepter le douaire Couſtumier, il s'eſt formé vne queſtion tres-importante, pour ſçauoir ſi le douaire ſera pris auparauant le droit d'aiſneſſe, de ſorte qu'il demeurera de la moitié des fiefs, auſſi bien que des rotures : où s'il ſera ſeulemét à l'eſgard des fiefs de la moitié de la part qui eut appartenu aux cadets s'ils ſe fuſſent portez heritiers? Cette difficulté a eſté terminée en cette Couſtume par Arreſt donné au rapport de Mr Gilbert le 7. Septembre 1640. apres enqueſtes par turbes entre les Dupuis parties plaidantes, & iugé que le droit d'aineſſe eſtoit preferable, & qu'il ſe deuoit prendre auparauant le douaire; & en conſequence que les puiſnez ne pouuoient pretendre leur droit de douaire à l'eſgard du fief, que dans leur portion hereditaire.

Comme les enqueſtes par turbes ſur leſquelles cet Arreſt eſt interuenu, n'ont eſté faites qu'aux Sieges de Senlis & de Compiegne, les Officiers & les Aduocats des autres Sieges deſpendans de la Couſtume reclament contre ce qui a eſté iugé, & pretendent que ſi on eut deman-dé leur aduis, ils euſſent monſtré par des raiſons puiſſantes, qu'il y auoit lieu de decider cette queſtion autrement, & que le droit d'aineſſe que l'aiſné deuoit auoir en la qualité d'heritier qu'il auoit choiſie, ne pouuoit pas empeſcher que le doüaire ne demeuraſt de la moitié du total du fief, auſſi bien que des autres immeubles qui y eſtoient ſujets : daurant que les choſes ſuiettes au doüaire ne tombent point dans la ſucceſſion, eſtans deuës par vn Contract anterieur, & que dans le cas meſme auquel il n'y a point eu de contract de mariage, la loy eſtant faite pour ſuppléer à la negligence des parties, le doüaire eſt acquis en vertu de la Couſtume, du iour de la celebration du mariage : de ſorte que dans l'eſpece propoſée les cadets ont vn tiltre anterieur à celuy de leur aiſné, qui n'a lieu que du iour de la ſucceſſion eſcheuë. Ils adiouſtent à cette raiſon que cette difficulté eſt terminée par l'article 17. de la Couſtume de Paris, qui prefere le doüaire au droit d'aiſneſſe, & qu'elle a meſme eſté iugée conformement à leur intention, par Arreſt dont il eſt fait mention par Bacquet en ſon Traitté du droit de Iuſtice chapitre 15. nomb. 70.

Mais il s'apprend par la lecture de l'Arreſt de l'année 1640. dans lequel les moyens qui ont eſté propoſez de part & d'autre par les parties ſe trouuent redigez, que non ſeulement les turbiers auoient eſté du ſentiment des autres Officiers & Aduocats de la Prouince, & qu'ils s'eſtoient fondez ſur les meſmes raiſons & Arreſts : Mais auſſi que la Sentence du Bailly de Senlis dont l'appel auoit ſaiſi la Cour, auoit Iugé au profit des cadets : mais comme ils ne purent iuſtifier d'vne Iuriſprudence vniforme, & d'vn vſage conſtant dans la Couſtume, qui eſt ce que l'on demande princi-

palement à des turbiers, & non pas purement & ſimplement leurs aduis, la Cour eſtima que la queſtion deuoit eſtre iugée dans les regles generales, & en conſequence elle prononça en faueur de l'aiſné.

I'eſtime pour mon particulier que l'Arreſt a iugé ſuiuant les veritables maximes, en ce qu'il a preferé le droit d'aiſneſſe au doüaire, par cette raiſon fondamentale, que combien que le doüaire ſoit acquis aux enfans, en conſequence d'vn tiltre anterieur à celuy du droit d'aineſſe, qui n'eſt deu que du iour de l'ouuerture de la ſucceſſion *ab inteſtat:* neantmoins il faut prendre garde que le doüaire n'eſt deu que ſous cette condition, qui deſpend de la volonté des enfans, en cas qu'ils renoncent à la ſucceſſion : de ſorte que cette faculté de renoncer ou d'acccepter, regardant tous les enfans en general, & l'aiſné auſſi bien que les cadets, lors qu'ils ſe trouuent partagez dans leurs auis par le motif de leurs intereſts qui ſont differents, & que l'aiſné veut accepter & les puiſnez renoncer pour ſe tenir au doüaire, il faut dans cette diuerſité de volonté auoir recours au remede qui a eſté prudemment inuenté à ce ſuiet, & qui ſe pratique en pareille occaſion ; ſçauoir conſiderer lequel des deux partis eſt plus aduantageux aux enfans en general ; ſi bien que quand la ſucceſſion, toutes debtes payées, ſe trouue plus forte que le doüaire, ie ne fais point de difficulté en ce cas, que le tiltre de la ſucceſſion doiue eſtre preferé au douaire, par l'intereſt commun qui doit preualoir, & que l'aiſné ne doiue y prendre ſon preciput & prerogatiue d'aiſneſſe, au preiudice des cadets, ſans qu'ils puiſſent

propofer au contraire, qu'en con-
fiderant leur intereft, il eft plus expedient de fe tenir au douaire que
d'accepter la fucceffion : parce que
ce qui doit faire la regle eft l'intereft des enfans en commun ; & fi
dans le partage qui doit eftre fait
des biens, l'aifné fe trouue plus aduantagé que les puifnez, c'eft l'effect de la loy qui ne doit point eftre
eludé par l'addreffe des cadets qui
fe tiennent au douaire.

Et en effect, fi le contraire auoit
lieu, les puifnez ne manqueroient
prefque iamais dans cette Couftume de Senlis & autres femblables,
dans lefquelles les aifnez font notablement aduantagez, de fe tenir
au douaire, pour donner atteinte
au preciput de leur frere, ce qui arriueroit toutesfois & quantes que
leur pere auroit contracté tant foit
peu de debtes, depuis la celebration de leur mariage, dont ils laif-
feroient leur aifné chargé, renonçans de leur part, & mefme fans
debtes, dez l'heure qu'il y auroit
quatre enfans dans vne maifon, à
l'efgard des fiefs fituez au delà de
la Riuiere d'Oife, ou l'aifné prend
par prerogatiue d'aifneffe, le principal manoir & les deux tiers du
furplus, il feroit toufiours plus expedient de prendre le douaire que
la fucceffion : attendu que dans le
douaire, ils y auroit vn huictiefme
au total du fief & manoir, au lieu
qu'en qualité d'heritiers, ils ne
profiteroient que d'vn neufiefme,
fans mefme prendre aucune part
dane le manoir. Et au furplus tant
s'en faut que l'article 17. de la Couftume de Paris foit fauorable, pour
l'autre opinion, qu'il feruoit d'vn
preiugé confiderable pour l'Arreft ;
puis qu'en donnant la legitime ou

le douaire aux cadets fur le preciput de leur aifné, en vn cas particulier, & lors qu'il n'y a dans la fucceffion du pere qu'vn fief confiftant
en vn manoir, il refulte de là que
les redacteurs de la Couftume ont
fuppofé que la queftion generale
deuoit eftre iugée autrement. Et
quant à l'Arreft rapporté par Bacquet, outre qu'il ne fait mention
d'aucune circonftance, ny mefme
de la datte de l'année, il s'en trouue au contraire dans le Commentaire de Potier fur l'article 01. de
la Couftume de Bourbonnois, &
dans les maximes de Delommeau
liure 3. chap. 60.

De plus nous auons vne authorité qui deuoit encore eftre d'vn
poids confiderable dans le procez,
fur lequel l'Arreft eft interuenu, fi
elle eut efté remarquée, & qui eft
tirée de Philippes de Beaumanoir
dont les efcrits doiuent auoir d'autant plus de force dans la Couftume
de Senlis, que fon ouurage contient les Couftume de cette Prouince fous le tiltre des Couftumes &
des vfages de Beauvoifins, qui s'é-
tendoient non feulement iufques à
la Ville de Senlis : mais mefme au
delà, ainfi que i'ay fait voir ailleurs
& qu'il s'apprend encore particulierement, au Chapitre du douaire
de ces Couftumes, où il fe void que
la Ville de Creil, qui eft conftammét
du Bailliage de Senlis, y eftoit com-
prife. Cet Autheur propofe noftre
queftion dans vne efpece la plus ad-
uantageufe qu'elle puiffe eftre conceuë, & tefmoigne qu'elle fut iugée conformement à ce qu'elle a
efté par l'Arreft dont il s'agit : voicy fes termes. *Ancoires vifte vn Iu-*
gement, par lequel il appert que les
enfans ne font pas heritez par la rai-

ſon des doüaires, car vn Gentilhom-
me, s'il ot trois femmes, de la pre-
miere, & de la ſeconde il ot filles,
& de la tierce il ot fils & filles,
apres le Gentilhomme morut, les fil-
les de la premiere femme demande-
rent la moitié de l'heritage pour la
raiſon que leur mere en fut doüée,
les filles de la ſeconde demanderent
le quart de l'heritage pour la raiſon
du doüaire leur mere, & le fils maſle
de la tierce femme demanda le hui-
ctieſme de tout l'heritage, c'eſt à ſça-
uoir les deux parts des fiefs & le
maiſtre manoir, & l'hommage de la
tierce partie de ſes ſœurs, tout fut ce
qu'elles fuſſent aiſnées des premiers
mariages, & ſur ce mirent en droit.
Il fut iugié que l'hoir maſle de la
femme derniere emporteroit la hui-
ctieſme, c'eſt à ſçauoir les deux parts
du fief, le chief manoir, & l'hom-
mage de ſes ſœurs de la tierce partie.

Il conuient obſeruer au ſuiet de noſtre Arreſt de l'année 1640. & du Iugement dont fait mention Philippes de Beaumanoir, qu'ils ſont conformes dans la queſtion gene-rale, en ce que l'vn & l'autre pre-ferent le droit d'aiſneſſe au douaire dans l'eſpece que nous auons pro-poſée : mais ils ſont differents, en ce que s'agiſſant dans les deux eſ-peces ſur leſquels ils ſont interue-nus de fiefs ſituez au delà de la Ri-uiere d'Oiſe, où par l'article 126. de noſtre Couſtume, qui eſtoit auſ-ſi en vigueur du temps de Beauma-noir, l'aiſné prend le principal ma-noir, & l'autre tiers demeure au cadet, le Iugement de Beaumanoir a laiſſé le tiers entier aux cadets pour leur droit de douaire, au lieu que l'Arreſt dans l'eſpece duquel il y auoit trois enfans, en y compre-nant l'aiſné, n'a adiugé à chaque

cadet pour ſa part du douaire que la troiſieſme partie du tiers des fiefs & terres nobles.

Il ne peut pas y auoir de difficulté que le Iugement eſt beaucoup plus regulier que l'Arreſt, ce qui me fait preſumer qu'au cas de cet Ar-reſt, il y auoit quelque fin de non receuoir, ou quelque circonſtance qui donnoit atteinte au droit des cadets : dautant qu'il ne peut auoir iugé de la ſorte que dans la ſuppo-ſition que l'aiſné outre ſa portion hereditaire, qui conſiſtoit au ma-noir & aux deux tiers du ſurplus des fiefs, deuoit encore prendre ſa part dans le douaire, ce qui ne peut point eſtre ſouſtenu auec apparence de raiſon : parce que combien que regulierement les enfans qui ne prennent aucune part dans l'heri-tage ſuiet à douaire, par la conſi-deration de ce que leur pere les a d'ailleurs aduantagé de ſon viuant, ne laiſſent point d'eſtre comptez, à l'effect de diminuer les parts des autres enfans douairiers, il n'en doit pas aller de meſme à l'eſgard de l'aiſné qui ſe porte heritier, & qui par ce moyen prend ſa part dans l'heritage ſuiet à douaire, plus aduantageuſement qu'il ne ſeroit, s'il s'eſtoit tenu au douaire : & ſi le contraire auoit lieu, il conſerue-roit en ſa perſonne deux qualitez incompatibles, ſçauoir celle d'he-ritier & de douairier, ce qui eſt contre toute ſorte de principes ; & l'aiſné ne doit pas enuier à ſes ca-dets que le tiers leur demeure en-tierement, puis qu'il s'en faut les deux tiers dans la moitié du manoir, qu'ils ne prennent autant qu'ils en auroient ſi le douaire s'eſtoit leué auparauant le droit d'aiſneſſe, & qu'ils y euſſent tous pris part eſga-lement.

lement. Estant bien vray que si la distraction du douaire auoit esté faite de la sorte auparauant le preciput de l'aisné, il auroit fallu luy laisser sa part du douaire, parce que bien loin d'auoir en ce cas plus que sa portion hereditaire, il ne troueroit pas mesme son droit d'aisnesse ; au moyen dequoy en cette occasion il prend tout ce qui luy appartient en vne seule qualité, ce qui ne produit aucun inconuenient. C'est pourquoy l'Arrest a fort bien iugé, pour ce qui concerne les rotures, que la part de chaque cadet n'estoit que du tiers en la moitié ; en conseruant le tiers dans cette moitié, qui est pour le douaire, outre l'autre moitié en entier à l'aisné : attendu qu'il doit suffire aux cadets que leurs parts dans le douaire leur soit conseruée, sans qu'ils doiuent profiter de ce que leur frere aisné prend le tiltre d'heritier & supporte en cette qualité les charges de la succession ; comme ils feroient à l'esgard des rotures, s'ils partageoient la moitié, que la Coustume a destiné pour le douaire entr'eux seuls, & que la part de leur aisné leur accreut en consequence de ce qu'il s'est declaré heritier.

Dans l'espece de l'Arrest, l'aisné, ou quoy que ce soit sa fille qui le representoit, auoit formé vne autre difficulté, qui receuoit d'abord plus de couleur ; sçauoir que le douaire des puisnez dans les fiefs ne deuoit estre que de la moitié de leur portion hereditaire, qui estoit vn douziesme pour chacun d'eux, au lieu d'vn sixiesme qu'ils pretendoient, & d'vn neufiesme qui leur a esté adiugé par l'Arrest : Mais ç'a esté auec raison que cet Arrest a reietté cette pretention de l'aisné, qui

ne pouuoit estre bonne qu'en cas que l'on eust iugé contre la maxime que nous auons establie au commencement de cette note, que le droit d'aisnesse deuoit auoir lieu en matiere de douaire : mais comme il se partage esgalement entre l'aisné & ses cadets, on ne peut point dire que le douaire ait son rapport auec la succession pour l'assignat des portions des enfans, puis que la diuision du douaire & de la succession se fait par des manieres toutes differentes & opposées.

De sorte que dans le cas auquel l'aisné accepte la succession, sa qualité d'heritier ne destruisant point pour cela le douaire, & n'ayant autre effect, sinon qu'il doit prendre ses prerogatiues d'aisnesse dans les fiefs, conformement à ce que nous auons estably, il est vray que le douaire reçoit par ce moyen quelque diminution, mais l'atteinte qui luy est donnée, ne fait point qu'il ne doiue demeurer en son entier pour le surplus, & que les cadets pour leur droit de douaire ne doiuent prendre dans les fiefs tout ce qui reste apres que le droit d'aisnesse a esté leué, pourueu que ce surplus n'excede point les parts qui leur appartiennent dans le douaire par la Coustume.

Au reste toutes les contestations qui peuuent arriuer à ce suiet entre l'aisné & ses cadets, n'empeschent point que la vefue ne iouïsse de son droit de douaire en entier : parce que pour ce qui la regarde, soit que ses enfans se portent heritiers, ou qu'ils se tiennent au douaire, son vsufruict luy est deu en esgalement.

Il a aussi este iugé en cette Coustume par Arrest donné en l'Audiance de la Grand Chambre, du Mar-

K

dy 30. Ianuier 1607. qu'vne vefue ne pouuoit prétendre douaire sur vn office de Receueur des decimes du Diocese de Senlis : Mais ceux qui l'ont rapporté, se sont abusez, quand ils ont dit, que le suiet pourquoy cette question, de sçauoir si le douaire de la femme pouuoit auoir lieu sur l'Office que le mary posse-doit auparauant son mariage, auoit receu plus de difficulté en cette Coustume, & auoit esté ainsi de-cidée, resultoit des termes de cet article, qui n'accorde le douaire, ce disent-ils, que sur les anciens heritages, cette Coustume n'estant pas conceue pour ce regard en d'au-tres termes que celle de Paris & des autres de ce Royaume : de sorte que si cette Iurisprudence vient du tout a changer, comme il y a grande ap-parence, attendu que nous donnons sans contredit le douaire coustu-mier aux femmes, sur les rentes, par la consideration de ce qu'elles sont reputées immeubles, si bien que les Offices estant mis au mesme rang, il n'y a plus rien qui empes-che ce changement, mesme en cet-te Coustume, non plus que dans les autres ; & de fait la Cour l'a desia ainsi iugé en des cas fauora-bles, & lors qu'il n'y auoit point d'autres biens sur lesquels la fem-me pût prendre douaire. Il y a mes-me vn Arrest en cette Coustume qui a passé plus auant, & qui a ad-iugé le douaire sur vn Office d'E-leu, quoy qu'il y eust d'autres biens suiets au douaire : Cet Arrest en datte du 21. May 1639. donné en la Grand Chambre, au rapport de Monsieur Scaron, sur vn appointé au Conseil, en confirmant la Sen-tence du Preuost de Ponthoise du 3. May 1627. Il y en a neantmoins qui ne voulans point donner vne decision generale a cet Arrest, & qui pour le sauuer de difference & de contrarieté auec celuy de 1606. remarquent qu'il a esté donné en faueur des enfans, & soustiennent qu'il n'en iroit pas de mesme à l'e-gard de la vefue, suiuant cet Arrest de l'an 1606. mais i'estime au con-traire, que l'on ne peut raisonna-blement constituer aucune differen-ce entre la mere & les enfans pour ce regard : puisque le douaire des enfans, n'est autre que celuy de la mere, & que la contrarieté de ces Arrests procede de ce que nostre Iurisprudence, pour ce qui est des Offices a changé notablement, & que l'establissement de leur vena-lité au point où elle est maintenant, fait qu'ils sont a present considerez comme de veritables immeubles.

Ie trouue dans les memoires de Monsieur le Clerc Conseiller en la Grand Chambre, que le Vendredy 19. Feurier 1616. il fut rapporté vne instance de preference par Mon-sieur Mareschal, pour la distribu-tion du prix procedant de la vente d'vn Office de Sergent au Bailliage de Senlis, dans laquelle la femme soustenoit qu'estant la premiere en hypotheque pour le douaire prefix, qui luy auoit esté constitué par son Contract de Mariage, elle deuoit toucher les deniers dont il s'agissoit à l'exclusion des autres creanciers: attendu principalement qu'il n'y auoit point d'autres biens sur les-quels le douaire pût estre pris. La Cour iugea conformement a la dis-position de l'article 95. de la Cou-stume de Paris, que les deniers de-uoient estre distribuez par contri-bution au sol la liure. Entre Mon-sieur Thibaut Seigneur de Beaurain

M. des Comptes, la femme de Bernier Sergent, & le nommé Charrier.

Deffunct Monſieur l'Advocat General Bignon, auoit neantmoins fait iuger le contraire ſur ſes concluſions, dans la meſme eſpece d'vne femme qui ne pouuoit recourer ſon doüaire prefixque ſur l'Office dont ſon mary auoit eſté pourueu, par Arreſt interuenu en l'Audience de la Grand Chambre du 23. May 1652. concernant vn Office de Threſorier de France en la Generalité de Soſſons, au profit de Françoiſe Forien veſue de Philippes Berault qui eſtoit mort reueſtu de cette charge. Cet Arreſt auoit eſté ſuiui de deux autres, le premier du 7. Septembre de la meſme année, en faueur de Catherine Pietre femme de François Gouel, pourueu d'vn Office de Vendeur de marée, & le dernier du 2. Aouſt 1653. rendu au profit de Catherine le Grand veſue de François Tardif Threſorier de France en la Generalité d'Orleans.

Mais ayant eſté conſideré que ces Arreſts donnoient atteinte directement à l'article 95. de la Couſtume de Paris, & la queſtion s'eſtant encore preſentée en la cinquieſme Chambre des Enqueſtes pour l'Office de Maiſtre des Comptes dont Monſieur Charpentier auoit eſté pourueu, la Cour en a voulu faire vn Reglement, & pour cet effect, deux Conſeillers de la Grand Chambre, & deux de chacune Chambre des Enqueſtes aſſemblez, les choſes ont eſté remiſes dans la regle, & a eſté iugé par Arreſt ſolemnel du 7. Iuin 1658. que la veſue ne deuoit auoir aucune preference pour ſon doüaire, & qu'elle ne pouuoit venirque par contribution auec les autres creanciers.

b *Au iour de ſes nopces.*] Sçauoir de quel temps le doüaire eſt acquis à la femme en cette Couſtume? Nos Couſtumes reglent cette queſtion differemment, les vnes deſirent qu'elle ait couché auec ſon mary : Comme Valois article 102. & Clermont art. 157. Bretagne 450. veut qu'elle ait mis le pied au lict, & les autres, comme Paris, diſent que le doüaire appartient à la femme du iour des eſpouſailles & benediction nuptiale : ce qui doit eſtre eſtendu à toutes les autres, qui n'en diſpoſent point particulierement, comme la deciſion en eſtant plus fauorable, plus honneſte & plus conuenable à nos mœurs. Pour la noſtre il ſemble qu'elle l'ait auſſi voulu regler au iour des eſpouſailles, & l'intention des reformateurs paroiſt encores plus particulieremẽt en ce que les nobles s'oppoſerent & ſouſtinrent contre ce qui auoit eſté eſcrit en cet article, que le doüaire ne deuoit point eſtre acquis à la femme, qu'elle n'euſt couché auec ſon mary ; & cette oppoſition eſtant demeurée ſans pourſuitte par plus de 30. ans, elle eſt perimée & preſcripte par ce temps, de ſorte que l'on doit à preſent tenir en cette Couſtume, que le doüaire s'acquiert indiſtinctement à l'eſgard de l'vn & de l'autre eſtat, dés l'inſtant de la benediction nuptiale.

c *Durant & conſtant leur mariage.*] Pluſieurs & des plus intelligens du Palais ont de la peine auec raiſon à ſe rendre à vn Arreſt rendu en l'Audience le 12. Mars 1607. ſur les concluſions de Monſieur l'Advocat General Seruin, qui le rapporte en ſes plaidoyez chap. 126. Ayant iugé que les enfans doüairiers peuuent prendre leur doüaire ſur les biens qui luy ſont eſcheus en ligne directe, meſme apres le deceds de leur mere dans la Couſtume de Paris; & neantmoins à l'eſgard des creanciers ſeulement. Car pour ce qui eſt des enfans d'vn autre lict, ſi le pere auoit eſté marié pluſieurs fois, il ne pourroit pas y auoir aucune difficulté : attendu que l'article 153. de la meſme Couſtume les donne nettement aux enfans du ſecond lict. Quoy que ce ſoit ce qui a eſté iugé par cet Arreſt, ne pourroit en tout cas auoir lieu dans noſtre Couſtume : dautant que dans la Couſtume de Paris, toute la couleur qu'il peut y auoir pour ſouſtenir l'Arreſt conſiſte en ces mots de l'article 248. qui portent *que le douaire eſt de la moitié des heritages qui depuis la conſommation dudit mariage & pendant iceluy eſcheent & aduiennent en ligne directe audit mary.* D'où par vne ſubtilité on peut induire que ces mots *depuis la conſomma-*tion *du mariage,* & ces autres, *& pendant iceluy,* doiuent eſtre entendus auec diſionction ; de ſorte que les premiers ſoient pris à part & ſignifient indiſtinctement tout ce qui luy eſchera depuis le iour du mariage, ſans autre limite que celle de ſa mort ; la Couſtume n'en donnant pas d'autre ſuiuant cette interpretation. Tellement que cette equiuoque ne ſe rencontrant pas au texte de noſtre article qui porte ſeulement, *durant & conſtant leur mariage,* il n'y a point lieu d'y former la meſme difficulté ; quoy qu'à vray dire le texte de la Couſtume de Paris ſemble auſſi aſſez clair, pour ne pas y admettre la ſubtilité que l'on a voulu y introduire en vertu de l'Arreſt, les mieux ſentez eſtans perſuadez qu'il a eſté fondé ſur quelque fondement particulier autre que les raiſons generales qui ſont repriſes dans le plaidoyé de Monſieur Seruin.

CLXXVI.

Item, aucun ne peut eſtre heritier de ſon pere, & douairier enſemble.

v. mon Traitté des Donations p. 1. ch. 2. ſect. 15.

CLXXVII.

Item, le douaire de la femme eſt reputé propre heritage aux enfans *a* iſſans du mariage, en telle maniere, que le pere apres le treſpas de ſa femme, iouyra deſdits heritages ſujets à douaire, quant à l'vſufruit ſeulement, & leſdits enfans en ſeront vrays Seigneurs & proprietaires, *b* & ſera cenſé proceder ledit douaire du coſté paternel.

a Aux enfans.] *Et etiam nepotibus ex eis parente præmortuo. C. M.*

b Proprietaires.] *Intellige in caſum quo ſuperuiuant Patri, non autem quod morientes ſine liberis ante patrem poſſint tranſmittere ad alios, quàm ad alios liberos eiuſdem matrimonij, vel nepotes ex eis. Pariter dic quòd viuo patre non poſſunt alienare vel hypothecare, & ſic in veritate pater interim eſt magis proprie-*

tarius , vt de re fubiecta reftitutioni, dixi in confuet. Parif. eod. tit. Et hæc confuetudo in hoc impropriè loquitur , & per auxe fim probatur 7. §. 187. C. M.

Et neantmoins iugé en cette Couftume par Arreft du 15. Ianuier 1610. que les enfans auoient pû pour raifon du douaire, s'oppofer du viuant du pere à vn decret des heritages qui y eftoient fuiets.

Le mefme Arreft, qui eft interuenu en l'Audience, iugea vne autre queftion ; fçauoir que le creancier qui auoit faifi les heritages du mary , & les autres creanciers oppofans eftans pofterieurs en hypotheque au contract de mariage de la femme , l'adiudication par decret de la terre de Maineuille qui eftoit faifie, deuoit eftre faicte à la charge du douaire de quinze cens liures de rente en affiette propre aux enfans ; en infirmant la Sentence du Bailly de Senlis du 1. Aouft 1609. qui auoit referué la femme & les enfans à fe pouruoir fur le prix. Cette queftion que le douaire prefix d'vne rente, n'eft point racheptable , fi le contraire n'eft porté par le Contract de mariage, & que les heritages qui y font obligez doiuent eftre vendus à la charge de femblable douaire a encore efté iugée par Arreft interuenu en l'Audience de releuée du 4. Mars 1614. en confirmant la Sentence du Bailly de Senlis.

La mefme chofe auoit efté iugée auparauant ces deux Arrefts dans vne efpece qui receuoit moins de difficulté : par vn autre Arreft du Mardy matin 3. Feurier 1609. interuenu entre la vefue & les heritiers du mary. Le Bailly de Senlis auit ordonné qu'vne maifon char-

gée de douaire , feroit licitée & la moitié du prix baillée à la vefue : la Cour , en infirmant la Sentence, ordonna que la maifon ne pourroit eftre venduë , finon à la charge du douaire , fauf à faire liciter les loyers.

Comme auffi il a efté iugé par autre Arreft donné en cette mefme Couftume le 30. Ianuier 1615. en confirmant les Sentences des Preuoft de Ponthoife , & Bailly de Senlis , des 1. Feurier & 29. Nouembre 1613. contre les enfans de deffuncts Hugues Moreau & Gillette Comiron , & en faueur de la vefue & heritiers de feu Pierre Difcors , que la prefcription en matiere de douaire commence à courir contre les enfans dés l'inftant du deceds du pere, & auparauant celuy de la mere : combien que la mere fe foit renduë vendereffe auec fon mary, & qu'elle fuft par confequent garande de l'euiction. Ce qui eft conforme à vn autre Arreft rendu auec grande connoiffance de caufe en la troifiefme Chambre des Enqueftes le 4. Iuillet 1598. en infirmant la Sentence du Bailly de Melun entre les Guerins parties plaidantes.

Il y en a neantmoins qui pretendent que cette mefme queftion s'eftant prefentée le 16. Ianuier de cette année 1652. en l'Audience de la Grand Chambre, qu'elle a efté decidée tout au contraire , aux termes de la Couftume de Paris , femblable à celle icy , & qui porte encore dauantage en l'art. 117. qu'en matiere de douaire la prefcription commence à courir du iour du deceds du mary : & difent ceux qui font de cet aduis, que la Cour par cet Arreft a reduit les termes de cet article de la Couftume de Paris , pour auoir lieu seulement au cas que la mere n'ait point parlé au contract de vente, & que lors qu'elle s'eſt renduë vendereſſe auec ſon mary, il y a parité de raiſon de dire que la preſcription ne court point plûtoſt pendant le viuant de la mere que du pere, attendu que iuſques apres leur deceds il eſt incertain ſi les enfans ſe porteront leurs heritiers, & conſequemment s'ils feront garends de l'action qu'ils ont à intenter pour raiſon de ce douaire, ce qui tient cette action en ſuſpens, & fait que la preſcription ne commence à courir qu'apres le deceds de la mere, auſſi bien que du pere, ſuiuant qu'ils diſent auoir eſté iugé par cet Arreſt.

Mais ayant eſté preſent à la plaidoirie ſur laquelle cet Arreſt eſt interuenu : Ie remarquay que l'on n'en pouuoit pas tirer vne deciſion generale attendu qu'il reſultoit des termes du contract dont le tiers acquereur ſe preualoit, qu'il eſtoit poſſeſſeur de mauuaiſe foy, & que lors de ſon acquiſition il auoit eu connoiſſance que les heritages qui luy eſtoient vendus eſtoient ſuiets au douaire.

Et de fait il s'en faut beaucoup qu'il y ait parité de raiſon pour conclurre, que la preſcription ne doiue pas pluſtoſt commencer à courir auant le deceds de la mere, lors qu'elle s'eſt conſtituée vender[e]ſſe, qu'auant celuy du pere ; dautant que pour ce qui eſt du pere, il y a vne raiſon eſſentielle qui fait que la preſcription ne peut pas auoir lieu de ſon viuant ; ſçauoir eſt que les enfans n'ont aucun droit acquis ny preſent, pendant qu'il vit, & l'execution du douaire que leur donne la Couſtume, depend de deux

conditions incertaines qui ne ſe verifient que par le deceds du pere : ce douaire ne leur eſtant acquis, qu'en cas qu'ils ſuruiuent leur pere, & faut encore en le ſuruiuant, qu'ils renoncent à ſa ſucceſſion, & abandonnent la qualité d'heritiers: ſi bien que ces conditions ne pouuans auoir leur effet pendant le viuant du pere, il s'enſuit neceſſairement que la preſcription ne peut commencer ſon cours à l'eſgard des enfans qu'apres ſon deceds.

Il n'en va point de meſme pour ce qui concerne la mere : dautant que ce n'eſt pas de ſon chef, & encor moins par ſa mort que le doüaire eſt acquis aux enfans : ils peuuent eſtre ſes heritiers, & conſeruer la qualité de doüairier de leur pere, & meſme de ſon viuant ils ſont les veritables proprietaires du doüaire, ils le tranſmettent par leur mort à leurs heritiers, ainſi que le reſte de leurs biens ; de ſorte que la vie ou la mort de leur mere ne contribuë en façon quelconque pour la proprieté qui leur appartient au doüaire. D'où il s'enſuit qu'eſtans auſſi capables d'agir pendant ſa vie qu'apres ſa mort, il n'y a point de raiſon, reſultante de ſa perſonne, qui puiſſe arreſter le cours de la preſcription.

Et la conſideration qu'elle eſt garende de cette action, au moyen de ce qu'elle s'eſt renduë couendereſſe auec ſon mary, ne peut pas produire vne raiſon deciſiue pour ce regard ; dautant que ſi la concluſion que l'on tire de cette propoſition, auoit lieu, il s'en enſuiuroit cette abſurdité, que toutesfois & quantes que nous ſerions habiles à ſucceder à quelqu'vn, qui ſeroit garend d'vne action que nous aurions à intenter contre vn autre, que la prescription ne commenceroit pas à courir pendant la vie de celuy dont nous espererions la successio. Ce qui fait voir combien il est dangereux d'establir nos decisions sur des propositions de cette sorte, & que c'est perdre toute l'œconomie de nostre Iurisprudence, que d'en abandonner les veritables principes pour chercher des distinctions chimeriques & sans fondement ; puisque c'est donner lieu par ce moyen à vne suitte d'absurditez ineuitables.

Neantmoins i'ay depuis peu recouuré vn Arrest interuenu en cette Coustume mesme, le 7. Septembre 1541. contre le sieur de la Hautemaison, par lequel il a esté iugé que la prescription d'vn doüaire Coustumier n'auoit commencé à courir que du iour du deceds de la mere, qui est le contraire de ce qui auoit esté decidé par l'Arrest de l'année 1616.

Mais posterieurement à tous ces Arrests, & depuis la premiere impression de ces remarques, il a esté rendu vn dernier Arrest en l'Audiēce de la Grand Chambre, à huisclos, le Mercredy 5. Mars 1653. en la plaidoirie duquel les autres Arrests, & particulierement celuy de l'année precedente furent alleguez ; & toutefois sans y auoir esgard la Cour iugea que le decret fait d'vne maison située en cette Ville de Paris, propre au mary & suiet au doüaire, depuis son deceds, mais du viuant de la femme, & pour vne debte à laquelle elle estoit obligée deuoit auoir effet contre les enfans qui n'auoiēt point formez d'opposition au decret, mais qui auoient interietté appel de l'adiudication, apres le deceds de leur mere. Ce qui est euidemment contraire aux Arrests des années 1641. & 1652. quoy que dans les especes sur lesquelles ils sont interuenus, les detenteurs se deffendissent de la prescription, & en ce dernier d'vn decret : dautant que ces deux fins de non receuoir despendent en cette occasion d'vn mesme principe, de sçauoir si l'action des enfans est ouuerte auparauant le deceds de la mere, de sorte qu'ils puissent valablement interrompre la prescription, ou s'opposer au decret d'vn heritage suiet au doüaire qui leur est propre : ou bien si au contraire la veritable action n'estant pas encore née, la regle de droict *contrà non valentem agere non currit præscriptio*, doit auoir lieu.

CLXXVIII.

Item, les enfans desdits conjoints, apres le trespas de leur pere & mere, peuuent prendre & apprehender le doüaire de ladite femme leur mere, franchement, sans payer aucunes debtes, *a* pourueu qu'ils renoncent à la succession de leur pere, pource que par la Coustume dessusdite aucun ne peut estre heritier & doüairier ensemble. *b*

a *Debtes.*] Si ce n'est qu'elles soient precedentes le contract de mariage à l'esgard du creancier.

b *Et doüairier ensemble.*] *Quia*

debet douarium conferre, arreſtum 1535. *Carolus Molinæus.*
famoſum vigilia Natalis Domini

CLXXIX.

Item, douaire couſtumier eſt deu, incontinent apres le treſpas du mary, duquel ladite femme ſe peut valablement dire eſtre en poſſeſſion & ſaiſine, ſans le demander aux heritiers de tel deffunct.

CLXXX.

Item, ſi ladite femme eſtoit douée de douaire couſtumier, ſur heritages eſtans en fief tenus d'aucun Seigneur, incontinent apres le treſpas du mary, les heritiers ou proprietaires a ſont tenus d'aller vers le Seigneur ou Seigneurs feodaux, releuer leſdits fiefs ou fief, & pour raiſon d'iceux en faire les foy & hommage, ou obtenir ſouffrance deſdits Seigneur ou Seigneurs feodaux, afin que ladite femme puiſſe iouyr & poſſeder de ſondit douaire, apres ce qu'ils en auront eſté ſommez par ladite veſue.

a *Heritiers ou proprietaires.*] On peut au ſuiet de cet article former diuerſes queſtions dans les lieux de noſtre Couſtume où le relief eſt deu à toutes mutations. La premiere eſt de ſçauoir, ſi les enfans renonçans à la ſucceſſion pour ſe tenir au douaire, ne doiuent pas eſtre acquittez du relief ſur les autres biens de la ſucceſſion? En ſecond lieu, ſi la veſue douairiere ne doit pas vn relief à cauſe de ſa iouiſſance? En troiſieſme lieu ſi elle n'eſt point tenuë d'acquitter ſes enfans douairiers, du relief qu'ils doiuent de leur chef ou du moins de l'auancer, Et enfin ſi le Seigneur peut exiger des enfans le relief qui luy eſt deu auparauant qu'ils entrent en iouiſſance?

Ce qui donne lieu à la premiere queſtion eſt que le douaire doit appartenir aux enfans ſans aucune charge; d'où il ſemble que l'on puiſſe conclure que le relief doiue

eſtre acquitté ſur les autres biens de la ſucceſſion, & ce d'autant pluſtoſt que les enfans n'ont point dequoy y ſatisfaire; veu que leur mere iouit de tous les fruits du douaire ſa vie durant. Mais comme le relief eſt deu à cauſe de l'entrée du nouueau vaſſal, il s'enſuit que ce n'eſt pas vne debte de la ſucceſſion du deffunct, mais vne charge de la choſe qui a commencé à eſtre deuë depuis la mort du pere & qui conſequemment doit eſtre ſupporté par les nouueaux proprietaires qui ſont les douairiers: & quand on dit que le douaire doit appartenir libre & ſans charge aux enfans, cela s'entend des debtes creées du temps du deffunct, & non pas des charges qui ſont deuës de leur chef comme eſt le relief.

A l'eſgard de la deuxieſme queſtion. I'eſtime que la veſue ne peut eſtre tenuë de payer aucun relief de ſon chef: parce qu'il n'y a aucun changement

changement tranflatif de proprieté en fa perfonne, qui eft ce qui donne lieu au relief. Elle ne poffede point le fief en fon nom, mais fous celuy de fes enfans où des autres proprietaires, qui n'en font pas moins Seigneurs nonobftant cet vfufruict auquel le fief eft fuiet ; & en effect elle ne peut pas eftre dite vaffalle, puifque par noftre article mefme elle ne peut pas eftre admife à faire l'hommage, & que les proprietaires font obligez de porter la foy : comme auffi elle ne peut pas receuoir les hommages qui font deubs aux fiefs dont elle iouit à tiltre de douaire. Mais dauantage, fi le Seigneur pouuoit obliger la douairiere à payer vn relief de fon chef, outre celuy qu'il a droit de prendre du proprietaire, il auroit plus que les Couftumes dans l'efpece defquelles nous auons mis noftre queftion luy donnent, puifqu'il iouiroit de deux reliefs, pour vne feule mutation, au lieu que ces Couftumes n'attribuent qu'vn relief à chaque mutation.

On ne peut pas auffi pretendre que la mere douairiere foit tenuë de payer ou mefme d'auancer le relief pour fes enfans, parce que ce n'eft pas vne debte annuelle qui affecte la iouiffance. Tellement que n'eftant obligée que d'acquitter les charges creées auparauant fon mariage, elle ne peut eftre fuiete à ce relief, qui n'eft deu, comme nous auons dit, que du chef du fuccefleur de fon mary. Et de plus il faut confiderer que le douaire luy tient lieu d'alimens, qui ne doiuent pas fouffrir de remife.

Touchant la derniere queftion on peut dire en faueur du Seigneur, qu'il n'eft pas obligé d'attendre pour recueillir fon relief, que les enfans proprietaires entrent en iouiffance : dautant qu'il luy eft deu pour la mutation qui arriue dés le moment du deceds du pere : la conftitution d'vfufruict ne regardant pas le Seigneur & ne l'empefchant pas de faifir ; & d'ailleurs que le douaire n'eftant pas vne charge infeodée ny enfaifinée, il ne doit point faire d'obftacle à l'exercice de fes droicts. Qu'il eft veritablement fort fafcheux que les enfans douairiers foient fuiets à cette charge, en vn temps auquel ils ne iouiffent d'aucune chofe dont ils puiffent l'acquitter : Mais que la difficulté de trouuer dequoy fatisfaire à cette debte, ne doit pas diminuer le droit du Seigneur, & qu'il ne doit point fouffrir de preiudice de ce qu'ils fe font reftraints au douaire, au lieu de fe porter heritiers.

Ie crois que cette refolution eft conftante à l'efgard de l'vfufruict qui eft conftitué volontairement par donation ou autrement : mais il y a beaucoup de raifon de fouftenir le contraire, pour ce qui concerne le douaire, qui eft vne charge impofée par la Couftume mefme : c'eft vne efpece de continuation de la iouiffance du mary, qui n'eftoit qu'vn auec fa femme pendant qu'il a vefcu & que la femme reprefente apres fa mort ; le douaire luy eftant donné pour l'honneur du mary, & afin qu'elle puiffe fouftenir fon nom & fa memoire. Mais de plus, comme on ne doit point prefumer de contradiction dans vne Couftume, à moins qu'elle ne fe trouue expreffement efcrite, on ne doit pas auffi pretendre que l'intention de noftre Couftume ait efté d'obliger les enfans douairiers ny

L

meſme en general les heritiers du mary, ſoit qu'il y ait des enfans qui acceptent la ſucceſſion ou qu'elle paſſe à des collateraux, de payer le relief auparauant la mort de la femme douairiere, parce que n'en eſtant point chargée & le reuenu de la terre luy appartenant par la diſpoſition de la Couſtume : il ſeroit impoſſible que les proprietaires puſſent offrir le relief, ny meſme que le Seigneur en pût iouïr aux termes de la meſme Couſtume, attendu que l'vne des trois choſes qui doit eſtre offerte pour le relief par l'article 158. cy-deſſus & 115. cy-apres, eſt le reuenu du fief en nature. On peut meſme tirer de noſtre article vn argument conſiderable pour l'eſtabliſſement de noſtre opinion, en ce que cet article oblige ſimplement le proprietaire à faire la foy & hommage ou d'obtenir ſouffrance, ayant parlé vray-ſemblablement de la ſouffrance dans la ſuppoſition que le relief n'eſtant deu qu'apres l'expiration de l'vſufruict de la femme, le Seigneur ne peut pas eſtre forcé de receuoir le proprietaire en foy, que ſes droicts ne luy ſoient payez en meſme temps : mais cependant qu'il eſt obligé d'accorder ſouffrance pour faire que la vefue puiſſe iouïr auec liberté. Et enfin ſi on en vſoit autrement il pourroit arriuer qu'v-

ne grande partie de la valeur du fief ſeroit conſommée en reliefs ſans que les proprietaires euſſent profité d'aucune choſe : comme ſi pendant l'vſufruict de la douairiere, qui peut durer 40. & 50. ans, il eſchet qu'il y ait pluſieurs mutations par les deceds des proprietaires, il faudroit payer le relief à chaque fois ; au lieu qu'en prorogeant le payement iuſques apres la mort de la douairiere, le concours de diuers reliefs feroit qu'il n'en ſeroit deu qu'vn ſeul ; ainſi que nous auons eſtably cy-deſſus ; ce qui eſt beaucoup plus equitable dans vne matiere onereuſe, & qui doit plûtoſt eſtre reſtrainte qu'eſtenduë. Voilà les raiſons qui peuuent eſtre alleguées de part & d'autre, celles qui ſeruent à confirmer la derniere opinion, comme plus iuſte, me plairoient dauantage. Et neantmoins eu eſgard à la preoccupation dans laquelle ſont les eſprits, elle auroit peut-eſtre beaucoup de peine à reüſſir, & quoy que ce ſoit pour ce qui eſt des autres eſpeces d'vſufruicts, n'eſtans pas reconnus par la Couſtume : la queſtion ne receuoit point de difficulté en faueur du Seigneur, non plus que s'il s'agiſſoit de mutations volontaires qui arriuaſſent pendant la iouïſſance de la douairiere.

CLXXXI.

Item, doüaire prefix eſt quand vne femme eſt accordée en mariage, & par les parens & amis du mary, & par iceluy mary ou l'vn d'eux eſt baillé & aſſigné aucun heritage, rente ou argent à ladite femme, ſes parens & amis, tel heritage, rente, ou argent ainſi aſſigné ou promis, eſt dit & reputé doüaire prefix à ladite femme incontinent que doüaire a lieu.

CLXXXII.

Item, ledit doüaire prefix conftitué, comme dit eft, eft auffi propre heritage aux enfans venus & procréez dudit mariage, comme eft le doüaire couftumier, & ladite femme vfu-
fru&uaire feulement, apres le trefpas de fondit mary.

CLXXXIII.

Item, femme doüée de doüaire prefix, ne peut demander
doüaire couftumier, s'il ne luy eft permis par fon trai&é de
mariage. *a*

a Par fon traicté de mariage.] Secus erat in veteri confuetudine, &
fic in Parlamento relatore domino
Graffim fortaße malè iudicatum contra nepotes Ludouici Difque, quia
contractus matrimonij factus erat,
& fuam formam acceperat anno
1508. fub forma & conditionibus veteris confuetudinis, quæ debuit at-
tendi; quamuis coniuges fuperuixe-
rint poft annum 1540. & fic poft no-
uam confuetudinem cui non poßunt
dici confenfiße, quia in proceffu verbali harum confuetudinum fuper §.
179. apparet de diffenfu & referua-
tione expreßa veteris confuetudinis
pro contractibus præteritis. Tum
fruftrà confenfus, quia per hanc confuetudinem coniuges non poßunt me-
liorem alterius facere conditionem fu-
pra §. 143. C. Mol.

CLXXXIV.

Item, ledit doüaire couftumier eft incontinent deu apres
le trefpas du mary, *a* & ladite femme vefue s'en peut licite-
ment dire eftre en poffeffion & faifine, comme dit eft. Mais
au regard dudit doüaire prefix, il n'eft deu iufques à ce qu'il
foit demandé deuëment en iugement par ladite vefue ou fes
enfans, aux hoirs du trefpaffé: duquel doüaire prefix, s'il confifte en fief, les heritiers du trefpaffé ou proprietaires feront
tenus, en faire foy & hommage au Seigneur ou Seigneurs feo-
deaux, en payer les droi&s & deuoirs pour ce deubs, & en
obtenir fouffrance: afin que ladite vefue en puiffe iouyr,
comme deffus eft dit du doüaire couftumier.

a Apres le trefpas du mary.] Iugé
par Arreft du 10. Mars 1644. en
l'Audience de la Grand Chambre
qu'vne femme ne pouuoit agir contre le pere de fon mary pour le
payement de fon doüaire, par forme de prouifion, auquel il s'eftoit
obligé par le contra& de mariage
de fon fils, quoy qu'il fuft abfent
depuis 10. ou 12. ans, fans que l'on
euft fceu de fes nouuelles.

CLXXXV.

Item, ſi le mary de ladite femme, apres le treſpas d'icelle, ſe remarie la ſeconde fois, delaiſſez enfans du premier mariage *a*, la ſeconde ſera doüée ſeulement ſur la moitié des heritages ſur leſquels ladite premiere femme auoit eſté doüée, qui eſt vn quart ſur tous leſdits heritages: Et outre ſera doüée de la moitié de tous les heritages, qu'apres ledit premier mariage & durant ſa viduité, tel mary auoit acquis & luy ſeroient echeus, & deſquels il poſſedoit à l'heure de ſon ſecond mariage; & de la moitié de tous ceux qui luy écheront en ligne directe durant & conſtant tel ſecond mariage: lequel doüaire ſemblablement, ſera tenu & reputé propre heritage des enfans venus dudit ſecond mariage, & l'vſufruit à ladite ſeconde femme, comme du precedent; *& ſic conſequenter* des mariages ſubſequens.

a *Delaiſſez enfans du premier mariage.*] Combien meſme que ces enfans du premier lict ne ſe tiennent pas au doüaire, & qu'ils prennent la qualité d'heritiers: cet article ne deſirant point pour reduire le doüaire de la deuxieſme femme, que les enfans du premier mariage ſoient doüairiers, mais ſeulement qu'il y ait des enfans; & ainſi a eſté iugé en interpretation de cette Couſtume par Arreſt interuenu ſur enqueſtes par turbes faites à Senlis du 26. Ianuier 1558. dans cette eſpece: Raoult Coulon auoit eſpouſé en troiſiémes nopces Simonne de Bouuiller en l'année 1541. ayant lors vn fils du premier lict, & n'ayant aucuns enfans du ſecond: apres ſon deceds arriué en l'année 1550. le fils ſe porte heritier de ſon pere, & en conſequence Simonne Bouuiller ſa belle mere pretendoit qu'elle deuoit auoir vn doüaire plein & entier de la moitié de tous les heritages que le deffunct poſſedoit au iour de leur mariage, & de ceux qui luy eſtoient depuis eſcheus en ligne directe, ſouſtenant que le fils ne pouuoit ſe preualoir contre elle de la diſpoſition de cet article: attendu qu'il ne s'eſtoit point contenté du doüaire, & qu'il auoit accepté la ſucceſſion, au moyen dequoy il ne pouuoit pas auoir enſemble les deux qualitez d'heritier & de doüairier; & ainſi que le doüaire de la premiere femme n'ayant point d'effect, non plus que celuy de la ſeconde qui eſtoit decedée ſans enfans, ils ne deuroient pas empeſcher que le ſien ne fuſt conſideré comme vn premier doüaire. A quoy le fils reſpondoit qu'il demeuroit d'accord que le ſecond lict n'ayant point produit d'enfans, le doüaire de la deuxieſme femme ne deuoit point ſeruir à reduire celuy de la troiſieſme, mais qu'eſtant yſſu du premier mariage, la troiſieſme femme ne pouuoit point pretendre vn doüaire entier à ſon preiudice, quoy qu'il euſt pris la qualité d'heritier: parce que l'article 178. qui ne permet point d'eſtre heritier & doüairier enſemble, s'entend ſeu-

lement entre les enfans d'vn deffunct, l'vn desquels ne se peut dire
heritier & doüairier, pour auoir
sur les biens de la succession sa portion hereditaire, & sa part dans le
doüaire conioinctement; afin d'es-
uiter les aduantages entre les enfans venans à la succession de leur
pere: mais à l'esgard de la deuxiesme femme, le doüaire de la premiere ne laisse point de subsister,
ou du moins d'estre consideré pour
faire reduire le second; quoy que
les enfans se portent heritiers de
leur pere: parce qu'autrement la
qualité d'heritier qu'ils ont prise
leur seroit onereuse, & quoy qu'ils
ne prennent point le doüaire de
leur mere comme doüaire, ils ne
laissent point d'en profiter, par le
moyen de ce qu'ils en trouuent le
fond dans la masse de la succession:
& de fait cette question est preiu-
gée par l'article suiuant, qui veut
que si l'vn des enfans renonceant à
la succession accepte le doüaire, &
les autres se portent heritiers, que
celuy qui renonce n'ait au doüaire
que la part & portion qu'il eut eu
si les autres se fussent declarez
doüairiers. Sur cette contestation
y ayant eu vn Arrest interlocutoire,
qui auoit ordonné qu'il seroit informé par turbes au Bailliage de *Senlis*
de l'vsage de ces articles, & les enquestes faites, par l'Arrest diffinitif, qui infirme la Sentence du Bailly de *Senlis*, il fut dit que l'intimée
ioüiroit pour son droit de doüaire
d'vn quart de tous les biens que
Raoult Coulon son premier mary,
possedoit lors de son premier mariage qui luy estoient escheus pendant le mesme mariage en ligne directe, & desquels il estoit encore
possesseur lors de son mariage auec
l'intimée, & de la moitié de tous
les autres biens immeubles & heritages qui auoient appartenu au
deffunct, & luy estoient escheus &
aduenus depuis la dissolution du
premier mariage, & qu'il possedoit
lors de son troisiesme: Comme aussi de la moitié des heritages qui luy
estoient escheus en ligne directe
pendant le mesme mariage auec
l'intimée.

CLXXXVI.

Item, si le pere va de vie à trespas, delaissez plusieurs enfans, l'vn desquels renonce à sa succession, & accepte le
doüaire, & les autres se portent heritiers, celuy qui aura renoncé à ladite succession, n'aura audit doüaire que telle part
& portion, que si les autres se fussent declarez doüairiers, &
non heritiers. *a*

a. *Et non heritiers.*] *Quia non per-*
dunt partes suas, ex eo quod hære-
des: sed via exceptionis coguntur eas
cohæredibus conferre, & sic non de-
ficiunt, nec alijs accrescere possunt,
C. M.

CLXXXVII.

Item, si au precedent ou apres le trespas de la mere, les enfans *a* issus du mariage, alloient de vie à trespas sans hoirs de

leurs corps, leur pere viuant, en ce cas le doüaire, ſoit prefix ou couſtumier, ſera eſteint, & en demeurera le pere proprietaire comme il eſtoit au precedent, ſans toutesfois faire
preiudice à l'vſufruit de la femme ſuruiuant ſondit mary.

a *Les enfans.*] Cela doit s'entendre de tous cumulatiuement:
car tant qu'il en reſtera vn, il iouyra ſeul du doüaire en entier par ac-
croiſſement des parts des autres
predecedez.

De Preſcription.

CLXXXVIII.

Quiconque a iouy & poſſedé aucun heritage à iuſte titre,
& de bonne foy, continuellement ſans contredit ou empeſchement aucun; par le temps & eſpace de dix ans, entre preſens, *a* & vingt ans entre abſens, aagez & non priuilegiez, il
a acquis & acquiert par preſcription, la proprieté & Seigneurie de tel heritage. *b*

a *Entre preſens.*] Sont reputez
preſens ceux qui demeurent en méme Bailliage, ſuiuant que l'interprete l'article 116. de la Couſtume
de Paris.

I'ay eſté ſurpris de voir que pluſieurs ſont dans cette opinion, que
pour faire reputer deux perſonnes
preſentes à l'effect de donner lieu
à la preſcription de dix ans aux termes de cet article, il ne ſuffit point
qu'ils ſoient demeurans en vn meſme Bailliage : mais auſſi qu'il eſt
neceſſaire que l'heritage duquel il
s'agit y ſoit ſitué, & que quoy que
les deux parties ayent leur domicile en vn meſme Bailliage, ſi l'heritage eſt ſitué dans vn Bailliage
different, la preſcription ne ſe peut
acquerir en faueur du tiers detempteur que par vingt ans. Ce qui eſt
contre la diſpoſition expreſſe de la
Loy derniere *C. de præſcript. long.*

*temp. de rebus autem de quibus du-
bitatio eſt, nulla erit differentia,
ſiue in eadem Prouincia ſint, ſiuè in
vicina, vel trans mare poſitæ, vel
longo ſpatio ſeparatæ.* Ce qui eſt
auſſi tacitement ſuppoſé par l'article 116. de la Couſtume de Paris.
Mais mon eſtonnement a fort re-
doublé, quand cette queſtion ayant
fait le ſuiet d'vn procez auquel i'a-
uois eſcrit pour le detenteur, il per-
dit ſa cauſe par Sentence de Meſſieurs des Requeſtes du Palais,
mais l'ayant fait appeller, la Sentence fut infirmée & les choſes remiſes dans l'ordre, en renuoyant
le tiers detenteur abſous de la demande en declaration d'hypotheque qui auoit eſté intentée contre
luy par le creancier de ſon vendeur;
en conſequence de ce qu'il iuſtifia
auoir poſſedé les rentes foncieres
dont il s'agiſſoit par plus de dix ans,

& que pendant ce temps il auoit touſiours eu ſon domicile en cette Ville de Paris auſſi bien que le demandeur, combien que les heritages ſuïets aux rentes, fuſſent ſituez dans l'eſtenduë du Bailliage de Montfort, & qu'il y eut à dire ſix ans que la preſcription de 20. ans ne fuſt acquiſe. L'Arreſt a eſté rendu en la ſeconde Chambre des Enqueſtes au rapport de Monſieur Gilbert le 12. Iuillet 1659. entre Romain Flouret ſieur de Foreſtel & Damoiſelle Ieanne Litault ſa femme, ayans les droicts cedez de François Senéchal, appellans d'vne part, & Pierre Cornu, Pierre Guil-

lemot & Catherine Cornu ſa femme intimez, d'autre.

b *Quid*, quand le detenteur n'a point de titre ? ce cas obmis en cette Couſtume, doit eſtre ſuppléé par la Couſtume de Paris, article 118. & la diſpoſition du droit eſcrit en la loy *ſicut C. de præſcript.* 30. *vel* 40. *ann.* qui concourent en cette rencontre, & veulent que celuy qui a poſſedé vn heritage, rente ou autre choſe preſcriptibles, par l'eſpace de 30. ans, ſuppoſé qu'il ne faſſe point apparoir de titre, puiſſe neantmoins ſe garantir contre ceux qui en voudroient reuendiquer la proprieté.

CLXXXIX.

Item, toutes actions perſonnelles, ſont preſcriptes & eſteintes par le temps & eſpace de trente ans.

Il y a vne notable difference à obſeruer dans cette matiere des preſcriptions entre les articles de noſtre Couſtume qui concernent la preſcription de dix ou de vingt ans, qui ne court qu'entre aagez & non priuilegiez, ſuiuant la diſpoſition expreſſe des articles 188. & 193. & ceux qui regardent la preſcription de 30. & 40. ans, comme eſt cet article, le 190. & le 191. qui parlent indiſtinctement, & qui ne limitent point leurs diſpoſitions à l'eſgard des perſonnes ; ainſi que font les autres : de ſorte qu'il paroiſt que cette Couſtume s'eſt voulu rendre conforme au droict ciuil, duquel en effect noſtre Iuriſprudence Françoiſe a emprunté les principales deciſions, qui ſont en vſage parmy nous touchant les preſcriptions. Or par le droict la preſcription de 10. ou de 20. ans, ne couroit pas contre les mineurs, mais

bien celle de 30. ou de 40. ans, dés le moment qu'ils auoient atteints l'aage de puberté. Ce qui eſt formellement decidé par la loy *ſicut 3. C. de præſcr.* 30. *vel* 40. *ann.* & par le Chapitre 24. de la nouelle 22. de l'Empereur Iuſtinien. *Non ſexus fragilitate*, dit la loy parlant de la preſcription de 30. ans, *non abſentia, non militia contra hanc legem defendenda ; ſed pupillari ætate dumtaxat (quamuis ſub tutoris defenſione conſiſtat) huic eximenda ſanctioni.* Et la loy *ſancimus 5. C. in quib. cauſ. in integr. reſt.* qui eſt vne des conſtitutions de l'Empereur Iuſtinien en contient vne deciſion generale. *Sed humanius eſt, latius eandem legis interpretationem extendere in omnibus caſibus in quibus vetera iura currere quidem temporales præſcriptiones aduerſus minores conceſſerunt, per in integrum autem reſtitutionem eis ſubuenie-*

bant, eas ipſo iure non currere : me-
lius etenim eſt intacta eorum iura
ſeruari, quam poſt cauſam vulne-
ratum remedium quærere ; videlicet
exceptionibus triginta vel quadra-
ginta annorum in ſuo ſtatu rema-
nentibus.

La diſtinction qui ſe fait en droit, pour ſçauoir ſi la preſcription qui a commencé contre vn maieur continuë de courir contre vn mineur, qui luy ſuccede & qui entre en ſes droicts, ne peut pas eſtre d'vſage dans cette Couſtume : dautant que pour la preſcription de 30. & 40. ans, il n'y a aucune difference à faire, ſoit qu'elle commence contre vn maieur ou contre vn mineur; & à l'eſgard de la preſcription de 10. & 20. ans, il eſt vray que lors qu'elle auoit eu ſon commencement contre vn maieur, elle continuoit contre le mineur qui luy ſuccedoit, ſous le benefice neantmoins de la reſtitution lors qu'elle ſe trouuoit accomplie en la perſonne du mineur, ce qui eſt expliqué par la gloſe ſur la loy vnique *C. ſi aduerſ. vſucap. reſtit. poſtuletur.* Au lieu que lors que l'action auoit appartenu à vn mineur dés le commencement, cette preſcription de 10. ou 20. ans demeuroit en ſurſeance pendant ſa minorité, conformement à ce que i'ay prouué par les textes que i'ay cy-deſſus tranſcrits : Mais nous ne pouuons point receuoir cette difference dans noſtre Couſtume : dautant qu'elle arreſte le cours de cette preſcription en termes generaux & indefiniment en faueur des mineurs & autres priuilegiez par les articles 188. & 193.

Il ſe forme encore en droict vne autre difficulté qui ne regarde que la preſcription de 30. & 40. ans, & qui peut eſtre fort vtile pour noſtre Couſtume ; puiſque nous y receuons pour ce regard la diſpoſition du droict ciuil : on demande ſi le mineur qui a laiſſé courir contre luy cette preſcription peut ſe faire reſtituer ? Monſieur Cujàs a eſtably la negatiue dans le Commentaire qu'il a fait ſur le tiltre du Code *de præſcript. 30. vel 40. ann.* Mais quoy que ce docte perſonnage ſe ſoit peu abuſé, ſon ſentiment n'a preſque eſté ſuiuy de perſonne en cette occaſion, & tous les Interpretes ſont d'vne opinion contraire. Auſſi la loy 3. *d. tit. C.* dont il ſe ſert pour authoriſer ſon aduis, ne contient-elle aucune diſpoſition qui puiſſe eſtre appliquée à ce ſujet : au lieu que l'opinion dès autres ſe trouue eſtablie par la loy 5. *C. in quib. cauſ. in int. reſti.* qui ſuppoſe que la reſtitution auoit lieu contre les deux eſpeces de preſcriptions, en ce qu'ayant abrogé la neceſſité de la reſtitution à l'eſgard de la preſcription de 10. & de 20. ans, en la rendant ſans effect de plein droict pour ce qui concerne les mineurs, elle a conſerué l'vſage de cette reſtitution pour la preſcription de 30. & 40. ans; *videlicet exceptionibus triginta vel quadraginta annorum in ſuo ſtatu remanentibus.* Ce qui ſe trouue confirmé par deux endroicts de la loy *ait Prætor. D. de minorib.* ſçauoir par ces termes qui font partie du §. *non ſolum, Mihi autem ſemper ſuccurrendum videtur, ſi minor ſit & ſe circumuentum doceat.* Et par le §. dernier, *hodie certo iure vtimur vt & in lucro minoribus ſuccurratur,*

Outre la raiſon & l'authorité des loix qui me fait preferer cette opinion

nion à celle de Cujas, ie m'y sens encore porté par la consideration de ce qui s'apprend de Guy Pape en sa question 31. de Ferrerius en son Commentaire sur cette question, & de Henrys en son Recueil d'Arrests tome 2. question 21. que tel est l'vsage du Parlement de Grenoble, de celuy de Tholose & du Païs, de droit escrit qui fait partie du Parlement de Paris.

Mais la question demeure toûjours de sçauoir si le temps de se faire restituer par les mineurs contre cette prescription demeure borné aux termes du droict Romain à quatre ans du iour de la maiorité, qui est le delay auquel le temps de la restitution a esté estendu par la constitution de Iustinien, qui compose la loy derniere au Code *de tem. in integr. restit.* & dans nostre Iurisprudence Françoise à dix ans, qui est le temps dans lequel les Ordonnances de Louis XII. de l'an 1512. & de François I. des années 1535. & 1539. qui sont en vigueur, tant au pays que nous appellons du droit escrit, que dans les Prouinces Coustumieres, ont admis la restitution : ou bien si dans l'espece particuliere de la prescription, le mineur a autant de temps pour se faire restituer depuis sa maiorité, qu'il en a laissé passer sans agir pendant sa minorité ? Bartole sur la loy *sancimus* 5 *C. in quib. cauf. in int. rest. non est nec. nu.* 4. suit la derniere opinion. *Quando quis læditur*, ce dit-il, *ex cursu temporis, debet petere restitutionem intrà tempus, quantum est illud in quo dicitur læsus.* Et se fonde sur la loy *ab hostibus* 15. §. *fin. D. de quib. cauf. mai.* Et sur la loy *interdum* 20. *D. de minorib.* Maistre Claude Henrys to-

me 2. de son Recueil qu. 21. a embrassé la mesme opinion, & tient que celuy qui intente vne action personnelle est bien receuable, si distraction faite du temps qui a couru pendant sa minorité, & en estant releué par lettres du Prince, il se trouue qu'il n'ait point laissé escouler plus de 30. ans, & atteste qu'il l'a ainsi veu pratiquer & obseruer. Estimant que l'Ordonnance des 10. ans, ne parlant que des actes & des Contracts qui sont passez durant la minorité par les mineurs en leurs tuteurs, ne doit point estre estenduë à la seule negligence du temps, qui a couru pendant qu'ils estoieut mineurs, au regard des actions communes, & qui ne sont point fondées sur aucun acte que le mineur ait passé ou son tuteur pour luy.

Ferrerius qui a esté vn docte & celebre Advocat du Parlement de Tholose, establit l'opinion contraire en la note qu'il a faite sur la question 31. de Guy Pape, où il decide que le mineur ne se peut plus faire releuer de la prescription apres qu'il a acquis trente-cinq ans, en consequence de la disposition des Ordonnances de Louis XII. & de François I. & finit son annotation par ces termes, *& hæc vera & certa sunt & ità in hoc Parlamento Tholosano iudicatur ; licet quibusdam sine lege & ratione contrarium videatur.*

Apres auoir examiné cette question de part & d'autre dans ses principes, ie croy que ce dernier Autheur a raison, & suis dans ce sentiment que les Ordonnances dont est question, doiuent receuoir leur application dans tous les cas ausquels celuy qui agit, a besoin du

ſecours de la reſtitution & du benefice, du Prince. Car ſi nos Ordonnances de 1510. & 1539. n'ont
parlé que d'actes & de contracts,
c'eſt qu'elles ſe ſont expliqué dans
les cas les plus frequens & ſuiuant
l'vſage de ce pays, dans lequel nous
n'auons gueres de Couſtumes, comme la noſtre, où le mineur ait beſoin de reſtitution contre la preſcription : la pluſpart des autres excep-
tans de plein droit des preſcriptions, meſmes les plus longues,
les non aagez & les priuilegiez. Et
de fait l'Ordonnance du Roy François I. de l'an 1535. qui a eſté faite
particulierement pour la Prouence,
comprend expreſſement en l'article 58. la preſcription, auſſi bien
que les autre, cauſes de reſtitution:
parce qu'en effect les loix publiques, comme ſont celles qui eſtabliſſent les preſcriptions, ont du
moins autant de force & de puiſſance que les contracts : de ſorte
que celuy qui ſe trouue engagé par
l'vn ou l'autre de ces deux liens, &
qui pretend s'en faire reſtituer, doit
y venir dans le delay, que les loix
du pays ont eſtably pour la reſtitution que nous trouuons vniforme
parmy nous, & qui eſt reglée par
les Ordonnances, par vn ſeul delay de dix années qui coûrt contre
les mineurs, depuis le moment
qu'ils ont acquis l'aage de 25. ans.

Dauantage, ſi nous n'auions pas
nos Ordonnances, & qu'il fut queſtion de decider cette difficulté par
la diſpoſition du droit eſcrit, comme elle le deuoit eſtre, s'il n'y auoit
pas eſté deſrogé pour ce regard par
ces Ordonnances : puis qu'il s'agit
d'vne matiere qui en a eſté tirée,
& d'vne Couſtume qui s'y refere
en cette occaſion, la condition des
mineurs ſeroit encore moins ad-
uantageuſe. Veu que par le droict
le temps de la reſtitution, qui n'e-
ſtoit d'abord que d'vn an, n'a iamais eſté eſtendu que iuſques à
quatre ans, à commencer du iour
que la minorité, ou autre empeſchement auoit ceſſé *d. l. vlt. C. de
temp. in integr.* Ce qui auoit lieu à
l'eſgard de toutes les reſtitutions,
qui eſtoient pourſuiuies contre les
fins de non receuoir, ſoit qu'elles
fuſſent legales, ou qu'elles proce-
daſſent du fait de la partie ; ainſi
qu'il paroiſt par les tiltres du Code
*de in integrum reſtitutione minorum,
ſi aduerſus rem iudicatam, ſi aduerſus donationem, ſi aduerſus liberta-
tem, ſi aduerſus delictum ſuum, ſi
aduerſus vſucapionem,* & autres
ſemblables titres ſuiuans qui concernent les reſtitutions qui peuuent
eſtre pourſuiuies, tant pour minorité que pour autres cauſes, leſquels
titres particulieres ſont ſuiuis d'vn
autre titre general, qui concerne
toutes ces eſpeces differentes de reſtitutions, *de temporibus in integrum
reſtitutionis tam minorum & alia-
rum perſonarum quæ reſtitui poſſunt, quam etiam hæredum eorum,*
par les loix duquel titre, ainſi que
nous auons deſia obſerué, il paroiſt
que ce temps de reſtitution n'eſtoit
dans le commencement que d'vn
an, & qu'il a eſté enfin eſtendu iuſques à quatre ans. Et quant aux
deux loix ſur leſquelles Bartole a
eſtabli l'opinion contraire, elles ne
ſont en façon quelconque dans les
termes de noſtre queſtion ; eſtant
bien vray que dans les eſpeces de
ces deux loix les Iuriſconſultes deſquelles elles ſont, ont eſté d'auis de
proroger le temps de la reſtitution
au delà d'vn an : mais ç'a eſté par

des raiſons particulieres, & en conſideration de ce que aux premieres cauſes de reſtitutions, il en ſuccedoit de nouuelle, & non autrement: *nam eum qui differt reſtitutionem non eſſe audiendum, Neratius ſcribit d. §. vlt. l. ab hoſtib. C. ex quib. cauſ. maior.* Et meſme la premiere loy de ce titre contient vne deciſion generale qui authoriſe fort la reſolution à laquelle nous nous ſommes arreſtez : cette loy, qui fait vne enumeration de differents chefs, à l'eſgard deſquels la reſtitution peut eſtre pourſuiuie dans les cas de droiĉt, y comprend entre les autres la preſcription, *Item ſi quis quid vſu feciſſet ſuum, aut quod non vtendo amiſit,* finiſſant par cette deciſion, que toutes ces eſpeces de reſtitutions doiuent eſtre pourſuiuies dans vn an. *Earum rerum aĉtionem intrà annum, quo primum de ea re experiundi poteſtas erit.*

Il y a eu Arreſt interuenu en l'Audience de la Grand Chambre du 3. Feurier 1660. pour cette Couſtume, dans les termes des queſtions que nous venons d'examiner. Apres les plaidoiries des Advocats des parties, Monſieur l'Aduocat General dit, qu'il s'agiſſoit d'vne Requeſte Ciuile, laquelle eſtoit fondée ſur vn moyen qui eſtoit indubitable en la forme, ſuppoſé qu'il ſe trouuaſt veritable au fond. Que des enfans d'vn premier liĉt, auoient demandé partage des biens d'vne pretenduë communauté continuée à leurs freres d'vn ſecond liĉt, leſquels auoient oppoſez deux moyens, l'vn qu'il y auoit eu inuentaire, au moyen duquel ils ſouſtenoient que la communauté auoit eſté diſſoluë, & l'autre

la preſcription de plus de 30. années, que le partage auoit eſté ordonné par l'Arreſt, auquel les enfans du ſecond liĉt demandeurs en Requeſte Ciuile, vouloient donner atteinte par ces deux moyens, dont le dernier n'auoit pas eſté allegué, qu'il y auoit auſſi appel d'vne Sentence du Bailly de Senlis, lequel en execution de l'Arreſt auoit ordonné la reſtitution des fruits depuis le deceds de celuy par la mort duquel la communauté auoit eſté diſſoluë. Que pour la deciſion de la queſtion principale, que les deffendeurs ne pouuoient pas ſe preualoir du premier moyen : d'autant que l'inuentaire qu'ils rapportoient n'auoit pas eſté fait auec legitime contradiĉteur : & ainſi qu'ayant eſté iugé dans cette Couſtume par diuers Arreſts, que pour diſſoudre vne communauté, il faut qu'il y ait inuentaire ſolemnel, celuy qui eſtoit repreſenté ne pouuoit eſtre d'aucune conſideration. Que le ſecond moyen fondé ſur la preſcription eſtoit plus difficile : parce qu'il ne ſe rencontroit pas 30. années, depuis la maiorité des deffendeurs : mais que les demandeurs oppoſoient que dans cette Couſtume la preſcription court contre les mineurs, auſſi bien que contre les maieurs, ſuiuant qu'il a eſté cydeſſus eſtabli : l'article 189. qui parle de cette preſcription, n'exceptant pas les non aagez & priuilegiez, comme font les autres qui concernent la preſcription de 10. & de 20. ans : Mais qu'à cela il y auoit reſponſe, ſçauoir qu'en droit ſur lequel cet article eſt fondé, les mineurs ont dix ans de reſtitution depuis leur maiorité ſuiuant l'interpretation des Doĉteurs, ce qui pouuoit ſeruir de fondement à l'Arreſt. Pour ce qui eſt de la reſtitution des fruits à quoy ſe reduiſoit l'appel de la Sentence , qu'il eſtimoit cette Sentence fort rigoureuſe , ne s'a-giſſant pas proprement d'vne peti-tion d'heredité , mais d'vn droict penal qui ſemble conſequemment ne deuoir point donner la reſtitu-tion des fruits *ipſo iure* , mais ſeu-lement du iour de la demande , & meſme qu'en pareilles occaſions , où il ſe rencontre pluſieurs années, la Cour a quelquefois moderé de grace la reſtitution des fruicts , & ne les a adiugé que du iour de l'Ar-reſt: ce qui eſtoit d'autant plus equi-table au fait particulier , que les demandeurs ſeroient abſolument ruinez ſi la Sentence ſubſiſtoit. La Cour ſur les lettres en forme de Re-queſte Ciuile , mit les parties hors de cour & de procez ; & à l'eſgard de l'appel , l'appellation & ce dont eſtoit appellé au neant , emendant ordonné que la reſtitution des fruits auroit lieu du iour du preſent Arreſt ſeulement ſans deſpens.

Cet article & les ſemblables des autres Couſtumes ont receu plu-ſieurs limitations , tant par les Or-donnances de ce Royaume , que par noſtre vſage authoriſé des Ar-reſts de la Cour. Et ainſi par l'Or-donnance du Roy Louis XII. de l'an 1510. art. 46. & de François I. chap. 8. art. 30. de celle de 1535. & art. 134. de 1539. toutes reſciſions de contracts ſe doiuent pourſuiure dans dix ans , à compter du iour du contract, ou de la maiorité de 25. ans , s'il a eſté fait en minorité , ou d'autre legitime empeſchement. Et encore il eſt neceſſaire que les lettres pour ſe pouruoir contre ſem-blables contracts , ſoient obtenuës

dans les dix ans , ne ſuffiſant pas que l'action ſoit intentée pendant ce temps , ſuiuant qu'il a eſté iugé par Arreſt donné en l'Audience de releuée de la Grand Chambre , du 12. May 1650. auquel il s'agiſſoit de lettres obtenuës contre vn con-tract de vente , fondées ſur la le-zion d'outre moitié de iuſte prix, leſquelles auoient eſté obtenuës quelques mois apres les dix ans du iour du contract, & l'action auoit eſté intentée auparauant les dix ans expirez.

De meſme les dots en deniers promiſes par les peres & meres en mariant leurs enfans , ſont reputées payées apres les dix ans du maria-ge ; de ſorte qu'apres ce temps on n'eſt plus receuable à en faire de-mande. Cette maxime , qui ne re-çoit plus de difficulté parmy nous, ſe trouue authoriſée par les Arreſts de la Cour qui l'ont ainſi iugé , & qui ſont rapportez par Monſieur Loüet , lit. D. num. 19. Suiuant la diſpoſition de l'Authentique *quod locum* tirée de la Nouelle 100. de Iuſtinien.

Comme auſſi nous ſuiuons la diſ-poſition de la loy *querela C. ad leg. Cornel. de falſis* , & en conſequen-ce le crime , l'accuſation criminel-le , l'intereſt ciuil & tout ce qui en depend , demeure preſcript par 20. ans , ſans que les empeſchemens qui interrompent ordinairement la preſcription , comme la minorité des intereſſez , ayent lieu en ce ren-contre. Ce qui eſt limité toutes-fois au cas qu'il y ait eu Sentence, tant par coutumace , que contradi-ctoire , car pour lors l'execution en dure 30. ans.

Nous ſuiuons pareillement en cette Couſtume les preſcriptions annales & de six mois, introduites, tant par l'article 67. de l'Ordonnance de 1512. du Roy Louis XII. que par les articles 125. 126. & 127. de la Coustume de Paris.

CXC.

Item, quiconque a iouy & possessé d'aucun heritage, à titre ou sans titre, tant par luy que par ses predecesseurs franchement sans payer aucune rente, ou autre charge reelle par le temps & espace de quarante ans continuels & accomplis, il a acquis par prescription la franchise de ladite rente ou charge reelle.

Cet article & le suiuant doiuent s'entendre conformément à la loy *cùm notissimi* §. *quamobrem, C. de prescript.* 30. *vel* 40. *annor.* quand l'action hypothequaire est iointe auec la personnelle ; c'est à dire au cas que les heritages obligez, soient possedez par celuy qui a creé la debte, ou ses heritiers & successeurs à titre vniuersel. Et de fait l'article 193. cy-apres parle du tiers detenteur.

CXCI.

Item, toutes actions en matiere d'hypotheques pour rentes, & autres droits reels, *a* sont esteintes & expirées par le temps & espace de quarante ans, excepté le droit Seigneurial de censiue, & fonds de terre, *b* qui ne se prescrit point, *c* combien que les arrerages de ce soient prescripts par trente ans. *d*

a **Et autres droits reels.**] Il y en a qui pretendent en vertu de ces mots, que la realité & la proprieté d'vn heritage ne se prescrit dans cette Coustume que par 40. ans : Mais cette opinion est contre l'vsage & erronée : parce qu'en effect cet article ne parle que des rentes & autres droicts reels qui sont creez sur vn heritage, & encore quand l'action personnelle est iointe à l'hypothequaire ; comme nous auons dit sur le precedent article, & non point du droit de proprieté qui se poursuit par l'action petitoire & en reuendication, laquelle n'estat fondée sur aucun titre qui ait esté passé entre les parties, ce n'est qu'vne action reelle, laquelle se prescrit par 30. ans, aussi bien que la personnelle, pour laquelle nous auons l'article 189. cydessus qui est exprés : Ces deux actions ayans esté esgalées l'vne à l'autre par la loy *sicut* 3. *C. de præscript.* 30. *vel* 40. *ann. sicut in rem speciales, ità de vniuersitate ac personales actiones vltrà* 30. *annorum spatium minimè protendantur.* Et c'est la raison pour laquelle combien que la Coustume de Paris, tout au contraire de celle-cy, ne parle que de l'action reelle & en reuendication en l'article 118. sans faire aucune mention de l'action personnelle : neantmoins on n'y fait point de difficulté que cette derniere action ne se prescriue par 30. ans, auſſi bien que la reelle. Nous auons d'autant plus de ſuiet dans noſtre Couſtume de nous regler en cette occaſion par la diſpoſition du droict ciuil pour les cas obmis, & qui ne ſont pas contraires à nos maximes, qu'il ſe voit qu'elle s'y eſt abſolument conformée pour la matiere des preſcriptions.

b *Fons de terre.*] Seigneurial, comme champart, lors qu'il n'y a point de cenſiue.

c *Ne ſe preſcrit point.*] *Iuxta l. competit*, 6. *de præſcript.* 30. *vel* 40. *ann. v. notata i. art.* 262.

d *Par trente ans.*] *Idem* de la quotité & forme de preſtation du cens s'il n'y a titre.

C X C I I.

Item, par ladite Couſtume, droit & action d'hypotheque ne ſe diuiſe point.

Quod moribus comparatum eſſe dicebatur, hypothecam diuidi poſſe, damnari placuit, vetarique ne vnquam tale quicquam vſurparetur 5. Id. Ianuar. 1386. *Luc. lib.* 10. *tit.* 3. *num.* 2.

C X C I I I.

Item, quand vn tiers detenteur a iouy & poſſeſſé d'aucun heritage chargé de rente ou autre charge reelle à bon & iuſte titre, & de bonne foy, ſans payer, n'eſtre inquieté de telle rente ou charge par l'eſpace de dix ans entre preſens, & vingt ans entre abſens, aagez & non priuilegez, il a preſcrit, & acquis par preſcription, la franchiſe & decharge de tel heritage, excepté du droit cenſuel, ou Seigneurial, comme dit eſt.

C X C I V.

Item, preſcription n'a point de lieu contre l'Egliſe, ſinon par le temps & eſpace de quarante ans ſeulement.

C X C V.

Item, vn Seigneur ne preſcrit point *a* le fief de ſon vaſſal, par quelque laps de temps qu'il l'ait tenu *b* en ſa main, ne le vaſſal la tenure ne fidelité dudit fief.

a *Ne preſcrit point.*] De ſorte qu'en ce cas c'eſt au Seigneur qui pretend auoir acquis le fief de ſon vaſſal à iuſtifier de ſon titre, & a faire voir que le commencement de ſa poſſeſſion ait eſté en vne autre qualité que de Seigneur feodal: puiſque de droict commun Couſtumier, il eſt incapable de preſcrire le fief de ſon vaſſal.

b *Quelque laps de temps qu'il l'ait tenu.*] Meſme par cent ans ſuiuant l'article 11. de la Couſtume de Paris qui eſt fondé ſur l'opinion de Du Moulin §. 7. *vet. conſ. nu.* 14. 15. Mais en ce cas i'eſtime que c'eſt au vaſſal à prouuer que le commencement de la poſſeſſion du Seigneur a eſté la ſaiſie feodale, & que l'on doit preſumer apres vn ſi long-temps que le Seigneur a poſſedé le fief à titre particulier: dautant que cette prescription eſt extremement fauorable, & ne dóit iamais eſtre exceptée, ſi cé n'eſt que l'on iuſtifie qu'elle ſoit eſtablie ſur vn fondement vicieux ; auquel cas, comme c'eſt vn principe conſtant que perſonne ne peut changer le titre de ſa poſſeſſion , ſi dans noſtre eſpece le Seigneur a commencé ſa poſſeſſion par vne ſaiſie feodale , il n'a pû poſſeder qu'en qualité de Seigneur tenant en ſa main le fief de ſon vaſſal par faute d'homme ou autrement, lequel conſequemment doit eſtre receu à faire la foy & à reprendre la poſſeſſion de ſon fief, toutefois & quantes qu'il ſe preſentera.

CXCVI.

Item, tant que le vaſſal dort le Seigneur veille , & tant que le Seigneur dort le vaſſal veille.

Cet article eſt mal placé ſous ce titre, puis qu'il ne concerne pas la preſcription, mais les deuoirs feodaux ; & eſt vn ancien brocard du Droit François, qui veut dire que le Seigneur ne fait pas les fruits ſiens, auparauant que de ſaiſir ; quoy qu'il y ait ouuerture , & apres la ſaiſie les fruits ſont ſiens iuſques a ce que le vaſſal ait fait ſon deuoir.

Des rentes conſtituées & aſſignées ſur heritages.

CXCVII.

Toute franche perſonne, vſant de ſes droits, ayant le droit gouuernement & adminiſtration de ſes biens, peut vendre, aliener, & conſtituer rente ſur ſes heritages tenus en fief, en cenſiue ou autre droit reel d'aucun Seigneur, & telle vendition & conſtitution de rente eſt bonne & vallable, poſé ores qu'elle ne ſoit enſaiſinée n'infeodée.

Cet article nous iuſtifie l'ancien erreur des Canoniſtes , qui eſtimoient que les rentes ne ſe pouuoient conſtituer que par aſſignat ſur vn droit reel & immobilier, & en conſequence que ceux qui n'auoient pas d'heritages ou autre droit ſuſceptible de cet aſſignat, n'eſtoient pas en puiſſance de conſtituer des rentes. Mais ayant reietté en France ce ſcrupule , nous ne deſirons plus aucun aſſignat particulier ; & la pratique de ce temps eſt, que celuy qui n'a que des meubles, peut toutesfois créer des rentes ſur luy, & en cette Couſtume, comme en toutes autres , cet article n'eſtant conceu en termes prohibitifs, ioint qu'il parle particulierement pour la ſuitte par hypotheque, ainſi qu'il ſe void par les articles ſuiuans.

CXCVIII.

Item, ladite rente ainſi venduë & conſtituée, a cours ſur les heritages dudit vendeur ou conſtituant, quand ils ſont tenus & poſſeſſez par ledit vendeur & conſtituant, ou ſes heritiers, ou par vn tiers detenteur, ou par le Seigneur feodal à titre particulier, autre que comme Seigneur feodal, ſinon que ledit Seigneur feodal eût retenu l'heritage par puiſſance de fief de l'achepteur, auquel cas, ſera ledit Seigneur tenu de ladite rente.

CXCIX.

Item, quand aucuns biens, heritages ou rentes, ſituez & aſſis en la haute Iuſtice d'aucun Seigneur, ſont dits & declarez confiſquez : le haut Iuſticier, qui en vertu de ladite confiſcation apprehendera les meubles, ſera tenu de payer les debtes perſonnelles, & pour vne fois du confiſquant, ſi leſdits meubles ſont ſuffiſans, & iuſques à la concurrence d'iceux ; & leſdits meubles diſcutez, ledit haut Iuſticier qui apprehendera les heritages ou rentes dudit confiſquant, autrement que par felonie ou à faute d'homme, droicts & deuoirs non faits, ſera tenu de payer le ſurplus, ſi tant iceux heritages ſe peuuent monter, & iuſques à la concurrence d'iceux : Auſſi ſera tenu ledit haut Iuſticier qui apprehendera leſdits meubles, payer les rentes conſtituées par le confiſquant, non enſaiſinées, n'infeodées, enſemble les arrerages d'icelles, ſi tant leſdits meubles peuuent monter, & iuſques à concurrence d'iceux ; ſans que le creancier de telle rente ſe puiſſe addreſſer ſur les heritages confiſquez, pour raiſon deſdites rentes & arrerages, *a* pourueu que ledit creancier de ladite rente non enſaiſinée n'infeodée, ait eſté negligent de quarante iours, *b* à compter du iour de la conſtitution d'icelle, de ſoy faire enſaiſiner ou infeoder.

a Pour raiſon deſdites rentes & arrerage.] Cette clauſe contient vne iniuſtice manifeſte & que l'on doit abroger, puis qu'elle a eu deux principes pour fondement, dont la fauſſeté eſt à preſent connuë. D'où il reſulte que la conſequence que l'on en auoit tiré, & dont on a compoſé cette partie de noſtre article, doit demeurer ſans effet.

Car ceux qui ont trauaillé à la premiere redaction de cette Couſtume de l'an 1493. s'eſtans perſuadez que les biens confiſquez eſtoiẽt acquis au haut Iuſticier par vn droit Seigneurial & de fief, & que c'eſtoit vne eſpece de commiſe & de retour en conſequence de la premiere conceſſion de l'heritage, ils ont deſchargé le Seigneur confiſquant

quant de toutes ſortes de debtes, à la reſerue des rentes proprietaires & des conſtituées enſaiſinées ou infeodées, ainſi qu'il s'apprend par l'article 3. tit. des rentes de la redaction de 1506. Et le ſuiet de cét erreur paroiſt par l'article 75. de celle de 1493. où il ſe void que le haut-Iuſticier eſt confondu auec le Seigneur feodal, auſſi bien que leurs droicts.

Cét abus fut releué dés l'an 1506. mais corrigé ſeulement & encore en partie en la compilation de l'an 1539. cette correction eſtant demeurée imparfaite pour ce qui eſt des rentes conſtituées non enſaiſinées ny infeodées : parce que l'erreur de la premiere redaction ne parut encore lors qu'à trauers des tenebres & obſcuritez : on croyoit encore en ce temps-là, que les droits du Seigneur de fief & du haut Iuſticier fuſſent confondus ; & d'ailleurs qu'il eſtoit deu des droicts Seigneuriaux pour les conſtitutions de rentes, ainſi que nous apprenons par les articles 58. 59. 60 & 61. de l'ancienne Couſtume de Paris, & par l'Arreſt ſolemnel de l'an 1557. interuenu à leur ſuiet : ſi bien que pour conſeruer les droits au Seigneur confiſquant & faire qu'ils fuſſent plus diligemment payez des profits reſultans des conſtitutions de rentes, cét article a voulu que le creancier de telle rente ne ſe pût addreſſer ſur les heritages confiſquez, ſuppoſé qu'il eût eſté negligent de quarante iours de ſe faire enſaiſiner, ou infeoder.

Mais comme ces droicts ne ſe payent plus auiourd'huy, & d'ailleurs que nous conſiderons le haut-Iuſticier & le Seigneur feodal en deux qualitez differentes, & qui n'ont rien de commun l'vne auec l'autre, ie croy que cét article, pour ce qui eſt de ce chef, ſe doit abroger de luy-meſme, veu que l'on a crû conſeruer ce droit au haut-Iuſticier en vne qualité inherente qu'il n'a point ; de ſorte que paroiſſant que ce priuilege luy eſt donné par vne conſideration qui manque, le ſuiet defaillant, l'effet doit pareillement ceſſer. De meſme que ſi i'auois legué à Pierre en qualité de Doyen de l'Egliſe de Beauuais, qu'il parût que la croyance que i'auois, qu'il eſtoit reueſtu de cette dignité, eût eſté le motif de ma diſpoſition & que par effet il ſe trouuaſt n'auoir pas cette qualité ; il n'y a point de difficulté que le legs ne luy ſeroit pas deub, ne faiſant rien que les deux qualitez du Seigneur feodal & de haut-Iuſticier ſe rencontrent ſouuent en vne meſme perſonne, dautant que c'eſt par accident, ce qui n'a pû produire la raiſon de la diſpoſition particuliere de noſtre article ; mais ce faux fondement que la haute Iuſtice dependoit neceſſairement du fief. Dauantage en examinant exactement les procez verbaux des années 1506. & 1539. il paroiſt que l'intention de l'aſſemblée auoit eſté d'obliger indiſtinctement le Seigneur haut-Iuſticier confiſquant au payement de toutes les debtes, de ſorte qu'il y a apparence qu'il y a eu de l'erreur en redigeant cét article, & le 105. cy-apres au ſuiet de l'obſeruation que nous venons de faire.

b *Negligent de 40. iours.*] Ie demande ſi cette exception doit auoir lieu dans les autres cas, & ſi vn creancier de rente conſtituée qui a fait enſaiſiner ſon Contract dans les 40. iours, mais poſterieurement à

vn autre creancier de pareille rente, qui a depuis contracté auec le
meſme debiteur, viendra en ordre
aupatauant ce deuxieſme creancier;
de ſorte que la ſaiſine ait generalement vn effect retroactif, pourueu
qu'elle ſoit priſe dans les 40. iours
de la paſſation du Contract. Quoy
que ie conſidere la ſaiſine pour vn
ioug rude & qui doit eſtre reſtraint
tant qu'il ſe pourra : neantmoins ie
crois la negatiue plus veritable:
parce que cét article, qui deſcharge le haut-Iuſticier confiſquant les
immeubles, du payement des rentes conſtituées, ſi elles ne ſont enſaiſinées, eſt abſolument iniuſte, &
meſme contraire à l'art.165. qui porte qu'hypotheque a lieu par tout ce
Bailliage : C'eſt pourquoy comme
cét article paſſoit contre les regles
& à l'inſtance des Iuſticiers pour
leur intereſt particulier, on y a ad-
jouſté cette limitation, laquelle
eſtant pour vn cas ſpecial, elle ne
peut point ſeruir à faire vne regle
generale dans cette Couſtume, ny
eſtre eſtenduë aux autres eſpeces.
De meſme que l'ō ne pourroit point
donner d'effet retroactif à l'hypotheque d'vne Sentence qui auroit
eſté obtenuë 40. iours apres vne
promeſſe, au payemẽt de laquelle
elle condamneroit le debiteur.

*v. ſupra notata in art.149. & in-
frà ad art. 205.*

C C.

Item, quant aucun confiſquera les frais de Iuſtice faits
en la pourſuite de la declaration de ladite confiſcation, ſeront
prealablement pris ſur les biens dudit confiſquant, auant tous
les autres creanciers.

Maiſtre Guy Coquille au chapitre des droits de Iuſtice de ſes inſtitutions blaſme la diſpoſition de cét
article : parce que, ce dit-il, les
Seigneurs doiuent la Iuſtice à leurs
propres frais ſans recompenſe: mais
ce qui eſt iuſte eſt que les Seigneurs
Iuſticiers qui prennent part aux
biens confiſquez doiuent contribuer aux frais que l'vn d'eux a faits
pour faire le procez, comme il eſt
decidé par la Couſtume de Niuernois au titre des Confiſcations article 5. dont la raiſon eſt que de tels
frais reſulte le profit que les hauts
Iuſticiers prennent en vertu de la
confiſcation : mais il ne reuient aucune vtilité aux creanciers à cauſe
de ces frais : attendu que ſoit que
leur debiteur confiſque, ou qu'il
ſoit deſchargé de l'accuſation intentée contre luy, le droit du creancier eſt touſiours ſemblable. Autre
choſe ſeroit-ce s'il s'agiſſoit de frais
faits pour la conſeruation des biés,
car pour lors il n'y a point de doute qu'ils deuroient eſtre pris par
preference.

C C I.

Item, quand tels heritages chargez de telles rentes conſtituées non enſaiſinées ny infeodées, ſont criées & ſubhaſtées,
tant ſur le conſtituant, ſes heritiers, ou autre detenteur, leſ-

dites rentes non enſaiſinées ny infeodées, ſont reputées & tenuës comme debtes mobiliaires, enuers les autres rentes qui ſont enſaiſinées ou infeodées, ou comme autres crean-ciers pour debtes mobiliaires. *a*

a Debtes mobiliaires.] En cónſequence de cet article & du 273. cy-apres, il y en a quelques-vns qui tiennent que les rentes conſtituées non enſaiſinées, ny infeodées, doiuent paſſer indiſtincte-ment au rang des meubles en cette Couſtume.

Ce qui fait la difficulté, eſt que cette queſtion eſt diuerſement decidée par nos Couſtumes & differemment agitée par nos Autheurs, & meſme que les Couſtumes qui les font paſſer pour immeubles, ne parlent que par fiction & diſent qu'elles ſont reputées immeubles. De ſorte qu'il ſemble que dans les Couſtumes qui ne decident pas preciſement cette queſtion, on ne doit point changer la nature d'vne eſpece de biens ſans la diſpoſition de la loy, & que n'en ayant point parlé, c'eſt vne marque qu'elle a voulu laiſſer les choſes en leur entier, c'eſt à dire laiſſer les rentes meubles, comme elles le ſont de leur nature, puis qu'elles ne ſont compoſées que d'vne ſomme de deniers. Et qu'en tout cas ſi en cette Couſtume, on pretend faire paſſer les rentes enſaiſinées & infeodées pour immeubles, que cela ne peut pas conuenir aux ſimples rentes conſtituées, par ce que les premieres ſont accompagnées d'vne raiſon toute particuliere; ſçauoir eſt qu'elles ſont realiſées, ce qui ne conuient pas aux ſimples rentes conſtituées, qui ne ſont que rentes volantes, ſans aſſiette ſpeciale, &

nullement fauorables en cette Couſtume.

Toutefois ie ſuis dans ce ſentiment, qu'en cette Couſtume touter ſortes de rentes, enſaiſinées, ou non enſaiſinées, doiuent paſſer indiſtinctement pour immeubles, & que c'eſt l'eſprit de cette Couſtume, outre la raiſon generale.

Et pour cet effet, ie ſouſtiens que l'enſaiſinement ou infeodation, ne fait aucune choſe pour determiner la nature des rentes, & les rendre meubles ou immeubles. Et à cette fin il ne faut que conſiderer quel a eſté le motif qui nous a fait iuger les rentes immeubles; il eſt certain que ce n'a pû eſtre l'enſaiſinement, ou le nantiſſement, parce que ces ſolemnitez ne nous attribuent pas dauantage de droit que l'hypotheque, ils ne nous donnent pas vn droit *in re*, mais ſeulement *ad rem*, comme en vertu de l'hypotheque. Et ce deſaiſiſſement du conſtituant & enſaiſinement de celuy au profit duquel on conſtituë, ne donne à ce dernier aucun droit de proprieté en la choſe, & il n'a point d'auantage pour cette ſolemnité, que ſon hypotheque, laquelle autresfois ne pouuoit s'acquerir que par cette formalité. Ce que nous auions emprunté des Romains, leſquels d'abord eſtimoient que l'on ne pouuoit pas obliger vn immeuble, ſans tradition actuelle de cet immeuble en la poſſeſſion du creancier, ce qu'ils pratiquoient au commencement ; mais enfin ayans reconnu l'incommodité de cet vſage, ils introduiſirent les traditions par voyes feintes, qui reuiennent à nos ſaiſines & nantiſſemens, ce qu'ils ont encore retenu iuſques à ce iourd'huy au pays de nantiſſement.

Mais à l'eſgard de cette Couſtume, l'hypotheque ne laiſſe pas de s'acquerir ſans ſaiſine, & la ſaiſine pour ce regard n'a point d'autre effet, que de qualifier l'hypotheque, & la rendre priuilegée, ſans nous donner aucun droit en la choſe qui n'appartient qu'aux creanciers des rentes foncieres & proprietaires, ainſi qu'elles ſont appellées en cette Couſtume.

Et de fait, ſi c'eſtoit tel enſaiſinement qui rendiſt ces rentes immeubles, il faudroit dire que dans les autres Couſtumes où cet vſage n'eſt pas, il n'y auroit point de rentes immeubles, ce qui n'eſt pas toutesfois. D'où reſulte que l'enſaiſinement ne contribuë de rien pour donner la qualité d'immeubles aux rentes conſtituées. Auſſi la Couſtume de Rheims qui fait paſſer les rentes conſtituées au rang des meubles, reſoud-elle formellement en l'article 18. que le nantiſſement ne change pas leur qualité, & que les rentes quoy que nanties, ne laiſſent point d'eſtre meubles.

Ce qui fait donc que les rentes conſtituées doiuent eſtre colloquées parmy nous entre les choſes inimeubles, dans les Couſtumes qui ne diſpoſent pas formellement au contraire, c'eſt leur continuité & le reuenu ſucceſſif qui en prouient, comme de toute autre choſe immobiliaire. Car par noſtre vſage, nous n'auons à proprement parler que deux ſortes de biens,

meubles & immeubles ; comme auſſi parlant eſtroittement, le mot de meuble ne conuient qu'aux choſes *quæ tangi & moueri poſſunt,* & les immeubles, *quæ tangi, ſed non moueri poſſunt.* De ſorte que nous auons eu beaucoup de difficulté de placer les choſes incorporelles ſous l'vne de ces deux eſpeces, auſquelles ces definitions ne reuiennent pas ; comme ſont les offices, les obligations, les rentes, &c. Mais enfin elles ont eſté rangées ſous l'eſpece auec laquelle elles ſe ſont trouuées auoir plus de proportion & de conuenance. D'ailleurs nous conſiderons les meubles comme choſes mortes, de legere conſequence, & qui ne produiſent rien ; les immeubles au contraire comme ſuiettes à vn reuenu annuel, & continuel ; ſi bien que nous auons dit meubles, toutes les choſes qui ne produiſent rien, quoy qu'incorporelles, comme les obligations, &c. Et au contraire nous auons mis au rang des immeubles celles qui produiſent ce reuenu, quoy qu'incorporelles, comme les rentes, les offices, vn vſufruit d'vne choſe immobiliaire, de la façon qu'auparauant on auoit donné la meſme place aux cens & aux rentes foncieres, leſquelles de ſoy ne ſont immeubles, puis que *tangi non poſſunt :* mais droits incorporels, comme les rentes conſtituées.

De ſorte que cette raiſon, qui eſt la peremptoire, conuenant auſſi bien aux ſimples rentes conſtituées, qu'aux enſaiſinées, ie ne fais pas de difficulté qu'en cette Couſtume, où il n'y a point de diſpoſition contraire, les vnes & les autres ne doiuent paſſer pour immeubles.

Car à l'eſgard de cet article, il ne

fait chose quelconque à ce suiet, il ne parle que pour leur preference & de l'ordre de leur hypotheque, & non pas pour l'establissement de leur nature.

Dauantage cet article à proprement parler, n'est pas tant pour la preference, que pour dire qu'elles sont mises en ordre à l'*instar* des debtes mobiliaires, sur le prix des heritages vendus par decret, au lieu que plus bas au titre des decrets article 275. il est porté que les heritages seront vendus à la charge des rentes ensaisinées : car si on luy donnoit vn autre sens, il ne se trouueroit pas veritable ; dautant qu'il n'est pas vray en cette Coustume, que les rentes constituées, quoy que non ensaisinées, soient mises au rang des debtes mobiliaires, au contraire elles marchent deuant, comme il se void i. art. 173. Et quand mesme le contraire auroit lieu, cela n'opereroit rien pour la nature des rentes ; veu qu'aux autres Coustumes, où elles sont dites immeubles par article exprez, elles ne vont pas pour l'ordre, auparauant les debtes mobilieres ayans hypotheque.

Et de fait, on peut dire que cette question est decidée en cette Coûtume, & que dans toutes les occasions où elle a parlé des rentes indefiniment, elle les a rangé perpetuellement sous la categorie des immeubles ; cela se void par l'article 199. il dit que le haut Iusticier qui prend les meubles, est premierement tenu d'acquitter les debtes mobilieres sur ces meubles, & pour monstrer que sous cette espece de biens il n'y comprend pas les rentes, il dit en suitte, que *celuy qui prend les heritages ou rentes, &c.* par où se void que non seulement il separe les meubles & les rentes, mais mesme qu'il conioint ensemble les rentes & les heritages. Il y en a encore vn argument particulier en cet article, en ce qu'ayant chargé le haut Iusticier confisquant des debtes mobilieres, il fait vne clause particuliere pour les rentes constituées non ensaisinées. Les termes de l'art. 111. sont encore trespuissans, & contiennent ces mots: *Donner & retenir ne vaut rien, en telle sorte que si aucun a donné vne maison, rente ou autre heritage, &c.* Où parlant generalement des rentes, non seulement il les conioint auec les heritages ; mais mesme il les fait passer pour vne espece d'heritage. De sorte qu'il ne peut y auoir rien de plus precis pour faire iuger les rentes indistinctement immeubles en cette Coustume. Ioint que les plus graues Autheurs l'ont ainsi resolu, & la Coustume de Paris y est expresse : de sorte que c'est maintenant l'vsage general de la France, sinon à l'esgard des Coustumes qui portent vne decision directement contraire : vsage au reste tres-necessaire quant à present dans le commerce ; veu que la plus grande partie du bien des familles consiste en cette nature de rentes ; si bien qu'il est necessaire de luy donner vne qualité fixe & asseurée. Et ainsi il faut conclure generalement que toutes rentes constituées, ensaisinées, ou non ensaisinées, doiuent passer au rang des immeubles en cette Coûtume, pour tous les effets dans lesquels nous les reputõs telles en ce Royaume. Et de fait nous apprenons dans les arrestez de la cinquiesme Cham.

bre des Enqueſtes, qu'il eſt interuenu Arreſt au rapport de Monſieur le Preſtre le 18. Decembre
1604. par lequel il a eſté iugé en la
Couſtume d'Amiens, que les rentes conſtituées ſont cenſées & reputées immeubles entre les heritiers
du debiteur, encore qu'elles ne

ſoient realiſées & nampties ; combien que par l'art. 137. de la Coûtume elles ſoient cenſées pures
perſonnelles & mobiliaires, & n'en-
gendrent aucune hypotheque, ny
droit reel pour le regard du Seigneur & des creanciers, ſi elle ne
ſont realiſées & nampties.

CCII.

Item nul ne peut eſtre rentier & proprietaire de l'heritage,
ainſi chargé que dit eſt de ladite rente ; car icelle rente eſt
confuſe au crediteur, en prenant par luy la proprieté.

v. i. notata ad art. 277.

CCIII.

Item, vn vaſſal ne peut charger ſon fief d'aucune rente ou
hypotheque, au preiudice de ſon Seigneur *a* feodal, duquel
eſt tenu & mouuant ledit fief, ſinon que telle rente ou hypotheque fuſt enſaiſinée ou infeodée par ledit Seigneur feodal
au proffit de celuy, ou ceux à qui ſont deuës telles rentes ou
hypotheques.

*a Au preiudice de ſon Seigneur
feodal.*] Cette deciſion generale
reçoit ſon exception & limitation
par l'article 198. cy-deſſus, où il eſt
dit que le Seigneur feodal retirant
de l'achepteur par puiſſance de fief,
eſt tenu de la rente quoy que non
enſaiſinée ; y ayant parité de raiſon à l'eſgard des debtes pour vne
fois payer, qui ne ſont pas auſſi enſaiſinées, & qui affectent les heri.
tages à l'eſgard d'vn tiers detenteur, quoy que ſans priuilege en
cette Couſtume, comme les rentes
non enſaiſinées, ny infeodées.

Et auſſi la raiſon pourquoy le fief
ne peut eſtre chargé au preiudice
du Seigneur feodal des rentes ou
autres hypotheques non enſaiſinées, ny infeodées, n'eſt pas vn
effet particulier de cette Couſtume ;

mais c'eſt vn vſage general de ce
Royaume à l'eſgard du Seigneur
ſuperieur qui rentre dans le fief de
ſon vaſſal par commiſe, & par ſaiſie à faute d'homme, droits & deuoirs non faits : parce que ces conditions ſont charges qui prennent
leur principe dés la premiere creation du fief, & ceux qui ont contracté auec le poſſeſſeur ne les ont
point deub ignorer ; de ſorte que
pour y aſſuiettir le Seigneur en ce
cas, il faut qu'il y preſte ſon conſentement par l'infeodation ou
l'enſaiſinement.

Ce qui n'eſt point de meſme à
l'eſgard du retraict feodal, qui ne
compete au Seigneur que par vn
droit de prelation ; les fiefs parmy
nous eſtans dans le commerce, &
les vaſſaux ayans la liberté de les

vendre : ſi bien que lors que les Sei‑
gneurs ſe veulent ſeruir du droit de
retraict, ils doiuent ſuiure les loix
de la vente, & prenans la place
de l'achepteur, ils deuiennent ſu‑
jets aux meſmes charges que cet

acquereur deuoit : de ſorte qu'e‑
ſtant tenu de ſes debtes, quoy que
non enſaiſinées ny infeodées, le
Seigneur s'y aſſuiettit auſſi par ſon
retraict.

CCIV.

Item, vn vaſſal ne peut demembrer ſon fief, ſans le conſen‑
tement de ſon Seigneur par diuiſion reelle.

y. notata ad art. 251. *i.*

CCV.

Item, ſi tels fiefs ainſi chargez, que dit eſt, de telles ren‑
tes ou hypotheques non enſaiſinées ou infeodées, viennent
en la main dudit Seigneur feodal, par aubeine, *a* confiſca‑
tion, ou commiſſion de fief, ledit Seigneur peut regaler &
retenir ledit fief entierement, ſans payer aucune choſe deſdi‑
tes rentes ou hypotheques non enſaiſinées ou infeodées, &
n'en eſt aucunement tenu ledit Seigneur feodal, ſinon com‑
me il eſt dit cy-deſſus.

a *Aubeine.*] C'eſt vne gran‑
de queſtion de ſçauoir ſi en Fran‑
ce, le droit d'aubeine n'eſt point
Royal, & ſi ſuppoſé qu'il appar‑
tienne au Roy, nos Couſtumes ont
pû valablement y déroger pour l'at‑
tribuer aux hauts Iuſticiers ; pour
raiſon dequoy il ſe voit par le pro‑
cez verbal que le Procureur du Roy
fit ſa remonſtrance, ce qui n'a point
empeſché que ce droit n'ait eſté
laiſſé au Seigneur feodal par cet ar‑
ticle, en le confondant touſiours
par erreur auec le Seigneur haut
Iuſticier ; comme nous auons deſia
obſerué en diuers endroits, de la‑
quelle queſtion ie m'abſtiendray de
parler, ayant eſté traittée par nos
plus graues Autheurs, ſçauoir par
Du Moulin en ſon Commentaire
ſur la Couſtume de Paris § 43. gl. 1.
nu. 182. & en ſes Notes ſur Aniou

articles 41. ſur S. Aignan article 20.
& ſur Bourbonnois article 88. Co‑
quille ſur la Couſtume de Bretagne
tit. de ſucceſſ. article 24. & en ſes
Queſtions chapitre 251. Le Bret de
la Souueraineté liure 3. chap. 14.
Lucius liure. 3. tit. 1. article 5. d'Ar‑
gentré, Choppin, & autres citez
par Brodeau ſur Loüet let. A. nomb.
6. & 16.

Mais quoy qu'il en puiſſe eſtre, la
diſpoſition de cette Couſtume eſt
notoirement inique & contraire au
droict des gens, en ce qu'elle don‑
ne le droict d'aubeine au Seigneur
feodal, ſans le charger des rentes
conſtituées non enſaiſinées, parce
que par vn droict public, commun
à toutes les nations, les eſtrangers
peuuent negotier & contracter en‑
tre-vifs, ce qui ſeroit eludé, ſi par
leur mort leurs biens eſtoient de‑

ferez au Souuerain ou aux Seigneurs particuliers exempts de leurs
debtes. C'eſt pourquoy ie ne crois
point que cet article doiue eſtre
executé en cette occaſion, tant par
la raiſon de ce que nos Couſtumes
ne peuuent point deſroger au droit

public de l'Eſtat, que par la conſideration de ce que cette diſpoſition
eſt eſtablie ſur vn faux fondement,
ainſi que i'ay fait voir plus particulierement ſur l'article 199. cy-
deſſus.

CCVI.

Item, tous detenteurs proprietaires ou poſſeſſeurs d'aucuns
heritages, ou de partie & portion d'iceux, ou autre choſe
cenſée & reputée immeuble, chargez & redeuables d'aucunes rentes, ou autre charge reelle & annuelle, ſont tenus
perſonnellement *a* pour le tout, payer *b* & acquiter leſdites
charges, enſemble les arrerages deſdites rentes & charges
deſdits heritages, ainſi chargez, que dit eſt. Toutesfois leſdits detenteurs proprietaires, ou poſſeſſeurs deſdits heritages, incontinent leſdites charges venuës à leur connoiſſance,
peuuent renoncer auſdits heritages, ſans pource eſtre tenus
de payer aucunes debtes, charges & rentes, ne les arrerages
pour ce deubs.

a Sont tenus perſonnellement.] Cette action perſonnelle que donne noſtre article contre le tiers de-
tenteur, eſt vne action irreguliere
que le docte Loyſeau appelle *ſcripta in rem*, ou mixte, & que nos
Couſtumes ont appellée perſonnelle, par la denomination de la
plus noble partie, quoy qu'à la verité elle ne ſoit telle qu'indirectement : car c'eſt l'heritage proprement qui eſt chargé de la rente :
mais parce que les perſonnes en
ſont detenteurs & recueillent les
fruits, ils s'en rendent perſonnellement redeuables pendant leur
iouyſſance & detention. Et c'eſt
ainſi que doit s'entendre cet article, & non pas que les perſonnes
& leurs autres biens demeurent
obligez à la continuation de la rente, lors qu'ils auront vendu, ou au-

trement quitté les heritages ſuiets
à cette charge.

Mais de là naiſt vne queſtion importante en cette Couſtume, ſçauoir ſi le tiers detenteur d'vn heritage obligé à vne rente, peut exciper de la diſcuſſion de celuy qui
l'a creé & du perſonnellement obligé ; veu que cet article y oblige
auſſi le tiers detenteur de l'action
perſonnelle ?

A l'eſgard des rentes foncieres il
n'y a point de difficulté que la diſcuſſion n'y a pas de lieu, parce que
l'action hypothequaire eſt la principale & affecte tellement & ſi particulierement l'heritage, que celuy
qui eſt obligé & le preneur meſme
en abandonnant cet heritage, n'en
eſt plus tenu enuers le creancier,
mais elle ſuit l'heritage & celuy qui
en eſt detenteur : de ſorte qu'il faut
qu'il

qu'il déguerpiffe , ou qu'il paye, & n'y a point de difcuffion pour ce regard.

Mais pour ce qui eft des rentes conftituées , il n'en ya point de la mefme façon, l'obligation perfonnelle y eft la principale , & l'hypothequaire n'y eft qu'acceffoire , ce qui fait que celuy qui a conftitué vne rente n'eft nullement defchargé en vendant les heritages qu'il y a hypothequé. De forte que regulierement la difcuffion y a lieu, auffi bien qu'aux debtes pour vne fois payer par le droit commun & la Nouelle 4. de Iuftinien receuë en France ; de telle façon qu'en toutes les Couftumes qui n'excluent pas abfolument la difcuffion à l'efgard des rentes conftituées, elle y a efté receuë & introduite. Les Arrefts en font rapportez par Monfieur Loüet & fon Commentateur , lit. H. num. 9. Mais ce qui fait icy la difficulté , eft que cet article oblige auffi le tiers detenteur perfonnellement, ce qui femble exclurre indirectement le benefice de difcuffion à fon efgard.

Toutesfois i'eftime qu'elle y doit auoir lieu ; cette obligation dont parle noftre Couftume n'eftant point pure perfonnelle , comme celle du conftituant qui eft obligé indiftinctement à la rente ; mais comme nous auons dit cy-deffus, ce n'eft qu'vne obligation perfonnelle *fcripta in rem* mixte, & qui prend fon origine de l'hypothequaire , à caufe de la détention de la chofe ; de forte que cet heritage n'eftant obligé que fubfidiairement, & l'obligation pure perfonnelle du conftituant eftant la principale, ie ne vois pas que rien puiffe empefcher que le tiers detenteur

en cette Couftume ; ne puiffe exciper du perfonnellement obligé, en confequence de la Nouelle de Iuftinien , en vertu de laquelle nous obferuons que toutesfois & quantes qu'vne obligation n'eft que fubfidiaire, quoy qu'elle foit pure perfonnelle , que la difcuffion ne laiffe d'y auoir lieu ; comme par exemple à l'efgard du fideiuffeur , lequel quoy qu'obligé d'vne obligation pure perfonnelle, ne laiffe point d'auoir la faculté de pouuoir exciper de la difcuffion du principal obligé : Ce qui doit auoir lieu à bien plus forte raifon au cas par nous propofé, où le tiers detenteur n'eft tenu que d'vne action perfonnelle irreguliere, & plûtoft hypothequaire , que perfonnelle.

Au refte l'enfaifinement, ny l'infeodation ne donnent point plus de priuilege aux rentes pour le particulier de cet article, l'enfaifinement n'eftant que pour le priuilege & ordre de l'hypotheque feulement, comme nous auons dit cy-deffus, & non pas pour acquerir vn droit de proprieté en la chofe, ny faire ces fortes de rentes foncieres, cette qualité ne pouuant eftre donnée aux rentes , qu'en faueur du proprietaire de l'heritage & auec l'alienation du fonds.

b *Payer.*] C'eft à dire continuer à l'aduenir , defquels arrerages à efcheoir , s'ils ne veulent déguerpir , ils feront tenus perfonnellement , tant & fi long-temps qu'ils feront detenteurs.

c Ce mot, *Incontinent*, s'entend iufques à conteftation en caufe, & a efté ainfi iugé par Arreft donné au roolle de Senlis, le 17. Ianuier 1563.

d *Les arrerages pour ce deus.*]

O

C'eſt à dire les arrerages paſſez, à l'eſgard deſquels pour ceux eſcheûs depuis ſa detention, auparauant meſme ſa connoiſſance, il en eſt tenu perſonnellement, s'il ne déguerpit : *res enim retrotrahitur*; mais pour ce qui eſt des arrerages eſcheus pendant la detention des precedens detenteurs, il n'y eſt obligé qu'hypothequairement, dautant que l'action perſonnelle qui le concerne, ne naiſt que de ſa ioüiſſance; ſi bien qu'il ne peut eſtre tenu perſonnellement, que pour le temps qu'elle a duré.

C C V I I.

Item, l'homme ne peut vendre, aliener, n'aucunement hypothequer le propre heritage de ſa femme, ne ſon doüaire couſtumier ou prefix, ſans expres conſentement de ſadite femme, & enfans, quant au doüaire.

C C V I I I.

Item, meuble n'a point de ſuitte par hypotheque.

Il s'enſuit de ce que nous auons dit cy-deſſus article 201. que les rentes, ſoit enſaiſinées, ou non enſaiſinées, ſont immeubles en cette Couſtume, qu'elles ont ſuitte par hyppotheque iuſques à ce qu'elles ſoient racheptées.

De meſme des Offices iuſques à ce qu'ils ayent paſſé le ſceau. Et meſme il a depuis peu eſté iugé, moy plaidant contre M. Germain Billard, par Arreſt donné au profit de Maiſtre Adrien Secouſſe Threſorier de France, contre Maiſtre Iacque Seurat, pour vn Office de Conſeiller au Preſidial d'Auxerre, dont Seurat s'eſtoit fait pouruoir par la reſignation de Maiſtre Iacques le Prince, que le ſceau n'auoit point purgé l'hypotheque du ſieur Secouſſe, en conſequence de ce qu'il auoit obtenu Sentence contre l'ancien titulaire auparauant les prouiſions, portant qu'il ſeroit tenu de paſſer vne procuration *ad reſignandum*, de ſa charge, ſinon que la Sentence vaudroit procuration. La Cour iugeant que cet Office eſtant deuenu *pignus Prætorium*, le titulaire n'en auoit pû diſpoſer, & que les prouiſions eſtoientnulles, quoy que le ſieur Secouſſe ne ſe fuſt pas oppoſé au ſceau. Cet Arreſt a eſté ſuiui d'vn autre ſemblable, du 22. Avril 1651. donné au profit de Monſieur de Bercy Maiſtre des Requeſtes, dans l'eſpece d'vne ſaiſie reelle qui fut iugée auoir empeſché l'effect des prouiſions, quoy que Monſieur de Bercy ne ſe fuſt point pareillement oppoſé au ſceau.

Des donations.

Pour l'explication de la matiere des articles qui font contenus fous ce titre, il faut voir mon Traitté des Donations.

CCIX.

Plufieurs font efpeces de dons : il y a dons entre-vifs, dons par teftaments & ordonnance de derniere volonté.

CCX.

Donation faite entre-vifs, vaut & tient quand elle eft faite par perfonne agée de vingt-cinq ans, *a* víant de ces droits, ayant le gouuernement & adminiftration. de fes biens, à perfonne autre *b* que fa femme, *c* fi telle donation n'eftoit faite à fa femme par don mutuel, comme deffus eft declaré.

a Aagée de vingt-cinq ans.] Ce qui eft decidé par cet article pour la donation entre-vifs, qu'elle ne peut eftre faite que par perfonnes aagées de 2 . ans, à pareillement lieu fuiuant la difpofition du droit commun en cette Couftume à l'efgard des alienations qui font faites à titre onereux : de forte qu'il a efté iugé par Arreft rendu en la cinquiefme Chambre. des Enqueftes le 28. Aouft 1600. au rapport de Monfieur de Fortia, & prononcé le 2. Septembre enfuiuant, qu'vn mineur de 25. ans maieur de 20. domicilié dans cette Couftume, deuoit eftre reftitué contre la vente par luy faicte de fon immeuble, quoy qu'il fuft queftion d'vn heritage fitué fous la Couftume d'Anjou qui permet l'alienation à 20. ans : parce qu'en effect dans la diuerfité des Couftumes lors qu'il s'agit de la capacité de la perfonne, on doit feulement confiderer la Couftume du domicile, & non point celle de la fituation de la chofe.

b A perfonne autre que fa femme.] Si ce n'eft par Contract de mariage : dautant que n'ayans pas encore lors la qualité de mary & de femme, ils peuuent fe donner comme perfonnes eftranges. Et mefme l'article 15. du tiltre des fucceffions de l'ancienne Couftume permettoit aux conioints par mariage, de difpofer par Teftament au profit l'vn de l'autre de tous les nieubles acquefts & conquefts immeubles auec le quint des propres en proprieté & de l'vfufruict du furplus des propres, foit qu'il y eut enfans ou non de leur mariage, ce qui a efté corrigé par l'article 143. de la nouuelle qui interdit abfolument aux conioints de s'auantager par Teftament : comme fait celuycy pour les donations pures & fimples, au moyen dequoy il ne leur eft refté que l'vfage du don mutuel fuiuant l'article 144. cy-deffus.

Maiftre Barnabé le Veft au 28. Chapitre de fon Recueil, rapporte vn Arreft prononcé le 22. May 1545. aux termes de l'ancienne

O ij

Couſtume, par lequel il a eſté decidé, ce dit-il, que don & doüaire ne peuuent eſtre demandez par vne vefue, & en conſequence iugé qu'vne femme legataire vniuerſelle de l'vſufruict des biens de ſon mary, auoit confondu en elle vn doüaire prefix de 300. liures ſtipulé par leur contract de mariage. Cet Arreſt eſt iuſte, non point par la raiſon qu'en remarque le Veſt, que don & doüaire ne peuuent compatir enſemble; ayant monſtré l'erreur de cette fauſſe maxime en mon Traitté des Donations partie 3. nomb. 1218. & ſuiuans: Mais par vne autre conſideration qui reſulte de ce que le legataire vniuerſel de l'vſufruict eſtant tenu des deb-

tes à proportion de l'emolument, il doit acquitter le doüaire la vie durant de la femme; & ainſi la vefue eſtant elle-meſme legataire de l'vſufruict, elle auoit ſans doute confondu ſon doüaire en elle par la ioüiſſance qu'elle faiſoit des biens qui y eſtoient ſuiets.

c *Femme.*] De meſme de la femme au mary; y ayant parité de raiſon, meſme plus grande, dautât que outre la conſideration de la loy, qui eſt communé pour les deux, *ne mutuo amore inuicem ſpoliarentur,* il y en a encore vne particuliere à l'égard du mary, à cauſe de l'authorité que la Couſtume & ſon ſexe meſme luy donne.

CCXI.

Item, donner & retenir ne vaut rien, en telle maniere, que ſi aucun a donné vne maiſon, *a* rente, *b* ou autre heritage, à vn quidam, ſoit ſon parent ou autre eſtranger, auant que ledit don ſortiſſe ſon effet, il conuient que le donateur ſe deſſaiſiſſe de tel heritage ou rente donnée, ez mains du Seigneur *c* de qui il eſt tenu & mouuant, & que le donataire en ſoit ſaiſi *d* du viuant du donateur, autrement le don ſeroit nul, & recherroit en la ſucceſſion dudit donateur, ou que du viuant & conſentement *e* dudit donateur, il y ait apprehenſion de fait de ladite choſe donnée, qui vaut ſaiſine au preiudice du donateur & de ſes heritiers. *f*

Cet article & le ſuiuant qui concernent la tradition de fait requiſe dans les donations entre-vifs, ſont expliquez en general dans mon Traicté des Donations p. 1. chap. 3. ſect. 2. diſt. 1. & 3. Il reſte encores quelques difficultez, qui regardent en particulier le texte de cette Couſtume, que nous examinerons icy.

a *Vne maiſon, rente ou autre heritage.*] Il y en a qui ſouſtiennent

que la ſaiſine & l'apprehenſion de fait requiſe par cette article ne ſont point neceſſaires à l'eſgard des donations vniuerſelles : attendu que ces mots *vne maiſon,* &c. ſont conceus en termes ſinguliers : mais ils s'abuſent, & leur erreur eſt manifeſte : dautant qu'vne vniuerſalité n'eſtant compoſée que de pluſieurs ſingularitez, la donation vniuerſelle n'eſt pas moins compriſe ſous la diſpoſition de cet article, pour ce qui eſt des heritages & autres biens qui en ſont ſuſceptibles, que la donation qui ne contient qu'vn corps particulier.

Mais la ſaiſine, dont parle cet article, eſtant tranſlatiue de proprieté, elle ne peut s'entendre des donations qui ne ſont faites qu'en vſufruict. Et en conſequence il a eſté iugé par Arreſt interuenu en la cinquieſme Chambre des Enqueſtes au rapport de Monſieur du Laurens en l'année 1661. qu'vne donation de l'vſufruict d'heritages ſituez ſous cette Couſtume n'eſtoit point nulle faute de ſaiſine, conformement à deux actes de notorieté donnez par les Officiers des Preſidiaux de Beauuais & de Senlis produits au procez, entre Noël de Machy appellant, pour lequel i'auois eſcry : contre Maiſtres Pierre & Simon Hemets Procureurs au Chaſtelet & conſorts, intimez : en infirmant la Sentence du Preuoſt de Paris.

Toutes les donations faites par contract de mariage, ſont auſſi diſpenſées de la ſaiſine & apprehenſion de fait, par les raiſons qui ſont deſduites en mon Traitté des Donations p. 1. chap. 2. ſect. 2 diſt. 3. Et ainſi a eſté iugé par Arreſt du 5. Ianvier 1641. interuenu au profit de Iacques Vizart en la Couſtume de Valois ſemblable à la noſtre, en confirmant la Sentence des Preſidiaux de Creſpy, qui auoient infirmé celle du Iuge de Bourſonne.

b *Rente.*] Ce qui s'entend des rentes reelles, & qui tiennent lieu de fonds & d'heritages ; ainſi qu'il paroiſt par ces mots ſuiuans, *ou autre heritage*, & non point des ſimples rentes conſtituées & perſonnelles, leſquelles de leur nature n'ayans

point d'aſſiette particuliere ſur aucun heritage, & leur ſubſiſtance principale reſidant en la perſonne, ne ſont point ſuſceptibles de la ſaiſine d'aucun Seigneur : & ce qui ſaiſit le donataire en cette occaſion eſt la ſignification qui eſt faite du contract de donation au debiteur de la rente.

c *Le donateur ſe deſſaiſiſſe és mains du Seigneur.*] Cette deſſaiſine peut eſtre faite par Procureur ; n'eſtant point meſme requis que ce ſoit vn procureur ſpecial, de ſorte qu'il ſuffit qu'elle ſoit faite par le porteur du contract, contenant clauſe generale de deſſaiſine ; ainſi qu'il ſe pratique ordinairement : dautant que cette Couſtume eſtant deſia plus rigoureuſe que le droict commun, ſoit Ciuil, ou Couſtumier, il n'en faut pas multiplier les formalitez, ny requerir vne comparution perſonnelle de la part du donateur à laquelle cet article ne l'oblige point particulierement.

d *Saiſi.*] Ce mot & celuy de ſaiſine ſont generiques, & comprennent également les fiefs auec les rotures, quoy que dans l'vſage, par vne eſpece de ſubdiuiſion, la ſaiſine ſoit demeurée propre pour les rotures, & celuy d'infeodation pour les heritages nobles.

Au ſurplus, combien qu'en matiere d'inſinuation, eſtant faite par l'vn de pluſieurs donataires, elle profite à tous les autres, lors que les donations leur ſont faites par vn meſme Contract : attendu que l'Ordonnance ne requiert autre choſe ſinon imperſonnellement que les donations ſoient inſinuées ; ce qui fait qu'il n'eſt pas meſme neceſſaire que l'inſinuation ſe faſſe par l'vn des donataires, pourueu qu'elle ſe trouue faite par qui que ce ſoit ; ainſi que nous auons fait voir en noſtre Traitté des Donations : il n'en va point de meſme à l'eſgard de la ſaiſine, dautant que noſtre Couſtume requiert ſpecifiquement que le donataire ſoit ſaiſi ; Tellement que ſi vn Contract contient diuerſes donations faites au profit de pluſieurs perſonnes, & qu'il ait eſté enſaiſiné à l'eſgard de quelques-vns ſeulement, il demeurera ſans effect pour ce qui concerne les autres.

De meſme ſi le donataire d'heritages deſpendans de diuerſes Seigneuries, ſe fait donner ſaiſine par vne partie des Seigneurs, & neglige de la prendre des autres, la donation ſera executée pour partie, & demeurera nulle pour l'autre, dautant que la ſaiſine n'eſt point de la forme de l'acte, qui à la verité ne ſe diuiſe point, mais de la donation, laquelle eſtant compoſée des parties integrantes, rien n'empeſche que les vnes ne puiſſent ſubſiſter & les autres demeurer inutiles.

Comme la ſaiſine eſt de la ſolemnité, & meſme en quelque façon de la ſubſtance de la donation, il ſemble que l'on doiue en induire que la donation ne pouuant eſtre parfaicte qu'apres que la ſaiſine a eſté priſe, les droits Seigneuriaux qui ſont deubs à cauſe de la mutation qui ſe fait de la perſonne du donateur en celle du donataire, ne peuuent eſtre pretendus que par le Seigneur ou le fermier qui eſtoit au temps de la ſaiſine, & non point par celuy qui eſtoit lors de la paſſa-tiõ du cõtract : Neantmoins i'eſtime l'opinion contraire plus veritable, par cette raiſon, que ceſſant la ſaiſine la donation ne laiſſe point d'e-

ſtre accomplie entre le donateur & le donataire, & le donateur peut eſtre contraint à faire ou ſouffrir la tradition, ſoit qu'elle doiue eſtre faite par voye reelle ou par voye feinte. Et meſme apres l'acceptation, n'eſtant plus en la liberté des parties de s'en deſiſter, il n'y a point de doute que le Seigneur a vn droict acquis dés ce temps-là pour les droicts qui luy ſont deubs, à quoy la ſaiſine ne peut apporter aucun changement, ne faiſant que confirmer le contract à l'eſgard des tierces perſonnes.

Il n'y a point auſſi de difficulté que ſi le Seigneur eſt luy-meſme le donateur, il ne peut pas pretendre les droicts auſquels la Couſtume a rendu les donations ſujettes, qui eſt le relief en matiere de fiefs : parce qu'en donnant il eſt cenſé auoir remis ſes droicts pour cette fois, & auoit donné l'heritage auec vne liberalité entiere & ſans reſtitution d'aucuns droits, ſi le contract ne contient quelque condition cõtraire.

Ie crois meſme que cette propoſition doit eſtre augmentée, pour auoir lieu dans le cas de la ſaiſine, & pour dire que le Seigneur ayant en cette occaſion les deux qualitez de Seigneur & de donateur ; en ſe deſpoüillant de la proprieté de l'heritage au profit du donataire, il l'en reueſt de plein droict, & fait paſſer en ſa perſonne la poſſeſſion ciuile & la ſaiſine, dont parle cet article, ſans qu'il ſoit beſoin que le donataire prenne vn acte particulier de ſaiſine, qui ſe trouue dans le contract : dautant que cette Couſtume n'eſt pas comme celles de Picardie qui obligent les Seigneurs à faire vn Regiſtre des ſaiſines & namptiſſemens pour les rendre publics & les communiquer à ceux qui auront intereſt de s'en inſtruire : ſi bien que dans noſtre Couſtume la pluſpart des Seigneurs ſe contentent d'inſcrire vn ſimple acte de ſaiſine au bas du contract, ſans qu'ils en gardent aucune choſe par deuers eux : c'eſt pourquoy il n'importe pas que la ſaiſine ſoit dans le corps du contract, ou au bas par vn acte ſeparé. Et de fait ie trouue que cette queſtion a eſté ainſi decidée par Arreſt de l'Audience de reléuée de la Grand Chambre du 22. May 1648. rendu dans la Couſtume de Paris, qui requiert pareillement dans l'eſpece du retraict lignager, que l'acquereur d'vn heritage propre prenne ſaiſine du Seigneur, à l'effect de pouuoir exclure le parent du retraict apres l'an & iour : Cet Arreſt ayant iugé que le ſieur Baron de Couué ayant vendu vn iardin dans ſa cenſiue, l'acquereur n'auoit pû eſtre aſſigné en retraict à la Requeſte du frere du vendeur apres l'an & iour, à compter depuis la paſſation du contract, quoy qu'il ne contint aucun acte particulier de ſaiſine : De ſorte qu'il demeure decidé par cet Arreſt que le contract de vente fait par le Seigneur vaut enſaiſinement, ce qui doit eſtre eſtendu aux contracts de donations & autres ſemblables dans noſtre Couſtume de Senlis, puis qu'il ne s'y rencontre aucune raiſon de difference.

Il faut toutefois prendre garde que les deux dernieres reſolutions, que nous venons d'eſtablir, ne doiuent auoir lieu que quand le Seigneur ne tráſfere point ſa Seigneurie en donnant ou en vendant mais ſeulement vn heritage qui en deſ-

pend : Car autrement les droicts ſeroient deubs au Seigneur ſuperieur, & ce ſeroit ſemblablement de luy que la ſaiſine deuroit eſtre priſe : Tellement que l'on ne pourroit point dire en ce cas que le contract vaudroit ſaiſine : attendu que le donateur n'auroit pas eu droict de la bailler, & encore moins qu'il auroit tacitement remis des droits qui ne luy appartiennent pas.

e *Conſentement.*] Le conſentement preſté par le contract eſt ſuffiſant; puis que la Couſtume n'en requiert point de plus ſpecifique, & que les formalitez, principalement les ſurabondantes, ne doiuent pas eſtre multipliées : de ſorte qu'il n'eſt point neceſſaire que le conſentement ſoit renouuellé pour la priſe de poſſeſſion : veu particulierement que le donateur ne peut point l'empeſcher, ny reuoquer la donation, depuis qu'elle a eſté vne fois acceptée par le donataire ; ainſi que nous auons dit cy-deſſus.

Apprehenſion de faict.] C'eſt vne queſtion importante en cette Couſtume de ſçauoir ſi cette derniere partie de noſtre article s'entend non ſeulement de la poſſeſſion actuelle, & de la ioüiſſance continuë du donataire : ou s'il ſuffit pour y ſatisfaire qu'il prenne vne poſſeſſion reelle, mais momentanée de l'heritage *per oſtium, per feſtucam,* ou par les autres voyes, deſquelles nous auons parlé en la diſt. 1. de la ſect. 2. du chap. 3. du Traitté des Donations, dont il luy ſoit deſliuré vn acte par vne perſonne publique, en preſence de laquelle la poſſeſſion ſera priſe, qui puiſſe faire foy de cette apprehenſion de fait, pour faire qu'enſuitte le donateur puiſſe ioüir precairement de la choſe par luy donnée ; de ſorte que l'acte ne faſſe autre choſe que changer le titre de ſa poſſeſſion, comme fait la ſaiſine lors que le donataire n'entre pas en vne ioüiſſance actuelle ? Il ſemble que l'on puiſſe dire que la Couſtume ne parlant ſimplement que d'vne apprehenſion de fait, ſans deſirer expreſſement la continuation de la poſſeſſion, il n'y a point lieu d'y rien adiouſter dans vne matiere en laquelle elle s'eſt renduë plus rigoureuſe que le droit commun ; & en conſequence, que l'on peut ſouſtenir en s'attachant aux termes de noſtre article & du ſuiuant, qui contient la meſme diſpoſition, que le donataire ſatisfait ſuffiſamment à la Couſtume, en prenant poſſeſſion par vn acte tel que nous auons expliqué, quoy que le donateur continuë de ioüir par retention d'vſufruict ou autre poſſeſſion precaire. Et en effet, cet acte d'apprehenſion de fait rend la donation du moins autant publique que la ſaiſine, & n'eſt pas tant ſuiette aux antidates & aux fraudes ; veu que, comme nous auons dit, le Seigneur n'eſt pas obligé de tenir Regiſtre des ſaiſines qu'il baille, & il ſuffit qu'elles ſoient ſignées par le Seigneur ou par ſon Receueur ayant pouuoir, ſans que la preſence d'vne perſonne publique, ny meſme la ſignature des teſmoins y ſoient neceſſaires, ce qui rend les ſaiſines ſuiettes à vne infinité de ſurpriſes.

I'eſtime pour mon particulier que cette opinion eſtoit conforme à l'eſprit de la Couſtume lors de ſa redaction : attendu que c'eſt l'vſage de noſtre ancienne Iuriſprudence Françoiſe, de laquelle cette Cou-

ſtume a beaucoup conſerué de maximes. Mais cette pratique s'eſtant abolie par le temps, & ces actes d'apprehenſion de fait tels que nous les auons deſcrits, eſtans inconnus dans la Prouince : de ſorte que la Couſtume par vn commun conſentement eſt preſentement entenduë de la ioüiſſance actuelle ſeulement, ie ne crois pas qu'il ſoit à propos de rien innouer ; veu que c'eſt l'vſage qui doit particulierement ſeruir à expliquer nos Couſtumes.

¶ *Au preiudice du donateur & de ſes heritiers.*] Et par vne ſuitte neceſſaire au preiudice auſſi des creanciers poſterieurs, puis que la donation vaut & eſt tranſlatiue de proprieté en la perſonne du donataire, lors qu'elle eſt accompagnée de formalitez preſcrites par cet article. Mais il faut obſeruer à ce ſuiet qu'il y a cette difference entre l'inſinuation & la ſaiſine, qu'au lieu que par l'Ordonnance l'inſinuation eſtant faite dans les quatre mois de la paſſation du contract, elle a vn effect retroactif contre les creanciers intermediaires, la ſaiſine ne peut commencer ſon effect que du iour qu'elle a eſté priſe : dautant que la Couſtume qui la rend neceſſaire n'accorde aucun delay, & qu'elle fait en quelque façon vne partie eſſentielle de la donation, & l'inſinuation n'eſt qu'vne formalité extrinſeque & accidentelle.

Enfin on demande à l'occaſion de cet article, ſi l'acte de ſaiſine ou d'apprehenſion de fait doit neceſſairement eſtre inſinué, ou s'il ſuffit d'inſinuer le contract de donation ſans la ſaiſine ? Si cette queſtion eſtoit decidée dans la rigueur du raiſonnement, il ſemble qu'il faudroit

faudroit refoudre que l'acte de faifine feroit fuiet à l'infinuation,
auffi bien que le contract de donation : parce que la faifine fait vne
partie de la donation, & n'eft pas
moins effentielle dans cette Couftume, que la retention d'vfufruict
dans la Couftume de Paris, ou autre femblable : de forte que comme l'on ne pourroit pas fouftenir
auec apparence de raifon, aux termes de la Couftume de Paris, qu'vn
acte de retention d'vfufruict ou
d'acceptation, lors qu'il eft fait feparement du corps du contract,
puiffe eftre difpenfé de la rigueur
de l'infinuation, il y a grande apparence de dire que la mefme loy
doit eftre gardée pour la faifine.
A quoy il conuient adioufter, que
le creancier qui contracte auec le
donateur pofterieurement à la donation & qui a fait toutes les diligences poffibles, en examinant les
Regiftres des infinuations, pour
connoiftre quels eftoient les biens
qui luy eftoient hypothequez, ayant
reconnu que la donation eftoit imparfaite, n'a point fait de difficulté de contracter auec le donateur,
fur ce fondement qu'il n'a veu
qu'vne donation qui ne pouuoit
pas auoir de lieu à fon efgard.
Neantmoins il faut aduoüer que
l'on ne s'eft iamais aduifé de cette
fubtilité, & que parmy vn grand
nombre de donations paffées dans
cette Couftume, & pour des biés qui
y font fituez, dont i'ay eu communi-
cation en differentes rencontres, ie
n'en ay prefque point veu dont les
faifines ayent efté infinuées, ce qui
arriue par la confideration de ce
que les infinuations fe faifant auec
plus de facilité, que les faifines ne
font prifes, les donataires fe font

ordinairement infinuer auparauant
qu'ils ayent efté enfaifinez, & comme les Praticiens de la Prouince ne
s'eftoient pas aduifez de cette difficulté, ils n'ont point donné aduis de faire infinuer feparement les
actes de faifines, ou d'attendre pour
faire l'infinuation que la faifine eut
efté prife afin de faire infinuer le
tout coniointement. Tellement
que dans vne matiere qui eft defia
rigoureufe de foy & contraire au
droit commun, & qui d'ailleurs
n'eft de nulle confequence pour le
public : attendu que la donation
n'eft point renduë plus publique
par l'infinuation de la faifine, ie
voudrois m'en tenir à l'vfage, qui
doit feruir de loy en cette occafion,
& à l'efgard des autres difpofitions
extraordinaires de nos Couftumes,
pour l'explication defquelles, la
Cour a couftume d'ordonner des
enqueftes par turbes, lors que l'v-
fage eft diuerfement articulé de
part & d'autre.

On peut mefme dire, que quoy
que la faifine faffe partie de la donation, elle ne fait pas neantmoins
partie du contract, & que l'on fa-
tisfait fuffifamment à l'efprit de la
Couftume, en faifant infinuer le
contract de donation. Ce qui fe
trouue appuyé d'vne authorité confiderable, tirée de la loy 8. du Code Theodofien *de donationib.* laquelle ayant rendu les donations
fuiettes à la neceffité de la tradition
actuelle & de l'infinuation tout enfemble, elle decide dans la fuitte
que l'infinuation peut eftre faite
deuant ou apres la tradition. *Ge-*
ftorum quoque confectionem fiuè
antè traditionem, fiuè poft tradi-
tionem fieri oportere : vt inftrumen-
tum quo continetur munificentia

P

apud acta publicetur.
l'ay examiné dans mon Traitté des Donations p. 1. nomb. 586. & suiuans, vne autre question qui concerne encore cette Coustume, de sçauoir si l'insinuation peut equipoller à la saisine.

CCXII.

Item, donner & retenir, comme dit est, ne vaut rien, posé ores que le donateur ait en soy retenu l'vsufruict de la chose donnée, s'il n'y a dessaisine baillée par ledit donateur, & que le donataire en soit saisi & vestu du viuant dudit donateur, ou que ledit donataire en ait pris ou apprehendé de fait la possession, du consentement dudit donateur, qui vaut & equipolle à saisine, au preiudice d'iceluy donateur & de ses hoirs.

CCXIII.

Item, quand aucun est aduantagé par donation entre-vifs, de pere ou mere, tant en mariage qu'autrement, tel aduantagé se peut tenir au don & transport à luy fait, sans ce qu'il puisse estre contraint rien rapporter en commun entre ses freres & sœurs, ou autres ses coheritiers : mais s'il veut venir à la succession d'iceluy donateur comme son heritier, faut qu'il rapporte ce qu'il luy aura esté donné & transporté ou moins prendre, autrement il ne pourra rien prendre à ladite succession, neantmoins audit cas, tel aduantagé en soy tenant audit aduantage, sera tenu de suppléer à ses autres freres & sœurs, iusques à la concurrence de leur legitime, si le reste desdits biens n'estoit suffisant pour ladite legitime; & quant à ce seront lesdits biens donnez & aduantages deslors affectez & hypothequez, iusques à la concurrence d'icelle legitime.

CCXIV.

Item, quand aucun a donné aucun heritage, soit en fief, ou roturier, & ledit don est recompensatif, *a* le donataire est tenu dedans quarante iours aduertir & faire apparoir à son dit Seigneur de son don, en payant le quint denier de l'estimation de la chose donnée, & le droit de Chambellage, & en faire la foy & hommage, excepté és Chastellenies de Chaumont & Ponthoise, esquelles il est deu droit de relief simplement, auec le droit de Chambellage : & s'il est roturier, il est tenu dedans quarante iours en payer les droits de vente, qui est pour seize sols parisis, *b* seize deniers parisis,

auec les droits de saisine, sur peine de soixante sols parisis d'a-
mende, lequel droit de saisine est de cinq sols parisis au plus,
& au dessus selon la Coustume des lieux.

a *Don recompensatif.*] Non seulement de ce qui a esté fait par le
passé, mais aussi de ce qui est sti-
pulé à faire, & pour raison dequoy
il conuiendroit payer les salaires du
donataire.

Au reste cet article ne doit pas
s'entendre indistinctement toutesfois & quantes qu'il y a enonciation
generale en vn contract de recompense de seruices, dautant que c'est
vne clause ordinaire de Notaire qui
ne se met souuent qu'accessoire-
ment, *& dicis causa* λόγου χάριν
pour rendre la donation considerable. Mais il est necessaire pour
faire que cette disposition ait lieu,
que la recompense soit legitime-
ment deuë, & que le donataire ait

droit d'en faire action, de sorte
qu'à vray dire le contract soit vne
vendition desguisée, & que nos Iu-
risconsultes appellent *donatio facta venditionis causâ*, estant appa-
rent que l'esprit de nostre Coustume n'est d'exiger les lots & ventes
& le quint denier que des contracts
de venditions & equipollens à
vente.

b *Seize deniers parisis.*] Ces mots
du texte de nostre article ne se trouuent ny aux impressions recentes,
ny mesme en l'original qui est au
Greffe de la Cour : mais seulement
dans les anciennes impressions, &
quoy que ce soit, cessans ces mots,
le sens de cet article n'est point
parfait.

CCXV.

Item, en simple donation d'heritage noble & tenu en fief,
n'en est deu quint ne requint, mais seulement relief, c'est à
sçauoir vne somme de deniers, ou le reuenu d'vne année prise en trois, ou le dit des Pairs, *a* comme dit est, auec le droit
de Chambellage, qui est de vingt sols parisis, & en heritage
roturier, n'en est deu ne vins ne ventes : mais le donataire
doit prendre la saisine du Seigneur dedans les quarante iours
de ladite donation, sur peine de soixante sols parisis d'amende.

a *Pairs.*] Pairs & compagnons
l. art. 95. *compares, conuasalli, pa-
res domus siue Curtis, siue Curiæ:
Et ij dicuntur qui ab eodem domi-*

*no, eademue domo feuda tenent, vt
videre est in libris feudorum passim,
maximè tit. 2. cap. 28.*

CCXVI.

Item, quand à diuerses personnes a esté donné, ou vendu,
vn heritage en fief, ou roturier ; celuy qui premier aura esté
saisi dudit heritage, mis & receu en foy & hommage, ou d'i-
celuy heritage aura eu apprehension de fait (qui en ce equi-

polle à ſaiſine) au ſceu & conſentement du donateur ou vendeur, ſera preferé audit heritage donné ou vendu, poſé ores
qu'il ſoit le ſecond donataire ou acqueſteur, & a le plus clair
droit.

CCXVII.

Item, aucun ne peut diſpoſer de ſon propre, par teſtament
& ordonnance de derniere volonté au preiudice de ſes heritiers, fors & excepté du quint, lequel il peut donner à l'vn
ou à pluſieurs de ſes enfans, non venans à ſa ſucceſſion, enſemble ſes meubles, acqueſts & conqueſts, pourueu toutesfois qu'aux autres enfans leur legitime demeure.

CCXVIII.

Item, ledit teſtateur peut donner ſondit quint à quelque
perſonne que ce ſoit, autre que le mary à la femme, & la femme au mary, enſemble ſes meubles, acqueſts & conqueſts:
pourueu qu'il n'y ait aucuns enfans.

CCXIX.

Item, vn teſtateur peut donner par teſtament & ordonnance de derniere volonté, à quelque perſonne que ce ſoit, autre que le mary à la femme, & la femme au mary, ſes meubles, acqueſts & conqueſts, ſoit qu'il y ait enfans ou non,
pour en iouyr à touſiours: reſerué toutesfois la legitime aux
enfans, ſi à ce l'heritage propre ne peut fournir.

CCXX.

Item, quand aucun a donné, vendu, ou legué aucun heritage à l'Egliſe, *a* ſoit en augmentation du diuin ſeruice ou autrement, le Seigneur de qui eſt tenu ledit heritage ainſi donné, vendu ou legué, peut contraindre les donataires, achepteurs, ou legataires, mettre hors de leurs mains *b* ledit heritage ainſi donné & vendu que dit eſt, dedans l'an & iour que
tel don ou tranſport ſera venu à ſa connoiſſance: & ſeront tels
donataires, achepteurs, ou legataires contraints le mettre
hors de leurs mains en dedans l'an & iour de la ſommation &
commandements à eux faits par tels Seigneurs.

a *L'Egliſe.*] *Idem* des autres gens de main morte, veu qu'il y a parité de raiſon, & qu'ils ſont en-cores moins fauorables.

b *Mettre hors de leurs mains.*] Si ce n'eſt que les gens de main morte n'ayent obtenu lettres d'a-mortiſſement du Roy, auquel il appartient par la police generale de l'Eſtat de diſpenſer les Communau-tez de poſſeder des heritages iuſ-ques à concurrence de leurs neceſsitez: C'est pourquoy lors de la redaction de la Coustume en l'année 1506. le Procureur du Roy à Senlis s'opposa à cet article. Et ainsi les Ecclesiastiques ayans obtenus lettres d'amortissement du Roy, le Seigneur est reduit à son interest particulier, & n'a action que pour poursuiure son indemnité, en prenant vn homme viuant & mourant, où en se faisant desdommager en deniers, ou autrement.

CCXXI.

Item, le droit de puissance paternelle n'a point de lieu audit Bailliage.

Cet article & les autres semblables de quantité de nos Coustumes qui disposent de mesme, sont conformes à la glose d'Accurse aux Instituts *de patria potest.* §. 1. où il dit *Francigenas à patria potestate prorsus esse absolutos,* laquelle glose est alleguée par tous les Docteurs, & Iason la tient singuliere pour monstrer que le Roy de France est independant de l'Empire Romain. Ce n'est pas pourtant que parmy nous les peres n'ayent puissance sur leurs enfans, cela seroit contre le droit naturel, *vis & lex naturæ semper in ditione parentum esse liberos iussit, nec vti inter pecudes, sic inter homines potestatem & imperium valentioribus dedit,* ce dit Pline *in Panegyrico Traiani.* Et cette puissance a tousiours esté reputée sacrée; d'ou vient que le mot, *sacra, pluratiuo numero,* se prend en Droit *pro patria potestate, remanere in sacris, retineri in sacris, l. filiæ licet C. de collationib. l. cum oportet C. de bonis quæ liberis.* Mais c'est dautant que cette puissance paternelle n'est point telle parmy nous, ny de tel effet, que chez les Romains.

Retraict d'heritage lignager.

CCXXII.

Quand aucun a vendu, ou autrement cedé & transporté par titre onereux equipollent à vendition, son propre heritage, *a* à personne estrange de son lignage, du costé & ligne dont luy est venu & écheu par succession, *b* ledit propre heritage ainsi vendu que dit est, il est loisible au parent lignager dudit vendeur, du costé & ligne dont est venu & écheu ledit heritage, de requerir & demander par retraict lignager ledit heritage, dedans l'an & iour que ledit achepteur ou acquesteur en sera saisi, *c* s'il est tenu en censiue, ou qu'il ait esté receu en foy & hommage, s'il est tenu en fief, en remboursant ledit achepteur du sort principal, & des loyaux coustemens.

a *Heritage.*] Quoy que ce mot, *d'heritage*, ſoit pris ordinairement en nos Couſtumes pour toutes ſortes d'immeubles, auſſi bien que pour le fonds de terre : dautant que lors de leurs premieres redactions le mot d'immeuble, n'eſtoit preſque pas en vſage parmy nous, ne ſe trouuant en aucun article de cette Couſtume, & Philippes de Beaumanoir qui a fait vn ample volume de toute la pratique, ne s'en eſtant ſeruy en aucun endroit de ſon liure, par luy compoſé en l'an 1283. de ſorte que nos Couſtumes n'ayans gueres employé que ces deux mots, *meubles* & *heritages* en oppoſant l'vn à l'autre, & ſignifiant tout ce qui n'eſt pas meuble par ce mot d'heritage, nous auons couſtume de comprendre ſous la denomination de ce mot tout ce qui paſſe parmy nous pour immeuble : Neantmoins dans le ſens de noſtre article le mot d'heritage doit eſtre pris plus proprement, pour le fonds de terre, & la rente fonciere, comme l'explique l'article 129. de la Couſtume de Paris ; dautant que le retraict eſtant de droit eſtroit, & n'y ayant d'ailleurs lors de ſon introduction, que ces deux eſpeces de biens qui paſſaſſent pour immeubles, il ne doit pas eſtre eſtendu aux autres qui ſont depuis ſuruenuës ; ioint qu'il y auroit quelque ſorte d'incongruité d'admettre l'action de retraict en vn Office ou vne rente, qui ſont les autres eſpeces de biens que nous faiſons paſſer au rang des immeubles.

b *Par ſucceſſion.*] Ou par toute autre voye qui equipolle à ſucceſſion, & qui fait qu'vn heritage eſt propre en la perſonne de celuy qui le poſſede ; comme pour cauſe de donation en ligne directe, que nous conſiderons comme vne ſucceſſion aduancée.

De meſme le retraict a lieu, ſi celuy qui a eu vn heritage par retraict, vient à le reuendre à vn autre qui ne ſoit pas de la ligne, ainſi qu'il a eſté iugé en cette Couſtume par Arreſt du 7. Septembre 1570.

Et paſſant meſme plus outre, ie ſuis dans ce ſentiment que tout ce qu'acquiert vn lignager de ſon parent, ſoit à titre lucratif ou onereux, & qui eût eſté ſuiet au retraict, s'il eût eſté vendu en la perſonne d'vn eſtranger, qu'il y ſera auſſi ſuiet lors qu'il ſera mis hors de la ligne par ce lignager acquereur, *Et hoc ex noua & antiqua cauſa coniunctim :* dautant que la raiſon pourquoy le retraict n'a eu lieu au premier cas, procede de ce que l'heritage aliené n'eſtoit pas hors de la ligne, laquelle raiſon ceſſant au moyen de cette ſeconde alienation, les lignagers doiuent rentrer en leurs droits.

c *Dans l'an & iour que l'achepteur en ſera ſaiſi.*] En vente faite par le Seigneur, le retraict court du iour du contract ; l'alienation faite par luy, valant ſaiſine ; ainſi iugé par Arreſt donné en l'Audience des apreſdinées, le Vendredy 22. May 1648. touchant la vente d'vn iardin & d'vne piece d'heritage faite par le ſieur Baron de Couué, Seigneur de Saint Brice, & ſituez dans le deſtroit de ſa Seigneurie, contre ſon frere, qui demandoit d'eſtre reçeu au retraict.

Les articles 211. 212. & 216. cy-deſſus portent que l'apprehenſion de fait equipolle à la ſaiſine ; en confequence dequoy on demande fi leur difpofition doit auoir lieu au fuiet de cet article, & en matiere de retraict? Il faut refpondre pour la negatiue: dautant que ces articles font particuliers pour les cas dont ils parlent: L'article 216. contenant mefme ces mots, *quant à ce*, & les autres adiouftent *au preiudice du donateur & de fes heri-* tiers, ce qui les rend fpecifiques. Et d'ailleurs il paroift par le texte de noftre article qu'il requiert expreffement que l'acquereur, fe foit fait faifir par le Seigneur ou fes Officiers, en ce qu'il diftingue la faifine d'auec l'infeodation, & defire la premiere pour les rotures, & l'autre pour les fiefs.

CCXXIII.

Item, le lignager, qui requiert & demande ledit heritage, ainfi vendu que dit eft, eft tenu d'offrir à l'achepteur bourfe *a* & deniers, *b* & à parfaire, pour ledit pur fort principal, & loyaux couftements, & continuer à chacune iournée *c* & affignation *d* precedant que ladite caufe fert, iufques à conteftation faite en caufe ledit iour includ, ou configner en main de Iuftice ledit argent, *e* fi le deffendeur, qui eft achepteur, ne confent lefdites offres eftre faites vne fois pour toutes: autrement ledit retrayant eft décheu de fadite action en matiere de retraict: Et ou l'achepteur acquiefceroit aux offres, le retrayant eft tenu fournir à fefdites offres dedans vingt-quatre heures; *alias*, il eft auffi décheu dudit retraict.

a *Bourfe.*] Ce mot de, *Bourfe*, doit eftre entendu de tout ce qui contient argent en forme de bourfe, comme vn fac ou autre chofe de cette qualité.

b *Deniers.*] C'eft vn terme general qui comprend toutes fortes d'efpeces de monnoyes, ainfi qu'il a efté iugé par Arreft du 9. Auril 1612. & de fait cet article dans la fuitte voulant fignifier la mefme chofe, fe fert du mot d'argent.

c *Chacune iournée.*] De la caufe principale, & non point d'appel: puifque la Couftume ne le requiert point expreffement; la caufe d'appel fe deuant iuger *ex actis primæ inftantiæ*: comme dit M. Charles Du Moulin fur la Couftume de Troyes article 151. & fur celle de Bourbonnois article 428.

d *Et affignation.*] Cette Couftume dit plus que celle de Paris, qui fe contente article 140. que les offres foient faites à l'adiournement, & à chacune iournée de la caufe; en confequence dequoy l'on tient qu'il n'eft point neceffaire de faire ces offres és autres affignations, comme aux fignifications des auenirs: mais cette Couftume portant expreffement que les offres feront faites à chacune iournée & affignation, il n'y a point de doute qu'il faut qu'elles foient reïterées en chacune expedition & fignification.

e *Ledit argent.*] Cela ne fe peut entendre que de l'argent offert & non du prix principal, puis que le retrayant eft reputé l'ignorer, n'y ayant pas encore eu communica-tion de contract. Auſſi cette Cou-ſtume ne parle-elle en cet endroit, que pour eſtre deſchargé de conti-nuer les offres : mais il faut en tout cas que l'acte de conſignation con-tienne l'offre de parfaire.

CCXXIV.

Item, retraict lignager n'a point de lieu, quand vn herita-ge venu de propre eſt donné, ou eſchangé but à but, ſans ſoul-te *a*, à l'encontre d'autre heritage, *b* & quand ledit eſchange eſt fait ſans dol ou fraude.

a *Sans ſoulte.*] Cet article diſpo-ſe bien quand le retraict n'a point lieu en eſchange : mais il ne ſpeci-fie pas les cas auſquels il eſt receu. D'où il ſemble que l'on peut tirer cette conſequence, qu'il doit eſtre admis en tous les cas qu'il n'eſt pas reietté, & que la Couſtume diſant que le retraict n'a lieu en eſchange fait but à but & ſans ſoulte, il s'en-ſuit qu'il a lieu dés lors qu'il y a la moindre ſoulte ; veu que c'eſt vne maxime & regle de droit, que *ex-cluſio vnius eſt admiſſio alterius.*

Neantmoins quoy que l'article ſoit couché par vne negatiue, ie n'eſtime pas que l'on puiſſe de cet-te ſorte en tirer vne affirmatiue, pour en conclure le contraire : mais que les cas pour l'affirmatiue n'e-ſtans point particulierement expri-mez, qu'il en faut tirer la deciſion des autres articles de noſtre Cou-ſtume & du droit commun.

Et premierément, ſi nous conſi-derons le premier article de ce ti-tre, qui contient vne deſcription generale des cas auſquels il peut y auoir retraict, il dit qu'il a lieu quand aucun a vendu ou autrement cedé & tranſporté à titre onereux equipollent à vendition. Voila la deciſion generale pour les cas où il eſchet retraict, & ce qui ſuit dans les autres articles pour raiſon de ce chef, n'eſt que l'interpretation de cette maxime generale, qui ne veut dire autre choſe, ſinon que le re-traict n'a lieu qu'aux contracts de vente & equipollens à vente, de-ſignant par ces derniers mots que pour conſiderer la nature & la ve-ritable qualité d'vn contract, il ne ſe faut pas arreſter à ſa forme, & au déguiſement que les parties luy ont donné : mais à ce qu'ils ont fait dans la verité : & ainſi lors que l'on eſt en peine de ſçauoir ſi le re-traict a lieu en eſchange dans cette Couſtume, il faut conſiderer ſi c'eſt vn veritable eſchange, ou s'il de-genere en vente, pour dire qu'au premier cas il en eſt exclud, & au dernier qu'il y a lieu : & c'eſt ce que veut faire noſtre article, de ſe-parer le veritable eſchange d'auec le ſuppoſé.

Pour faire ce diſcernement, il faut auoir eſgard à l'article 19. de la Couſtume de Clermont, qu'il eſt d'autant plus equitable de ſui-ure en cette Couſtume, qu'elle eſt voiſine, & fondée dans la rai-ſon : cet article eſtant eſtably ſur vne maxime generale, qui dit, que les contracts ſont denommez ſelon la qualité qui predomine en eux, *arg. l. ſancimus,* §. *ne autem,*

C. de

C. de Donationib. Et porte cet article: *En matiere d'eschange où il y*
a soulte, s'il y a soulte excedant ou
venant à esgalité de la valeur de
l'heritage baillé en contreschange,
tellement que le contract participe
autant ou plus de vendition, que
d'eschange, en ce cas si l'heritage
estoit propre à celuy qui auroit pris
ladite soulte, tel heritage sera suiet
à retraict pour ladite soulte, & pour
la valeur dudit heritage baillé en
contreschange selon la commune esti-
mation d'iceluy, & où ledit contract
participeroit plus d'eschange & de
permutation, que de vendition, en
ce cas tel heritage propre cherra en
retraict lignager.

Cette disposition ne partage pas
vn heritage, comme font les autres,
contre l'esprit du retraict, qui est
de conseruer les heritages auec
splendeur dans les familles: mais
elle considere vn contract pour le
tout, comme vne eschange, ou
comme vne vendition, eu esgard
& suiuant la qualité qui s'y trouue
la plus puissante: de sorte que s'il
y a plus d'argent que d'heritage, le
contract passe comme vente pour le
tout, & l'heritage est censé auoir
esté donné en estimation; au lieu
que si l'heritage excede, on le considere comme principal, & l'argent,
comme accessoire, suit sa nature:
de sorte que le tout en ce cas passe
pour eschange.

Aussi de l'autre costé s'y trouue-
il vne iniustice & vne inegalité fort
considerable, en reiettant le retraict pour le tout, si l'heritage excede l'argent, & en ne l'admettant
que pour partie, si l'argent excede
l'heritage. Dautant que de deux
choses l'vne, ou l'excez de l'vne ou
de l'autre espece en vn contract, le

rend de differente nature, ou d'vne
mesme. Si cet excez le fait d'vne
mesme qualité & nature, ce doit
estre autant d'vn costé que d'autre,
& les contraires doiuent receuoir
vne mesme disposition chacun à
leur esgard, & suiuant ce le retraict
doit estre admis pour le tout, si le
contract est consideré comme vente, ou reietté pareillement pour le
tout, s'il passe pour eschange: si au
contraire les differentes especes des
choses qui entrent dans le contract,
le rendent de differente qualité,
soit que l'vn ou l'autre excede, le
contract estant vente en partie, &
eschange en partie, il faut admettre le retraict en ce qui est vente,
& l'exclure pour ce qui est eschange; puis que c'est la regle de nos
Coustumes.

Et pour ce que l'on obiecte que
la Coustume decidant que le retraict n'a point de lieu en eschange faite but à but, il s'ensuit par la
raison des contraires, qu'il a lieu
lors que l'eschange n'est pas fait
but à but, & qu'il y a moins d'argent que d'heritage, cela ne se trouuera pas vray dans vn raisonne-
ment exact: car la Coustume disant
que le retraict n'aura pas de lieu en
vn eschange fait but à but, elle a
voulu designer vn eschange parfait
& veritable: de sorte que pour
trouuer quelque chose d'opposé &
de contraire à cet eschange, auquel
le retrait doiue auoir lieu, il faut
qu'elle degenere entierement du
contract d'eschange, ce qui ne se
rencontre pas, sinon lors que la
soulte excede l'heritage eschangé,
qui est ce que nous auons estably
cy-dessus.

Mais combien que cette opinion
soit la plus veritable dans vn rai-

Q

ſonnement exact & de rigueur ; neantmoins i'eſtime que par equité, il eſt à propos de ſuiure la diſpoſition de l'article 145. de la Couſtume de Paris, qui porte que : *En eſchange s'il y a ſoulte excedante la valeur de la moitié, l'heritage eſt ſuiet à retraict pour portion de la ſoulte : mais ſi la ſoulte eſt moindre, que ladite moitié, n'y a lieu au retraict.*

Et de fait à l'eſgard de la premiere partie de cet article, qui dit y auoir lieu au retrait *à rata* de la ſoulte, lors qu'elle excede la valeur de la moitié de l'heritage baillé en contreſchange ; l'equité eſt toute entiere, de ne donner le retrait qu'à proportion de la ſoulte ; parce qu'autrement le copermutant ſur lequel le retrait ſeroit fait pour le tout, ſuiuant l'autre opinion, ſouffriroit vne iniuſtice euidente, en ce que ſon deſſein ayant eſté d'acquerir & non pas d'aliener, il ſeroit neantmoins contraint de ſevoir priué non ſeulement du plus grand heritage qu'il auroit receu en contré-eſchange ; mais auſſi du moindre qu'il a baillé ; de ſorte qu'il eſt iuſte de luy laiſſer du moins l'heritage qu'il a receu en eſchange, iuſques à concurrence de celuy qu'il a baillé. En ſecond lieu les lignagers ſont ſans aucun intereſt, parce qu'en ce cas l'heritage qui a eſté baillé en contre-eſchange à leur parent, luy tient lieu de propre ſuiuant l'article 231. cy-deſſus, & s'il le vend, ils pourront le recouurer par le retraict.

Quant à la ſeconde partie de l'article de la Couſtume de Paris, qui dit que ſi la ſoulte eſt moindre que la moitié, il n'y a point de lieu au retrait, combien que poſé la premiere de la façon qu'elle eſt eſtablie par cet article, cette ſeconde dans la rigueur ne ſoit point fondée en raiſon, comme nous auons dit cy-deſſus : neantmoins attendu que cet eſtabliſſement de la premiere partie, n'eſt pas fondé ſur vn principe general : mais en vne exception pour vn cas fauorable, & à cauſe des inconueniens qui s'en enſuiuroient du contraire, il ne faut pas la tirer à conſequence à l'eſgard des autres deciſions, mais il faut demeurer dans le principe par nous eſtably en la premiere opinion, par laquelle nous auons dit que quand la ſoulte eſt moindre, le contract paſſe entierement pour vn eſchange, & ainſi qu'il n'y a point lieu au retrait.

b *Contre heritage.*] C'eſt à dire contre choſe immobiliere, ſuffiſant qu'il n'y ait point de vente, & comme nous auons remarqué cy-deſſus, ce mot d'heritage eſt pris en pluſieurs endroits de cette Couſtume pour celuy d'immeuble.

Vn particulier de la Ville de Compiegne vend vne maiſon ſituée en la meſme Ville, à la charge de cinquante liures de rente, non racheptable par chacun an, & ſept cens liures pour vne fois payer ; l'achepteur ayant preſenté ſon contract aux Religieux de Saincte Cornille de Compiegne, qui eſtoient les Seigneurs de la maiſon, pour l'enſaiſiner, ils luy declarent qu'ils entendent retenir à eux la maiſon par droit de retrait cenſuel, qui a lieu dans cette Couſtume. Surquoy y ayant eu conteſtation portée pardeuant le Iuge des lieux, il rendit ſa Sentence par laquelle ſur la demande en retrait les parties furent miſes hors de Cour & de procez, dont les Religieux ayant interietté appel, & après que la cause eut esté plaidée en l'Audience de la Grand Chambre de releuée par les Aduocats des parties, mesme par celuy du vendeur qui estoit interuenant: Monsieur l'Aduocat General Talon dit que la question estoit de sçauoir si le retrait censuel introduit par la Coustume de Senlis, pouuoit auoir lieu au suiet du contract dont il s'agissoit, que l'intimé soustenoit la negatiue sur ce qu'il disoit que la Coustume n'admettoit le retrait qu'aux contracts de ventes ou equipollens à vente, & que celuy-cy n'estoit pas de cette qualité, mais vn Bail à rente non racheptable non suiet à retrait, sans que l'on put tirer aduantage de la soulte, parce qu'estant moindre que la rente elle ne changeoit pas la qualité du contract principal, conformement à ce que la Coustume de Paris l'auoit decidé à l'esgard de l'eschange lors que la soulte estoit moindre, & que Maistre Charles Du Moulin l'auoit ainsi resolu sur la Coustume d'Angoulesme. Mais qu'il ne falloit pas argumenter en cette occasion de l'eschange au Bail à rente; parce qu'il y auoit deux raisons particulieres pour lesquelles le retrait n'auoit point de lieu en matiere d'eschange, lors que la soulte estoit moindre que l'argent déboursé, l'vne que la famille auoit vn autre heritage subrogé, au lieu de celuy qui auoit esté alienè: Et la deuxiesme, que l'heritage n'ayant pas esté estimé,

l'eualuation en seroit difficile, lesquelles considerations ne se rencontrent pas au Bail à rente, & d'ailleurs que les termes de la Coustume de Senlis estoient en cette occasion aduantageux pour le retrait, non seulement en ce qu'ils n'excluoient le retrait en matiere d'eschange, que lors qu'il est fait d'heritage à heritage: mais encore en ce qu'admettant le retrait par vn article general en tous contracts onereux & de vente ou equipollens à vente, ils n'exceptent ensuitte que la donation & l'eschange. Dauantage, qu'il y auoit plusieurs circonstances dans le contract, qui marquoient que l'intention des parties auoit esté de faire vne vente, qu'ils s'estoient seruis des mots, *vendu, cedé, transporté, desaisi du fond, proprieté & saisine.* Que l'interuention du vendeur n'estoit point considerable dautant qu'il deuoit preuoir, lors qu'il a traitté de sa maison qu'elle seroit suiette à retrait: mais qu'il estoit sans interest au moyen de ce qu'il auoit receu 700. liures, & que l'heritage respondoit de la rente. Surquoy interuint Arrest le Vendredy 16. Feurier 1657. par lequel en infirmant la Sentence, l'acquereur a esté condamné de delaisser par retrait censuel la maison dont estoit question, aux Religieux de Saincte Cornille, en payant la somme de 700. liures, & continuant la rente & remboursant les impenses & meliorations si aucunes y a, sans despens.

CCXXV.

Item, en matiere de retraict n'est pas requis que le retrayant soit tenu & reputé le plus prochain en degré de ligne au vendeur, mais suffit qu'il monstre & enseigne suffisamment, qu'il est parent & lignager dudit vendeur, du costé & ligne dont

eſt venu ledit heritage vendu par ſucceſſion audit vendeur, &
eſt tel lignager preferé à vn autre plus prochain, s'il intente
ſadite action de retraict le premier.

CCXXVI.

Item, ſi vn Seigneur feodal a retenu & reüny à ſa table par
puiſſance de Seigneurie aucun fief, terre, ou Seigneurie, tenu de luy ainſi vendu, comme dit eſt, par ſon vaſſal, ledit
Seigneur feodal eſt tenu de laiſſer par retraict lignager, au
parent du vendeur du coſté & ligne dont eſt venu & écheu
par ſucceſſion ledit heritage, fief, terre & Seigneurie ainſi
vendu que dit eſt, en venant dedans an & iour de ladite retenuë & reünion faite par ledit Seigneur feodal audit fief,
terre & Seigneurie ainſi venduë, que dit eſt, en luy offrant
par ledit parent bourſe & deniers, tant pour le pur ſort que
loyaux couſtements, & à parfaire, ſi meſtier eſt.

CCXXVII.

Item, ſemblablement quand vn Seigneur cenſuel retient
par puiſſance de Seigneurie l'heritage vendu par vn lignager
tenu à cens de luy, le parent lignager qui veut retraire ledit
heritage ainſi vendu que dit eſt, eſt tenu de venir dedans l'an
& iour de la retenuë dudit heritage faite par le Seigneur cenſuel, offrir la bourſe & deniers, pour le pur ſort & loyaux
couſtemens, & à parfaire, ſi meſtier eſt.

Sçauoir ſi le ſurplus des ſolemnitez requiſes au retrait par l'art. 223.
cy-deſſus, & non ſpecifiées par ces
deux articles, comme de continuer
les offres à chacune iournée, & aſſignation iuſques à conteſtation en
cauſe, y doiuent eſtre obſeruées,
& encore ſi la peine de deſchean-
ce portée par le meſme article 223.
eſt cenſée repetée en ces deux icy?
On peut dire que s'agiſſant de formalitez extraordinaires & de pei-
nes, elle ne ſe doiuent pas ſuppléer,
ſi elles ne ſont expreſſement deſi-
rées, & qu'en ces articles vne partie de ces formalitez y eſtans ſpecifiées, les autres en ſemblent eſtre
tacitement excluës.

Neantmoins comme en tous ces
articles il s'agit de la meſme action
de retraict lignager, & qu'il n'y a
point de changement, ſinon de la
perſonne du Seigneur qui a vſé de
retrait feodal ou cenſuel, & que
l'on ne peut point dire qu'il ſoit
moins fauorable qu'vn achepteur
eſtranger, ie ne fais pas de difficulté, que toutes les ſolemnitez & pei-
nes eſtablies par l'article 223. ne
doiuent eſtre cenſées repetées en
ces deux icy; veu principalement
que cet article eſt mis au commencement de ce titre, comme eſtant
general pour tous les articles ſuiuans, qui concernent le retrait lignager.

CCXXVIII.

Item, esdits deux cas derniers, l'an de retraict desdits heritages, tant en fief qu'en censiue, retenus par les Seigneurs par puissance de Seigneurie, commence à courir à l'encontre des retrayans lignagers, du temps de la retenuë desdits heritages & reünion faite par ledit Seigneur à leur domaine par puissance de Seigneurie, quand ladite reünion *a* est faite par ledit Seigneur feodal ou censuel, pardeuant Iuge competant ou personne publique, en apert & non en secret.

a *Quand ladite reünion.*] *Intellige de simplici manifesta retentione pro pretio: statim enim currit annus, nec exigetur quod dominus directus rem manifestè retentam realiter dominio suo incorporet: satis est quod manifestè incipit pro suo realiter possidere. C. M.*

CCXXIX.

Item, si le mary durant & constant le mariage de luy & de sa femme, acquiert aucun heritage, qui soit propre heritage dudit vendeur, & soit lignager à icelle femme, *a* du costé & ligne dont vient ledit heritage vendu, vn autre lignager prochain dudit vendeur, ne pourra rauoir par retraict ledit heritage ainsi vendu que dit est, durant & constant le mariage de ladite femme, pource qu'elle est lignagere dudit vendeur: mais apres le trespas d'elle, vn lignager dudit vendeur du costé & ligne dont est venu ledit heritage, dans l'an & iour du trespas d'elle, *b* pourra rauoir par retraict la part & portion dudit heritage, ainsi vendu que dit est audit mary, & dont il iouyssoit par le moyen de ladite acquisition, en luy remboursant la moitié desdits deniers, *& è contra* où le mary seroit lignager du vendeur, & la femme estrange.

a *Et soit lignager à icelle femme.*] *Idem à fortiori*, s'il est lignager du mary. *i. in fine.*

b *Dans l'an & iour du trespas d'elle.*] De mesme apres le trespas du mary, s'il predecede: car pour lors l'an du retrait commencera du iour du deceds du mary, attendu que ce n'est pas la mort de la femme qui donne lieu au retraict, mais la dissolution de la communauté & la possession de l'heritage propre par vn estranger.

CCXXX.

Item, ledit heritage ainsi acquesté que dit est par le mary, durant & constant le mariage de luy & de sa femme, sera reputé & tenu pour acquest audit mary pour moitié, si apres l'an & iour du treſpas de ſadite femme, aucun lignager d'icelle, du coſté & ligne dont eſt venu & écheu ledit heritage ainſi vendu, que dit eſt, ne vient requerir & demander par retraict ledit heritage vendu audit mary, & luy offrir bourſe & deniers pour le pur ſort & loyaux couſtemens en dedans l'an de la ſaiſine, s'il n'eſtoit ſaiſi deuant le treſpas de ſadite femme : *& è contrà* comme deſſus.

CCXXXI.

Item, quand aucun heritage eſt baillé par échange à autruy à l'encontre d'vn autre heritage, but à but ſans ſoulte & ſans fraude, & tellement qu'il n'y a aucun retraict, comme dit eſt, les heritages ainſi baillez par échange, ſont tenus & reputez de telle nature, comme ceux qui ont eſté baillez ; c'eſt à ſçauoir, que s'ils eſtoient tenus & reputez propres heritages, auſſi ſeront ceux ainſi baillez par échange l'vn à l'autre.

Cet article n'eſt pas ſeulement pour les retraits ; mais auſſi pour les autres effets ; comme pour les ſucceſſions & les teſtamens, ſuiuant la diſpoſition de la plufpart des Couſtumes, & l'vſage vniuerſel de ce Royaume. Ne faiſant rien que cet article eſt placé ſous la rubrique des retraits, pour reduire ſon effet à cette matiere ; dautant que comme nous auons deſia remarqué en pluſieurs endroits, l'ordre a eſté tres-mal obſerué en cette Couſtume, & beaucoup de matieres y ont eſté confonduës.

CCXXXII.

Item, quand aucun heritage eſt donné purement & ſimplement à perſonne, ou perſonnes conjoints enſemble par mariage, & non pas en mariage, ou en aduancement d'hoirie, tel heritage ainſi donné eſt tenu & reputé acqueſt, quand il eſt fait ſans dol ou fraude, & ne chet point en retraict, comme dit eſt.

CCXXXIII.

Item, ſi vn donateur donne ſon propre heritage à ſon lignager, du coſté & ligne dont ledit heritage eſt procedé, & le donataire vendoit ledit heritage à perſonne eſtrange, iceluy heritage cherroit en retraict.

Ces deux articles ont grandement beſoin d'interpretation & de conciliation, pour ſçauoir s'ils s'entendent des propres pour tous effets ou s'ils doiuent eſtre reſtraints pour ce qui eſt du retraict lignager ; parce que leurs diſpoſitions ſont aſſez confuſes, & ſemblent meſme ſe contrarier en quelque choſe. Neantmoins le tout entendu dans ſon

sens, ils se trouueront raisonna-
bles & conformes aux maximes generales establies par les Arrests.

Il conuient donc recueillir des
termes de ces deux articles, qu'ils
ne disposent particulierement que
pour le retraict & la communauté.
Pour le retraict, la decision est expresse; & à l'esgard de la communauté, cela se reconnoist en ce que
le premier se renferme dans l'espece des personnes mariées. Et n'y a
apparence quelconque, ny marque
aucune en l'vn & en l'autre, qu'ils
ayent entendu parler des successions : & mesme pour ce qui est du
dernier, il ne regarde que le retrait,
les termes en sont clairs.

Dauantage, il faut remarquer qu'il
n'y a que deux propositions necessaires en ces deux articles, l'vne par
le premier que donation pure &
simple, tant à l'esgard de la communauté que du retraict est acquest.
L'autre est par le second article qui
ne concerne que le retraict, & dit
que si le propre heritage est donné
à vn lignager du costé & ligne, &
ce lignager vient à vendre cet heritage, qu'il est suiet à retraict. Car
pour ce qui regarde ces mots du
premier article : *Et non pas en mariage ou en aduancement d'hoirie,*
c'est vne exception qui n'affirme
rien, & à laquelle par consequent
on est libre de donner vne interpretation raisonnable. D'où resulte
que ces deux articles ne contiennent rien contre le droit commun
& l'vsage, comme on pourroit d'a-
bord se persuader.

CCXXXIV.

Item, quand le Seigneur feodal a pris & retenu par puissance de fief, aucun fief tenu & mouuant de luy, & que ledit
fief luy est depuis euincé par retraict, le retrayant est tenu
payer audit Seigneur les droits de quints & requints, ou
droict de relief, selon les Coustumes des lieux ou ledit heritage est situé & assis, auant que ledit Seigneur soit tenu de le
receuoir en foy & hommage dudit fief, sauf audit retrayant
son recours contre le vendeur, si la vente n'auoit esté faite,
francs deniers : Et idem des heritages roturiers, pour les ventes & saisines és lieux où les Seigneurs censuels peuuent vser
de retenuë.

Les remarques que fait Maistre
Iean Bacquet en son Traitté des
droits de Iustice chap. 15. nomb. 55.
& 56. concernent particulierement
la matiere des retraicts, & l'Arrest
dont il fait mention a esté rendu
en cette Coustume en infirmant la
Sentence, tant du Preuost de Chaumont que des Presidiaux de Senlis.
Il a esté iugé, ce dit-il, par Arrest
solemnellement prononcé le Vendredy dernier May 1566. au profit
d'vn nommé Beaucaire, qu'ayant
vendu son heritage sous faculté de
remeré de six ans, & rendu le prix
qu'il auoit receu dans le temps qui
auoit esté conuenu, les fruits qui
estoiēt meurs & pendans par les ra-

cines luy deuoient appartenir entierement, ſans que l'achepteur y eut aucun droit, part, ny portion; combien qu'il eut remonſtré qu'il n'eſtoit point iuſte que le vendeur eut double profit; ſçauoir des deniers qu'il auoit fait valoir & des fruits de l'heritage qu'il retiroit, à quoy la Cour n'eut aucun eſgard: parce que pour ce qui concerne les fruits, ils ſont partie du fond, & à l'eſgard des deniers, l'intereſt n'en eſt point deu que du iour qu'il a eſté demandé en Iuſtice. Le meſme Autheur adiouſte que quant au retrayant lignager, les fruits luy appartiennent du iour de l'adiournement fait à ſa requeſte & de l'offre par luy faire de bourſe, deniers & à parfaire, comme il eſt porté par l'article 134. de la nouuelle Couſtume de Paris: Mais qu'il faut entendre ce que deſſus, ſi par la Couſtume des lieux il n'eſt dit que l'achepteur de l'heritage ſuiet à retraict lignager ou conuentionnel aura les fruits *pro rata temporis:* comme il eſt porté par l'art. 278. de la Couſtume de Poictou.

De ſaiſine & deſſaiſine.

CCXXXV.

Par la Couſtume des Chaſtellenies de Senlis & de Creil, & des Preuoſtez & Chaſtellenies y enclauées, *a* quand aucun a vendu aucun heritage, terre ou Seigneurie, tenu en fief ou en cenſiue, tel vendeur eſt tenu venir *b* vers le Seigneur feodal ou cenſuel dedans quarante iours, luy notifier la vendition, bailler & payer les droicts de ventes, *c* ſi c'eſt heritage tenu en cenſiue: c'eſt à ſçauoir ſeize deniers pour chacun franc *d:* & ſera tenu ledit vendeur ſoy deueſtir és mains dudit Seigneur, ſur peine de ſoixante ſols pariſis d'amende, & ſi ne ſe peut l'acqueſteur mettre en tel heritage, ſinon par la main du Seigneur, ſur peine d'autres ſoixante ſols pariſis d'amende: *e* & ſi c'eſt fief, ledit vendeur ſera tenu payer le quint au Seigneur feodal, & ſoy deſſaiſir d'iceluy heritage dedans le temps de quarante iours; & requerir par ledit achepteur en eſtre ſaiſi, & receu en foy & hommage, en payant le droit de Chambellage & lettres d'hommage: Ce que ſont tenus faire les Seigneurs feodal & cenſuel, apres leſdits quarante iours paſſez, ſi leſdits Seigneurs ne veulent retenir par puiſſance de fief *f* & Seigneurie, leſdits heritages ainſi vendus que dit eſt, en rendant auſdits achepteurs les deniers qu'ils en pourront bailler, *g* comme dit eſt, auec les loyaux couſtements; ce que faire pourront, ſi bon leur ſemble.

a *Par*

à *Par la Coustume des Chastelle-*
uies, &c.] Cet article est local pour
la Chastellenie de Senlis & de
Creil, pourquoy on peut dire que
Beauuais, non plus que Mello &
Moncy n'y sont point compris, puis
que ce sont Chastellenies qui ne
sont pas de celle de Senlis, non plus
que Compiegne, Ponthoise &
Chaumont. Pour Mello & Mon-
cy, l'article 34. auec le procez verbal, les mettent du Bailliage de
Senlis, & non pas de la Chastellenie. Et pour Beauuais, quoy que
l'article 28. le colloque sous la Chastellenie de Senlis, il y a eu opposi-
tió & il n'a point esté permis à Maistre Iean Morel, Lieutenant General de Senlis, qui a compilé cette
Coustume, d'assuiettir Beauuais à
la Chastellenie de Senlis, contre la
foy & authorité de l'ancienne Coustume, qui met Beauuais du Bailliage de Senlis, mais non pas de la
Chastellenie de Senlis. En laquelle ancienne Coustume, Beauuais,
comme la plus noble Chastellenie
de toute la Prouince, estoit en te-
ste & la premiere de toutes. Et de
fait, voicy l'intitulation de cette
ancienne Coustume compilée en
1506. *S'ensuiuent les Coustumes du*
Bailliage de Senlis, sous lequel res-
sortissent les Chastellenies qui en-
suiuent, Beauuais, Compiegne, Pon-
thoise, Chaumont, Creeil, Cham-
bly, le haut Berger, Mello, Moncy.
Or en trente-trois ans qui se sont
passez depuis l'ancienne Coustume
iusques à la nouuelle redigée en
1539. qu'est-il suruenu de nouueau
pour assuiettir Beauuais à la Chastellenie de Senlis, sinon qu'il a plû
à Maistre Iean Morel, en dressant
le cahier de la Coustume par luy
presenté à Messieurs les Commis-

saires, lors de la redaction, faire
vn article contenant que Beauuais
estoit sous la Chastellenie de Senlis. Neantmoins comme il paroist
que ce mot de Chastellenie a esté
mis par equiuoque, au lieu de celuy de Bailliage, & par vne pure
subtilité du Lieutenant Morel, ie
crois que cet article doit demeurer
general ; sous les exceptions toutefois des articles suiuans, qui contiennent quelques Coustumes locales, & des Traittez particuliers
qui peuuent auoir esté faits entre
les Seigneurs & leurs vassaux ou tenanciers, soit lors des infeodations,
& baux à cens ou depuis.

Et de fait pour les heritages qui
sont situez dans la Ville de Beauuais, il ne se paye pour ventes
qu'vn certain droit appellé de Coûtume, qui est vn droit fort modique, lequel se taxe tous les ans par
les hommes de fiefs du Comté sur
la valeur de certaines marchandi-
ses, & qui ne reuient ordinairement, suiuant la valeur presente des
denrées qu'aux enuirons de soixante sols : Et pour ce suiet il y a lettre
de l'Euesché, du Chapitre & de la
Ville de Beauuais, en datte du 24.
Decembre 1363. par lesquelles il se
void que chacun doit receuoir ses
Coustumes & rentes au prix que
taxation sera faite par les gens de
l'Euesché, & que le Chapitre prendra deux deniers plus que l'Euesque. Ce droit est encore iustifié
par le denombrement de l'Euesché, intitulé, *Guillaume Deslandes,*
Euesque & Comte de Beauuais,
& signé, *Iean Euesque de Beau-*
uais, dont voicy l'article, *Item i'ay*
droict de ventes sur toutes les mai-
sons, mazures & autres heritages,
vendus dedans les quatre portes de

R

Beauuais & dehors , par tout où la Preuoſté de Beauuais s'eſtend ; c'eſt à ſçauoir pour chacune vente & piece d'heritage ainſi venduë , vne Couſtume au prix des Couſtumes , priſée ladite veille de Noël , par mes hommes de fief , comme dit eſt deuant , dont le vendeur paye la moitié & l'achepteur l'autre , auec deux deniers de ſaiſine que paye l'achepteur à mon Receueur. Et qui entre en la choſe acheptée , ſans payer ladite Couſtume , & en eſtre ſaiſi , il fait amande vers moy de ſoixante ſols pariſis , & auſſi fait celuy qui conſeille ladite vendition. L'article du même denombrement dont il eſt fait mention en celuy qui vient d'eſtre tranſcrit , porte que *chacune Couſtume vaut deux pains , chacun pain , deux deniers , deux Chappons , & deux ſeptiers de vin , & ſe priſe ladite Couſtume chacun an la veille de Noël par aucuns de mes hommes de fiefs , que mon Bailly fait aſſembler , & ſe priſe vne fois plus & l'autre moins , ſelon que le vin & Chappon peuuent valoir.* Surquoy il conuient obſeruer que le ſeptier de vin reuient à quatre pots , meſure de Beauuais.

Contre les termes de ce denombrement, qui contiennét que ce droit de Couſtume eſt deu pour chacune vente & piece d'heritage venduë, les Receueurs de l'Eueſché & du Chapitre ont voulu pretendre que ce droit eſtoit perſonnel , & non point reel, & en conſequence, qu'il eſtoit deu autant de droits de Coûtumes , qu'il y auoit de vendeurs dans vn contract de vente d'vne maiſon ou autre heritage ſitué dans la Ville de Beauuais, pour raiſon dequoy y ayant eu vn gros procez entre Denis Lenglets & François

le Queſne appellans des Sentenc es rendues par le Bailly du Comté de Beauuais les 26. Feurier 1625. & 29. May 1626. par leſquelles ils auoient eſté condamnez de payer autant de droits de Couſtume qu'il y auoit eu de vendeurs dans les contracts d'acquiſitions dont il s'agiſſoit , & les Maire & Pairs de la Ville de Beauuais interuenans d'vne part, & Abſalon Berſon Receueur de l'Eueſché intimé , Meſſire Auguſtin Potier lors Eueſque de Beauuais , & le Chapitre de la meſme Ville interuenans d'autre , eſt interuenu Arreſt le 26. Iuin 1632. par léquel , en infirmant les Sentences, les particuliers acquereurs ont eſté condamnez de payer pour chacun des contracts de ventes mentionnez au procez , le droit d'vne Couſtume ſeulement , ſuiuant l'appretiation faite , eu eſgard au temps des contracts , & en ce faiſant que Monſieur l'Eueſque Beauuais ou ſon Fermier ſeroit tenu d'enſaiſiner leurs contracts , & ſur le ſurplus des demandes les parties hors de Cour.

b *Tel vendeur eſt tenu venir.*] *Fallit in venditione quæ fit per Iudicem , vt in publicis ſubhaſtationibus , quia Iudex non tenetur ire, nec reus , quo inuito venditur : ſed emptor videtur procurator Iudicis, ferendo eius decretum.* C. M.

c *Et payer les droits de ventes.*] C'eſt au vendeur par cet article à payer les droits Seigneuriaux , d'où il ſemble que l'on pourroit conclure , que ſi l'heritage eſt vendu par decret , & que l'adiudicataire ne ſoit point chargé de payer les droits, qu'ils doiuent eſtre pris par preference ſur le prix de l'adiudication. Neantmoins il ſe pratique autrement, par vne consideration particuliere qui est fondée sur ce que l'vsage estant, en consequence de l'article 12. de l'Ordonnance des criées, de mettre dans les affiches, que l'adiudication sera faite à la charge de payer par celuy qui se rendra adiudicataire, les frais ordinaires de criées & les droits Seigneuriaux, cette condition est sous-entenduë lors qu'elle se trouue obmise, & en consequence l'adiudicataire demeure obligé en ce cas, aussi bien que quand la charge est expresse de payer les droits Seigneuriaux & les frais ordinaires de criées. L'article 68. de Melun en contient vne disposition expresse, combien que pour les ventes volontaires, elle soit pareille à la nostre : Et la Cour l'a ainsi iugé par ses Arrests dans les Coustumes semblables qui chargét le vendeur de payer les droits deubs aux Seigneurs, & qui n'ont point preueu non plus que celle-cy, le cas de l'adiudication par decret. Il y en a vn Arrest que i'ay veu, rendu en la Coustume de Vitry le 18. May 1621. au rapport de Monsieur de Lendes, touchant l'ordre des terres de Tahur & Rauuroy : Maistre Iulien Brodeau qui en fait mention sur la Coustume de Paris art. 83. nomb. 19. dit auoir escrit en l'instance en laquelle il est interuenu.

d *Seize deniers parisis pour chacun franc.*] Franc est vne piece de nostre monnoye, passant à present pour 27. sols, & qui valoit au temps de cette Coustume vingt sols, dont nous auons retenu cet vsage de faire passer des francs pour des liures. Ce qui est expliqué par l'article 53. de l'ancienne Coustume de Paris, qui porte que *les droits de ventes sont de douze deniers*

vn, *qui est pour chacun franc seize deniers parisis :* faisant reuenir de 12. deniers vn, à seize deniers parisis (qui valent vingt deniers) pour franc, en prenant le franc à raison de vingt sols. Ce qui fait voir qu'en l'article 239. cy-apres, ce mot de *parisis,* apres ceux-cy *de seize deniers,* a esté obmis, qu'il faut par consequent suppléér.

e *Et si ne se peut tel acquesteur mettre en tel heritage, sinon par la main du Seigneur, sur peine de soixante sols parisis d'amende.*] Ces mots ne se trouuent point en l'ancienne Coustume, & si le procez verbal de la nouuelle ne contient pas qu'ils ont esté adioustez. Et neantmoins on pratique suiuant cet article, si dans les quarante iours le contract n'est notifié au Seigneur, & que l'acquereur se mette en possession de faire payer deux amandes, chacune de soixante sols, l'vne pour vente recelée, & l'autre pour saisine happée.

Quæro in locis vbi consuetudo imponit pœnam capienti possessionem rei censuariæ sine inuestitura domini, vt Syluanectensis & Claromontana, vtrùm eadem pœna censeatur habere locum in feudo ? Et videretur satis tacitè cautum, maximè in Consuetudine quæ dessaisinam & saisinam, hoc est diuestituram & inuestituram pariter requirit, tam in feudo quàm in censu, vt Syluanectensis §. 23. 237. Contrarium est dicendum, ex quo pœna non est scripta, nisi in fundo mouente censualiter, aut ad campi partem quæ est species census. Vnde non debet extendi ad feudum quæ est diuersæ speciei fac. quæ dixi in §. præcedenti glos. 1. num. 139. Quod autem dictæ consuetudines non loquantur de hac pœna nisi in censualibus clarum est de consuetudine Claromontana, §. 114. Et satis patet de consuetudine Syluanectensi recte inspiciendo d. §. 235. & 23. Plus dico quod si consuetudo non loquatur nisi de emptore rei censuariæ, vt d. Consuetudo Syluanectensis non debet extendi ad donatarium vel permutatorem, aut quocumque alio titulo acquirentem, licet eadem videatur ratio l. at si quis §. & generaliter, ibi pœnam tamen in eum statutam non esse de relig. & sumpt. fun. gl. & doct. in c. vlt. de iure Patron. C. Mol. in Consuet. Paris. §. 82. num. 16. & 17.

¶ *Retenir par puissance de fief.*] Le temps dans lequel le Seigneur peut vser de ce droict de retenuë n'est point limité par cette Coustume: C'est pourquoy il faut auoir recours aux autres Coustumes, lesquelles communement donnent quarante iours, à compter depuis la notification du contract de vente, comme Paris article 20. Valois 19. &c.

Cette Coustume ne parle auec disposition du retraict feodal & censuel qu'en trois articles, qui sont locales pour certains lieux, sçauoir en celuy-cy, au 237. & au 239. les deux premiers admettent l'vn & l'autre retraict pour le fief & la censiue dans les Chastellenies de Senlis, de Creil, & les Preuostez & Chastellenies y enclauées, ensemble dans le Comté de Beaumont, & la Chastellenie de Chambly, & le 239. exclud le censuel en la Chastellenie de Ponthoise, sans parler du feodal. Estant bien vray que les articles 226. 217. & 234. font encore mention de ces deux especes de retraict: Mais ce n'est que par enonciation au suiet du re-

traict lignager, & non pas en termes dispositifs: de sorte que la question seroit fort grande dans cette Coustume de sçauoir de qu'elle façon on doit vser du retraict feodal & du censuel, & s'ils doiuent auoir lieu par tout, si cette difficulté ne se trouuoit esclaircie par le procez verbal sur les articles 226. & 217. par lequel il se void que cette contestation ayant esté agitée entre les gens des trois Estats, il fut ordonné que l'article 226. qui fait mention du droict de retenuë des choses feodales demeureroit comme Coustume generale, & non reuoquée en doute par tout le Bailliage de Senlis & Comté de Beaumont: Et quant à l'article 227. concernant le retraict censuel, qu'il demeureroit pour le regard des Chastellenies du mesme Bailliage de Senlis & Comté de Beaumont, autres que les Chastellenies de Ponthoise & Chaumont. Et neantmoins les Estats de ces deux Chastellenies renuoyez à la Cour pour leur estre pourueu, sur ce que les Nobles de ces Chastellenies auoient soustenu contre les deux Estats, que le retraict censuel y deuoit auoir lieu, aussi bien que dans le Bailliage de Senlis. Mais comme les Nobles n'ont point poursuiuy leur opposition, elle est demeurée prescripte par le temps qui a couru depuis la reformation de cette Coustume.

L'article 38. de la Coustume d'Amiens contient vne disposition notable à ce suiet, que ie crois deuoir auoir lieu dans cette Coustume & autres semblables qui chargent le vendeur de payer les droits: en disant que si la vente est faite, sans qu'il soit dit francs-deniers, le Seigneur qui vse du droict de retenuë peut retenir sur le sort principal de la vendition son droict de quint denier, ou autres droits Seigneuriaux selon la nature des heritages, & parfournir le surplus du prix de la vendition au vendeur. Et en effect il n'y a point de raison pour laquelle le vendeur doiue profiter du retraict feodal, & demeurer deschargé des droits qui ont esté acquis au Seigneur par le contract de vente: puis que sa condition n'est changée en façon quelconque par le retraict: Ce cas estant tout different de celuy auquel l'acquereur est chargé, soit par la Coustume, ou par le contract du payement des droits Seigneuriaux : car comme le Seigneur par le retraict feodal entre en sa place, & qu'il deuient luy-mesme acquereur, il n'y a point de doute qu'il doit l'indemniser, & consequemment que l'acquereur ne peut estre obligé à payer les droits qui demeurent confus en la personne du Seigneur.

Mais au reste l'article 28. de la Coustume d'Amiens suppose dans son espece que l'acquereur n'a pas encore payé le prix de son acquisition à son vendeur : de sorte que s'il auoit entierement vuidé ses mains auparauant que le Seigneur eut intenté son action en retraict, ie ne fais point de difficulté que le Seigneur deuroit entierement rembourser l'acquereur du prix de son acquisition : attendu qu'il doit estre entierement desinteressé dans l'execution du retraict, sauf au Seigneur à poursuiure le vendeur pour les droits, par les voyes qui sont prescrites par cette Coustume.

Il a esté iugé par Arrest du mois de Feurier 1613. rendu au Roolle & en la Coustume de Senlis, que l'acquereur d'vne terre à la charge d'vne rente racheptable, ayant accordé le retraict feodal au Seigneur à condition de payer la rente & de s'en charger en son nom priué, au lieu de l'obliger au rachapt en executant le retraict, suiuant la disposition de l'article 137. de la Coustume de Paris, demeureroit obligé enuers son vendeur au payement & continuation de la rente.

g *Qu'ils en pourront bailler.*] Ces mots sont euidemment mal redigez, & faut dire qu'ils en auroient baillé. L'ancienne Coustume porte *qu'il en auroit baillé numero vnitatis,* comme aussi il y a *acheteur,* & non pas *acheteurs,* comme il y a icy par erreur.

CCXXXVI.

Item, par ladite Coustume desdites Chastellenies & Preuostez ; si ladite vendition est faite francs deniers, soit en censiue ou en fief, lesdits Seigneurs auront pour raison de ladite vente si c'est fief, quint & requint, c'est à sçauoir le cinquiesme denier de ladite vente & le cinquiesme denier dudit quint denier, & si c'est heritage tenu en censiue, auront lesdites ventes de seize deniers parisis, & les venterolles, qui est le seiziesme denier desdites ventes.

CCXXXVII.

Par la Coustume du Comté de Beaumont a & Chastelle-

nie de **Chambly**, quand aucun a vendu aucun fief, terre &
Seigneurie, ledit vendeur eſt tenu dedans quarante iours, à
compter du iour de la vendition dudit fief, de ſoy tirer vers
le Seigneur feodal, & luy payer le quint denier de la vendition dudit fief, ſoy en deſlaiſir au profit de l'achepteur, & requerir qu'il en ſoit reueſtu; & lequel achepteur doit requerir au Seigneur feodal, en eſtre receu en foy & hommage, en
payant les droits du Chambellage, & en luy faiſant les foy &
hommage dudit fief, ce que ſont tenus faire leſdits Seigneurs
feodaux : & ſi c'eſt heritage tenu en cenſiue, le vendeur &
achepteur ſont tenus, en dedans leſdits quarante iours de la
vendition dudit heritage eux tirer vers le Seigneur cenſuel
dudit heritage, luy notifier ladite vendition & apres la deſſaiſine faite par le vendeur au profit dudit achepteur, és mains
du Seigneur cenſuel, leſdits vendeur & achepteur ſont tenus
chacun par moitié payer audit Seigneur les droicts de vente &
ſaiſine *b* ſur peine à chacun d'iceux de ſoixante ſols pariſis d'a-
mende, ſi eſt tenu ledit achepter de payer les droicts de ſaiſine;
pour leſquels droicts de vente leſdits vendeur & achepteur
ſont tenus payer de ſeize ſols pariſis, ſeize deniers pariſis, & leſquels Seigneurs feodaux ou cenſuels, peuuent par puiſſance de
fief & Seigneurie, ſi bon leur ſemble, auant que d'eſtre payez
de leurs droicts, prendre & retenir leſdits fiefs & heritages
roturiers, pour les mettre & reünir à leur domaine, en rendant par ledit Seigneur audit achepteur, les deniers qu'il en
auroit bai lé, excepté que ſi leſdits heritages ainſi vendus,
fuſſent propres heritages audit vendeur, & par luy vendus,
& que ledit achepteur fûſt lignager dudit vendeur : car en ce
cas leſdits Seigneurs feodaux & cenſuels ne pourront prendre ne retenir leſdits heritages ainſi vendus.

a Comté de Beaumont.] De ce
Comté-releue la terre de Foſſeux,
laquelle ayant eſté venduë par Meſſire François de Montmorency
Marquis de Foſſeux à Monſieur
Paget Maiſtre des Requeſtes, il ſe
forma vne queſtion importante au
ſuiet de ce que Monſieur le Mareſchal de la Motte Hodancourt En-
gagiſte du Comté de Beaumont qui
appartient au Roy, ayant declaré
lors de la notification du contract,
qu'il entendoit retenir la terre par
puiſſance de fief, Monſieur Paget
qui s'eſtoit fait pouruoir d'vne charge de Secretaire du Roy afin de s'e-
xempter des droits, ſouſtint que
n'eſtant tenu de payer aucuns droits
le retraict ne pouuoit pas auſſi auoir
lieu à ſon eſgard, & qu'autrement
ce ſeroit vn moyen pour eſluder le
priuilege des Secretaires du Roy,

Et neantmoins comme les priuileges ne s'estendent point d'vn cas à
l'autre : il fut iugé en faueur de
Monsieur le Mareschal de la Mot-
the Houdancourt par Sentence des
Requestes du Palais, & à laquelle
Monsieur Paget a acquiescé.

b *Chacun par moitié les droits de*
ventes & saisines.] Ce mot de *sai-*
sines a esté mis par mesgarde en cet
endroit , veu qu'il est dit dans la
suitte que ce droit doit estre acquitté par l'acquereur , que la saisine
regarde particulierement , & qui
en est aussi chargé , par tous les articles de la Coustume.

CCXXXVIII.

Item , par la Coustume dudit Comté de Beaumont & Chastellenie de Chambly, si la vendition est faite à francs deniers , soit en censiue ou fiefs, lesdits Seigneurs auront pour
raison de ladite vente, si c'est fief, quint & requint ; c'est à
sçauoir le cinquiesme denier de ladite vente, & le cinquiesme denier dudit quint, si c'est heritage tenu en censiue , auront desdites ventes, de seize sols parisis, seize deniers parisis , & les venterolles , qui est le seiziesme denier desdites
ventes.

CCXXXIX.

Par la Coustume de la Chastellenie de Ponthoise , toutes &
quantesfois qu'aucun proprietaire vend à vn achepteur aucun
heritage à luy appartenant situé en ladite ville, Preuosté Chastellenie de Ponthoise tenu & mouuant à droit *a* de chef cens,
b champart ou autre droit Seigneurial, *c* d'aucun Seigneur
foncier ou qu'il rachete aucune rente fonciere, dont ledit heritage soit chargé & redeuable, & dont ledit proprietaire n'ait
esté saisi par le Seigneur, lesdits vendeurs & acheteurs d'iceluy heritage sont tenus & doiuent aller ou enuoyer, dedans la
quinzaine du iour d'icelle vendition ou rachapt, deuers iceluy
Seigneur foncier , ou son Procureur & Commis au lieu de la
Seigneurie. Et illec lesdits vendeur & acheteur, ou celuy qui
achete ladite rente , sont tenus de payer audit Seigneur foncier , ou à sondit Procureur chacun pour moitié (s'il n'y a pro-
messe ou contract au contraire entre eux) le droit des ventes
deu audit Seigneur, à cause d'icelle vendition ou rachat, lequel droit est de douze deniers vn , ou de seize deniers pour vn
franc, *d* eu esgard au prix d'icelle vendition , & si est tenu ledit
acheteur ou racheteur, de payer audit Seigneur foncier, ou à
sondit Procureur, douze deniers parisis à luy deuz pour le droit
de la saisine, en payant lesquels droits, iceluy Seigneur fon-

cier ou ſon Procureur, eſt tenu de mettre ledit acheteur d'iceluy heritage ainſi vendu, ou de ladite rente rachetée de celuy qui auroit droit de le perceuoir ſur ledit heritage en ſaiſine du tout, ſans que ledit Seigneur en puiſſe ledit heritage ou rente vendu, retenir outre le vouloir dudit acheteur.

a *Chef cens, champart, ou autre droit Seigneurial.*] Ces mots doiuent eſtre entendus auec diſtinction; de telle ſorte que ſi vn heritage doit cenſiue & Champart à deux differents Seigneurs, le droit de vente ne ſera deub pour cela qu'à vn, ſçauoir eſt au premier Seigneur, qui dans le doute eſt celuy auquel la cenſiue en eſt deuë; eſtant vn droit plus Seigneurial & plus ordinaire que le champart, iuſques là meſme que Maiſtre Charles Du Moulin *de cenſib. in præfat.* eſt d'auis que le champart n'emporte pas auec ſoy le droit de lots & ventes, dans les Couſtumes qui ne le declarent point particulierement Seigneurial. Ce qui ne peut pas eſtre dit en cette Couſtume, lors qu'vn heritage n'eſt chargé d'aucun droit de cenſiue, veu qu'il paſſe & eſt eſtably en quantité d'articles pour Seigneurial. Et d'ailleurs ie croy que cet Autheur s'eſt abuſé à l'eſgard meſme des Couſtumes qui n'en diſpoſent pas, lors qu'il ſe rencontre que le champart eſt deu au Seigneur du lieu, & que l'heritage n'eſt ſuiet à aucune autre redeuance plus ancienne, particulierement en ce pays, où cette maxime, *nulle terre ſans Seigneur,* a lieu & eſt en vigueur.

b *Chef cens.*] C'eſt pour l'oppoſer à ſurcens, & veut dire le premier cens.

c *Ou autre droit Seigneurial.*] Il y a d'autres droits que ceux deſignez en cet article, auſquels les Seigneurs ont donné des noms particuliers, comme terrage, agriere, quarpot & autres, leſquels peuuent auſſi eſtre Seigneuriaux & emporter lots & ventes; ſçauoir eſt lors qu'ils ſe trouuent les premiers eſtablis.

d *De douze deniers vn, ou de ſeize deniers pour franc.*] Il faut neceſſairement qu'il y ait *ſeize deniers pariſis,* ſuiuant la remarque faite cy-deſſus en l'article 235. lit. d, quoy que ce mot de pariſis ait eſté auſſi obmis en l'original.

CCXL.

Item, par ladite Couſtume de ladite Chaſtellenie de Ponthoiſe, ſi iceux vendeur, achepteur, ou rachepteur, & celuy dont on rachepte ladite rente, ou autre pour eux, eſtoient defaillans ou en demeure de faire les choſes deuant dites, ils ſont tenus & encourent, outre les droits de ventes & ſaiſines, enuers le Seigneur foncier, chacun en amende de ſoixante ſols pariſis pour leſdites ventes recelées, & iceluy achepteur ou rachepteur en autres ſoixante ſols pariſis d'amende, à cauſe de la ſaiſine happée, ſinon qu'icelle vendition euſt eſté faite francs

deniers

deniers au vendeur ; & quand ledit rachepteur prend de luy
la saisine & iouyssance d'icelle rente ou heritage, sans estre saisi premierement dudit Seigneur foncier, ou de son Procureur
encourt en l'amende de soixante sols parisis pour ladite saisine happée.

CCXLI.

Item, par ladite Coustume de ladite Chastellenie de Ponthoise, si ainsi estoit qu'en faisant lesdits contracts desdites
venditions ou rachapts des rentes ou heritages, il ait esté dit
& expressement accordé entre lesdits vendeur & achepteur ou
rachepteur, & celuy dont on rachepte ladite rente, que l'vn
d'eux payera audit Seigneur foncier toutes lesdites ventes pour
ce à luy deuës en ce cas, celuy qui est tenu & doit payer toutes lesdites ventes, est encores tenu outre icelles ventes & saisine de payer audit Seigneur foncier le droit de venterolles pour
ce à luy deub, lequel droit est en effet les ventes au prix dessus
declaré, de telle somme de deniers, que deuoit celuy qui est
franc, de ce que dit est, pour sa part & moitié desdites ventes,
si ainsi estoit qu'il n'en fust franc & quitte.

CCXLII

Item, par la Coustume de la Chastellenie de Chaumont,
quand aucun heritage tenu à cens, champart, ou autre droit
Seigneurial, est vendu, ou autrement aliené, l'achepteur,
auant qu'il puisse iouyr de tel heritage, ou soy mettre dedans,
est tenu dedans quarante iours apres ladite vendition ou tran-
saction, venir deuers le Seigneur duquel iceluy heritage est tenu & mouuant en censiue, ou autrement comme dessus, ou à
ses Officiers ayans pouuoir de ce, & soy faire ensaisiner, faire
& payer les droits & deuoirs pour ce deubs, sur peine de payer
soixante sols parisis d'amende, auec les droits de saisine, soixante sols parisis d'amende pour les ventes recelées.

CCXLIII.

Item, par ladite Coustume de la Chastellenie de Chaumont,
si ledit heritage est tenu en censiue, *a* il en eschet pour les ventes au Seigneur, seize deniers parisis pour franc, auec le droit
de saisine, qui est de douze deniers parisis.

a *En censiue.*] *Idem* s'il est tenu à
champart, ou autres droits qui soient
les premiers & Seigneuriaux : attendu qu'en ce cas ils tiennent lieu de
censiue : comme nous auons dit cy-
dessus art. 139. & de fait cet article est
vne explication du precedent par lequel tous ces droits sont esgalez.

CCXLIV.

Item, par ladite Couſtume de ladite Chaſtellenie de Chaumont, ſi ledit heritage eſt tenu en fief il ſe releue de toutes mains & mutations, *a* comme il eſt dit cy-deuant.

a *De toutes mains & mutations.*] *Scilicet* qui arriuent de la part du vaſſal : car à l'eſgard des mutations qui ſe font de la part du Seigneur dominant : il n'eſt deu, meſme dans cette Couſtume locale, & autres ſemblables ; ſçauoir Ponthoiſe, Mello, & Moncy le Chaſtel, qui releuent à toutes mutations que la bouche & les mains, ſans aucun droit de relief 1. article 255.

CCXLV.

Item, par la Couſtume des Preuoſtez foraines de Compiegne, & exemption de Pierrefons, ſortiſſant audit Compiegne, quand aucun vend ſon fief & il s'en deſſaiſit, l'achepteur eſt tenu venir en dedans les quarante iours faire les droits vers le Seigneur, autrement ledit Seigneur pourra aſſeoir ſa main, *a* & regaler *b* ledit fief ; & doit l'acheteur le quint denier, auec le chambellage, qui eſt de vingt ſols pariſis : mais és fiefs qui ſont delà la riuiere d'Oize, ſi la vendition eſt faite, francs deniers, ledit achepteur doit quint & requint.

a *Aſſeoir en ſa main.*] C'eſt à dire ſaiſir.

b *Regaler.*] Vaut autant à dire comme faire les fruicts ſiens, & de faict infr. art. 254. Ces mots, *regaler & faire les fruicts ſiens* paſſent pour ſynonimes.

CCXLVI.

Item, par la Couſtume deſdites Preuoſtez, en vendition d'heritage roturier, l'achepteur doit au Seigneur, dont tel heritage eſt mouuant à cens, champart, ou autre droit Seigneurial, pour ſeize ſols pariſis ſeize deniers pariſis & deux deniers pariſis pour les gants, auec deux ſols pariſis pour la lettre de ſaiſine, & douze deniers pariſis pour le ſeel de ladite lettre. Et eſt ledit achepteur tenu venir en dedans les quarante iours apres l'acquiſition par luy faite vers ledit Seigneur, pour de luy auoir la ſaiſine, & ſatisfaire deſdits droicts, & à faute de ce faire, eſchet en amende de ſoixante ſols pariſis, pour leſdites ventes forcelées.

Hunc §. declarat 249. vt scri-
psi in conf. Parif. §. 54. nu. 19. ad-
de quæ scripsi in §. 2. gl. 1. nu. 145.
Carol. Mol. Au premier lieu cité par
Maistre Charles Du Moulin en cette note, qui reuient à l'article 77.
de la nouuelle reformation, il y a.
Quædam autem consuetudines, sed
paucæ dant 40. dies vt Syluanecten-
sis §. 246. & 24. vbi quamuis con-
suetudo plura copulatiuè complecta-
tur ; tamen in effectu non infligit
mulctam nisi duobus casibus. Pri-
mus quando emptor denuntiauit qui-
dem laudimia debita, patet in fine
d. §. ibi pour lesdites ventes forcelées, *idest de laudimijs occultatis,*
præpositio enim pro, causam finalem
designat, vt sup. §. 73. gl. 3. nu. 9.
dixi etiam in annotationibus ad Phi-
lipp. Dec. Conf. 46. nu. 1. Ergo si
non celauit, sed congruè notificauit,
non cadit in mulctam, etiam si per
40. dies non solueret secundus quan-
do sine inuestitura vel licentia domi-
ni possessionem ingressus est, d. §.
249.

CCXLVII.

Item, par la Coustume desdites Preuostez, ledit achepteur
ne se peut mettre en l'heritage, ou droit par luy acquis, tenu
à cens, champart, ou autre droit Seigneurial d'aucun Seigneur, soit haut Iusticier, ou Seigneur foncier, sans premier
auoir satisfait desdits droicts Seigneuriaux, & s'il fait le contraire il chet en amende de soixante sols parisis.

CCXLVIII.

Item par la Coustume generale dudit Bailliage de Senlis,
lesdits Seigneurs feodal ou censuel, apres lesdits quarante iours
passez depuis l'acquisition, pour estre payez de leurs droicts de
ventes, ou de quints deniers, & pour les droicts de saisine, rachapts, reliefs, ou autres droicts, peuuent proceder ou faire
proceder par Arrests de leurs Iustices sur lesdits heritages ainsi
vendus que dit est, lequel Arrest & mainmise tiendra, quant
aux heritages tenus en fief, iusques à ce que lesdits droits &
deuoirs ayent esté payez, & les foy & hommage faits : & quant
aux roturiers, iusques à ce que le detenteur *a* se soit rendu opposant *b* : ou si bon semble ausdits Seigneurs, peuuent faire ad-
journer lesdits vendeur & achepteur, pour payer les droicts &
deuoirs, faire les foy & hommage, & estre ensaisinez ou infeodez desdits heritages acquestez.

a Iusques à ce que le detenteur se
soit rendu opposant.] *Oppositio verò*
extranei dictam prehensionem vel
Arrestum non suspenderet, nec re-
solueret : etiamsi appellaret, ex quo
contra eum nihil exequitur, sed tan-
tum contra detentorem, idem de con-
suetudine Syluanect. §. 248. & 249.

Quòd autem conſuetudo Senonen-
ſis expreſſè & Syluanectenſis tacitè
& ſimiles dicunt, prehenſionem in
caſum oppoſitionis conuerti in actio-
nem, intelligitur, quantum ad mo-
dum poſsidendi, & procedendi in
iudicio in futurum: tamen ſemper
remanet qualitas prehenſionis, in qua
dominus eſt actor, & ſi vincat, de-
clarabitur prehenſio valida & iuſtè
facta, & præter ſumptus inſtantia
condemnabitur reus ad ſumptus &
intereſſe prehenſionis, & ſic in effe-
ctu inſtantia mixta eſt. Idem in ſi-
milibus Car. Mol. § 74. gl. 1. num.
144. ſub fi. & 145. Conſ. Par.

b *Rendu oppoſant.*] *Vide quæ*
ſuper hoc ſcripſi in conſuetud. Pariſ.
§. 52. gl. 1. nu. 67. cum ſeq. C. Mol.
l'ay tranſcrit cy-apres ſur l'article
256. le paſſage auquel Du Moulin
renuoye en cet endroit.

CCXLIX.

Item, ſi les redeuables deſdits droits de ventes, n'ont payé
leſdits droits de ventes au Seigneur cenſuel dedans quarante
iours, & l'achepteur n'eſt enſaiſiné dudit Seigneur, & qu'il ſe
ſoit mis audit heritage, acqueſté, ſans auoir ſaiſine du Seigneur, ils eſchéent chacun en amende de ſoixante ſols pariſis
enuers le Seigneur cenſuel, pour raiſon deſquels droicts de ventes & ſaiſines, la main dudit Seigneur miſe & appoſée audit heritage ainſi vendu que dit eſt, tiendra iuſques à plein payement & ſatisfaction deſdits droicts Seigneuriaux, s'il n'y a oppoſition donnée, comme dit eſt.

V. Ce qui a eſté remarqué ſur l'article 246.

CCL.

Item, le mary peut receuoir les foy & hommage des vaſſaux,
qui tiennent en fief de la Seigneurie de ſa femme, & ſemblablement bailler les ſaiſines des heritages roturiers vendus eſtans
en la cenſiue & Seigneurie de ſadite femme, & n'eſt pas requis
à ce faire le conſentement de ſadite femme.

Intellige quando ſunt communes in
bonis, vt crebrius eſt: ſecus ſi non eſ-
ſet communitas, & ſic vxor ſua ad-
miniſtraret, vt patet facta bonorum
ſeparatione. C. M.

CCLI.

Item, vn vaſſal ſe peut ioüer de ſon fief iuſques à demiſſion
de foy & hommage, en telle maniere qu'il peut bailler le tout,
ou partie d'iceluy à cens, ou à rente, ou autres droits Seigneuriaux, & ſi demeure touſiours vaſſal, s'il ne ſe deueſt & deſſaiſit de ſondit fief és mains de ſondit Seigneur feodal, duquel Sei-
gueur feodal eſt requis le conſentement, auant que l'alienation

sortisse aucun effet au preiudice dudit Seigneur.

Les Couſtumes ſont fort differentes touchant la diſpoſition que
fait le vaſſal de ſon fief retenant la
foy entiere ; pour ſçauoir s'il eſt tenu de payer les quints, ou les autres profits aux Seigneurs dominans. La Couſtume d'Amiens eſt
des plus raiſonnables en ce point,
ſouffrant bien en l'article 26. que
le vaſſal puiſſe bailler ſon fief à cens
ou rente hereditale & non racheptable qui vaille autant que ce qui
eſt baillé & ſans fraude : mais elle
veut que s'il prend quelques deniers, il ſoit tenu de payer les droits
Seigneuriaux à raiſon de ce qu'il a
receu. La Couſtume de Paris article 51. tolere la vente iuſques aux
deux tiers retenant la foy entiere &
quelque droit Seigneurial & do-
maniàl ſur ce qui eſt aliené ſans
qu'il ſoit deu profit au Seigneur.
D'autres permettent indiſtinctement au vaſſal de ſe ioüer de ſon
fief iuſques à demiſſion de foy ;
C'eſt à dire l'alienation entiere, en
retenant la foy , ſans que le Seigneur puiſſe pretendre aucun profit;
& on le iugeoit ainſi en l'ancienne
Couſtume de Paris , parce qu'elle
permettoit au vaſſal de ſe ioüer de
ſon fief iuſques à demiſſion de foy
& cela indiſtinctement. L'Arreſt
donné contre les Chartreux le 15.
Feurier 1538. & vn precedent du 16.
Iuin 1516. contre le Seigneur de
Champigny ſont celebres à ce ſuiet. Ils ont authoriſé la vente faite
par le vaſſal moyennant vne ſomme auec retention de la foy & vn
petit cens ſur la choſe alienée , &
ont debouté le Seigneur de la demande du droit de quint, meſme
du retraict feodal, ce qui ne paſ-

ſa pourtant point ſans grande difficulté : Duluc qui fait mention
de celuy de Champigny, diſant
qu'il y eut propoſition d'erreur contre l'Arreſt, & Papon qui les rapporte, tous deux teſmoigne que celuy des Chartreux fut parti en la
Grand Chambre & departi en la
petite. *Quid* en la Couſtume de
Senlis ? Ie crois que ſa diſpoſition
contenuë en cet article , quelque
difficulté qu'on y apporte eſt ſemblable à celle d'Amiens, & qu'en
l'vne & l'autre le vaſſal ne peut
vendre ſon fief à prix d'argent auec
retention de foy & vne legere cenſiue ſur ce qu'il aliene, & que s'il
le fait il y a ouuerture au fief, &
doit le quint denier du prix au Seigneur feodal. Cela s'enſuit de cet
article 251. de noſtre Couſtume,
qui porte bien à la verité que le vaſſal ſe peut ioüer de ſon fief iuſques
à demiſſion de foy & hommage :
mais il n'en demeure point là , autrement il s'enſuiuroit que le vaſſal
pourroit le vendre à prix fait : pourueu qu'il retint la foy & quelque
petite cenſiue : mais cet article paſſe outre & s'explique par ces mots,
*en telle maniere qu'il peut bailler le
tout ou partie d'iceluy fief à cens ou
à rente ou autres droits Seigneuriaux
& ſi demeure touſiours vaſſal , s'il
ne ſe deueſt & deſſaiſit de ſon fief.*
Il faut donc prendre cette Couſtume dans ſes termes ; qui eſt que le
vaſſal peut bien ſe ioüer de ſon fief :
mais c'eſt pour le bailler à cens ou
à rente ; voila comme la Couſtume
explique ce ieu de fief, ou la liberté
qu'elle donne au vaſſal d'en diſpoſer ſans le danger de ſon Seigneur
& non point de le vendre , qui eſt

proprement ce que veut dire l'article 204. cy-deſſus porte que le vaſſal ne peut deſmembrer ſon fief, ſans le conſentement de ſon Seigneur, par diuiſion reelle. De ſorte que s'il le bailloit meſme à rente racheptable, i'eſtime qu'il en feroit deu droits, & qu'il y auroit ouuerture nonobſtant la retention de foy faite par le vaſſal : l'intention de la Couſtume n'eſtant pas que le pouuoir dont elle parle de bailler à cens ou rente ou autre droit Seigneurial ſoit d'vne rente racheptable, mais d'vne rente Seigneuriale, dont le ſort principal ne puiſſe eſtre acquitté, & qui monſtre à touſiours comme le fief & la Seigneurie eſt demeurée vers le vaſſal. Et ne font rien contre cecy les Arreſts dont il a eſté parlé cy-deſſus donnez en l'ancienne Couſtume de Paris : parce qu'elle donnoit pouuoir indiſtinctement au vaſſal de ſe ioüer de ſon fief, ſans s'expliquer d'auantage, comme à fait la Couſtume de *Senlis* qui a reſtraint ce pouuoir & ce ieu au Bail à cens & rente ou autre droit Seigneurial : & ainſi ces deux Couſtumes voiſines, Amiens, & Senlis ſont conformes en ce point. Celle de Clermont auſſi voiſine des deux autres, dit en l'art. 96. *qu'vn vaſſal ne peut ou doit esbrancher ſon fief en vendant partie & retenant l'autre : toutefois peut l'engager à ſon bon plaiſir & le bailler en tout ou partie à rente, ou gros cens, ou autrement contracter ſans ſoy démettre de la foy, & ſans pour ce deuoir aucuns droits.* Qui eſt en effet la meſme choſe que Senlis, nonobſtant ces mots, *ou autrement contracter,* qui ne peuuent s'entendre d'vne vente, à cauſe des termes prohibitifs de venditions qui ſont

dés le commencement de l'article, *ne peut ou doit esbrancher ſon fief en vendant.*

Il y a eu vn Arreſt ſolemnel le 15. Avril 1581. interuenu en interpretation de noſtre article 251. donnez en la cinquieſme Chambre des Enqueſtes, au rapport de Monſieur du Four *conſultis claſſibus,* entre Madame la Conneſtable de Montmorency, François du Four, Louiſe Turgis ſa femme, Maiſtre Iacques Alard & Claude Loyſel pour le fief de Ioüy, mouuant de la terre & Seigneurie de Precy : Mais Monſieur Loüet qui eſtoit Conſeiller en la cinquieſme dans le temps que cet Arreſt y fut rendu lettre R. nomb. 26. Maiſtre René Choppin ſur Aniou lib. 2. part. 2. cap. 2. t. 2. nu. 7. Chenu en ſes Notes ſur Papon liu. 13. tit. 1. ar. 4. Bacq. au Traitté des Francsfiefs chap. 2. nomb. 10. Charondas & Brodeau ſur l'article 51. de la Couſtume de Paris donnent deux eſpeces differentes à cet Arreſt, ils conuiennent tous que Valerand de Salue, qui eſtoit proprietaire du fief de Ioüy, auoit baillé en l'an 1552. douze ſeptiers de terre auec vne maiſon & les preeloſtures, moyennant vn denier de cens ſur chaque arpent de terre, & deux mil cinq cens liures en argent auec retention de foy & hommage : mais Monſieur Loüet ſuppoſe que le Seigneur dominant auoit fait ſaiſir les choſes alienées à faute d'homme, au moins pour moitié, n'eſtant Seigneur que pour pareille portion, en conſequence de cette premiere alienation, & que depuis ayant conclud au retraict, il obtint contre l'acquereur la moitié des choſes acquiſes : & les autres Autheurs adiouſtent ce

qui produit vne difference essen-
tielle, que le vassal auoit aliené le
cens par luy retenu, trois ans apres
sa premiere alienation, & lors que
le Seigneur fit faire sa saisie qui ne
fut en effet qu'en l'année 1575. ce
qui est fort considerable : dautant
que cette derniere circonstance sup-
posée. Il ne pouuoit plus y auoir de
difficulté : attendu que dans les
Coustumes mesmes qui permettent au vassal de se iouër par vente
ou autrement du total de son fief
ou de partie, en retenant la foy &
quelque droit de cens, sans estre tenu de payer aucuns droits au Seigneur, il n'y a point de doute que
quand le vassal vient ensuitte à vendre le cens qu'il a retenu, le Seigneur peut exploiéter le fief entier
sans auoir esgard à la premiere alienation qui n'est point considerable
à son preiudice ; ainsi qu'il est expliqué par l'article 52. de la Coustume de Paris : de sorte que les
Seigneurs doiuent tousiours estre
indemnisez en quelque maniere
que ce soit, par les dispositions de
nos Coustumes qui ne different
que pour le temps, les vns leur at-
tribuant les droits lors de la premiere alienation, & les autres lors
que le cens retenu est aliené seulement. Et quoy que ce soit en prenant l'Arrest dans l'espece proposée par Monsieur Loüet, il confir-
me entierement l'interpretation
que nous auons donnée à nostre article, au lieu qu'en se tenant au

sens des autres Autheurs, il n'a
rien iugé de particulier.

Mais au suiet de ce que ie viens
de dire, que le Seigneur dominant
doit tousiours estre indemnisé lors
que le vassal vend entierement son
fief, ou qu'il le desmembre pour
partie, il me vient en pensée vne
reflexion que i'ay faite fort souuent
auec estonnement de ce qu'elle n'a
point esté preueüe par nos Autheurs, sçauoir que quand vne Communauté qui a acquis, par exemple, vn fief composé en argent du
droit d'indemnité auec le Seigneur
dominant immediat, au lieu de
bailler homme viuant & mourant
qui paye relief à chaque mutation,
ce Seigneur dans nostre vsage n'en
fait aucune part au Seigneur mediat dont il releue, & duquel le fief
acquis par l'Eglise despendoit en
arrierefief. Et cependant il est certain qu'il souffre par cette composition, qui fait que le fief de son
vassal diminuë de prix par l'alienation qui a esté faite d'vne mouuan-
ce : tellement qu'il seroit iuste de
luy faire prendre part dans cette
composition : ou de ne point souffrir que le vassal put accorder l'indemnité aux Communautez, que
sous la condition du relief à chaque mutation de l'homme viuant
& mourant ; par le moyen dequoy
le Seigneur mediat se trouue re-
compensé, aussi bien que l'immediat.

CCLII.

Item, aussi à faute de denombrement non baillé, peut le Seigneur feodal faire saisir & commettre Commissaire, qui iouyra
sous la main de Iustice desdits fiefs, & tiendra la saisie tant &
iusques à ce que tel vassal ait baillé son denombrement, &

qu'il luy soit accordé, *a* & ait main leuée, sans que toutesfois ledit Seigneur puisse faire les fruicts siens.

a Accordé.] *Sed interim pro rata* de ce qui est accordé se doit bailler mainleuée, *vt sub hac consuetudine iudicatum fuit per arrestum an.* 1563. *relatore Dom. Michaele Larcher Senatore doctissimo, C. Molinæus.* Le mesme Autheur a adiousté sur l'article 105. de la Coustume de Vermandois qui est conceu en ces termes, Où le Seigneur feodal aura blasmé aucuns articles du desnombrement seulement, & n'aura blasmé les autres, le vassal aura mainleuée des articles passez sans blasme, demeurant la saisie pour les autres articles blasmez à la charge des dommages & interests. *Ità etiam intelligitur consuetudo Sylua nectensis, vt ibi dixi. Idem i. de consuetudine Cathalaunensi §. 206.*

Arrestum super appellatione verbali latum die prima Augusti anno 1531. *Inter Nicolaum de Mouy appellantem à Balliuo Bellouacensi & Episcopum & Comitem Bellouacensem intimatum. Appellans habens feudum situm in Comitatu Bellouacensi, Catalogum suum tradidit intimato, cui negligenti impugnationes suas tradere, curauit terminum mensis ad hoc ei per iudicem præfigi, quo lapso petebat appellans Catologum suum haberi pro approbato, & manum leuari, nihilominus iudex iterum similem alium terminum mensis dedit intimato ad impugnandum catalogum, vnde fuit appellatum. Curia appellationem & id à quo extitit appellatum annullauit, & intimato terminum quindecim dierum pro omni dilatione præfixit ad tradendum suas impugnationes aduersus suum catalogum, quo non facto*

infra dictos quindecim dies ex nunc prout ex tunc manum leuatam totius feudi fecit appellanti, & casu quo intimatus impugnationes suas traderet infra dictos quindecim dies, statuit quòd appellans haberet manum leuatam de rebus non controuersis seu descriptis in articulis non impugnatis, impensis, damnis, & interesse reseruatis in definitionibus articulorum impugnandorum.

Hoc Arrestum loquitur de feudo sito sub consuetudine Syluanectensi, & sic in terminis illius consuetudinis per quem in fin. tit. de saisine & dessaisine §. 7. (qui est l'article 152. dans la nouuelle reformation) *expressè disponitur quod prehensio facta ex defectu catologi durat nedum vsque ad catologum traditum, sed etiam vsque ad approbationem vel concordiam catalogi & manus leuationem Patroni. Et quia per illam consuetudinem non præfigitur tempus Patrono ad dandum impugnationes, vel approbandum dictum catalogum, hoc in arbitrio & dispositione iudicis relinquitur iuxtà reg. l.* 1. *D. de iure deliber. cap. de causis, de offic. deleg. Et quamuis regulariter ad eumdem actum non debeat dari dilatio, nisi semel l. leges in fi. C. de dilation. non tamen dilatio semel data, & acceptata ita procedit, quin ex causa saltem ad breuius tempus debeat iteràm concedi. C. Mol. in consf. Paris. §.* 12. *nu.* 17. *&* 19.

Neantmoins il y a apparence que l'intention de la Cour a esté de iuger par cet Arrest, en donnant quinze iours pardessus le mois qui auoit esté accordé la premiere fois

au

au Seigneur dominant, que cette Couſtume ne preſiniſſant pas le temps pendant lequel le Seigneur doit accorder ou blaſmer le denombrement qui luy eſt preſenté par ſon vaſſal, il doit eſtre ſuppleé par les Couſtumes voiſines, & l'vſage general de la France : qui reglent les delais de tous les exploits feodaux à quarante iours, comme fait meſme cette Couſtume, pour ce qui eſt des autres cas. Ce qui ſemble bien iuſte & raiſonnable, ſans laiſſer ce temps, ſuiuant l'opinion de Du Moulin à l'arbitrage du Iuge, & obliger les parties pour raiſon de ce à faire des procez à chaque mutation qui arriuera en vn fief.

CCLIII.

Item, il loiſt au nouueau Seigneur feodal, ſaiſir, ou faire ſaiſir ; *a* des fiefs tenus de luy, pour faute d'homme, droicts & deuoirs *b* non faits, & ledit Arreſt ſignifié ſuffiſamment à la perſonne, ou au lieu des fiefs deſdits vaſſaux, & apres les quarante iours paſſez de ladite ſaiſie, & que leſdits vaſſaux ou vaſſal n'auroient fait leur deuoir de faire la foy & hommage, payer les droits & deuoirs pour ce deubs, ledit Seigneur feodal peut derechef faire ſaiſir leſdits fiefs, & mettre en ſa main, & ladite ſaiſie faire ſignifier ſuffiſamment, & les quarante iours paſſez peut regaler *c* & faire les fruits ſiens, *d* ſuppoſé, comme dit eſt, que leſdits vaſſaux euſſent fait les foy & hommage, & payé les droits & deuoirs pour ce deubs aux predeceſſeurs Seigneurs dudit nouueau Seigneur.

a *Saiſir.*] *Ab hac noua prehenſione incipiendo vice interpellationis.* C. M.

b *Droicts & deuoirs*, malé, *droicts* dautant qu'au cas de cet article le vaſſal ne doit que les deuoirs, la bouche & les mains. *inf. art. 255.*

c *Et les quarante iours paſſez peut regaler.*] Cette clauſe eſt mal redigée, car il ſemble que l'on en pourroit conclure qu'il faut deux fois quarante iours auparauant que le Seigneur puiſſe faire les fruicts ſiens, quarante iours apres la premiere ſaiſie, & quarante iours apres la ſeconde. Neantmoins i'eſtime le contraire, & que dés incontinent apres la ſeconde ſaiſie le Seigneur fait les fruits ſiens ; le vaſſal ayant eſté ſuffiſamment aduerty & conſtitué en demeure par la premiere ſaiſie : C'eſt pourquoy eſtant parlé de quarante iours en cet endroit, il faut preſumer que ce ſont les meſmes, que ceux dont il eſt parlé au precedent. Ce qui ſe reconnoiſt par l'article ſuiuant, qui parle plus nettement, & le vaſſal ayant du moins eſté auſſi bien aduerty par vne ſaiſie à luy ſignifiée au lieu de ſon fief ſuiuant les termes de cet article, que par vne publication aux lieux publics dont l'article ſuiuant ſe contente ; de ſorte que ſi apres cette publication le Seigneur do-

minant peut faire les fruicts ſiens en
ſaiſiſſant, comme en l'article ſuiuant, à bien plus forte raiſon les
doit-il gagner quarante iours apres
ſa ſaiſie ſignifiée conformement à
cet article.

d *Faire les fruicts ſiens.*] Maiſtre
René Choppin en ſon Commentaire ſur la Couſtume d'Aniou liure 1.
art. 4. à la marge, remarque vn
Arreſt interuenu en noſtre Couſtume de Senlis le 19. Ianuier 1599.
dans la ſeconde Chambre des Enqueſtes, entre Charles de Halle-

uin Seigneur de Piennes, & Louis
de Martinuille Seigneur de Bullion
pour le fief d'Aumont, ſiz au Bailliage de Senlis : par lequel il dit
auoir eſté iugé que la ſaiſie feodale n'acquiert au Seigneur les fruicts
que pour trois ans, ſi elle n'eſt re-
nouuellée dans ce temps ; combien
que par cette Couſtume les ſaiſies
feodales ne ſoient point limitées à
trois ans, comme elles le ſont par
les Couſtumes de Paris & d'Orleans.

CCLIV.

Item, il loiſt aux Ducs, Comtes & Seigneurs Chaſtelains,
de faire publier leurs hommages és lieux principaux de leurs
Duchez, Comtez & Chaſtellenies où ils ont accouſtumé faire
cris & publications en leurſdites Chaſtellenies ; & ſuffit telle
publication ſans autre ſaiſie ou ſignification faire, & apres ladite publication, & les quarante iours d'icelle paſſez : peuuent
faire ſaiſir les fiefs de ceux qui ne ſeroient venus faire leſdits
foy & hommage, & faire les fruicts à eux du iour de ladite
ſaiſie.

CCLV.

Item, l'ancien vaſſal ne doit que bouche & mains à ſon nouueau Seigneur.

CCLVI.

Item, vn haut-Iuſticier, moyen & bas, *a* peut mettre, ou
faire mettre en ſa main les heritages tenus & mouuans de luy,
eſtans en ſa Seigneurie haute, moyenne & baſſe, par faute de
titre non monſtré champart emporté, cens non payé, ventes
recelées, droicts de ſaiſine & deſſaiſine, amendes pour ce
deuës, *b* foy & hommage, droicts & deuoirs pour ce deubs
non payez.

a Haut Iuſticier, moyen & bas.]
Intellige alternatiue. C. M.

b Amendes pour ce deuës.] *Ex ſe
omnia includit ergo per* §. 248. *erit
ſupplendum*, en cas d'oppoſition,
dixi in conſ. Pariſ. §. 52. *gl.* 1. *nu.*

66. *& in ſeq.*

*In ſupremo ſenatu in publicis cau-
ſarum actionibus die Martis* 27.
*Ianu. anno ſalutis ſeſquimilleſimo
quinquageſimo, occurrit cauſa hu-
iuſmodi: Abbas, Moniales & Con-*

uentus Maubissoni quæ iuxtà Pontisaram merum & mixtum Imperium cum vassallis & censuarijs in suo territorio habent, siue earum fiscalis procurator prehendi fecit, seu ad manum Monialium & Conuentus poni prædium quoddam ob censum non solutum, in vim commissionis, seu mandati iudicis dictæ Abbatis & Conuentus in eodem territorio; in qua commissione erat clausula, saisir & mettre en la main desdites Dames & Conuent par faute de cens non payé, & en cas d'opposition la main tenant adiourner les opposans pardeuant nous, *hoc est, in casum oppositionis, prehensione stante opponentes citari, possessor vel detentor à decreto & executione huius commissionis appellans Bailliuum Syluanectensem regium & præsidialem iudicem superiorem immediatum dicti iudicis subalterni, vbi dictum fuit, bene processum & male appellatum, & appellans in multam & impensas solitas condemnatus, qui rursus appellans supremam hanc curiam, in qua cum aduocati breuiter perorassent, statim Arrestum latum malè iudicatum per Bailliuum Syluanectensem, benè appellatum & emendando iudicium, malè fuisse prehensum & executum per dictas Abbatem & Moniales intimatas, bene appellatum per appellantem, & intimatæ condemnatæ in expensis causarum appellationum damnis & interesse prehensionis siue executionis realis, quasi commissio fuisset nulla vel abusiua propter illam clausulam præcisam,* la main tenant en cas d'opposition.

Tamen consuetudo Syluanectensis anno 15.9. ante dictam prehensionem à prouincialibus comprobata, & in eodem senatu homologata, sub qua locus dominans & seruiens situs est articulo. 256. disertè permittit habenti merum imperium (quem altum iustitiarium vocant, vel etiam medium aut infimum) verba enim illa dicti articuli 256. haut Iusticier, moyen & bas, *debent alternatiuè intelligi dummodò etiam in prima instantia competat, ad manum suam ponere, non solùm ex defectu census, sed etiam ex defectu exhibitionis titulorum scilicet nouæ acquisitionis, quin etiam propter iura laudimiorum, & iura resignandæ & recipiendæ inuestituræ, & multarum inde dependentium: quoties autem consuetudo huiusmodi actus simpliciter permittit, intelligitur cum effectu, vt non obstante simplici oppositione etiam vlteriùs procedatur, donec aliter per iudicem diffinitiuè vel prouisoriè decernatur, & alioquin omnes eiusmodi executiones domaniales in simplicem citationem & ad viam actionis ordinariæ reo volente & nullo modo satisfaciente statim redimerentur, quod esset absurdum vt satis in fortioribus terminis declaratum fuit Arresto 24. huius mensis Martij (quod hæc excluduntur) lato 1557. ante Pascha adiecta causa, quia* exploit domanier.

Verum est quod eadem consuetudo art. 248. videtur quantum ad censualia restringere permissionem suam in casum oppositionis detentoris, ibi, & quant aux roturiers iusques à ce que le detenteur se soit rendu opposant, *per quam clausulam debet generalis permissio §. 256. quoad censualia restringi, quamuis sit posterior, quia lex noua tempore posterior potest declarari & restringi per priorem l. non est nouum l. & posteriores, de legib.*

Quantò fortius hîc, vbi dictus §. 256. quamuis sit posterius scriptus, tamen non est posterior; sed concurrens tempore quia vnica est eodem tempore facta & compilatio & homologatio, si multaneus & coæquaneus vtriusque ortus & vsus. Punctus est, primò vter articulus alterum corrigat, vel limitet: & certe clarissimum est d. §. 256. loqui magis generaliter & indeterminatè quam dicto §. 248. qui in clausula de qua agitur magis explicatè & determinatè loquitur, ergo debet restringere §. 256. quamuis ordine scripturæ posteriorem, & non ab eo corrigi.

Et quando vterque articulus esset æqualiter generalis & determinatus, tamen ei necesse sit, vt hic vnum, vel alterum corrigi, vel limitari, tunc (saluo æquitatis vrgentiore fauore iuxta Bald. in c. cum olim de consuet.) interpretatio limitatoria præstat correctionem per nota. In l. si constante, in princ. sol. matr. & in omnibus interpretationibus, ea semper præfertur per quam contrarietas aut correctio vitatur. Bart. in l. omnes populi ad fi. & omnes post eum, de iust. & iure. Alexand. Consi. 141. nu. 4. lib. 2. Consil. 58. lib. 4. Philip. Dec. l. vbi repugnantia de regul. iur. Consil. 168. col. 1. Consil. 195. col. 2. vbi in annotat. dixi Stephan. de Phederi. in tract. de interpret. iuris parte 2. & Hyppol. Marsyl l. 1. §. si serui 60. pen. & vlt. de quæstio. Ergo §. 256. licet scriptura posterior non corrigit, §. 248. in d. explicata clausula: sed per eam limitatur & declaratur, quod concludere videtur pro Arresto.

Subsisto, quia (& hic supremus punctus) videndum in quo & in quantum dicta clausa ius prehenso-

rium domini censualis limitet: & clarum est quòd non loquitur de omnibus iuribus censuarijs, sed de laudimijs dumtaxat: ergo horum respectu tantùm limitat prehensionem dominicam, eamque in casum oppositionis detentoris in actionem resoluit: non autem quando fit ex defectu census, sed neo quando propter titulum non exhibitum vt in §. 256. qui non limitatur, nisi quando prehensio sit ex capite laudimiorum & iurium vtilium inuestituræ censuariæ. Quod etiam clariùs probatur in §. 249. immediatè sequenti dictam clausulam limitatoriam, ibi, pour raison desquels droicts des ventes & saisines, vbi est text. quod per simplicem oppositionem non resoluitur prehensio, nisi quando est facta pro laudimijs & saisinis sensualibus, verba sunt consuetudinis.

Et sic concludo quod pro censu ipso, siue ex defectu reliquorum census, potest incipi ab impedimento vel prehensione precisa l. cum clausula etiam expressè, en cas d'opposition la main tenant, non seulement, (vt generaliter) in toto regno, sed etiam sub dicta consuetudine Sylua-nectensi, vt semper vsitatum fuit, & patet per antiquos libros manuscriptos, nec iudicandum vnico exemplo dicti Arresti quod in ea particulari appellatione tantùm semel ius fecit, & in quo etiam quædam alia facti particularis, circunstantia esse potuit, nec debet in consequentiam trahi, adde infrà ead. gl. num. 117. Quid si forsan Arrestum illud fundatum fuit in eo quòd dicta commissio. erat generalis prædio prehenso in ea non specificato, fuit alius error formularius & ineptus cuius author fuerat Do. Petrus Lisetus, dum Patronatu fisci fungeretur, qui er-

*ror iam deseruere incipiebat tempo-
re dicti Arresti ann. 1550. vt dicam
infr. eod. num. 109. Et cum præsens
essem nec ab alio obijci audiui, quòd
commissio esset generalis, sed tantum
quòd præcisa,* la main tenant.

*Ex quibus etiam obiter liquet
quod consuetudo Syluanectensis non
permittit domino siue feudali siue
censuali propria authoritate appre-
hendere : sed solum authoritate &
commissione iudicis, etiam sui, si
quem habeat, nec requiritur quod
merum vel mixtum imperium habeat, sufficit quod vel simplicem vel
infimam iurisdictionem habeat huius
fundariæ capacem. Et principium
d. §. 256. ibi,* vn haut Iusticier,
moyen & bas, *& in medio, ibi,*
haute moyenne, & basse, *non statim
copulatiuè, sed demonstratiuè,
vt etiam probat d. §. 248. ibi,* par
Arrest de leur Iustice. *Et sic infima
& fundiaria iurisdictio ad hoc sufficit, vt etiam regulare est, & expresse volunt consuetudines citatæ
sup. eod. nu. 64. & pleræque aliæ,
vt Rhemensis §.144. quædam etiam
expresse permittunt propria domini
authoritate vt infrà nu.78. C. Mo-
lin. in Conf. Paris. §.74. gl. 1. num.
65. & seq. ad 75.*
Nonobstant l'aduis de Maistre
Charles Du Moulin, ie croy l'Arrest de 1550. dont il parle, iuridi-
que & conforme à l'esprit de cette
Coustume: car quoy que l'ar.248. ne
parle point precisément de la saisie
qui se peut faire en vertu de cet article par faute de titre non monstré,
champart emporté, & cens non
payé: neantmoins en y regardant
de prés, nous trouuerons que tous
ces cas ne laissent pas d'y estre compris sous ces mots, *ou autres droits.*
qui n'estoient pas dans les compi-

lations des années 1493. & 1506? &
n'ont esté adioustez qu'en cette derniere reformation, à dessein vray-
semblablement de faire voir que
cet article 256. ne doit passer que
pour vn membre & pour vn sup-
plément du 248. en faisant qu'il ne
serue que d'explication à ces mots,
ou autres droits, afin de rendre l'article 256. suiet à la disposition generale de l'article 248. qui veut
quant aux heritages roturiers que
la saisie du Seigneur n'ait effet que
iusques à ce que le detenteur se soit
rendu opposant.
Aussi se voit-il par l'expression
de l'article 148. que l'intention de
la Coustume a esté de ne faire durer la saisie en matiere de rotures
pour toutes sortes de cas, que iusques à l'opposition du detenteur en
ces mots, *Et quant aux roturiers
iusques à ce que le detenteur se soit
rendu opposant.* Ce qui paroist encore par l'opposition qui fut formée
sur cet article par quelques Seigneurs particuliers, qui parlerent
en general de la saisie qui se fait
sur les heritages censuels. Cette verité se voit pareillement par les articles 100. 101. & 102. cy-dessus,
qui permettans au Seigneur haut
Iusticier de saisir les heritages qui
sont dans le destroit de sa Seigneurie, pour contraindre les detenteurs,
à enseigner à quel titre ils les pos-
sedent, veulent qu'en cas d'opposition la saisie soit conuertie en
action. Mais quoy qu'il en soit ces
deux articles 248. & 256. entendus
de la sorte que nous les interpre-
tons, doiuent estre limitez par l'Ordonnance du Roy Charles IX. de
l'an 1563. faite à ce suiet, qui dero-
ge expressément à toutes Coustumes contraires, & porte. *Que tous*

deniers deubs pour cenſues & rentes foncieres, & autres redeuances de bail d'heritage perpetuel, ſeront executables par ſaiſie d'heritages, terres & poſſeſſions ſuiettes auſdits deuoirs: Et n'auront les poſſeſſeurs, ſur qui leſdites terres auront eſté & ſeront ſaiſies main-leuée pendant le procez ſi aucun ſe meut, ſinon en conſignant és mains du ſaiſiſ

ſant trois années d'arrerages deſdites redeuances & droits pour leſquels ladite ſaiſie aura eſté ou ſera faite. ou en faiſant deuëment & promptement apparoir auoir payé les cens & rentes dont il ſera queſtion par ladite ſaiſie, ſans preiudice des droits des parties, & de leurs deſpens, dommages & intereſts en fin de cauſe.

CCLVII.

Item, en matiere d'eſchange en heritages feodaux, nonobſtant qu'il ſoit fait but à but & ſans ſoulte, *a* eſt deu relief, auec droit de chambellage, & en heritage roturier, ſoit eſchangé à fief *b* ou heritage *c* roturier, eſt deu ſeulement le droit de ſaiſine, ſuppoſé que les heritages ainſi eſchangez ſoient en diuerſes Seigneuries, pourueu que leſdites eſchanges ſoient faites ſans fraude, excepté en la Chaſtellenie de Compiegne, en laquelle en matiere d'eſchange pour heritages roturiers aſſis en diuerſes Seigneuries, eſt deu droit de ventes, ſelon la valeur & eſtimation des choſes eſchangées.

a *But à but & ſans ſoulte.*] S'il y a ſoulte, ſçauoir ſi les ventes ſeront deues pour les heritages roturiers, & le quint pour les feodaux *à rata*, & proportion de la ſoulte? Il ſemble que ſuiuant le principe que nous auons eſtably cy - deſſus en la remarque de l'art. 224. que le contract en cette rencontre deuroit tirer ſa denomination & ſon effet de la qualité qui y preuaut, comme nous auons dit à l'eſgard du retrait; de ſorte que s'il y a plus d'argent que d'heritage, le tout ſoit cenſé vente, & en conſequence les droits de ventes ou de quint payez pour le tout; ſi au contraire l'heritage preuaut, que l'argent ne deuroit eſtre conſideré que comme acceſſoire, & le tout paſſer pour eſchange.

Mais quoy que cela ſoit vray en ſoy, & pour iuger de la qualité &

de l'eſſence du contract, neantmoins cette maxime ne doit pas auoir ſon effet au cas particulier contre le Seigneur: parce qu'à ſon égard il s'agit d'vn droit de rigueur, & l'accumulation des eſpeces, ne doit pas entrer en conſideratió pour ce qui le concerne: veu qu'eſtant de droit ancien qu'à chaque changement de vaſſal ou de tenancier les droicts ſont deubs au Seigneur toutesfois & quantes qu'il y a bourſe deliée il ne luy doit pas tourner à preiudice ſi les contractans ont conioint enſemble deux eſpeces, la vente, & l'eſchange, & pour ſon intereſt le tout, eſt cenſé diuis: de ſorte qu'il doit prendre ſes droicts à proportion des deniers qui ſont desbourſez: & de ce droict vſonsnous ſans contredit.

b *Heritage roturier ſoit eſchangé*

à fief.] Cela doit estre entendu des heritages roturiers seulement : car pour ce qui concerne l'heritage feodal baillé en contre-eschange le droit de relief en sera deub au Seigneur duquel il releue : l'eschange de fief à roture estant moins fauorable que de fief à fief, & neantmoins il est decidé par le commencement de cet article que le relief

est deu en ce dernier cas.

c *Heritage*] Ce mot est pris en cet endroit, comme en plusieurs autres de cette Coustume pour *immeuble*, suffisant pour exclure les droicts de vente & de quints qu'il n'y ait pas de vendition, la Coustume par les articles precedents n'adiugeant ces droits au Seigneur qu'en cas de pure vente.

CCLVIII.

Item, auant qu'vne saisine puisse preiudicier à vn tiers *a* il est requis qu'elle soit faite en la presence de deux tesmoins, *b* ou pardeuant deux Notaires Royaux. *c*

a *A vn tiers.*] *Contigit heredium vendi extraneo, proximus post sexdecim annos venit ad retractum: reus oftendit literam inuestituræ, in qua non funt inscripti testes, sed probat quòd duo aderant non rogati*, le Preuost de Senlis deboute le demandeur, qui appelle deuant les Presidiaux, lesquels dient mal iugé, & adiugent le retraict par iugement dernier, dont appel au Parlement, *vbi sententia* des Presidiaux *declaratur nulla :* car ils ne peuuent iuger en souueraineté du retraict lignager, qui concerne l'affection qui est inestimable. *Sed in principali videtur hæc confuetudo exigere testes rogatos & inscriptos, quemadmodum duo Notarij funt rogati & inscripti in l. 1. vbi. Bart. & foc. D. de reb. dub. C. M.*

Cette note de Maistre Charles Du Moulin se trouue aidée de l'Ordonnance faite depuis la Coustume, qui veut que les tesmoins employez en vn acte signent, ou qu'interpellez ils declarent ne sçauoir signer. Toutesfois la difficulté s'estant presentée sur l'interpretation de cet article, entre les Religieu-

ses de Long-champ & Du-Lis Fouquerel, sçauoir s'il estoit necessaire pour faire valider la saisine aux termes de cet article, que les tesmoins signassent, il fut informé par turbes sur l'vsage d'en vser en cette Coustume & suiuant l'aduis des turbiers, qui tous demeurerent vnanimement d'accord que les saisines estoient valables & auoient leur effet, sans que les tesmoins en euffent signé les actes, il fut iugé qu'il n'estoit pas necessaire que les tesmoins presens à l'enfaisinement euffent signé, au rapport de Monsieur de Grieu le 7. Iuillet 1607. & de fait l'vsage est tel par tout en cette Coustume, & on se contente d'inscrire deux tesmoins aux saisines, sans les faire signer.

b *En la presence de deux tesmoins, ou pardeuant deux Notaires Royaux.*] Cet article, qui requiert pour la validité des saisines à l'esgard d'vn tiers, qu'elles soient données en la presence de deux tesmoins, ou pardeuant deux Notaires Royaux, ne concernent que les saisines qui sont baillées par les Seigneurs en personne, ou par leurs

Receueurs qui ont pouuoir de ce par leurs Baux : comme il ſe pratique ordinairement dans cette Coûtume, & non point de celles qui ſe donnent par les Officiers de la Iuſtice du Seigneur, qui en ont ſemblablement le droit par vn vſage conſtant de la Prouince : les actes de ſaiſines, qui ſe deliurent par ces derniers, n'ayans point d'autre forme que les autres actes de Iuſtice. Et meſme lors qu'il ſe rencontre que la Seigneurie de laquelle la ſaiſine doit eſtre priſe appartient à quelque communauté ; comme vn Chapitre, qui ſoit en poſſeſſion de faire expedier ſes deliberations & ſes actes par vn Greffier, la ſaiſine eſt encore donnée de la meſme maniere, ſans qu'il y ſoit fait mention d'aucuns teſmoins, & l'acte en eſt ſimplement ſigné par le Greffier du mandement du Chapitre, ce qui s'obſerue dans tous les cas que nous auons cy-deſſus exprimé par vn vſage inuiolable, & ſans aucune conteſtation.

Mais i'ay depuis peu veu vne Iuriſprudence nouuelle, que l'on a voulu introduire à ce ſuiet : On a pretendu que de la meſme façon que l'on ſatisfaiſoit à l'Ordonnance, qui requiert la preſence de deux teſmoins auec vn Notaire, en employant vn ſecond Notaire au lieu des deux teſmoins par vne eſpece d'equipollence, on pourroit auſſi, lors qu'il y auoit deux Receueurs en vne terre ſe diſpenſer de donner la ſaiſine en preſence de deux teſmoins ; pourueu qu'elle fuſt baillée par les deux Receueurs coniointement, ſurquoy ayant eſté conſulté en vne affaire importante, ie condamné cette ſubtilité & n'eſtimé pas que l'on dût s'aſſeurer ſur

vne ſemblable ſaiſine : parce qu'outre que dans le raiſonnement, nous n'auons rien qui nous puiſſe faire dire que la foy d'vn Receueur doiue eſgaler à celle de deux teſmoins, n'y ayant rien qui releue le teſmoignage d'vn Receueur au deſſus d'vn autre, au lieu que les Notaires ſont perſonnes publiques, & ont le ſerment à Iuſtice : d'ailleurs pour faire que la preſence d'vn ſecond Notaire equipollât à celle de deux teſmoins, requiſe par l'article 84. de l'Ordonnance d'Orleans, il y a eu vne Declaration expreſſe du Roy du 11. Octobre 1561. verifiée au Parlement le premier Decembre enſuiuant.

Quant aux termes de la ſaiſine, ils ne ſont point fixez par la Couſtume, non plus que par l'vſage : chaque Seigneur ayant ſa forme particuliere de la bailler, & c'eſt aſſez que les paroles dont ils ſe ſeruent ſignifient qu'ils ont mis l'acquereur en poſſeſſion & ſaiſine des heritages mentionnez en ſon contract, ou ſi c'eſt vn creancier de rente conſtituée qui ſe fait enſaiſiner, la ſaiſine eſt baillée en general ſur tous les heritages aſſis dans l'eſtenduë des terres & Seigneuries du Seigneur qui la baille, ſans qu'il ſoit neceſſaire de ſpecifier les heritages appartenans au debiteur : n'ayant iamais veu de ſaiſine donnée dans cette Couſtume, où l'on eut fait vne enumeration particuliere des biens hypothequez à la rente enſaiſinée.

La Couſtume de Valois, qui eſt voiſine de celle-cy, & qui donne la preference au creancier de rente conſtituée enſaiſinée, auſſi bien que la noſtre, l'oblige par l'article 18. en prenant ſaiſine de payer les

droits

droicts au Seigneur, de la mesme façon que s'il acqueroit les heritages de son debiteur iusques à concurrence de sa rente. Il y a grande apparence que l'esprit de la Coûtume de Senlis a esté lors de sa redaction, de rendre le creancier de la rente constituée suiet aux mesmes droits, ce qui s'induit principalement de la disposition de l'article 275. qui porte que les heritages criez doiuent estre adiugez par decret à la charge des rentes ensaisinées ou infeodées, & des arrerages qui en sont deubs, ce que les Seigneurs n'auroient eu garde de souffrir, s'ils n'auoient esté payez de leurs droicts lors de l'ensaisinement, ou de l'infeodation : parce que l'heritage se vendant à la charge de la rente, il n'y a point de doute que la vente diminuoit à proportion, & consequemment leurs droits. Et de fait ie trouue sur des memoires qui ont esté faits en l'année 1580. que l'vsage de ce temps-là, pour ce qui concerne l'estenduë de cette Coustume, estoit de composer auec les Seigneurs qui se contentoient de peu, & les creanciers des rentes qui se faisoient ensaisiner se portoient à leur donner quelque chose pour se redimer de procez : Mais depuis, comme l'obligation de payer les droicts de lots & ventes pour l'ensaisinement d'vne rente n'estoit pas precise par la Coustume, & que d'ailleurs la nature des rentes constituées a esté mieux connuë qu'elle n'estoit dans le commencement, le doute en a esté entierement leué : de sorte que les Seigneurs n'ont plus fait de difficulté de donner leurs saisines sans payer autres droicts que celuy de saisine, que la Coustume arbitre à cinq sols, & aussi par mesme moyen, l'effet de l'article 275. pour la vente des heritages à la charge des rentes ensaisinées est cessé, & on ne sçait plus ce que c'est de cet vsage dans toutes les Iurisdictions qui sont sousmises à cette Coustume : & en effet elle n'attribuë droits de lots & ventes au Seigneur que pour les contracts de vente d'heritages & autres équipollens à ventes, & lors qu'il y a changement de proprietaire. Tellement que la constitution de rente n'estant ny vendition d'heritage, ny contract qui y equipolle : mais vne prise de deniers faits par le constituant, pour en vser tantqu'il luy plaira, & sous la faculté perpetuelle de rachapt, il ne se fait aucune mutation pour laquelle aucuns droicts Seigneuriaux soient deubs, le constituant demeurant proprietaire & possesseur des heritages sur lesquels la rente est assignée : Et quant au creancier de la rente, il n'a qu'vne hypotheque laquelle est realisée par la saisine, qui est ordonnée par la Coustume par vne espece de formalité, pour acquerir la realité & l'assurance de la rente.

c *Notaires Royaux.*] *Ita etiam debet intelligi consuetudo Syluanectensis §. 258. quæ requirit prehensionem vel Arrestum in præsentia duorum testium vel duorum Notariorum fieri antequam præiudicet tertio ; debet enim intelligi concomitante, vel sequente congrua notificatione, & idem generaliter vbique C. Mol. §. 74. gl. 1. nu. 75.* Il est euident que Maistre Charles Du Moulin auoit mal pris le sens de cet article, lors qu'il a fait cette remarque, & qu'il auoit leu *saisie,*

V

au lieu de *saisine*, n’estant pas au reste necessaire que la saisine, pour preiudicier à vn tiers, luy soit notifiée, veu que son effet est contre des personnes qui ne peuuent estre le plus souuent de la connoissance de celuy qui la prend, contre des creanciers de celuy qui a creé vne rente & contre les parens d’vn vendeur : & neantmois l’on m’a fait voir depuis peu vne consultation d’anciens Aduocats de ce Parlement, lesquels fondez sur cette au-

thorité de Du Moulin, auoient esté d’aduis que la saisine pour auoir effet contre vn tiers, luy deuoir auoir esté notifiée ; mais ils n’auoient point pris garde à l’abus de Maistre Charles Du Moulin, & qu’il ne parle en cet endroit que de la saisie, & non de la saisine, s’estant persuadé que cet article estoit la suitte de l’article 156 & qu’il concernoit la solemnité de la saisie du Seigneur.

CCLIX.

Item, quand vn fief est mis en la main du Seigneur feodal par faute d’homme, droicts & deuoirs non faits, *a* ledit Seigneur feodal doit iouyr, & luy appartiennent tous les reliefs, *b* qui viennent & escheent des arrierefiefs, tenus en premiere foy dudit fief ainsi saisi, pendant & durant ladite saisie, & iusques à ce qu’il soit mis en pleine deliurance. *c*

Il faut prendre garde que cet article parle de l’effet de la saisie, au cas qu’elle soit faite par faute d’homme, droits & deuoirs non faits *coniunctim*, & non pas *disiunctiué* : car cette Coustume ne donne pas au Seigneur feodal gain de fruicts en vertu de sa saisie pour toutes sortes de mutations : mais elle distingue, lors que l’homme, c’est à dire le vassal, demeure en sa foy & dans son serment, auquel cas il n’y a point gain de fruicts, quoy qu’il ait vendu, donné, ou autrement aliené son fief.

Dont la raison est singuliere & belle à remarquer, procedant à mon aduis de ce que le vassal, nonobstant l’alienation par luy faite, ne laisse pas de demeurer lié en vertu de son serment de fidelité, & c’est tousiours l’homme de son Seigneur, iusques à ce qu’il y en ait vn

autre subrogé en sa place : Mais lorsqu’il y a mutation au fief, soit par la mort du vassal, ou du Seigneur, le serment estant rompu & deslié par le deceds de l’vn ou de l’autre, attendu que tout serment est personnel tant actiuement que passiuement, il y a pour lors pleine ouuerture au fief, & le Seigneur y entre à faute d’homme, & fait les fruicts siens : cette difference se voit par les articles 248. 159. 253. & 154. de cette Coustume. D’où s’ensuit qu’aux cas où la saisie n’emporte pas le gain des fruicts du fief principal, elle doit bien moins auoir d’effet pour les reliefs des arrierefiefs : veu que le Seigneur n’a droit de iouyr de ces derniers en vertu de cet article, qu’en consequence de ce qu’il iouyt du fief principal, & parce que les reliefs des arrierefiefs font partie des fruicts &

obuentions du fief saisi.

a *Par faute d'homme, droicts &
deuoirs non faits.*] *Idem*, s'il en
iouyt pour droit de relief, par cette raison generale que les reliefs
des arrierefiefs sont compris dans
les fruicts du fief auquel ils appartiennent.

b *Relief.*] De mesme s'il vient
à y auoir ouuerture des arrierefiefs
portant gain de fruicts pendant la

iouyssance du principal fief par le
Seigneur dominant ; il pourra saisir
les arrierefiefs & faire les fruicts
siens par la mesme raison.

c *Pleine deliurance.*] I'ay corrigé ces mots sur l'original, les imprimez portoient *pleine declaration*, surquoy Maistre Charles Du
Moulin auoit remarqué tres à propos, *id est*, deliurance & main-leuée, *actu vel habitu.*

CCLX.

Item, quant à vne femme, elle estant coniointe par mariage, est venu & écheu aucun fief par la succession de son pere
ou autre ses parens, situé & assis audit Bailliage de Senlis, &
que son mary, pour & au nom d'elle, ou comme mary & bail,
ait fait les foy & hommage, payé les reliefs, droits & deuoirs,
pour ce deubs audit Seigneur duquel est tenu & mouuant ledit fief, & apres ledit mary va de vie à trespas, la femme vefue
au moyen du trespas de sondit mary, ne doit plus de relief, n'autres droits & deuoirs dudit fief à elle appartenant de son chef,
sinon la foy & hommage, & desdits droits doit demeurer quitte par le moyen de sondit mary, qui les a payez audit Seigneur,
constant leur-dit mariage.

CCLXI.

Item, si deux conioints ensemble par mariage font acquisition d'heritage, ou rente tenu en fief, & le mary durant & constant ledit mariage, ait fait la foy & hommage, & payé les
droits & deuoirs, apres le deceds dudit mary, la femme suruiuant n'est tenuë pour sa moitié dudit conquest, payer aucuns
droicts Seigneuriaux, tant qu'elle sera en viduité ; mais seulement faire la foy & hommage au Seigneur feodal, pour sadite
part & portion : & si la part & portion de son mary audit conquest, luy aduenoit par donation ou autrement, elle est tenuë
de payer finance à sondit Seigneur feodal pour ladite part &
portion, selon la nature du fief.

CCLXII.

Item, aucun ne peut tenir terre sans Seigneur.

Les Religieux de Reaulieu, ausquels en vertu du titre de leur fondation, appartiennent les cham-

parts du territoire de Choisi, ayant
fait assigner les Marguilliers de la
Parroisse de Choisi pour payer ce

droit à raiſon de quatre arpens de terre ſis en ce territoire, qui ſe deffendoient de la preſcription de cent ans, leur oppoſerent cet article, & le 191. cy-deſſus, qui porte que le droit Seigneurial de céſiue & fonds de terre ne ſe preſcrit point, le droit dont il s'agiſſoit eſtant de cette qualité, en conſequence de ce qu'il n'y auoit aucun cens ſur les heritages dont il s'agiſſoit. Ce procez eſtant deuolu en la Cour, & la queſtion demandée aux Chambres, & s'eſtant trouué diuerſité d'opinions, le procez fut party le 8. May 1595. les deux opinions conuenoient en la preſcription du droit de cham-

part, mais l'vne vouloit que ce fuſt ſans preiudice du droit de cens, l'autre prononçoit par abſolution, ſans vouloir rien reſeruer. Monſieur Loüet lit. C. nu. 21. mais dans la Iuriſprudence d'à preſent, l'on ne douteroit pas que le droit de cens reduit pour la quotité au moindre, n'euſt deu eſtre reſerué ſuiuant les Arreſts poſterieurs rapportez par Maiſtre Iulien Brodeau au meſme endroit; paſſant auiourd'huy pour maxime, que nulle terre n'eſt reputée en franc aleud ſans titre, & que la preſcription de cent ans n'eſt point ſuffiſante pour la faire preſumer telle.

CCLXIII.

Item, droit de champart, & droit de vinage, *a* ſe doit payer ſur peine de ſoixante ſols pariſis d'amende, & le droit de cens, ou autre droit Seigneurial equipolant audit cens, *b* ſe doit payer au iour qu'il eſt deu, ſur peine de ſept ſols ſix deniers *c* pariſis ez Chaſtellenies de Senlis & Compiegne, & de cinq ſols pariſis és Chaſtellenies de Chaumont, Ponthoiſe, Chambly, Creil & Comté de Beaumont.

a *Droit de champart & droit de vinage.*] Lors qu'ils ſont Seigneuriaux & tiennent lieu de cens : car autrement ils ne peuuent paſſer que pour rentes foncieres qui n'emportent pas auec eux cette prerogatiue & priuilege d'amende, & nos Coûtumes ne parlent ordinairement que pour les premiers droicts deubs en reconnoiſſance de Seigneurie.

b *Ou autre droit Seigneurial equipolent audit cens.*] Il y a apparence que cet article veut faire paſſer ſous l'eſpece du cens tout ce qui eſt deu tous les ans en certaine eſpece & quantité, ſoit en argent, volaille, grain, ou autre choſe pour l'oppoſer au champart & vinage, qui

n'ont aucune quantité permanente, mais qui ſe prennent ſur les fruicts, s'il y en a, à raiſon d'vne certaine quantité pour chacun cent; de ſorte que ie voudrois faire paſſer ſous l'eſpece du champart & vinage, tous les droicts Seigneuriaux qui ſe prennent ſur les fruicts : & ſous celle de cens tout ce qui ſe paye à raiſon du fonds.

c *Sept ſols ſix deniers.*] La raiſon pourquoy l'amende eſt plus groſſe pour champart emporté, que pour cens non payé, eſt parce que le Seigneur eſt plus intereſſé au champart emporté qu'au cens non payé; le cens eſt certain & ne deſpend pas des fruicts, au lieu que lors que le grain est emporté, sans payer le champart, il est difficile d'en regler la quantité qui doit estre prise sur les fruicts, & faut pour cet effet en venir à des enquestes & estimations.

CCLXIV.

Item, par la Coustume locale des Chastellenies de Chaumont & Ponthoise, tous arrierefiefs tenus d'aucun fief, quand iceluy fief chet en relief, se releuent chacun de quatre liures parisis, pourueu qu'ils valent leur prix, /a & s'ils ne le valent, d'autant qu'ils sont estimez valoir.

a *Valent leur prix.*] *Scilicet in reditu annuo : non enim debet emere suam proprietatem : sed debet valorem fructuum anni & quatuor libras pro quolibet subfeudo. C. M.*

CCLXV.

Item, par ladite Coustume locale, quand vn vassal laisse en la main de son Seigneur vn arrierefief, ledit Seigneur en peut prendre & auoir les profits, sans en rien rendre, ny auoir regard quand le vassal vient pour releuer sondit arrierefief.

De saisine & possession acquerir.

CCLXVI.

Item, quiconque a tenu, iouy & possessé d'aucune chose par le temps & espace d'vn an, *non vi, non clam, non precariò*, il a acquis saisine & possession.

CCLXVII.

Item, quiconque a iouy par an & iour d'aucun heritage paisiblement, *non vi, non clam, non precariò*, & il est inquieté en sadite possession & iouyssance apres l'an & iour passé de ladite possession paisible, iceluy possesseur peut valablement intenter son cas de nouuelleté contre celuy qui l'a ainsi troublé dedans l'an & iour dudit trouble & empeschement.

CCLXVIII.

Item, veuës & égouts n'acquierent point de possession & saisine, par quelque laps de temps que ce soit, sans titre.

Veuës & esgouts.] Par cet article les seruitudes qui sont appellées en droit *vrbanorum prædiorum*, & que nous nommerons vrbanes, faute d'auoir des mots propres dans nostre langue pour les pouuoir signifier, font impreſcriptibles : mais il ne parle point des ſeruitudes ruſtiques : comme du droit de paſſer pardeſſus l'heritage de ſon voiſin, d'y aller puiſer de l'eau, d'y faire conduire ſes eaux, d'y aller prendre du ſable & autres ſemblables ; de ſorte que l'on pourroit dire que l'intention des redacteurs de la Couſtume a eſté de laiſſer cette derniere eſpece de ſeruitudes ſuiettes aux regles des preſcriptions ordinaires, telles qu'elles ſont eſtablies cy-deſſus, au titre qui a eſté fait exprez pour la matiere des preſcriptions. Ie ſuis neantmoins dans le ſentiment contraire, & que nous deuons reſoudre que les ſeruitudes ruſtiques ſont impreſcriptibles dans cette Couſtume, auſſi bien que les vrbanes, pour deux raiſons : La premiere, que c'eſt vne maxime du droit François, que les ſeruitudes en general ne peuuent s'acquerir par preſcription, ſi les Couſtumes des lieux ny deſrogent expreſſement : Et la deuxieſme, que quand nous ne ſerions point fondez ſur cette regle, c'eſt vn autre principe que les cas obmis par nos Couſtumes doiuent eſtre ſuppléez par le droit commun, à l'eſgard des matieres qui en ont eſté tirées, comme eſt celle des preſcriptions.

C'eſt pourquoy comme par la diſpoſition du droit Romain, les ſeruitudes ruſtiques n'eſtoient point ſuiettes à la preſcription, par cette conſideration que l'vſage & la poſſeſſion en ſont diſcontinus, nous deuons embraſſer la meſme doctrine pour cette Couſtume : en exceptant toutefois, auſſi bien que les Romains, le droit de faire couler ſes eaux ſur l'heritage de ſon voiſin, *aquæductum* ; lequel ayant vn

vſage continu, la loy l'auoit ſouſmis au cours ordinaire des preſcriptions *l. ſi quis diuturno D. ſi ſeruit. vind.* Tellement qu'il nous faut conclure que noſtre Couſtume n'a parlé des ſeruitudes vrbanes que pour deſroger au droit commun, qui les auoit rendu preſcriptibles, & qu'elle n'a point compris en ſa diſpoſition les ſeruitudes ruſtiques ; parce qu'elles auoient deſia eſté eſtablies impreſcriptibles par le meſme droit. Auſſi apprenons-nous de Maiſtre Ioſias Beraut en ſon Commentaire ſur l'article 607. de la Couſtume de Normandie, qui eſt conceuë en termes à peu prés ſemblables à la noſtre, que le Parlement de Roüen a arreſté, les Chambres aſſemblées le 13. Iuin 1611. que cet article auroit lieu, pour les ſeruitudes, tant ruſtiques que vrbaines, & qu'elles ne pourroient les vnes ny les autres s'acquerir ſans titre, par poſſeſſion de quelque temps que ce fuſt. Et ainſi nous pourrons appliquer à ce ſujet ce qui eſt porté au §. 4. de la loy *ſi arborem 17. D. de ſeruit. vrban. præd. Quæ de ſtillicidio ſcripta ſunt, etiam in cæteris ſeruitutibus accipienda ſunt, ſi in contrarium nihil nominatim actum eſt.*

Concernant ce que nous auons dit, que par le droit Romain les ſeruitudes diſcontinuës ne s'acqueroient point par la preſcription, ce qui reſulte de la loy *ſeruitutes 14. D. de ſeruitutib.* ceux qui n'ont connoiſſance du droit que par les Interpretes, ne manqueront point d'oppoſer vne authorité fort connuë au Palais, de Maiſtre Charles Du Moulin ſur l'article 454. de la Couſtume d'Aniou, où il fait l'application de la loy derniere *C. de seruitutib.* pour dire qu'à l'esgard de ces especes de seruitudes qui ne sont dëues que par saisons, comme au temps de vendanges, il suffit de doubler le temps de la prescription pour les acquerir. Mais il est euident que cet Autheur s'est abusé : parce que la loy qu'il allegue pour l'establissement de son opinion, ne parle point de la maniere auec laquelle la seruitude peut s'acquerir : mais au contraire du moyen par lequel elle se peut perdre, & veut que la liberté contre vne seruitude accordée à vn voisin, de passer par les terres de son voisin vne fois en cinq ans, puisse estre acquise, en cas que celuy qui a ce droit demeure sans s'en seruir le double du temps requis à l'esgard des autres seruitudes, & qu'au lieu que pour ce qui concerne les autres, il suffit de dix ans entre presens, & de vingt ans entre absens, de non iouïssance pour en acquerir la liberté *l. vlt. C. de præscript long. temp.* Il faut pour celle-cy 20. ans entre presens & 40. ans entre absens, en vertu de la loy dont Du Moulin s'est seruy.

Il est vray que le mesme Autheur auoit d'abord mieux rencontré, en disant que par le droit ciuil les seruitudes discontinuës s'acqueroient par la possession immemoriale, ce qui est fondé sur la loy 1. §. *vlt. D. de aqua pluu. arc.* & autres textes semblables : Et en effect c'est vne maxime communement receuë par les Docteurs qui ont escrit sur le droit Romain, & parmy nous, que quoy que la prescription en general soit excluë par vn Statut ou par vne Coustume, celle de cent ans & l'immemoriale ne laissent point d'y auoir lieu, si elle n'est particulie-

rement comprise dans la disposition de la loy, par cette raison que cette espece de prescription n'est point tant consideree comme vne prescription ordinaire, que comme vn titre, ce que Du Moulin a luy-mesme tres-bien exprimé en son Conseil 26. nomb. 24. *Quia huiusmodi tempus habet vim constituti, nec dicitur præscriptio, sed titulus & huiusmodi exceptio temporis immemorialis nunquam censetur exclusa etiam per legem prohibitiuam, nec per quæcumque verba vniuersalia quamcumque præscriptionem excludentia :* D'où l'on prend suiet de demander en cette Coustume & autres semblables, qui portent que les seruitudes ne s'acquierent point sans titre par quelque laps de temps que ce soit, si la prescription immemoriale en est semblablement excluë ? & cette question est d'autant plus difficile que l'ancienne Coustume de Paris estant conceuë en mesmes termes, il y estoit interuenu diuersité d'Arrests : de sorte que pour leuer ce doute, on a esté obligé lors de la derniere reformation d'y adiouster ces mots, *encore que l'on en ait ioüy par cent ans.* Quoy que ce soit, cette question s'estant depuis peu presentée pour des droits de veuës & égouts dans la Coustume de Valois, laquelle par les articles 124. & 126. exclud la prescription sans titre, aussi bien que la nostre, & mesme auec vn mot qui est encore vn peu plus energique, l'article 126. ayant adiousté, *tiltre special,* & la cause ayant esté plaidée solemnellement au Roolle de Senlis le Lundy 11. Feurier 1658. la preuue par tesmoins de la possession immemoriale articulée par celuy qui pretendoit les ſeruitudes fut receuë, conforme-ment aux concluſions de Monſieur l'Aduocat General Bignon. Telle-ment que comme la Couſtume de Senlis n'eſt pas ſeulement voiſine & ſemblable à celle de Valois, mais meſme que le Duché de Valois à autrefois fait partie du Bailliage de Senlis, il ſemble que l'on ne doit point douter de faire paſſer cet Ar-reſt pour loy dans vne matiere qui de ſoy eſtoit fort problematique.

Iugé par Arreſt du 11. Aouſt 1602. donné en cette Couſtume, au rap-port de Monſieur Ribier, entre Dolé & le Febure, qu'vn decret n'auoit point purgé les ſeruitudes qui ſont ſur les choſes adiugées; les ſeruitudes eſtans viſibles, com-me vn eſgout.

CCLXIX.

Item, ſi entre deux maiſons, iardins, ou autres lieux, y a vn mur moitoyen & edifié entre deux maiſons, heritages, ou au-tres lieux appartenans à deux perſonnes & voiſins, & le mur ſouſtient d'vne part les terres & heritages de l'vne des perſon-nes: & s'il aduient que ledit mur ait meſtier de refection & reedification de maſſonnerie, la perſonne de laquelle leſdites terres ſont par ledit mur ſouſtenues, eſt tenue contribuer à la-dite reedification & refection dudit mur, depuis le fonds & bas, iuſques au rez de terre, pour les deux parts, & l'autre voi-ſin eſt tenu pour le tiers ſeulement, & depuis le rez d'icelle terre en amont, ladite reedification ſe doit payer eſgalement par leſdites perſonnes & voiſins, iuſques à la hauteur de neuf pieds.

CCLXX.

Item, femme mariée ne peut eſter en iugement ſans l'au-thorité de ſon mary, ou qu'elle ſoit authoriſée du Roy ou de Iuſtice.

CCLXXI.

Item, le mary eſt maiſtre & Seigneur de tous les biens meu-bles, & acqueſts immeubles faits durant & conſtant leur ma-riage, & d'iceux en peut diſpoſer à ſon bon plaiſir, iceux ven-dre & aliener ſans le conſentement de ſa femme; & ſi iouyt de l'vſufruit des propres heritages de ſa femme, conſtant leur ma-riage, combien qu'ils ſoient vns & communs en meubles & conqueſts.

CCLXXII.

Item, grands chemins Royaux, paſſans, & allans de ville en ville, comme de Compiegne à Senlis, & de Senlis, Paris, Beauuais, ou Meaux, & autres villes ſemblables, doi-uent eſtre & ſeront d'eſpace & diſtance en largeur par tout le

cours

cours d'iceux audit Bailliage de Senlis, c'est à sçauoir en bois
& forest de quarante pieds pour le moins, & en terre labourable, ou autre assiette de terre hors bois & forest, de trente
pieds aussi pour le moins.

Decrets d'heritages.

CCLXXIII.

Quand aucuns heritages chargez de rentes, non proprietaires, non enfaisinées n'infeodées, mais de rentes constituées,
sont mises en criées & subhastations, en defaut de payement
pour les arrerages, ou autres debtes, lesdites rentes sont tenuës & reputées pour debtes mobilieres seulement, en telle
façon que les creanciers desdites rentes, qui se feroient à ce
opposez, viendroient tous à contribution, aux deniers qui
viendront de la vendition desdits heritages, ainsi criez & subhastez, comme dit est, sans auoir regard à la priorité ou posteriorité de la constitution desdites rentes, combien que par ladite Coustume tels creanciers de telles rentes, sont preferez
aux autres creanciers, qui sur la proprieté de tels heritages,
ainsi criez que dit est, auroient aucun droit d'hypotheque pour
raison de quelque debte particuliere, ou somme de deniers
pour vne fois, en espece de chose, comme debte de bled, vin
& autrement.

CCLXXIV.

Item, en matiere de criées, les cens, surcens, droicts Seigneuriaux, rentes proprietaires & charges foncieres, aufquelles feroient baillez les heritages criez & subhastez, & les arrerages d'icelles rentes, feront preferez deuant toutes autres rentes constituées, infeodées, ou non infeodées, & par ordre.

CCLXXV.

Item, mais quand lesdits heritages, ainsi criez que dit est,
sont chargez de rentes constituées, qui sont enfaisinées ou infeodées, les creanciers à qui sont deuës lesdites rentes enfaisinées ou infeodées, sont preferez aux autres à qui seulement
sont deuës les rentes constituées, non enfaisinées, ne infeodées, posé ores qu'elles soient de datte subsequente de celles
non enfaisinées, ou infeodées. Et encores precederont les premieres enfaisinées, selon ce qu'elles sont premieres enfaisinées;

X

& ſi doiuent leſdits heritages ainſi criez, eſtre adiugez par decret, à la charge deſdites rentes enſaiſinées ou infeodées, & des arrerages d'icelles, s'il y en a aucun qui les mette à prix à la valeur de ce, & non autrement.

SOMMAIRE DES REMARQVES SVR les articles 273. 274. & 275. concernant l'ordre des creanciers ſut le prix des heritages ſituez dans la Couſtume de Senlis.

1. *De l'ordre eſtabli par ces trois articles.*
2. *Difference entre les Couſtumes de ſaiſine & de namptiſſement.*
3. *Qu'il faut diſtinguer pour l'explication de cette Couſtume, & de celles de Clermont & de Valois deux effets dans l'hypotheque, l'affectation & l'ordre.*
4. *Que la Iuriſprudence de cette Couſtume eſtoit autrefois generale dans le Royaume.*
5. *Preuues.*
6. *Que cette Iuriſprudence ne s'eſt conſeruée que dans les Couſtumes de Senlis, Clermont & Valois.*
7. *Que le fondement en eſt erroné & vitieux.*
8. *Que l'vſage en a pourtant eſté reſtably par les Arreſts.*
9. *Explication de l'ordre eſtabli par cette Couſtume, & que les obligations & autres debtes pour vne fois payer, ne ſont pas ſuſceptibles de ſaiſine.*
10. *Des debtes qui ne ſont ny rentes ny pour vne fois payer & que l'on appelle debtes priuilegiées dans la Couſtume.*
11. *Origine & fondement des debtes priuilegiées.*
12. *Arreſts & enqueſtes par turbes qui ont authoriſé l'ordre que l'on donne à ces debtes priuilegiées.*
13. *Quelles ſont ces debtes priuilegées.*
14. *Suite.*
15. *Suite.*
16. *Quid de la rente fonciere ſur les heritages non baillez à rente.*
17. *Des debtes adiugées par Sentence, & que la penſée des Officiers de la Prouince à long-temps eſté de ne donner aucun effet aux Sentences, dans ces trois Couſtumes.*
18. *Que l'opinion contraire a neantmoins preualu.*
19. *Que cette derniere opinion eſt fondée ſur l'Ordonnance de Moulins.*
20. *Argument tiré des Arreſts interuenus dans les Couſtumes de namptiſſement.*
21. *Arreſts rendus à ce ſuiet pour les Couſtumes de Senlis, Clermont & Valois.*
22. *De la neceſſité qu'il y a d'eſgaler les debtes ſur leſquelles eſt interuenu Sentence ou Arreſt aux debtes priuilegiées.*
23. *Que le creancier qui a obtenu Sentence, n'a point de preference contre les autres creanciers anterieurs de debtes pour vne fois payer*

X ij

1. CEs trois articles reglent l'ordre dans lequel les creanciers, qui ont droit & hypotheque ſur vn heritage, doiuent eſtre colloquez ſur les deniers qui en procedent, lors qu'il vient à eſtre vendu par decret. Ils veulent que les cens & redeuances Seigneuriales, les droits Seigneuriaux, & les rentes foncieres ſoient miſes les premieres en ordre. En ſecond lieu, les rentes conſtituées enſaiſinées ou infeodées du iour de leur enſaiſinement ou infeodation entre elles. En troiſieſme lieu, les rentes conſtituées non enſaiſinées ny infeodées par contribution entre elles. Et enfin les autres debtes hypothequaires pour vne fois payer, à l'eſgard deſquelles on obſerue l'ordre de leurs hypotheques entre elles.

2. La premiere remarque que nous ayons à faire, pour l'eſclairciſſement des queſtions qui naiſſent en conſequence de l'ordre eſtably par cette Couſtume pour la collocation des creanciers hypothequaires, car pour ce qui eſt des droits Seigneuriaux & des rentes foncieres, elle ne contient aucune diſpoſition particuliere, & qui ne ſoit conforme à l'vſage general de tout le Royaume, eſt que noſtre Couſtume & celles de Clermont & Valois, qui ſont à peu prés ſemblables pour ce regard, n'ont aucun rapport auec les Couſtumes de Picardie, que nous appellons de namptiſſement, en quoy neantmoins ſe trompent tous ceux qui ne ſont pas particulierement verſez dans l'intelligence de ces Couſtumes, leſquels ne manquent iamais de confondre la ſaiſine auec le namptiſſe-

ment, & croyent que l'on peut argumenter de l'vn à l'autre. Cependant dans les Couſtumes de Picardie, il n'y a aucune hypotheque ſans namptiſſement, de ſorte que les creanciers qui ne ſe ſont point fait namptir, ne peuuent point faire aſſigner en declaration d'hypotheque les tiers detempteurs, qui ont acquis les heritages des debiteurs; quoy que le titre de la debte ſoit anterieur à l'alienation de l'heritage, & qu'il ſe trouue eſtabli par vn contract paſſé pardeuant Notaire ſous ſeel Royal, ou authentique, L'on n'y diſtingue pas auſſi la qualité des debtes, & on n'y fait pas de difference entre les rentes conſtituées & les autres debtes. Comme pareillement ſi les heritages poſſedez par le debiteur ſont ſaiſis ſur luy, tous les creanciers non namptis viennent entr'eux par contribution ſans aucun ordre de priorité & poſterité. Il en va tout autrement à l'eſgard des Couſtumes de Senlis, Clermont, & Valois, leſquelles admettent expreſſement l'hypotheque: celle de Senlis le porte ainſi aux articles 164. & 192. cy-deſſus, & les deux autres contiennent de ſemblables diſpoſitions, & cette hypotheque s'acquiert de la meſme façon qu'en la Couſtume de Paris par les contracts & autres actes paſſez pardeuant les Notaires Royaux ou ſubalternes: de ſorte que ſi aux termes de ces trois Couſtumes le debiteur aliene vn heritage apres auoir paſſé vn contract, l'acquereur peut eſtre aſſigné en declaration d'hypotheque, quoy que le contract ne ſoit pas enſaiſiné & que la debte creé par ce contract ne ſoit qu'vne debte pour vne fois payer , ou de telle autre nature que ce foit.

3. Delà il refulte que pour ce qui eft de ce premier effet de l'hypotheque, qui confifte en l'affecta-tion & à faire qu'vn heritage vne fois hypothequé à vne debte ne puiffe paffer entre les mains de qui que ce foit, fans la charge de l'hy-potheque, ces trois Couftumes ne different en rien de la Couftume de Paris & de l'efprit general du Royaume : mais il eft vray que pour le deuxiefme effet de l'hypotheque qui regarde l'ordre, & qui fait que regulierement vn creancier qui a vne fois hypotheque fur les biens de fon debiteur, ne peut pas eftre preferé par qui que ce foit , qui vient à contracter pofterieurement à luy auec le debiteur, noftre Couftume ne s'y eft pas entierement at-tachée & à eftabli vn ordre parti-culier , en faifant diftinction de la qualité des debtes, & en preferant les rentes côftituées aux debtes pour vne fois payer, & encores en fai-fant marcher les rentes enfaifinées qu'elle laiffe toucher par contri-bution entr'elles ; combien que les debtes pour vne fois payer, qui ne font colloquées qu'apres toutes les rentes , ayent conferué par la mef-me Couftume l'ordre de priorité entr'elles , quoy qu'elles ne foient point enfaifinées , & qu'elles n'en foient pas mefme fufceptibles.

4. Au refte combien que cette difpofition de noftre Couftume pa-roiffe maintenant fort finguliere, nous auons pourtant affez de preu-ues pour nous faire connoiftre que tel eftoit autrefois l'vfage vniuer-fel de la France , & que comme dans l'introduction des rentes con-ftituées , elles ne furent permifes

que par forme d'alienation , de for-te que celuy qui prenoit de l'ar-gent à rente eftoit prefumé vendre de fon fond & de fes heritages , iuf-ques à concurrence du principal de la fomme qu'il touchoit, le crean-cier eftoit confideré comme acque-reur d'vne partie de l'heritage , ou du moins eftoit reputé auoir vn droit *in re* , & non point vn fimple droit d'hypotheque & *ad rem :* C'eft pourquoy on l'obligeoit à prendre faifine du Seigneur & à luy payer les droits Seigneuriaux , de la mefme façon que s'il auoit ache-té effectiuement la proprieté de l'heritage à proportion de l'argent qu'il bailloit à rente , & en confe-quence il eftoit mis au rang des creanciers priuilegiez, & l'herita-ge fur lequel il s'eftoit fait enfaifi-ner ne deuoit mefme eftre vendu qu'à la charge de fa rente.

5. La preuue de cette ancienne Iurifprudence refulte premierement du liure intitulé le Grand Couftu-mier de France , compofé du temps du Roy Charles VI. enuiron l'an-née 1415. qui porte au Chapitre 17. du liure 2. fur la fin, *qu'en cas de desconfiture les arrerages des rentes font tellement priuilegez , qu'ils font premierement payez fur les immeu-bles : quia ius in re & fuper rem ac-quifitum eft.* Les Couftumes de Tholofe qui font plus anciennes & qui ont efté redigées de l'Ordon-nance du Roy Philippes le Bel en l'année 1285. parlent auffi des deb-tes enfaifinées , & leur donnoient la preference au deffus des autres creanciers qui n'auoient pas ob-ferué cette folemnité, qu'ils appel-loient *poderagium* , & que les Com-mentateurs ont traduit par noftre mot de faifine. *Eft vfus & confue-*

tudo Tholofæ, quod illi qui receperunt poderagium pro debitis fuis in re feudali cum Dominis feudi præferuntur a'ijs creditoribus, quamuis & alij creditores fint potiores tempore §. 2. rub de poderagijs & bannis & §. 5. rub. de debitis. Les Coûtumes d'Aniou & du Maine qui n'ont efté redigées qu'en l'année 1508. contiennent pareillement vne difpofition qui a encore beaucoup de conuenance auec la noftre, & portent ; fçauoir, la premiere aux articles 480. & 481. & la deuxiefme aux articles 485. & 486. que *fi aucun à rente fur autruy qui à icelle payer foit obligé & fes biens affeftez & hypothequez, il eft preferé & premier payé, quand vient à executer les biens de l'obligé auant tous autres creanciers qui auoient aucunes debtes perfonnelles fur les biens & chofes de tel obligé, fi ainfi eft que le creancier ait eu poffeffion & faifine de fadite rente. Et s'il n'a eu faifine ne poffeffion les debtes perfonnelles dont il apparoift par obligation hypothequaire feront en pareil degré & autant priuilegées comme lefdites rentes & debtes reelles, & viendront tels crediteurs en matiere d'execution à contribution chacun pro rata. Et en ce cas priorité & pofteriorité du contract n'a lieu.* Et enfin la Couftume de Vitry redigée vn an apres contient en l'article 131. vne difpofition auffi confiderable, pour faire connoiftre quelle force on donnoit à ce temps-là à la faifine & infeodation des rentes conftituées, en ce que cet article porte, que toutes rentes acheptées & conftituées à prix d'argent accordées entre les parties perpetuelles, font neantmoins racheptables, fi ce n'eftoit qu'elles fuffent

amorties en tant qu'il touche les gens d'Eglife, ou infeodées en ce qui touche les Nobles.

6. Il faut pourtant demeurer d'accord que ces Couftumes ne feruent plus que pour marquer les veftiges de l'antiquité : Car quoy que le Commentateur de celle de Vitry n'ait pas efté affez hardi pour trancher cette difficulté, il rapporte neantmoins vne authorité de Maiftre Charles Du Moulin, qui luy pouuoit feruir de guide, & qui fait affez voir que l'amortiffement nòn plus que l'infeodation ne font point capables de rendre non racheptable vne rente conftituée à prix d'argent, & que la difpofition particuliere d'vne Couftume n'eft point fuffifante pour donner atteinte à cette regle : dautant que ce feroit ruiner la nature de cette efpece de rentes, que de permettre au creancier de les faire non racheptables, fous pretexte d'vne folemnité extrinfeque. Et pour ce qui eft des trois autres Couftumes de Tholofe, d'Aniou, & du Maine, nous apprenons par les efcrits de ceux qui les ont commentez, que leurs difpofitions comme fondées pour ce regard fur vn principe erroné font demeurées abolies par vn non vfage, & que les deniers procedans de la vente d'vn immeuble s'y diftribuent entre les creanciers par l'ordre de priorité & de pofteriorité de leurs hypotheques, fans diftinguer la qualité des debtes, & fans admettre aucune contribution entre des creanciers-hypothequaires : Et mefme Maiftre Pierre de Lommeau en fon Commentaire fur l'article 480. de la Couftume d'Aniou rapporte vn Arreft donné fur vn appel du Iuge de Laual le 13. Septembre 1575.

debiteur, qui peut par les addreſſes dont il trouue les fondemens dans cette Couſtume, rendre inutiles les hypotheques de ſes plus anciens creanciers, ce qui eſt contre l'equité naturelle, & deſtruit les veritables principes : ou meſme de la bonne foy d'vn Fermier, lequel en antidatant la ſaiſine qu'il baillera d'vne groſſe rente conſtituée, rendra cette debte preferable à toutes les autres.

8. Quoy que ce ſoit, puis que l'Arreſt dont nous venons de parler & quantité d'autres qui ſont depuis interuenus deſquels nous ferons mention dans la ſuitte, nous obligent de ſuiure pour loy le texte de noſtre Couſtume, nous ſommes pareillement obligez d'examiner en cet endroit les difficultez qui en reſultent pour ſeruir tant que cet erreur ait eſté changé par des lettres patentes, qu'vne perſonne eſleuée en dignité & fort zelée pour le bien public, m'auoit fait eſperer il y a quelque temps, ou autrement.

9. Et ainſi pour ſuiure l'ordre preſcrit par cette Couſtume : Lors qu'il eſt queſtion de diſtribuer les deniers procedans de la vente d'vn immeuble entre les creanciers hypothequaires, il faut, comme nous auons dit, colloquer au premier rang les creanciers des rentes conſtituées enſaiſinées du iour de leur enſaiſinement ou infeodation, ſans auoir eſgard à la priorité & poſteriorité de leurs contracts, non plus que des autres debtes : Enſuitte marchent les creanciers des rentes conſtituées non enſaiſinées, qui touchent par contribution entr'eux, & au dernier rang ſont mis les creanciers des debtes pour vne fois payer, à l'eſgard deſquels on ſuit entr'eux

l'ordre de leurs hypotheques, ſans que les ſaiſines que l'on pourroit obtenir ſur ces ſortes de debtes puſſent en faire changer l'ordre, ou leur donner aucune preference, ny meſme empeſcher qu'elles ne fuſſent preferées par les rentes : attendu qu'il n'y a que les rentes qui par la Couſtume, ſoient ſuſceptibles de ſaiſines & auſquelles elle ait attribué ce priuilege : Tellement que comme les priuileges ne peuuent iamais eſtre prorogez, on n'a point pû eſtendre celuy-cy d'vne nature de debte à vne autre, ce qui eſt particulierement atteſté dans deux enqueſtes par turbes, dont nous parlerons dans la ſuitte, voila ce que nous trouuons eſcrit dans noſtre Couſtume.

10. Mais comme cette Couſtume ne comprend dans l'ordre dont elle parle que deux ſortes de debtes ; ſçauoir les rentes conſtituées & les debtes pour vne fois payer, il s'eſt formé vne difficulté importante touchant vne autre nature de debtes, qui ne ſont proprement ny rentes, ny debtes pour vne fois ; comme ſont les loyers deubs en vertu d'vn Bail, la reſtitution de la dot, le doüaire, le reliqua d'vn compte de tutelle, & autres ſemblables, à l'eſgard deſquelles on a fait par l'vſage vn ordre particulier, en les laiſſant dans les dattes du temps de leurs hypotheques au regard de toutes ſortes de debtes hypothequaires indiſtinctemēt, ſans leur donner aucun droit d'excluſion ou de preference, & ſans auſſi qu'elles puiſſent eſtre excluës ny preferées du iour de leur hypotheque par quelque creancier que ce ſoit : C'eſt pourquoy on les appelle vulgairement par vn mot commun *debtes privilegées,*

priuilegées, non point qu'elles ſoient priuilegiées abſolumēt: comme ceux qui ne s'attachent qu'à l'eſcorce & aux mots, & qui ne ſont pas ſuffiſamment inſtruits dans la connoiſſance de cette Couſtume, s'imaginent ordinairement, en penſans que ces debtes ſont ainſi appellées priuilegées, dautant qu'elles ont droiċt d'exclure toutes les autres: mais parce qu'elles ont plus de priuilege que les debtes pour vne fois payer, & en quelque façon meſme plus que les rentes conſtituées non enſaiſinées: attendu que ces debtes, que nous appellons priuilegées, conſeruent leur rang contre toutes les autres eſpeces de debtes, de ſorte que ſi elles ſont anterieures à vne rente qui ſoit meſme enſaiſinée, elles ſeront colloquées auparauant: Mais auſſi elles ont d'vn autre coſté quelque choſe de moins que les creanciers des rentes conſtituées non enſaiſinées, en ce qu'au lieu que ceux cy, quoy que poſterieurs en hypotheque, excluent les creanciers de debtes pour vne fois payer, le creancier priuilegé n'exclud perſonne, non pas meſme le creancier de debte pour vne fois payer, lors que celuy-cy ſe trouue anterieur en hypotheque; c'eſt à dire en vn mot, que le creancier de debtes priuilegées conſerue ſon rang fixe & ineſbranlable du iour de ſon hypotheque, & qu'il n'a aucune excluſion, ny aċtiue, ny paſſiue.

11. On a conſideré pour fonder cette Iuriſprudence, que la Couſtume ayant eſtably en general par deux articles exprez, qu hypotheque a lieu par tout le Bailliage de Senlis, & n'y ayant pas deſrogé pour cette eſpece de debtes que nous appellons priuilegées: mais ſeulement à l'eſgard des rentes conſtituées, & des debtes pour vne fois payer, il s'enſuiuoit, en s'attachant meſme aux regles dans l'exaċtitude du raiſonnement, que cette diſpoſition generale de noſtre Couſtume deuoit entierement conſeruer ſon effet pour ce qui concerne ces debtes priuilegées, & conſequemment qu'elles deuoient garder le rang de l'hypotheque qu'elles auoient vne fois acquiſe contre toutes ſortes de debtes indifferemment; en obſeruant le droit commun pour ce qui les regarde, tant entr'elles, qu'au reſpeċt des autres debtes. On a encore fait reflexion pour rendre ces debtes priuilegées, ſur l'eſprit de la Couſtume, & ſur vn des principaux motifs qui l'a porté à colloquer les rentes auparauant les debtes pour vne fois payer, lequel reſulte de l'engagement qu'a le creancier d'vne rente à laiſſer ſon argent entre les mains du debiteur, au lieu que le creancier d'vne ſomme contenuë en vne obligation, ou d'vne autre debte pour vne fois payer, peut quand il luy plaiſt exiger le payement de ce qui luy eſt deu, de ſorte qu'il doit s'imputer, s'il a donné le loiſir à ſon debiteur de créer des rentes coſtituées qui le precede, ce qui ne peut point eſtre obieċté contre les creanciers de debtes priuilegées: attendu qu'ils ſont engagez, auſſi bien que le creancier de la rente, à laiſſer leur bien en la poſſeſſion du debiteur, ſinon pour toûjours, du moins pour vn certain temps: Le bail contenant en ſoy vne cauſe continuë qui oblige le proprietaire à ſouffrir que ſon Fermier ioüiſſe de ſes heritages pendant le temps porté par le contraċt qui a eſté fait entr'eux, & qui produit l'hypotheque, & ainſi des autres, ce qui rend

ces ſortes de debtes priuilegées & fauorables.

12. Cette Iuriſprudence ſe trouue authoriſée par deux enqueſtes
par turbes, dont la premierẽ a eſté
faite au Bailliage de Senlis par Monſieur Roüillier Conſeiller au Parlement de Paris, au mois de Mars de
l'année 1619. touchant l'ordre de la
terre de Popincourt entre Maiſtre
Mathurin Cordier Aduocat en la
Cour & autres oppoſans. Et la deuxieſme a eſté faite au meſme Bailliage le 24. Septembre 1634. pour l'inſtance d'Ordre de Mouſſy S. Eloy,
par l'Arreſt d'Ordre de cette terre
du 9. Aouſt 1641. par Arreſt interuenu au Roolle de Senlis le 25. Ianuier 1610. entre Maiſtre Antoine
Raimbault tuteur des enfans de
Charles de Piennes, & de François
de Noray, Damoiſelle Sophie de
Choiſias vefue de Iean Bouuillers
& Iacques le Grand, par Arreſt du
19. Aouſt 1645. donné en la Grand
Chambre au rapport de Monſieur
Coquelay, entre Gabriel Chap-
puſot appellant, & Sebaſtien Lor-
rain & Marguerite Boucher ſa femme intimez, par Arreſt du 7. Septembre 1652. rendu en la deuxieſme Chambre des Enqueſtes au rapport de Monſieur Magdeleine, concernant l'ordre de la terre de la Ver-
ſeine, ſituée proche la Ville de Creil;
& par autre Arreſt interuenu en la
Grand Chambre au rapport de Monſieur Preuoſt le 6. Septembre 1659.
pour l'ordre de la terre d'Archies.

13. Les teſmoins qui ont eſté entendus dans les deux enqueſtes par
turbes ont donné pour exemples
des debtes priuilegées, les conuentions matrimoniales, le reliqua de
compte de tutelle, tant du coſté du
tuteur que des mineurs, les pen-

ſions de Religieuſes, les arrerages
de moiſſons, les loyers de maiſons
& la garentie. L'Arreſt de l'année
1610. eſt interuenu dans l'eſpece du
doüaire. Celuy de l'année 1645. a
auſſi preferé le creancier pour garentie du tranſport d'vne rente &
pour l'indemnité du cautionnement
d'vn Bail au creancier d'vne rente
conſtituée enſaiſinée: Le tranſport
& l'acte d'indemnité s'eſtans trouuez anterieurs en datte au Contract
de conſtitution. Et pour ce qui eſt
des trois Arreſts d'Ordre, ils ſont
interuenus en differentes eſpeces,
dans leſquelles le priuilege de ces
ſortes de debtes ſe trouue confirmé.

14. Sous ce mot de conuentions
matrimoniales, dont ſe ſont ſeruis
les turbiers, on entend non ſeulement la reſtitution de la dot, & les
autres conuentions auſquelles le mary eſt obligé apres la diſſolution du
mariage: mais auſſi la dot promiſe
par le pere ou par autres en argent
comptant: ce qui a auſſi eſté eſtendu aux dotes de Religieuſes, ce qui
ne reçoit pas de difficulté dans l'v-
ſage; quoy qu'au regard du payement de ces dots promiſes, tant en
faueur de mariage, que de Religion,
on ne puiſſe point dire que ce ne
ſoient pas debtes pour vne fois
payer, & qui contiennent en elles
vne neceſſité en la perſonne du
creancier de laiſſer ſes deniers entre les mains du debiteur: puis qu'e-
ſtant payable en deniers comptans
& ſans terme, rien n'empeſche que
le creancier n'exige le payement de
ce qui eſt deu: Mais l'vſage a produit inſenſiblement cet effet, ayant
mis ces debtes qui ont pour fondement le plus fauorable de tous nos
contracts au rang des debtes priui-

legées. Ce que nous voyons encore par les enqueſtes par turbes auoir
eſté fait pour ce qui concerne le reliqua de compte en faueur du tuteur qui ioüit du meſne priuilege;
combien que ce reliqua ſoit payable au meſme moment que l'hypotheque eſt acquiſe au tuteur, qui
n'eſt qu'au temps de la cloſture;
ainſi que les meſmes teſmoins oüis
dans les enqueſtes, ſont demeurez
d'accord.

Ie ne doute pas auſſi de comprendre entre les debtes priuilegiées les
remplois des propres de la femme,
alienez auant la communauté, & la
difficulté peut eſtre ſeulement pour
ſçauoir de quel iour commence l'hypotheque ſur les biens du mary pour
l'action de remploy. Cette queſtion
a eſté expreſſement iugée en cette
Couſtume, ſuiuant vne diſtinction
qui a eſté faite par les Arreſts, ſçauoir que noſtre Couſtume ne diſpo-
ſant rien du remploy, la femme n'a-
uoit hypotheque que du iour de l'a-
lienation de ſes propres, lors que ce
remploy n'auoit pas eſté ſtipulé par
ſon contract de mariage : attendu
qu'en ce cas elle n'auoit ny hypotheque legale en vertu de la Couſtume ny conuentionnelle par ſon
contract de mariage, dont il y a Arreſt rendu au Roolle de Senlis le 17.
Feurier 1654. conformement aux
concluſions de Monſieur l'Aduocat
General Talon, moy plaidant contre Maiſtre Lange, en confirmant
la *Sentence* renduë par le Bailly du
Comté de Beauuais le 30. Iuillet
1653. entre Magdeleine Paumart
femme ſeparée de biens d'auec Anthoine Gallopin ſon mary appellan-
te d'vne part, & Iean & Claude
Gallopins intimez : Mais lors qu'il
s'eſt rencontré que la clauſe de rem-

ploy auoit eſté inſerée dans le contract de mariage, la Cour a iugé autrement, & que la femme auoit hypotheque pour le remploy de ſes
propres alienez du iour de ſon contract de mariage, & auparauant
meſme le doüaire des enfans, comme il ſe trouue decidé par l'Arreſt
de Mouſſy Saint Eloy du 9. Aouſt
1642. dans lequel ſe rencontre le
motif de ſa deciſion & la raiſon de ſa
difference auec celuy des Gallopins,
en ces termes, *à cauſe du remploy
ſtipulé par le contract de mariage.*
Ie ne puis pas m'empeſcher de teſ-
moigner en cet endroit l'auerſion
que i'ay contre cette nouuelle Iuriſprudence eſtablie par le fondement du fameux Arreſt de la Coi-
gnet de l'année 1608. qui donne contre toutes ſortes de principes & d'e-
quité, hypotheque à la femme, tant
pour le remploy de ſes propres, que
pour l'indemnité des debtes auſquelles elle a parlé du iour de ſon contract
de mariage ſous pretexte d'vne pretenduë hypotheque legale ou côuen-
tionnelle. Car pour ce qui eſt de l'hypotheque legale qui eſt fondée, pour
ce qui concerne la Couſtume de Paris, qui eſt la plus fauorable pour
les femmes en cette occaſion, ſur
les articles 232. & 237. ces deux articles donnent bien à la femme l'a-
ction de remploy & d'indemnité:
mais ils ne luy donnent point de priuilege pour l'hypotheque, & ne decident point de quel iour elle doit
auoir lieu ſur les biens du mary : de
ſorte qu'il n'y a rien dans cette Couſtume de Paris auſſi bien que dans
les autres, qui doiue empeſcher que
cette queſtion ſoit decidée par les
principes generaux. Et à l'eſgard de
l'hypotheque conuentionnelle, il
eſt conſtant que dans les regles elle

ne peut pas trouuer ſon fondement dans les clauſes de nos contracts de mariages de la façon qu'ils ſont conceus le plus aduantageuſement pour les femmes ; quand meſme il y auroit ſtipulation expreſſe, que la femme auroit hypotheque pour le remploy de ſes propres & l'indemnité des debtes du iour de ſon contract de mariage. La raiſon eſt, qu'en matiere d'hypotheque, elle ne peut iamais auoir d'effect retroactif, à moins que l'obligation, qui eſt contractée apres coup, ne deſpende d'vne condition caſuelle ; c'eſt à dire qui ait vne deſpendance neceſſaire à ce qui a eſté conuenu premierement entre les parties, & qu'il ne ſoit plus dans la volonté des parties de faire ou de ne faire pas. Suiuant cette maxime noſtre nouuelle Iuriſprudence ſeroit reguliere, ſi par nos Couſtumes les propres de la femme eſtoient engagez ſous la puiſſance du mary du iour du contract de mariage, & qu'il eut la faculté de les aliener, ou que la femme luy eut donné ce pouuoir par leur contract: Comme auſſi pour l'indemnité, ſi elle eſtoit aſſuiettie, ſoit par la Couſtume, ou en vertu de ſon contract, de s'obliger toutesfois & quantes qu'il plairoit à ſon mary : de ſorte que le contract contint vne obligation generale & preſente : mais comme la loy, ny le contract de mariage ne donne aucun pouuoir au mary ſur les propres, ny ſur la liberté de la femme, & qu'elle ne conſent à l'alienation de ſes propres, ou aux debtes qu'il contracte, que comme perſonne eſtrange, ſans neceſſité, & ſans deſpendance, il s'enſuit qu'elle ne peut au plus repeter ſon hypotheque que du iour de l'alienation, ou de l'obligation qu'elle

a contractée : & autrement c'eſt faire ſubſiſter l'action hypothequaire ſans la perſonnelle, l'accident deuant la ſubſtance, & la fille auparauant la mere, ce qui ne peut eſtre fait dans les principes, non pas meſme par la conuention expreſſe des parties : deux perſonnes ne pouuant pas valablement ſtipuler, que tous les contracts qu'ils feront enſemble auront hypotheque du iour d'vn acte qu'ils paſſeront pardeuant Notaires : parce que pour donner lieu à l'hypotheque, il eſt neceſſaire que l'action perſonnelle precede, & que les parties ſe ſoient obligez à quelque choſe de certain ou de preſent, ou du moins qui deſpende d'vne condition caſuelle, & non poteſtatiue. On peut adiouſter à ces raiſons fondamentales, celles qui reſultent de l'equité, & les deſordres qui arriuent tous les iours par les fraudes qui ſe commettent en conſequence de cette nouuelle doctrine : vn particulier pouuant eſluder toutes les debtes qu'il a ſeul contractées les premieres, en faiſant obliger ſa femme à vn creancier poſterieur, qui peut eſtre d'intelligence & ſuppoſé, & lequel cependant au moyen de ce qu'il peut ſe faire ſubroger aux droicts de la femme que l'on colloque pour ſon indemnité du iour du contract de mariage ſe trouuera deuancer tous les autres. Que ſi on a tant de peine à ſouffrir cette iniuſtice dans noſtre Couſtume, où elle ſe rencontre par le moyen du priuilege qu'elle donne aux ſaiſines, pourquoy l'admettre volontairement dans toutes les Couſtumes de la France par vne Iuriſprudence generale ? Puis qu'il n'y a rien qui nous y oblige & que tout au contraire les principes & la Iuſtice

naturelle qui compose l'équité y resistent. Car si l'on obiecte que l'e-
quité se rencontre aussi aduantageu-
ses du costé de la femme : veu que
si on en vsoit autrement il arriueroit
souuent qu'vne femme demeureroit
sans dot & sans biens ; qui est tout
le fondement de ceux qui maintien-
nent cette Iurisprudence, il est aisé
de respondre qu'il seroit beaucoup
plus expedient de faire de nouuelles loix par lesquelles vne femme,
comme par le droict Romain & la
Coustume de Normandie, ne pourroit engager sa dot, soit pour le tout,
ou pour partie : Mais parce que nos
Coustumes n'ont pas establi cette
precaution, il ne faut pas couurir
vne iniustice par vne autre plus grande, en violant les principes & les
maximes. Ils n'ont pas aussi plus de
raison de reprocher aux premiers
creanciers leur negligence de n'auoir
pas pris l'obligation de la femme
auec le mary : dautant que c'est faire vne espece d'iniure à vne personne qui paroist riche aux yeux du public, de luy parler de l'obligation
de sa femme, & il semble que ce
soit reuoquer en doute sa soluabili-
té & sa bonne foy. Ioint que par ce
moyen c'est rendre les maris depen-
dans de leurs femmes, & au lieu que
la Coustume & le droict naturel les
a fait les maistres de la communauté, ils ne pourront plus estre considerez que comme les esclaues, en
ayant tous les desauantages de leur
costé : puisque d'vne part en consequence de ce titre imaginaire de
Maistre que la loy luy donne, tout
son bien demeure garend de tous les
droicts de sa femme, & d'autre part
il ne pourra pas trouuer la moindre
somme à emprunter d'vn creancier
prudent, & qui voudra auoir ses pre-

cautions aux termes de cette Iurisprudence, si sa femme n'y consent
& qu'elle ne vueille s'obliger auec
luy. D'où il naist encore vne autre
inconuenient par les troubles & les
diuisions qui se rencontrent dans les
familles à ce suiet : vn mary se trouuant diuisé entre la necessité de ses
affaires, & la resistance qu'apporte la
femme à s'obliger auec luy, ce qui
ne cause que trop souuent des mau-
uais traittemens & des desordres entre deux personnes, qui continue-
roient de viure en amitié sans cette
fascheuse rencontre. Mais ie m'ap-
perçois que ie me suis vn peu estendu longuement, quoy que ie me sois
abstenu d'apporter les preuues que
i'ay preparées sur ce suiet : afin de ne
point passer si fort le dessein que ie
me suis prop[osé de] ne faire que des
remarques [sur les d]ifficultez patti-
culicres de la [Coustu]me de Senlis.

15. Il est [donc chos]e constant dans
l'vsage que la garentie, qui est deuë
au cessionnaire d'vne rente de Bail
d'heritage ou constituée sur les biens
du cedant est vne debte priuilegée,
combien mesme que la rente constituée ne soit pas ensaisinée ; n'y
ayant rien qui empesche que l'action
de garentie n'ait plus de priuilege
que l'action principale, ce qui arriue le plus souuent : Et quoy que ce
soit, la raison qui a fait admettre des
debtes priuilegées en cette Coustume se rencontre sans difficulté pour
ce qui concerne la garentie en general, comme ont parlé les tesmoins
dans les enquestes, quand mesme il
ne s'agiroit que du transport d'vne
debte pour vne fois payer : puis que
la garentie produit vn engagement,
& a necessairement traict à l'auenir.

16. Mais la question est restée

apres ces enqueftes par turbes , pour fçauoir fi l'hypotheque qu'à le creancier d'vne rente fonciere fur les heritages non baillez , pour eftre payez tant en principal qu'arrerages de ce qu'il n'a point pû toucher fur les heritages qu'il auoit donnés à rente , doit eftre mife au rang des debtes que nous appellons priuilegées ? Cette difficulté & quelques autres ayant donné lieu à vne troifiefme enquefte par turbes , faite par Monfieur le Nain Confeiller en la Cour, aux Sieges de Beauuais & de Clermont, pour l'inftance d'Ordre de la terre de Conty fituée en la Couftume de Clermont, entre Meffire François de Vaudetart Cheualier Marquis de Perfen , heritier de Dame Louife de l'Hofpital fa mere , contre Meffire Henry de Bourbon Prince de Condé, les turbiers des deux Sieges fe font trouuez contraires dans leurs fuffrages , les vns ayans efté d'auis que le priuilege du creancier de la rente fonciere & proprietaire , fe renferme fur les biens qui partent de luy & qu'il a baillez à rente , & que l'hypotheque qu'il a fur les autres biens de fon debiteur ne produit point plus d'effet que celle d'vne rente conftituée : & les autres ont fouftenu que cette hypotheque dont nous parlons , doit eftre mife au nombre des debtes priuilegées de cette Couftume , non point, comme nous auons dit , pour exclure , qui eft l'effet du veritable priuilege , que le creancier a fur les heritages qu'il a baillez à rente : mais feulement pour concourir fuiuant l'ordre de priorité & de pofteriorité auec les autres creanciers hypothequaires de telle nature qu'ils puiffent eftre. Ie ne fais point de doute pour mon particulier de me

declarer pour ce dernier aduis , non feulement pour la confideration de ce qu'il eft aduantageux pour le bien public d'eftendre ces debtes priuilegées autant qu'il fe pourra faire : attendu qu'elles reduifent les chofes au droit commun ; mais auffi parce que le principe qui a fait admettre les debtes priuilegées dans noftre Couftume, auffi bien que dans celles de Clermont & de Valois , fe rencontre autant en cette occafion qu'en aucune autre debte ; puis que l'on ne peut pas dire qu'vne rente fonciere & de Bail d'heritage foit vne debte pour vne fois payer , & quand mefme elle n'auroit la qualité que d'vn fimple Bail à loyer, on ne pourroit point luy refufer de participer à ce priuilege , lequel doit eftre d'autant pluftoft appliqué en fa faueur , qu'il s'agit d'vn Bail & d'vn engagement perpetuel. Ce n'eft point qu'il ne foit tres à propos de faire enfaifiner les rentes foncieres fur les biens du debiteur non compris au Bail : dautant que comme elles font fufceptibles de cette formalité en qualité de rente, la faifine luy donnera plus d'effet que de la laiffer au rang des debtes priuilegées : la faifine , ainfi que nous auons eftably , ayant cette force de donner la preference au creancier de la rente , contre les autres creanciers de rentes conftituées enfaifinées , & de debtes pour vne fois payer : mais pour lors ce ne fera plus en confequence de la qualité du contract qu'elle aura fon priuilege : mais en vertu de la faifine qui donne l'exclufion au lieu que les debtes que nous nommons priuilegées , ne produifent que la concurrence.

17. La queftion la plus importante qui fe faffe à ce fuiet , eft de

sçauoir si les sommes adiugées par Sentence ou par Arrest, doiuent estre mises au rang de ces debtes priuilegée; à l'*instar* de ce qui a esté iugé, & qu'il se pratique constamment pour le pays de namptissement, que la Sentence equipolle au namptissement? Tous les Habitans de la Prouince, mesme les plus intelligens, ont long-temps resisté contre leur propre bien à cette extension: ils pretendent que l'article 53. de l'Ordonnance de Moulins, qui a attribué l'hypotheque aux Sentences, & qui a seruy de fondement à ce qui s'est iugé dans les Coust. de namptissement, ne peut point receuoir d'application à l'esgard de nostre Coust. laquelle admettant l'hypotheque par vne disposition expresse, fait autant, ce disent-ils, que l'Ordonnance; & que pour ce qui est de l'aduantage que la Coustume donne aux saisines, & de l'ordre particulier qu'elle establit entre les creanciers hypothequaires, que c'est vne Iurisprudence particuliere, à laquelle il ne se trouue point que l'Ordonnance ait desrogé: & ainsi ils estiment que la Sentence qui interuient sur vne debte, ne la qualifie en façon quelconque, sinon que s'il s'agit d'vne somme pour laquelle le creancier n'auoit point d'hypotheque, en vertu de l'acte qui luy seruoit de tiltre: ou qu'il soit question d'vne debte dont il n'y a rien par escrit, la Sentence donne hypotheque au creancier: de sorte que si c'est vne debte pour vne fois payer, elle marche au rang de cette espece de debte & ainsi des autres: ne mettant aucune difference entre l'hypotheque qui s'acquiert en vertu d'vne Sentence, & celle qui est establie par vn contract passé parde-

uant Notaire: C'est ainsi que les Turbiers qui ont esté oüis dans les trois enquestes par turbes, dont nous auons fait mention, ont parlé.

18. Neantmoins la Cour a iugé le contraire par diuers Arrests, mesme par ceux qui sont interuenus sur ces enquestes par turbes. Et en effet celuy qui a obtenu Sentence ou Arrest sur sa debte, merite bien qu'on le compte entre les creanciers priuilegez, de la mesme façon que nous voyons que l'on a fait, à l'esgard de celles qui sont establies par vn contract de mariage, ou qui sont deuës au tuteur pour le reliqua de son compte, quoy qu'elles n'ayent pas de cause qui les rende continuës: Et il y a mesme d'autant moins lieu de douter pour ce qui concerne la Sentence, que le creancier qui l'a obtenuë ne peut pas estre accusé de negligence & d'auoir souffert que son débiteur creât d'autres debtes à son preiudice, faute d'auoir fait les poursuittes necessaires pour tirer le payement de son deu.

19. Mais ayant mesme fait vne particuliere reflexion sur cette matiere, i'ay trouué que cette nouuelle Iurisprudence establie par les Arrests, contre les sentimens de ceux de la Prouince, estoit non seulement fondée sur des raisons d'équité & de conuenance: mais aussi que la raison de rigueur s'y rencontre, & qu'il y a vne necessité indispensable de iuger de la sorte depuis l'Ordonnance de Moulins. Et pour le faire connoistre, il faut se souuenir de ce que nous auons dit cy-dessus, que l'hypotheque a regulierement deux effets; le premier d'affectation, pour faire que l'heritage vne fois affecté à vne debte, luy demeure obligé & hypothequé entre les mains de telles

perſonnes qu'il puiſſe paſſer : & l'autre d'ordre , en vertu duquel les
creanciers doiuent marcher & eſtre
colloquez ſur le prix de l'heritage
qui leur eſt hypothequé ſuiuant la
priorité , ou la poſteriorité de
leurs hypotheques. Ce principe,
qui n'eſt point ſuiet à conteſtation,
eſtant ſuppoſé, il faut demeurer d'accord que noſtre Couſtume, en admettant l'hypotheque par les articles 154. & 192. y auoit compris par-
faitement le premier effet , ſans y
auoir en façon quelconque deſrogé
par aucun autre article : Mais pour
ce qui concerne le deuxieſme, la dé-
rogation s'y trouue toute entiere par
les trois articles que nous expli-
quons : de ſorte que ce n'eſtoit plus
qu'vne hypotheque tronquée & imparfaite en l'vne de ſes principales
parties : ſi bien que l'Ordonnance
eſtant depuis ſuruenuë, & ayant attribué aux Sentences & aux Arreſts
le droit d'hypotheque en general,
elle doit eſtre entenduë d'vne hypotheque parfaite & accomplie dans
ſes deux effets , & auſſi bien pour
l'ordre, que pour l'affectation : ſi
bien que comme c'eſt vne maxime
que nous auons receuë parmy nous,
que l'Ordonnance deſroge à nos
Couſtumes , ie ne vois pas d'empeſchement pour lequel l'ar.53. de l'Ordonnance de Moulins , n'ait point
deu receuoir ſon application dans la
Couſtume de Senlis, en rendant les
debtes ſur leſquelles il eſt interuenu
Sentence, de la qualité de celles que
nous appellons priuilegées, dont l'effect n'eſt autre (comme nous auons
deſia dit , & que nous rebattons ſouuent pour inculquer plus fortement
les principes d'vne matiere particuliere & tres difficile) que de conſeruer l'ordre de l'hypotheque , &

de faire que le creancier qui a obtenu Sentence, ou qui eſt autrement
priuilegié par la nature de ſa debte
marche dans ſon rang, ſans pouuoir
eſtre preferé par quelqu'autre creancier que ce ſoit , non point meſme
par celuy de la rente conſtituée enſaiſinée qui vient à contracter poſterieurement à luy , auec le meſme
debiteur.

20. Auſſi voyons-nous qu'il a
eſté iugé en termes auſſi forts, par
Arreſts des 22. Feurier 1611. 23. Decembre 1633. & 7. Septembre 1647.
que combien que la Couſtume de
Vermandois article 115. & celle de
Rheims article 180. qui ſont en pays
de namptiſſement , accordaſſent
l'hypotheque à la Sentence , ſous
vne ſimple condition , de la faire
executer & du iour de l'execution:
neantmoins cette condition a eſté
reiettée par les Arreſts, en ce qu'elle tendoit l'hypotheque plus difficile que n'auoit fait l'Ordonnance,
& a eſté iugé en conſequence que
l'Ordonnance auoit deſrogé à ces
Couſtumes , & qu'il n'eſtoit point
neceſſaire pour y produire l'hypotheque, que la Sentence fuſt executée : mais qu'elle eſtoit acquiſe du
iour de la prononciation de la Sentence. Dauantage la queſtion ſem-
bloit pareillement plus difficile en
quelque façon dans la Couſtume
d'Amiens : parce que quoy qu'elle
eut eſté reformée depuis l'Ordonnance ; toutefois elle porte en l'article 137. que combien que les contracts contiennent terme d'hypotheque & rapport par deſſaiſines paſſées & reconnuës pardeuant Notaires Royaux , Baillifs , Preuoſts
Royaux, ou autres Iuges ; que les
Seigneurs feodaux ou leurs Officiers
deſquels les heritages dont les contracts

tracts font mention, font tenus &
mouuans ; neantmoins il n'engen-
drent aucune hypotheque fur les
biens du debiteur : & cependant les
Arrefts qui font interuenus dans cette Couftume, & qui font cottez au
lieu dont nous auons fait mention
cy-deffus, ont iugé que la Sentence donnoit indiftinctement hypo-
théque auffi bien que dans les autres Couftumes, en decidant en cette occafion que non feulement l'Ordonnance defrogeoit à nos Couftumes : mais mefme que nos Couftumes n'auoient point pû defroger à
l'Ordonnance dans vne matiere publique, fans s'arrefter aux aduis des
Turbiers qui auoient efté ouys dans
des enqueftes ordonnées par des
Arrefts interlocutoires & qui auoient
rapporté, comme les noftres, que
l'Ordonnance n'auoit pas receu d'e-
xecution dans leur Couftume.

21. Les Arrefts qui ont equipol-
lé dans la Couftume de Senlis, les
debtes fur lefquelles il eft interuenu Sentence aux debtes priuilegées,
& en confequence iugé que la Sentence donnoit vne hypotheque parfaite qui ne pouuoit eftre du iour de
fa datte preferée par qui que ce foit,
font ; fçauoir le premier interuenu
fur procez par efcrit le 23. Decembre 1626. confirmatif d'vne Sentence renduë par le Preuoft de Paris le 14. Mars precedent, par laquelle il auoit iugé que fur le prix
procedant de la vente d'vn heritage
fitué en la Couftume de Senlis, le
creancier d'vne fomme de deniers
pour vne fois payer adiugée par Sentence des Iuges Confuls du 14. May
1610. deuoit eftre colloqué auparauant le creancier d'vne rente conftituée par contract du 14. Iuillet
1614. Le deuxiefme eft l'Arreft

d'Ordre de la terre de Nery, donné en la Chambre de l'Edit, au rapport de Monfieur Maynardeau le 7.
Septembre 1644. Le troifiefme eft
vn autre Arreft d'Ordre de la Terre
de la Verfinne du 7. Septembre 1651.
interuenu en la feconde Chambre
des Enqueftes, au rapport de Monfieur Magdeleine, & porte par forme
de reglement que, *Les creanciers qui
ont obtenu Sentences & Arrefts,
ou des actes d'infeodation & enfaifinement fur ladite Terre de la
Verfinne fituée en la Chaftellenie de
Creil Bailliage de Senlis, feront
payez fur les deniers de ladite Terre, felon l'ordre de priorité ou pofteriorité defdites Sentences, Arrefts & Actes à leur efgard, ainfi
qu'il enfuit, &c.* Le quatriefme du
6. Septembre 1659. eft l'Arreft d'Ordre de la Terre d'Archies rendu en
la Grand Chambre au rapport de
Monfieur Preuoft. Le cinquiefme
eft interuenu en la Couftume de
Clermont femblable à la noftre, &
a efté rendu en la Chambre de l'E-
dit au rapport de Monfieur Fraguier
le 19. Aouft 1656. au profit du fieur
Marquis d'Heilly contre Maiftre
Robert Vigneron Lieutenant Particulier au Bailliage de Beauuais, appellant de la *Sentence d'Ordre* renduë par Maiftres Iean Marie l'Hofte
& Michel Langlois, entre les creanciers des Sieur & Dame de Brazeux
qui a efté confirmée par l'Arreft. Et
le fixiefme eft rapporté fans date par
Maiftre Iulien Brodeau fur Monfieur Loüet lit. H. nu. 25. qu'il dit
eftre interuenu en la Couftume de
Valois pareillement conforme, &
auoir efcrit au procez.

22. Quoy que tous ces Arrefts
foient vniformes : neantmoins il s'en
rencontre encore quelques - vns

Z

dans la Prouince qui reclament contre la doctrine qu'ils ont eſtablie, & meſme des Iuges qui refuſent de luy donner ſon execution dans les cas ſemblables qui ſe preſentent ; ce qui procede de ce que l'vſage y eſtoit auparauant notoirement contraire. Mais ie ne m'eſtonne point de ce que les parties engagées dans leur intereſt particulier, taſchent encore de reſiſter à cette Iuriſprudence, introduite par les Arreſts de la Cour, & qui a commencé dés il y a quelques années à tourner en vſage : Mais de ce que des Iuges deſintereſſez & qui ne doiuent eſtre animez que pour le bien de la Iuſtice, refuſent d'embraſſer vn ſecours ſi fauorable pour corriger vne pratique abuſiue & pour obuier aux fraudes ; qui ceſſant ce remede, peuuent s'exercer ouuertement & auec toute la facilité poſſible, en vertu de la diſpoſition de la Couſtume. Et en effet en la laiſſant dans ſes termes, qui empeſchera vn Marchand qui aura fait grand trafic, ou vn autre particulier qui aura contracté nombre de debtes pour vne fois payer, de mettre tous ſes heritages à couuert des pourſuittes de ſes creanciers, & de les frauder de leur deu à leur veuë, ſans qu'ils puiſſent y apporter remede ; en conſtituant vne rente, laquelle aux termes de cette Couſtume, quoy que derniere en datte, precedera toutes les autres debtes, ou meſme en fauoriſant quelqu'vn de ſes creanciers, au moyen de quelque remiſe qu'il luy fera, & en conuertiſſant ſa debte particuliere en rente : comme ſouuent il ſe pratique frauduleuſement en cette Couſtume ; pour à quoy obuier on ne peut point trouuer de meilleur expedient, que celuy qui a

eſté introduit par les Arreſts, en conſequence duquel vn creancier qui doute de ſon debiteur, & qui neantmoins n'a pas encore aſſez de coniectures de ſon inſoluabilité, peut ſans le perdre de reputation obtenir Sentence de condamnation contre luy, & par ce moyen il arreſtera toutes les fraudes qui pourroient eſtre faites pour l'eſloigner de ſon hypotheque ſur l'heritage de ſon debiteur, ſi la Sentence qu'il a obtenuë n'auoit pas concurrence de priuilege auec les autres debtes. Auſſi eſt-il vray que depuis la premiere impreſſion de ces remarques, pluſieurs des Iuges ſe ſont enfin rendus à la doctrine des Arreſts interuenus, tant auparauant, que depuis, & ont donné à l'Ordonnance l'effet qu'elle doit auoir, entr'autres les Preſidiaux de Beauuais, qui ſont auec ceux de Senlis, les principaux & les plus conſiderables Iuges de la Prouince.

23. Au reſte il eſt de tres-grande conſequence de prendre garde, qu'en admettant l'Ordonnance dans cette Couſtume, on ne luy donne point plus d'effet qu'elle ne doit auoir, comme veulent faire quelques-vns qui ſont portez d'vne penſée toute contraire à celle des premiers, dont nous nous ſommes plaints. Ils pretendent que les creanciers qui ont obtenu Sentence, doiuent non ſeulement eſtre equipollez aux debtes priuilegées, en concourant auec tous les autres creanciers par l'ordre de priorité & de poſteriorité : mais meſme qu'ils doiuent eſtre eſgalez aux ſaiſines, & en ce faiſant que le creancier qui a obtenu Sentence, doit eſtre preferé à tous les autres creanciers de rentes côſtituées non enſaiſinées, ou de deb-

tés pour vne fois payer ; quoy que le premier tiltre de sa debte, & la Sentence qu'il a fait rendre à son profit soient posterieurs en datte à l'hypotheque des autres creanciers. Ce qui est contraire à toutes sortes de principes, parce que l'Ordonnance ayant donné vne hypotheque parfaite à la Sentence, ce n'a pû estre que pour la faire marcher en son rang auec les autres creanciers hypothequaires, & non point dans le dessein de luy donner vne preference & vne exclusion contre les creanciers qui ont hypotheque auparauant que la Sentence ait esté renduë : de sorte que la rente constituée non ensaisinée, & la debte pour vne fois payer ne laissant point d'auoir hypotheque par la disposition de cette Coustume ; ainsi que nous auons estably cy-dessus, il n'y a point de doute que l'execution de l'Ordonnance ne peut pas estre autre que de faire marcher les creanciers qui ont obtenu Sentence auec les autres hypothequaires par ordre de priorité & posteriorité. Et l'aduantage particulier qu'aura celuy qui a obtenu Sentence dans cette Coustume, pardessus les creanciers de rente constituée non ensaisinée, ou de debtes pour vne fois payer, sera qu'il ira par concurrence de priorité & posteriorité auec toutes sortes de creanciers hypothequaires, mesme auec le creancier de rente constituée & ensaisinée ; ainsi que fait le creancier de debte priuilegée, au lieu que le creancier de rente constituée non ensaisinée, ou de debte pour vne fois payer est preferé, & exclud par la rente constituée ensaisinée en vertu de la disposition singuliere de cette Coustume, que nous sommes obligez de garder : parce

qu'elle est telle : mais qu'il faut bien se donner de garde d'estendre aux Sentences ; puisque nous n'auons aucune disposition qui nous y oblige, & que les termes & l'esprit de l'Ordonnance y resistent. Et de fait, si on obseruoit le contraire de ce que nous venons d'establir, bien loin que l'on pût dire qu'il y auroit eu lieu d'embrasser l'Ordonnance, comme ayant apporté vn secours fauorable, & qui facilite la distribution des deniers procedans de la vente des immeubles dans cette Coustume, qu'elle y auroit introduit vn desordre & vne iniustice beaucoup plus grande que celle qui resulte du texte de la Coustume, en multipliant les preferences & les exclusions des creanciers hypothequaires les vns sur les autres, & en donnant tousiours atteinte à cette regle de droict *qui prior tempore potior iure*, qui est le principe de la Iustice & de l'equité, auquel on doit s'attacher tant qu'il est possible de le faire.

24. Il y a encore vn autre erreur important auquel tombent presque tous ceux qui n'ont qu'vne connoissance mediocre de la matiere que nous traittons. Ils croyent que quand le creancier d'vne rente constituée a obtenu saisine sur son contract : ou que le creancier en vertu d'vne obligation ou autre acte passé pardeuant Notaires a fait rendre Sentence à son profit, que l'on ne doit plus considerer dans l'ordre des creanciers l'hypotheque du premier acte, ou contract, & que l'on doit seulement auoir esgard à la datte de la saisine ou de la Sentence : & ainsi supposé qu'vn contract de constitution soit de l'année 1610. & que le creancier ait obtenu saisine en l'an-

née 1620. ils le feront preceder par le creancier d'vne debte priuilegée dont le tiltre ſe trouuera de l'année 1615. & ainſi des autres, qui eſt vn abus manifeſte : dautant que quand il eſt queſtion de colloquer vn creancier, il faut conſiderer ce qui eſt de plus aduantageux dans' ſon titre, eu eſgard à l'eſpece qui ſe preſente : de ſorte que dans le cas que nous auons propoſé, le creancier de la rente enſaiſinée ayant vne hypotheque en vertu de ſon contract dés l'année 1610. qui ne peut eſtre precedée par le creancier de la debte priuilegée : attendu qu'elle n'eſt que de l'année 1615. & qu'elle n'a point le droit d'excluſion : mais ſeulement de concurrence, il n'y a point de doute que le creancier de la rente doit eſtre colloqué le premier en vertu de ſon contract, & ſans auoir eſgard à la ſaiſine qui demeure ſurabondante en cette occaſion, & qui ne luy peut point nuire : par ce que eſtant introduite pour luy donner vn priuilege, elle ne peut pas tourner à ſon preiudice, ce qui arriueroit ſi on en vſoit autrement que nous venons de l'eſtablir : veu que les autres rentes, & meſme les debtes pour vne fois payer concourent auec les debtes priuilegées du iour de leurs hypotheques. De meſme le creancier d'vne rente conſtituée qui s'eſt contenté de faire interuenir Sentence ſur ſon contract, au lieu de prendre ſaiſine, peut s'il veut toucher ſur ſa collocation & s'empeſcher d'entrer dans la contribution des autres rentes conſtituées, ſe ſeruir de ſa Sentence, pour eſtre mis en ordre du iour de ſa datte, qui eſt vn droict qui luy appartient en ſon particulier, & qu'il ne peut pas eſtre obligé de communiquer aux autres

creanciers de rentes conſtituées : Ou ſi au contraire il trouue plus d'auantage à entrer dans la contribution, ce qui peut quelquefois arriuer, il luy eſt loiſible d'abandonner ſa Sentence, pour ſe tenir à ſon contract ; perſonne n'eſtant obligé de ſe ſeruir d'vn priuilege, & quand pluſieurs droicts nous appartiennent en vertu de differentes cauſes, rien n'empeſche que nous ne puiſſions nous ſeruir de celuy qui nous eſt le plus aduantageux, & abandonner les autres.

Et de fait ces deux dernieres difficultez que nous venons d'examiner, s'eſtans rencontrées ſur la fin du preſent Parlement, commencé en 1660. en vn procez d'Ordre qui eſtoit pendant en la troiſieſme Chambre des Enqueſtes au rapport de Monſieur de Saint Martin, qui me fit l'honneur de m'en parler, elles furent decidées conformement aux reſolutions que nous auons priſes.

25.   Au ſuiet de cette contribution qui ſe fait entre les creanciers de rentes conſtituées, lors qu'ils n'ont point obtenu de ſaiſine, ny de Sentence : comme auſſi à l'occaſion du priuilege qui eſt donné par l'vſage à de certaines debtes, pour concourir auec ces rentes par ordre de priorité & de poſteriorité, il ſe forme vne autre difficulté. Il arriue ſouuent qu'entre les creanciers de rentes conſtituées, il ſe rencontre des debtes priuilegées qui conſequemment doiuent eſtre colloquées dans vn ordre intermediaire, ce qui donne lieu à la queſtion de ſçauoir s'il ſe fera en ce cas pluſieurs contributions differentes entre les creanciers de rentes conſtituées, & ſi ceux qui ſe trouuent auparauant la premiere debte priuilegée doiuent faire vne

claſſe ſeparée des autres qui ſuiuent,
& ainſi des autres ? Ils peuuent dire
pour l'eſtabliſſement de leur pretention , que le creancier de la debte
priuilegée produit vn milieu inhabi-
le , qui empeſche que les creanciers
de rentes conſtituées qui ſont apres
luy , ne puiſſent participer par droit
de contribution ou autrement à la
collocation des premiers , & qu'il ſe
rencontre en cette occaſion vn changement d'ordre , qui ſert d'obſtacle
à la contribution generale des rentes conſtituées. Neantmoins ie crois
que l'opinion contraire doit preualoir : parce que la Couſtume ayant
ordonné indiſtinctement la contribution entre les creanciers de rentes
côſtituées , ie n'eſtime pas que la raiſon que nous venôs de propoſer puiſſe ſetuir à former vne exception : attendu que l'effet de la debte priuilegée eſt particulier pour ele , il n'empeſche point que les creanciers des
rentes côſtituées ne faſſent vne maſſe
generale de leurs collocations , qui
ſera diſtribuée par contributiô entre
eux : y ayant en cette occaſion deux
reſpects differents qu'il faut diſtinguer ; ſçauoir , l'vn des rentes conſtituées auec les debtes priuilegées , &
pour ce regard il n'y a point de difficulté qu'il faut ſuiure l'ordre de
priorité & de poſteriorité : & l'autre eſt des rentes conſtituées entre
elles , pour raiſon dequoy la loy de
la contribution ſe trouue eſcrite par
la Couſtume.

26. Il y en a qui ne laiſſent pas
d'inſiſter contre noſtre reſolution,
en faiſant vne nouuelle ouuerture
dans la meſme eſpece. Ils veulent
que le premier creancier de la rente
conſtituée ſoit mis en ordre le premier , pour le prix entier de ſa rente
& des arrerages qui en ſont deubs,

qu'enſuitte le creancier de la debte
priuilegée ſoit colloqué du iour de
ſon tiltre , & apres tous le ſecond
creancier de la rente conſtituée qui
ſe trouue le dernier en hypotheque,
& que ce qui aura eſté pris par le
premier ne vienne à contribution
entre luy & le dernier , ſinon , &
non plus ny moins que ſi les deniers
touchez par le creancier priuilegié
intermediaire auoient eſté receus par
le dernier , pour par vne fiction conſeruer au premier ce qu'il amende-
roit des deniers touchez par l'intermediaire : parce que , ce diſent-ils,
comme c'eſt ſur le dernier & à ſon
preiudice que le creancier priuilegié
eſt payé , il s'enſuit que ce qui eſt
ainſi touché par le creancier intermediaire , doit tourner en pure perte au dernier creancier de rente conſtituée & non au premier , qui eſt entierement colloqué , par le moyen
de ce que ſon hypotheque eſt anterieure.

27. Ce raiſonnement ne me fait
point changer d'opinion : parce qu'il
va à faire voir qu'il ſeroit iuſte d'e-
ſtablir abſolument l'ordre hypothequaire dans la Couſtume de Senlis,
ſi bien que le texte & l'vſage authoriſé par les Arreſts eſtans au contraire , les raiſons qui vont à les deſtrui-
re ne peuuent eſtre d'aucune conſideration : Car quant à ce que ceux
qui ſuiuent l'aduis que nous examinons , veulent imputer au dernier
creancier de rente conſtituée & luy
faire perdre en partie le droit de contribution que luy accorde la Couſtume , en conſequence de ce que
l'hypotheque du creancier priuilegié
ſe trouue anterieure à la ſienne , il y
auroit encore plus de fondement
de luy oppoſer que l'hypotheque de
la premiere rente conſtituée eſt de-

nant la ſienne, puis qu'elle eſt la premiere de toutes ; & cependant c'eſt ce qui eſt deſtruit par la Couſtume, que cet ordre de priorité & poſteriorité entre les creanciers de rentes conſtituées non enſaiſinées: c'eſt pourquoy ſa diſpoſition ſubſi-ſtant nous ne pouuons pas uous em-peſcher de luy obeïr.

28. Le meſme vſage, qui a don-né aux debtes priuilegées & aux Sen-tences, le rang dont nous auons par-lé, ſans qu'il ſe trouue eſtably ny preueu par le texte de la Couſtume, a produit vne queſtion inſoluble que les Grecs appellent ἀντίστρεφον ἢ ἄπορον, *antiquitus crocodilites, à fabula crocodili qui puerum luden-tem in ripa Nili rapuerat : mater conſpicata rogat vt reddat, reddam, inquit fera, ſi verum dixeris, mater dixit non reddes. Inſolubile eſt te-neatur reddere, vel poſſit retinere: nam ſi retinet verum dixit mulier, ergo ex pacto reddere tenetur : ſi red-dit, mulier verum non dixit, ergo ex eodem pacto debet non reddere.* L'hypotheſe qui ſe preſente ſouuent en cette Couſtume eſt de trois di-uers creanciers : le premier pour rente conſtituée non enſaiſinée ; le ſecond pour debte priuilegée, com-me pour reſtitution de dot : & le troiſieſme pour rente conſtituée en-ſaiſinée : On demande comment on colloquera ces trois creanciers, cha-cun pretendant auoir pour luy la re-gle *ſi vinco vincentem te multo magis te*, parce que le creancier de la ren-te enſaiſinée eſtant preferable, com-me premier en hypotheque à la deb-te pour dot, il dit au creancier pour rente enſaiſinée, *vinco vincentem te*: Le rentier enſaiſiné au contraire eſtant par la Couſtume preferable au creancier de la rente non enſai-

ſinée, dit au creancier pour dot *vin-co vincentem te*: Et enfin le crean-cier pour dot eſtant par l'vſage & à cauſe de ſon hypotheque anterieu-re & priuilegiée, preferable à la rente enſaiſinée, il ſe ſert de la meſ-me regle contre le creancier pour rente non enſaiſinée, diſant que s'il prefere la rente non enſaiſinée, à plus forte raiſon la non enſaiſinée, *quia vincit vincentem*; Que faire en cette rencontre ? Comme cette que-ſtion eſt tres-difficile, elle a produit pluſieurs opinions.

29. I. Opinion. Les premiers, qui fauoriſent les rentes s'expedient promptement de cette difficulté, en n'admettant pas cet vſage, intro-duit en faueur des debtes priuile-giées. Ils ſe fondent pour ſouſtenir leur aduis ſur l'Ordonnance de Louis XII. de l'an 1499. qui deffend de receuoir la preuue des vſages mis en auant, & articulez contre les diſ-poſitions des Couſtumes redigées par eſcrit : Et ainſi ils veulent que conformement à ce qui ſe trouue eſcrit dans cette Couſtume, la ren-te enſaiſinée marche la premiere, enſuitte la non enſaiſinée, & apres tout la debte pretenduë priuile-giée.

30. II. Opinion. Ceux qui def-fendent cette opinion, veulent que la debte pour dot obtienne le pre-mier rang : parce que, diſent-ils, cette queſtion eſtant de ſoy inſolu-ble aux termes de cette Couſtume & de ce qui s'y obſerue, il faut auoir recours à la diſpoſition du droiĉt commun qui donne priuilege à la dot, & luy fait preferer les autres; quoy qu'anterieures en hypotheque *l. aſſiduis C. qui potior in pign.* Ce qui peut encore eſtre appuyé d'vne raiſon plus ſolide ; ſçauoir que cette

Couftume & l'vfage qui y eft receu efgalant le priuilege de la dot à celuy de la rente enfaifinée, & la rente enfaifinée preferant la non enfaifinée, dans ce concours & cette difficulté qui fe prefente, la rente enfaifinée prefte la main à la debte pour dot, & luy fait deuancer d'vn degré la rente non enfaifinée, mais pour marcher entre la dot & la rente enfaifinée dans l'ordre de leurs hypotheques entr'elles ; fuiuant quoy dans noftre efpece la debte pour dot doit eftre colloquée la premiere. Ce qui eft conforme à la difpofition du droiĉt efcrit *nouell.* 127. *cap.* 1. où il fe voit que le neueu qui fe trouuant feul habile à fucceder en collaterale à fon oncle decedé fans enfans, eft abfolument exclud par l'ayeul paternel ; neantmoins s'il fe rencontre vn autre oncle du neueu qui foit frere du deffunĉt, il r'approche fon neueu & luy fait prendre part en la fucceffion, en laquelle il n'eut pû rien demander fans cette rencontre. Cela reçoit encore fon exemple parmy nous, en vne autre occafion en laquelle les neueux d'vn deffunĉt fe trouuans feuls habiles à fucceder auec les oncles du mefme deffunĉt, ils n'ont pas le droiĉt d'exclufion, & concourent feulement pour prendre enfemble l'heredité : mais s'il fe trouue vn frere de celuy de la fucceffion duquel il s'agit, il prefte fon priuilege aux neueux, & tous concurremment excluent les oncles.

31. III. Opinion. Les troifiefmes donnent gain de caufe aux rentes non enfaifinées, & fouftiennent que dans cet embarras & impoffibilité d'executer l'ordre de la Couftume, il faut auoir recours au droiĉt commun de la France, qui nous doit

eftre en plus grande recommandation que la Iurifprudence Romaine, que nous ne reconnoiffons pas pour ce regard : Et ainfi que ces debtes doiuent eftre placées fuiuant l'ordre de leurs hypotheques, fans auoir efgard à aucun priuilege : puis qu'ils ne fe peuuent concilier, & que la prerogatiue de la rente enfaifinée, qui eft ce qui produit la difficulté, reçoit en cette rencontre vn obftacle dans fon execution par l'interpofition de la dot, qui eft vne efpece de rampart qui l'empefche mefme de pouuoir donner atteinte à l'hypotheque de la rente conftituée non enfaifinée, & qui doit faire conferuer l'ordre de priorité & de poftériorité. Ils peuuent authorifer leur raifonnement par l'exemple de la loy *æquiffimum* 5. *D. ad SC. Tertull.* en l'efpece d'vne fucceffion, dans laquelle le Iurifconfulte decide que quoy que par l'authorité du Senatus-Confulte Tertullien, la mere eut droit d'exclure l'ayeul qui auoit mefme emancipé fon petit fils : neantmoins dans le cas qui fe prefentoit, l'ayeul deuoit eftre preferé à la mere : attendu que le deffunĉt, des biens duquel il s'agiffoit, auoit auffi laiffé fon pere, qui fe trouuoit entre l'ayeul & la mere : au moyen de ce que le Senatus-Confulte n'auoit pas defrogé au droiĉt de l'ayeul en faueur du pere ; comme il auoit fait pour la mere, & que d'vn autre cofté le pere par le droiĉt commun eftoit preferable à la mere, & fur ce fondement la loy iuge que le pere fe trouuant au milieu, empefche le priuilege de la mere. *Mater vincit auum. Hoc eft verum quando Pater non eft in medio,* difent *Ioannes Faber,* & la gloffe fur cette loy. On adioufte qu'il y a dautant plus de lieu de ſuiure cette opinion, que la raiſon qui auoit fait introduire le priuilege des rentes & des ſaiſines, n'eſt plus maintenant en vigueur, ainſi que nous auons fait voir, & meſme qu'il s'eſt trouué de celebres Iuriſconſultes dans la Prouince qui viuoient peu apres la reformation de la Couſtume, & entr'autres Maiſtre   Driot mon parent, qui a laiſſé des eſcrits ſur differentes matieres, qui ſont tres-dgnes de voir le iour, en y mettant la derniere main, dont ſes deſcendans qui exercent encore auiourd'huy la profeſſion d'Aduocat dans la Ville de Beauuais auec beaucoup d'honneur, ſont fort capables, leſquels eſtoient dans ce ſentiment, que les trois articles que nous examinons ne deuoient eſtre obſeruez que par maniere de prouiſion, en attendant la diſcuſſion de tous les biens, & que ſi les biens diſcutez il n'y auoit pas aſſez pour payer tous les creanciers, ils deuoient eſtre colloquez ſuiuant l'ordre de leurs hypotheques, & fondoient leur aduis ſur l'exemple du tiers detenteur, lequel excipant de la diſcuſſion ioüit par prouiſion: mais la diſcuſſion faite, il doit ſouffrir que les creanciers anterieurs, qui n'ont pas eſté payez, ſoient colloquez auparauant luy ſelon l'ordre d'hypotheque; ne pouuans ſouffrir, comme il eſt en effet abſolument iniuſte, que le creancier d'vne rente conſtituée, qui a pris vne poſſeſſion feinte & ciuile ſeulement par la ſaiſine, ait plus de priuilege qu'vn tiers acquereur qui a poſſedé actuellement l'heritage & qui meſme a pris ſaiſine, lequel apres la diſcuſſion peut ſans difficulté en cette Couſtume eſtre forcé de déguerpir, ou de payer par

tel creancier hypothequaire que ce ſoit; pourueu qu'il ſoit anterieur à ſon acquiſition.

32. IV. Opinion. Ceux-cy veulent que les creanciers qui ſe rencontrent dans noſtre eſpece viennent entr'eux par contribution au marc la liure: parce que comme l'on ne peut pas preferer l'vne de ces debtes à l'autre, qu'il n'y ait inconuenient, & que l'on ne contreuienne à la Couſtume, on ne peut mieux, ce diſent-ils, accommoder ce different qu'en les faiſant toucher par contribution, qui eſt vn moyen d'équité, & conforme à la regle de droict qui dit, *quoties æquitatem deſiderij iuris ratio moratur, iuſtis decretis res temperanda eſt.*

33. V. Opinion. Les cinquieſmes ont trouué vn expedient & pretendent ſortir de ce labyrinthe, en voulant que le creancier de la rente non enſaiſinée ſoit colloqué le premier, mais que le prix de ſa collocation ſoit touché par le creancier de la rente enſaiſinée iuſques à concurrence de ſon deub, & le ſurplus, s'il y en a, par le creancier de la rente non enſaiſinée; que le creancier de la debte priuilegiée ſoit enſuitte mis en ordre, & apres tous, le creancier de la rente enſaiſinée qui touchera ce qui luy reſte deub, ſuppoſé qu'il n'aye pas eſté entierement acquitté ſur le prix de la rente conſtituée, pour le reſte eſtre pris par le creancier de la rente non enſaiſinée: Parce que, ce diſent-ils, il eſt iuſte que le creancier de la rente non enſaiſinée ſouffre ſeul de ſa negligence, ainſi qu'il arriue par ce moyen.

34. VI. Opinion. Dans cette derniere opinion on fait marcher le creancier de la rente enſaiſinée le

premier,

premier, on le fait fuiure par le creancier de la rente non enfaifinée, & le creancier de la debte priuilegiée eft colloqué le dernier. On dit pour feruir de fondement à cet aduis qu'il n'eft pas vray que les trois creanciers, qui conteftent la preference dans noftre efpece, puiffent fe feruir de cette regle de droiſt, *ſi vinco vincentem te, magis te*, tirée de la loy *de acceſſionibus D. de diuerſ. & tempor. præfcript.* Et que ce qui fait que cette difficulté eft fi fort embaraffée que de produire cinq autres opinions differentes, eft que cette maxime fur laquelle cette difficulté eft fondée n'a point efté entenduë à ce fuiet. Et en effet qu'il eft bien vray que le creancier de la rente enfaifinée paffant de plein droit & au defir de la Couftume, au deffus de la rente non enfaifinée, peut dire auec raifon au creancier pour debte priuilegiée, *ſi vinco vincentem te, multo magis te*, parce que fon priuilege eft le plus confiderable, & qu'il prend cette premiere place en vertu d'vn paffedroit que la loy luy accorde: mais que le creancier de la rente non enfaifinée ne peut pas combattre contre luy d'armes efgales ; ny le creancier de la debte priuilegiée contre l'vn & l'autre : dautant que s'ils ont quelque preference à pretendre, ce n'eft que par l'ordre des temps & non point en vertu d'vn priuilege qu'ils ayent l'vn à l'encontre de l'autre : Ce n'eft qu'vn droit de concurrence & non pas d'exclufion, comme celuy de la rente enfaifinée, qui par confequent eft plus fort & plus puiffant. Et ainfi que quoy que le creancier de la rente non enfaifinée, furmonte par l'ordre de l'hypotheque, le creancier pour debte priuilegiée, & ce-

luy-cy le creancier de la rente enfaifinée, il ne s'enfuit pas pour cela qu'ils vainquent le creancier de la rente enfaifinée : parce qu'ils ne combattent pas de mefmes moyens, & le creancier de la rente enfaifinée accordant au creancier de la rente non enfaifinée que par cette raifon il eft furmonté par luy, il ne luy donne point plus d'auantage : parce que fon priuilege qui refulte de l'enfaifinement, eft au deffus de cet ordre hypothequaire ; Et ainfi le plus grand priuilege eftant celuy qui l'emporte, il faut neceffairement que le creancier de la rente non enfaifinée luy cede le premier lieu : car pour faire que cette regle, *ſi vinco*, &c. puiffe eftre employée auec effet, il faut que la mefme raifon fe rencontre dans toutes les parties de l'argument, & fi elle eft differente, la conclufion eft fans doute captieufe & demeure fans effet : comme au cas de la loy *Claudius Fœlix 17. D. qui potiores in pign.* en laquelle vn dernier creancier voulant eftre preferé au fecond par cette regle, *ſi vinco, &c.* en confequence de ce qu'il auoit furmonté le premier par faute de s'eftre bien deffendu, le Iurifconfulte refpond que cette pretention ne doit pas eftre admife, & que le fecond creancier doit demeurer en fa place, & preferer le dernier par cette confideration, qu'il n'auoit pas de raifon à employer contre ce fecond creancier, femblable à celle qui luy donnoit aduantage au deffus du premier : ſi bien qu'il eft abfolument neceffaire pour faire que cette regle ait lieu, qu'il y ait de tout cofté parieté de raifon: comme en cet exemple : S'il eftoit queftion de prefceance entre vn Prefident & vn Lieutenant Particulier

en vn Prefidial, il n'y a point de
doute que le Prefident feroit bien
fondé à dire au Lieutenant Particulier, ie marche deuant le Lieutenant General qui vous precede, &
par confequent vous me deuez ceder : parce qu'en ce cas les raifons
qui accompagnent cet argument
font femblables, fçauoir la fubordi-
nation des charges : ce qui ne fe
trouueroit pas veritable fi le Lieutenant Particulier auoit vne autre
qualité, par le moyen de laquelle il
vouluft maintenir fon rang : car pour
lors y ayant diuerfité de raifons, la
conclufion du Prefident fe trouueroit
defectueufe : Et ainfi que combien
que les creanciers de la rente non
enfaifinée & pour dot foient anterieurs en hypotheque à celuy de la
rente enfaifinée, cela n'empefche
point que ce dernier ne les deuance en vertu d'vn autre priuilege qui
eft plus fort, & qui fait que de plein
droict il marche auparauant le creancier de la rente non enfaifinée, &
par vne confequence tirée de noftre regle, auparauant auffi le creancier pour dot ; puis qu'il eft deuan-
cé par celuy pour rente non enfaifinée, que le creancier de la rente
enfaifinée prefere, n'y ayant pas de
milieu entre les deux : mais que le
creancier pour dot ne peut point
fuiure, dautant qu'il n'a pas la méme raifon pour deuancer le creancier de la rente non enfaifinée, n'y
ayant que l'ordre de leurs hypotheques qui les regle.

25. Cette doctrine fe trouue authorifée par vn exemple entierement femblable qui fe trouue dans
vn excellent Iurifconfulte Grec Har-
menopule *lib. 3. tit. de prærogatiua
mutui* en cette efpece : Par la difpofition de droit la femme pour la

repetition de fa dot preferoit tous
les autres creanciers à la referue du
fifc, qui n'ayant pas droit de deuancer les autres, ne laiffoit pas de marcher par concurrence auec la femme & fuiuant l'ordre de leurs hypotheques, lors qu'il n'y en auoit pas
entr'eux deux : ce fondement fuppofé, vn debiteur a pour creanciers
Titius pour debte particuliere, qui
fe trouue le premier en datte, en
fecond lieu le fifc, & apres tous la
femme ; Le Iurifconfulte refoud que
la femme en ce cas prefere mefme
le fifc : parce qu'elle furmonte cet
autre particulier qui le deuance,
præfertur dos etiam fifco, ce dit-il,
*quod hæc anterioribus creditoribus
anteferatur, qui quidem & fifco
potiores funt :* mais le fifc ne fuit
point & n'exclud pas Titius : dautant
qu'il n'a pas de priuilege à fon efgard. D'où l'on peut conclure qu'au
cas par nous propofé, le creancier
de la rente enfaifinée doit eftre colloqué le premier en ordre, enfuitte
le creancier de la rente non enfaifinée, & au dernier lieu le creancier
pour debte priuilegiée.

26. Pour prendre party dans ces
diuerfes opinions, ie ne puis pas ap-
prouuer le moyen fur lequel la premiere eft fondée : parce que quoy
qu'il conduife à la mefme refolution, que la fixiefme qui eft fondée
en beaucoup de raifons : neantmoins
c'eft fous vn faux principe que ie ne
puis pas aduoüer. Et en effet l'Ordonnance de Louis XII. qui deffend
d'alleguer la preuue d'vn vfage contraire aux Couftumes qui feront ef-
crites, s'entend lors qu'il s'agit d'v-
fage qui deftruit la Couftume, &
non pas quand il eft queftion de fon
interpretation feulement. Cette diftinction a efté authorifée par la

Cour dans les occasions qui se font presentées à ce suiet, & mesme pour le fait dont est question par les enquestes par turbes, & les Arrests dont nous auons cy-desfus fait mention,

37. Le premier moyen de la seconde opinion n'est pas plus considerable; veu que nous ne reconnoissons en façon quelconque le priuilege de la dot, & ne suiuons pas le droict Romain en ses dispositions: mais dans la force de ses raisons, lors qu'elle ne resistent pas aux principes de nostre Iurisprudence. Le deuxiesme moyen dont on se sert pour authoriser cette opinion, & qui est tirée de l'exemple des successions *ab intestat*, ne peut pas aussi seruir de decision à cette difficulté : dautant que ce concours introduit en faueur du nepueu auec ses oncles, se fait par vne disposition particuliere de la loy, & par vne faueur extraordinaire ; sçauoir le benefice de la representation, qui ne doit pas estre tiré à consequence.

38. La troisiesme opinion renferme en soy beaucoup de Iustice & d'équité, & paroist mesme d'autant plus plausible qu'elle reduit les choses au droict commun : mais comme elle renuerse l'ordre & les principes establis par cette Coustume, elle ne doit pas estre receuë ; se rencontrant bien de la difficulté à resoudre nostre question, mais non pas vne impossibilité absoluë. Et quant à l'authorité qui est tirée de la loy *aquissimum ad SC. Tertull.* il est facile de voir par le texte mesme, que Ioannes Faber & la glose se sont abusez, lors qu'ils apportent pour raison de cette loy que l'ayeul estoit preferé à la mere, par la consideration de ce que le pere se trouuoit en-

tre les deux : veu non seulement que le pere, aussi bien que la mere qui pretendoient chacun la succession contre l'ayeul, estoient assistez de la mesme consideration : l'ayeul se trouuant aussi entre le pere & la mere : de sorte que si l'ayeul n'eut eu que ce moyen, les deux autres auroient pû se seruir esgalement de nostre regle *si vinco vincentem te*, *à fortiori te*. Mais aussi la loy mesme porte la raison de sa decision auec elle, sçauoir que l'ayeul, auquel elle donne aduantage, auoit de sa part vn fondement & vn priuilege plus puissant : *Itaque rectius est vnocuius suum conseruare, quod & contrà scriptos hæredes bonorum possessionem accipere solet.* Laquelle raison Monsieur Cuias a estimée estre si decisiue, qu'il est d'auis qu'elle doit seruir de regle pour resoudre toutes les questions semblable. *In l. æquissimum*, ce dit-il, sur la loy 17. *D. qui potiores, proponitur certissima ratio explicandi ἐπισριφουλι quæ sequenda est meo quidem iudicio in omnibus casibus in quibus ἐπισριφον occurrit :* de sorte que par ce moyen cette loy sert plustost à establir la derniere opinion, que nous auons proposée que celle-cy.

39. La quatriesme reçoit la mesme response : puis qu'elle tend aussi à destruire absolument l'ordre de cette Coustume, & mesme les fondemens de la matiere des hypotheques.

40. La cinquiesme a beaucoup d'aduantage sur les autres : dautant qu'elle se trouue authorisée par l'vsage : Et neantmoins il faut demeurer d'accord que le creancier de la rente constituée non ensaisinée peut dire qu'il souffre par ce moyen vn notable preiudice, en ce que par

l'euenement la collocation ne se trouue le plus souuent qu'imaginaire à son esgard, en ne profitant qu'au creancier de la rente constituée ensaisinée, & que le creancier pour dot touche actuellement auparauant luy; quoy qu'il n'ait aucun priuilege à l'encontre de luy pour l'exclure, & que son contract de constitution se trouue anterieur en hypotheque au titre de la dot, ce qui fait qu'il y auroit lieu de les laisser dans le rang de leurs hypotheques entre-eux, en donnant le premier ordre au creancier de la rente ensaisinée en vertu de son priuilege, conformement à l'opinion suiuante, ce qui ne produit aucun inconuenient. Il peut encore adiouster, que c'est sans apparence que ceux qui deffendent cette opinion soustiennent qu'il merite de souffrir ce desaduantage pour sa negligence, & pour n'auoir pas eu le soin de faire ensaisiner sa rente: dautant que cette obiection seroit considerable, si à faute de prendre saisine, il estoit tenu de quelque chose vers les autres creanciers: mais n'ayans aucune action contre-luy, & luy estant libre de laisser sa debte en tel estat qu'il veut, sans qu'il doiue descheoir de l'aduantage qu'il a, pour n'auoir point donné plus de priuilege à sa rente. Et ainsi que c'est sans fondement qu'on luy fait ce reproche pour l'exclure du rang qui luy est deu, & que c'est le mesme argument qu'improuue le Iurisconsulte *Paulus* en la loy *Claudius Felix*, en la personne du second creancier, qui vouloit passer auparauant le premier en consequence de sa negligence, & de ce qu'il s'estoit laissé vaincre par le troisiesme.

41.　A l'esgard de la derniere opinion, c'est celle qui est la plus conforme aux principes du droit commun, & c'est la raison pourquoy elle m'auroit plû d'auantage que les autres: Mais comme elle a aussi les inconueniens, estant impossible de rencontrer vne decision qui satisfasse à tout dans vne question de cette qualité, qui est insoluble d'elle-mesme, & que suiuant cet aduis la debte priuilegée est traittée auec beaucoup de rigueur, en la mettant au dernier rang, quoy qu'elle soit anterieure en hypotheque au creancier de la rente ensaisinée, & qu'il n'ait aucun priuilege à son esgard: C'est pourquoy ayant d'ailleurs esté informé par les Officiers & les Aduocats des principaux Sieges soumis à cette Coustume, que la cinquiesme opinion auroit esté mise en vsage depuis quelques années & qu'elle estoit suiuie sur les lieux d'vn commun consentement, i'estime que dans vne occasion comme celle-cy, en laquelle il faut aduoüer que les principes se combattent les vns les autres, qu'il est à propos de s'attacher à cette cinquiesme opinion, par la raison que l'vsage a pû seruir à former vne loy entre les habitans de la Prouince en cette rencontre, ou la disposition de la Coustume ne peut se concilier par elle-mesme ny par les veritables regles de la Iurisprudence. Ioint à cela que l'on peut dire ce qui vient d'estre touché en passant, qu'il est bien plus iuste de faire que le priuilege de la saisine ait son effet contre la rente non ensaisinée, qu'elle surmonte aux termes de la Coustume, que non point contre la dot ou autres debtes de pareille nature, que nous appellons priuilegées, attendu que le passe-droict que la Coustume accorde aux

rentes enſaiſinées ne s'entend pas
contre cette eſpece de debte.

42. Il reſulte aſſez de ce que
nous auons eſtably cy deſſus, que
la reſolution que nous auons priſe
pour ce qui concerne la debte priuilegiée, doit auſſi auoir ſon application lors que le creancier qui a
obtenu Sentence ſe trouue au meſme lieu : puis qu'ils ſont l'vn & l'autre ſuiets à de ſemblables regles
dans l'ordre des creanciers. Comme auſſi la meſme difficulté ſe rencontrant lors qu'il ſe trouue vn
creancier de debte pour vne fois
payer, le premier en hypotheque,
le creancier de la debte priuilegiée
le ſecond, & le creancier de la rente enſaiſinée le dernier, & cette
queſtion eſtant ſuſceptible des meſmes raiſons de part & d'autre, il
n'y a point de doute qu'elle doit receuoir la meſme deciſion.

43. La diſpoſition ſinguliere de
cette Couſtume & ſa difference auec
les voiſines, comme Paris &
Amiens, donnent lieu à vne difficulté qui ſe preſente ſouuent, particulierement dans le Beauuaiſis, qui
ſe gouuerne par quatre diuerſes
Couſtumes, ſi vn particulier qui eſt
creancier pour differentes cauſes,
d'vn meſme debiteur qui a ſon bien
ſitué ſous pluſieurs Couſtumes,
peut à ſon choix ſe faire payer de
l'vne de ſes debtes ſur les biens de
telle Couſtume qu'il voudra, dans le
deſſein de rendre ſa condition meilleure à l'eſgard de ſes autres debtes:
ou ſi les autres creanciers peuuent
l'obliger à toucher par contribution:
ou du moins s'il peut eſtre contraint
à les ſubroger pour exercer ſes
droicts ſur les autres biens? Pour
rendre cette queſtion plus palpable
par vn exemple : Titius eſt crean-

cier de Mæuius de la ſomme de dix
mil liures, en vertu d'vne Sentence
de l'année 1620. qui luy donne hypotheque ſur deux terres, dont l'v-
ne eſt ſituée ſous la Couſtume d'A-
miens, & l'autre ſous celle de Senlis, enſemble de trois cens liutes de
rente par contract de l'année 1630.
non nampty, ny ſuiuy de Sentence,
en conſequence dequoy il n'a point
d'hypotheque ſur Amiens, mais ſeulement ſur Senlis. Ces deux terres
ſe decretent en meſme temps ſur
Mæuius ; Titius s'oppoſe, mais auec
limitation pour ſa premiere debte
ſur la terre ſituée en la Couſtume
d'Amiens ſeulemeut : afin de ne
point diminuer le fond de ſa ſeconde debte ſur la terre ſituée ſous Senlis, à l'eſgard de laquelle il forme
auſſi oppoſition pour cette deuxieſme debte. Les autres creanciers
ſouſtiennent que Titius ayant eſgalement hypotheque à cauſe de ſa
premiere debte ſur les deux terres
qui ſe decretent en meſme temps,
& en vertu d'vne meſme ſaiſie, il
ne peut pas diuiſer ſon droict
pour rendre ſa condition plus ad-
uantageuſe au préiudice des autres,
& qu'en tout cas il ne peut pas
s'empeſcher de les ſubroger à la
moitié des hypotheques qu'il a
ſur Senlis pour cette premiere debte. La queſtion m'ayant eſté propoſée & à trois autres Aduocats, nous
demeuraſmes tous d'accord que le
creancier eſtant le maiſtre de ſon
action, il auoit pu la diriger comme
il auoit trouué le plus à propos pour
ſon vtilité, & que l'on ne pouuoit
pas luy adiuger dauantage qu'il n'a-
uoit demandé ſur la terre ſituée ſous
la Couſtume d'Amiens : Mais nous
nous trouuaſmes diuiſez ſur la ſubrogation ; les vns eſtimans que la

demande en eſtoit iuſte, parce que Titius eſtant payé, il ne pouuoit pas, ce diſoient-ils, refuſer de ſubroger en ſa place ceux qui pouuoient y auoir intereſt. Ie deffendis l'opinion contraire auec vn autre, & ſuis encore dans le meſme ſentiment : parce que la ſubrogation ne ſe fait point ſans action, qui naiſt ſeulement en matiere ciuile *ex contractu, vel ex quaſi contractu*, & que dans l'eſpece propoſée, il n'auoit contract, ny quaſi contract à l'eſgard des creanciers : Titius ne touchant que ce qui luy eſtoit deu des deniers procedans du prix de leur ſeul & veritable debiteur : de ſorte que comme le debiteur ne pouuoit pas demander la ſubrogation, ſes creanciers, qui en cette occaſion, n'ont pas plus de droict que luy, ne peuuent pas auſſi la pretendre, puis qu'ils ne pourroient la requerir que comme exerçans ſes droicts, & qu'il y auroit meſme de l'abſurdité de faire ſubſiſter l'action hypothequaire, apres que la perſonnelle eſt eſteinte.

44. Au ſuiet de cette queſtion principale il s'en forma vne autre ſubordinée, pour ſçauoir ſi lors que la ſaiſine eſt donnée par le Iuge, comme nous auons dit en l'article 258. qu'il ſe pouuoit faire, elle produit non ſeulement ſon effet dans la Couſtume de Senlis : mais auſſi en la Couſtume d'Amiens, en conſiderant cette ſaiſine comme vne Sentence, en conſequence de ce qu'elle ſe trouue donnée par le Iuge : Il faut reſpondre pour la negatiue, tant parce que la ſaiſine ne ſe prononce point par forme de Iugement, & ne ſe redige pas ordinairement dans le Regiſtre des Sentences ; n'y ayant point meſme de ne-

ceſſité, comme nous auons dit, qu'il s'en garde de minutte, que par la conſideration de ce qu'elle ne porte aucune condamnation de payer, & ne contient autre choſe qu'vn acte de poſſeſſion ciuile des heritages du debiteur : C'eſt pourquoy il y auroit plus de raiſon de ſouſtenir que toutes ſortes d'actes qui ſe font en Iuſtice, les procez verbaux, & autres attribueroient hypotheque, ce qui eſt contraire à l'intention de l'Ordonnance, qui ne parle que des Sentences de condamnations. Et delà il s'enſuit que l'on ne peut point pretendre que l'inſinuation qui ſe fait d'vne donation, par exemple d'vne rente conſtituée, vaille ſaiſine, ou namptiſſement, à l'*inſtar* de ce que nous auons dit de la Sentence ; puis que l'inſinuation qui n'eſt qu'vn ſimple enregiſtrement qui ſe fait ſans connoiſſance de cauſe, & ſans meſme le miniſtere du Iuge, ne peut pas equipoller à la Sentence.

45. Pour la forme de nos ſaiſines, l'article 121. de la Couſtume de Vermandois qui porte qu'vn acte contenant reconnoiſſance d'vne rente ou autre debte ſe peut namptir, combien qu'il ne ſoit d'vne eſcriture authentique & paſſé pardeuant Notaires, peut encore donner ouuerture à vne queſtion parmy nous, pour ſçauoir ſi les rentes paſſées ſous les ſignatures priuées des parties ſe peuuent auſſi valablement enſaiſiner, à l'effet d'acquerir hypotheque & priuilege aux termes de noſtre Couſtume ? Ie n'eſtime pas que la diſpoſition de la Couſtume de Vermandois puiſſe eſtre eſtenduë à la Couſtume de Senlis, par la raiſon qu'il y a vne difference notable entre les deux, laquelle reſulte de ce que dans la Couſtume de Verman-

dois, ce n'eſt point le contract qui
attribuë l'hypotheque, mais le namptiſſement, qui par cette conſideration doit eſtre fait dans vne forme
authentique & regiſtré en vn Regiſtre public, comme il eſt preſcrit
par les articles 119. & 120. au lieu
que dans noſtre Couſtume, c'eſt le
contract paſſé ſous ſeel Royal ou
authentique qui donne hypotheque & la ſaiſine ne contribuë que
pour le priuilege de la rente, & non
point pour l'hypotheque: auſſi n'y
a-il pas d'obligation, comme nous
auons dit, d'en faire de Regiſtre,
ny meſme de faire ſigner les teſmoins: de ſorte qu'il auroit eſté fort
perilleux de donner la vertu de l'hypotheque à vn acte de cette qualité.

46 Mais l'article 119. de la meſme Couſtume de Vermandois contient vne autre diſpoſition, qu'il y
auroit beaucoup de Iuſtice d'eſtendre à noſtre Couſtume de Senlis;
ſçauoir qu'*au refus des Iuſticiers de
faire le nantiſſement, le Sergent leur
commandera de ce faire, à quoy s'ils
ne veulent obeïr, declarera que luy-
meſme nantit de par le Roy, & leur
fera defenſe que doreſenauant ils
n'aient à faire autre nantiſſement
ſur leſdits heritages, que ce ne ſoit à
la charge de ce pourquoy il fait le
nantiſſement. Dont ledit Sergent
fera rapport qui ſeruira d'acte audit crediteur ou acquereur. Et pre-
iudiciera tel nantiſſement aux ſub-
ſequents faits ſur meſmes heritages.*
Et ſans doute qu'il y a d'autant plus
de raiſon d'introduire cette facilité
pour la ſaiſine, que ce n'eſt pas ce
qui donne l'hypotheque ſous cette
Couſtume: ioint que cet acte que
nous voulons rendre equipollent à
la ſaiſine, comme il l'eſt au nantiſ-

ſement, ſe fait au nom du Roy, qui
eſt le Seigneur ſuzerain mediat, ou
immediat de tous les autres Seigneurs du Royaume, & qui par la
conſideration de ſa ſouueraineté
doit rendre à ſes ſuiets la Iuſtice,
que les vaſſaux, ou arriere vaſſaux
ſont refuſans de faire; cecy eſtant
vne image de ce que nous appellons
ſe faire receuoir par main Souuerai-
ne: Et d'ailleurs il ne ſeroit pas iuſte
de reduire le creancier d'vne rente
à auoir vn procez contre le Seigneur,
pour l'obliger à luy donner ſaiſine,
& encore auec ce deſaduantage que
ſon Priuilege ne courreroit que du
iour qu'il auroit contraint le Seigneur par les voyes de la Iuſtice à
luy accorder la ſaiſine: ou du moins
du iour qu'il auroit obtenu Sentence, portant qu'elle vaudroit ſaiſine.
Certainement il importe de retrancher tant que l'on peut les frais &
les longueurs de Iuſtice, & meſme
dans le cas qui ſe preſente, de ne
pas laiſſer l'authorité à vn Seigneur
de fief de preferer vn creancier à
l'autre par l'acceleration, ou le re-
tardement de ſa ſaiſine dans cette
Couſtume, en laquelle nous prati-
quons bien ce qui eſt porté par l'article 82. de la Couſtume de Paris,
qu'il ne prend ſaiſine qui ne veut;
mais elle ne contient pas de diſpoſition qui donne la liberté aux Seigneurs de refuſer la ſaiſine à ceux
qui la demandent d'eux. Comme
fait la Couſtume de Clermont qui
en l'article 97. laiſſe la liberté reci-
proque pour les ſaiſines des rentes
conſtituées.

47. Au reſte les priuileges que
cette Couſtume attribuë à la ſaiſine,
& la difference qu'elle fait de la qualité des debtes, pour leur donner la
preference les vnes ſur les autres,

en abandonnant en quelque façon l'ordre de la priorité & posteriorité des hypotheques, n'empeschent point que les priuileges qui sont plus particuliers, au moyen de ce qu'ils affectent dauantage la chose, & qui sont introduits par le droict commun, n'y ayent leur effect: Comme par exemple le vendeur de l'heritage, & ceux mesme qui ont contribué pour en augmenter la valeur; comme sont les Maçons & autres ouuriers, preferent sans difficulté les rentes constituées par l'acquereur, quoy qu'ensaisinées par les creanciers. Et mesme à l'esgard des creanciers du vendeur la separation de patrimoine y est admise: de sorte que celuy qui n'est que creancier du vendeur pour vne fois payer, mais dont l'hypotheque est anterieure au contract de vente, exclud les creanciers les plus priuilegiez de l'acquereur, ce qui a esté suiuy par les Arrests d'ordre dont nous auons fait mention.

48. De plus entre les creanciers d'vn mesme debiteur, la saisine ne doit pas produire son effet, si le creancier de la rente constituée ne l'a prise auparauant que les heritages du debiteur ayent esté saisis reellement: parce que les biens, par le moyen de la saisie, estans deuenus *pignus Prætorium*, & la Iustice les ayant pris en sa possession pour la conseruation des droicts de tous ceux qui y pouuoient auoir interest, les creanciers des rentes ne peuuent plus y acquerir de priuilege par la saisine ou autrement, & apres l'adiudication les deniers se doiuent distribuer suiuant l'estat des creanciers au temps que la saisie a esté faite: Ce qui est pratiqué dans l'vsage, ainsi qu'il est mesme attesté par les enquestes par turbes, qui ont esté faites pour l'interpretation de ces trois articles.

49. Lors de la premiere impression de ce liure, ie ne m'estois pas aduisé au suiet du priuilege que nostre Coustume donne à la saisine prise par les creanciers des rentes constituées, de former la question de sçauoir, si le creancier d'vne rente constituée non ensaisinée ou d'vne debte pour vne fois payer, peut agir en declaration d'hypotheque contre le tiers detenteur dont le contract est ensaisiné. Il n'y a point de doute que cette question est tres-importante, non point sur les lieux: parce que ceux qui ont l'intelligence de cette Coustume ne peuuent faire aucune difficulté de condamner la negatiue, & de considerer l'opinion contraire comme vn paradoxe: mais dans les esprits de ceux, lesquels quoy que solides ne sont pas entierement versez dans cette matiere; ayant veu des personnes fort intelligens au Palais, où cette question s'est presentée trois ou quatre fois depuis six ans, incliner pour le tiers detenteur, & mesme la cause ayant esté plaidée en la Grand Chambre de releuée, sur l'appel d'vne Sentence des Requestes du Palais du 11. Feurier 1653. qui auoit declaré vn heritage acquis par les Religieuses Carmelites de Ponthoise qui auoient fait ensaisiner leur contract hypotheque à vne rente constituée par leur vendeur & nõ ensaisinée, au profit de M. Iacques Ogier Procureur en la Cour elle fut appointée: quoy que Monsieur l'Aduocat General Talon eut conclud dans les regles, & pour la confirmation de la Sentence: mais depuis l'instance a esté iugée sur vn autre moyen, & sur ce que les Car-

melites

melites ont iuftifié que le prix de leur acquifition auoit efté employé au payement des creanciers ante- rieurs à Ogier. C'eft ce qui me don- ne lieu prefentement de la traitter auec quelque foin particulier : eftant d'vne confequence infinie de ne point laiffer glifier cet erreur qui fe- roit vne feconde ouuerture pour les fraudes, & vne brefche notable au droict commun, auffi bien qu'à l'œ- conomie de noftre Couftume.

50. Ceux qui font d'aduis de ne point admettre l'action en declara- tion d'hypotheque dans l'efpece que nous auons propofée, fe fondent fur la difpofition particuliere des arti- cles 273. 275. & 201. defquels il re- fulte premierement, ce difent-ils, que la preference entre ceux qui fe prefentent pour venir en ordre fur des heritages qui leur font hypothe- quez, ne fe prend point par la datte des contracts ; mais du iour de l'en- faifinement : En fecond lieu que les creanciers qui n'ont pas efté enfai- finez ne viennent que par contribu- tion, & ainfi qu'ils ne font reputez en quelque façon que creanciers chirographaires : Et enfin que l'on reconnoift par les mefmes articles que les debtes mobiliaires dans cet- te Couftume ne viennent en ordre qu'apres tous les creanciers des ren- tes enfaifinées ou non enfaifinées. Ils reprefentent que cette Iurifpru- dence femble auoir efté tirée du droict Romain, dans lequel aupa- rauant que l'action *quafi Seruiana* eut efté introduite, l'on vfoit pour les hypotheques mefmes, de la vin- dication, & que comme celuy qui pretendoit que la proprieté de l'he- ritage luy appartenoit fe feruoit de cette formule, *aio rem meam effe,* le creancier qui auoit hypotheque

en propofoit vne femblable, *aio ius mihi in eam rem effe* ; l'hypotheque n'eftant rien qu'vn droict fur la cho- fe, & l'action hypothequaire vne vindication de ce droict. A ce pre- mier fondement ils en adiouftent vn autre ; fçauoir que pour acquerir le domaine d'vne chofe par la tranfla- tion de proprieté qui engendre en- fuitte vne action en vindication, vne fimple conuention ou paction ne fuffit pas : mais il faut qu'elle foit fuiuie de tradition actuelle. *Non nu- dis pactis & conuentionibus, fed traditionibus & vfucapionibus do- minia rerum transferuntur.* Que c'eft de cette maxime qu'eft tirée la difpofition de la loy *quoties* au Co- de *de rei vindic.* que de deux acque- reurs celuy auquel la tradition a efté faite, le premier eft preferable à l'autre fans confiderer la datte de leurs contracts. Delà ils concluent que comme la faifine qui fe prend du Seigneur eft, à ce qu'ils preter- dent, la veritable tradition dans cet- te Couftume, celuy qui a fait le pre- mier enfaifiner *in detinendo dominio eft potior,* comme parle la loy, & que l'on ne peut pas dire que l'ac- quereur d'vn heritage qui s'eft fait enfaifiner, ait vn droict plus foible que s'il eftoit creancier d'vne rente conftituée enfaifinée, auquel cas la preference ne pourroit pas eftre re- uoquée en doute : parce que, com- me dit Papinien en la loy 1. *D. de pignorib. facilior pignoris retentio quam perfecutio,* & le proprietaire qui poffede eft plus fauorable qu'vn creancier eftranger qui agit contre vn tiers detenteur. Que l'on ne peut pas obiecter que par cette Couftu- me les obligations & les cedules re- connuës en Iuftice emportent hy- potheque : parce qu'à l'efgard de la reconnoiſſance faite en Iugement, il a eſté iugé qu'elle comprend eminemment la ſaiſine à cauſe de l'authorité des choſes iugées, & qu'vne Sentence opere vne eſpece de tradition : Et que pour ce qui concerne l'hypotheque des obligations, elle s'entend, auſſi bien que des rentes conſtituées non enſaiſinées, tant que l'obligé eſt detenteur du fonds qu'il a affecté : mais non pas lors que le domaine a eſté transferé à vn autre par vne ſaiſine anterieure, & que la preuue de cette propoſition ſe tire de la meſme loy *quoties* par laquelle il eſt certain que celuy qui a acheté vn fonds a action contre ſon vendeur tant que l'heritage eſt entre ſes mains, pour l'obliger à en faire la tradition : mais que ſi la vente s'en eſt faite à vn autre poſterieurement auquel il ſoit liuré auparauant cette action, elle demeure aneantie, & le dernier achepteur duquel le contract a eſté reueſtu de la tradition, eſt aſſeuré contre le premier qui n'a point fait pareille diligence. Et ainſi qu'il faut dire que ſi le debiteur eſtoit demeuré ſaiſi de ſes heritages, le creancier de la rente non enſaiſinée, ou le creancier d'vne debte pour vne fois payer, l'auroit pû par ſaiſie contraindre de payer : mais qu'ayant vendu à vn autre qui a preuenu la tradition par l'enſaiſinement, il faut dire auec l'Empereur *eum cui priùs traditio facta eſt in detinendo eſſe potiorem.* Et enfin qu'il y a d'autant plus de lieu d'appliquer cette maxime à l'eſpece particuliere, que quand le creancier auroit obligé l'acquereur à deſguerpir, il n'en pourroit tirer aucun fruict : attendu que ſur le prix qui procederoit de la vente de l'heritage, cet acquereur qui a pris ſaiſine ſeroit touſiours preferable pour ſon indemnité, qui va à la iuſte valeur de l'heritage, au creancier qui ne s'eſt pas fait enſaiſiner, ſuiuant la diſpoſition de cette Couſtume.

51. Ce raiſonnement eſt à la verité ſpecieux : mais il ne peut ſurprendre que ceux qui ignorent les veritables principes du droict eſcrit & de la Couſtume de Senlis. Car pour le regard du premier, tous les moyens que ceux qui ſuiuent cette cette premiere opinion ont emprunté de la diſpoſition du droict eſtans tirez de l'authorité de la loy *quoties,* il eſt fort facile de faire voir qu'elle ne peut ſeruir qu'à leur faire prononcer leur condamnation par leur bouche. Eſtant bien vray que par la diſpoſition de cette loy le ſecond acquereur qui s'eſt mis le premier en poſſeſſion, eſt maintenu en la proprieté de l'heritage contre & au preiudice du premier acquereur, qui a eſté negligent de prendre poſſeſſion : mais il n'en va point de même pour le droict d'hypotheque; eſtant certain dans les maximes du droict ciuil, que le premier acquereur peut hypothequairement exercer ſon action en garentie contre le ſecond acquereur qui a eſté plus diligent que luy à ſe mettre en poſſeſſion : parce qu'en matiere d'hypotheque la tradition n'eſt point neceſſaire, comme elle eſt pour la perfection des contracts de vente, & pour la tranſlation de la proprieté d'vn heritage. *Pignus contrahitur, non ſolum traditione ſed etiam nuda conuentione, & ſi non traditum eſt l. 1. D. de pignorat. act.* ce qui eſt encore decidé dans la loy *ſi balneum 9. D. qui potior in pign.* qui reuient aſſez à noſtre eſpece.

52. Le texte de la Couſtume de

Senlis n'est point plus fauorable
pour la premiere opinion. Et pour
le comprendre, il faut se souuenir
de ce qui a esté estably cy-dessus,
que nostre Coustume n'est pas du
nombre de celles qui n'admettent
pas l'hypotheque sans nantissement
ou saisine : comme la Coustume
d'Amiens, & quelques autres de Picardie & de Champagne, & qu'au
contraire celle-cy a receu l'hypotheque purement & simplement
sans aucune formalité par les articles 164. & 192. Qu'il n'y a aucun
autre article dans la Coustume qui
ait desrogé à cette disposition pour
le premier effect de l'hypotheque,
qui est l'affectation pour faire que
l'heritage qui est vne fois hypothequé à vne debte y demeure affecté
entre les mains de quelques personnes qu'il puisse passer. Et que pour
ce qui est des trois articles, dont
ceux qui sont d'vne opinion contraire à la nostre se seruent, qu'ils ne
regardent que le deuxiesme effet de
l'hypotheque & l'ordre des creanciers entr'eux, sans descharger en
façon quelconque le tiers detenteur
des hypotheques dont son vendeur
a chargé l'heritage pendant le temps
qu'il estoit en ses mains.

53. Et en effet pour le regard de
ce que les articles 201. & 273. portent que les rentes constituées non
ensaisinées sont reputées comme
debtes mobiliaires, la Coustume
s'explique elle-mesme & declare
que c'est au respect des rentes constituées ensaisinées, en consequence de la preference qu'elle donne à
celles-cy contre celles-là : mais au
surplus les rentes non ensaisinées demeurent auec leur droict d'hypotheque qui conserue son effect, non
seulement pour l'affectation, mais

mesme pour l'ordre au regard des
autres creanciers de debtes pour vne
fois payer, que les rentes non ensaisinées precedent, & ensuitte ces
creanciers pour vne fois payer marchent encores entr'eux, suiuant l'ordre de leurs hypotheques.

54. La verité que nous defen-
dons s'establit encore plus particulierement par le texte de nostre
Coustume, laquelle, apres auoir
dit, en l'article 197. que toute personne peut constituer rentes sur les
heritages tenus en fief, en censiue,
ou autre droict reel d'aucun Seigneur, & que telle vendition & constitution de rente est bonne & valable, combien qu'elle ne soit ensaisinée n'infeodée, elle adiouste en
l'article immediatement suiuant,
que cette rente ainsi venduë & constituée a cours sur les heritages du
vendeur ou constituant quand ils
sont tenus & possedez par luy ou ses
heritiers ou par vn tiers detenteur,
ou par le *Seigneur* feodal à tiltre particulier, lequel n'est excepté des
rentes non ensaisinées par l'article
199. qui suit les deux autres, que
quand les heritages luy reuiennent
en qualité de Seigneur, & encore
lors que le creancier a esté negligent
de faire ensaisiner ou infeoder sa
rente par plus de 40. iours.

55. Et enfin quant à la derniere
raison dont les premiers se seruent,
que l'acquereur ensaisiné seroit toûjours preferable dans nostre espece
sur le prix de l'heritage au creancier
de la rente non ensaisinée ou de la
debte pour vne fois payer, cette
proposition est aussi contraire aux
termes & à l'esprit de la Coustume,
par laquelle la saisine ne qualifie
l'hypotheque & ne la rend priuilegiée qu'à l'esgard des rentes con-

ſtituées : dautant que les textes des articles 201. 273. 274. & 275. qui parlent de cet enſaiſinement & de ſon priuilege ne comprenans que les rentes, on ne peut pas eſtendre leur diſpoſition d'vn cas à l'autre. Sans que le raiſonnement dont les autres ſe ſeruent, que l'acquereur ayant la proprieté de l'heritage auec la ſaiſine, il merite bien d'auoir autant d'aduantage qu'vn ſimple creancier de rente enſaiſinée, veu que celuy-cy n'a droict qu'en la choſe, au lieu que le droict du detenteur eſt la choſe meſme, puiſſe-eſtre d'aucune conſideration ; parce qu'en matiere de priuileges, on n'argumente point par identité de raiſons, & il eſt neceſſaire qu'vne eſpece ſoit preciſement compriſe en la loy, pour pouuoir participer au priuilege Et d'ailleurs il y a beaucoup de difference entre les deux eſpeces : attendu que pour ce qui regarde le detenteur d'vn heritage, la ſaiſine ne peut eſtre d'vtilité que pour le retraict lignager, ou à l'eſgard du Seigneur ; ne pouuant rien adiouſter à l'hypotheque de la garentie qui luy eſt deuë en vertu du contract : puis qu'il a vne poſſeſſion reelle & actuelle, & que la ſaiſine n'eſt qu'vne poſſeſſion feinte & ciuile ; ſon plus grand auantage eſtant d'eſtre comparée à l'apprehenſion de fait : ainſi qu'il paroiſt par les articles 211. & 212. cy-deſſus qui concernent la donation: de ſorte que c'eſt contre les regles de pretendre que l'image & la fiction puiſſe auoir plus d'effect que la verité meſme. C'eſt pourquoy comme ceux de la premiere opinion ſont obligez de demeurer d'accord, que ſi le contract de l'acquereur n'eſtoit pas enſaiſiné, il ne pourroit pas s'empeſcher aux termes de noſtre

eſpece d'eſtre preferé par les autres creanciers, il faut auſſi qu'ils aduoüent que la meſme reſolution doit auoir lieu dans le cas de la ſaiſine : puis qu'elle ne leur donne pas vn plus grand droict que celuy qu'ils ont par la poſſeſſion actuelle. Ce qui eſt decidé par les articles 197. & 198. en vertu d'vn argument different de celuy que nous en auons deſia cité, & qui reſulte de ce qu'ils portent que le creancier hypothequaire, quoy que non enſaiſiné du vendeur peut agir en declaration d'hypotheque contre le Seigneur feodal qui a acquis à tiltre particulier l'heritage qui eſtoit tenu de luy en cenſiue ou autrement : D'où il s'enſuit que la ſaiſine n'empeſche point l'effet de l'hypotheque contre vn tiers detenteur : veu que le Seigneur qui acquiert dans ſa cenſiue eſt enſaiſiné de plein droict par le ſeul titre de ſon acquiſition. Auſſi les Turbiers qui ont eſté oüis dans les enqueſtes par turbes dont nous auons fait mention, n'ont-ils point donnez d'autre rang aux creanciers pour garentie, que celuy des debtes que nous appellons priuilegées, leſquelles, comme nous auons dit, n'ont droict d'exclure aucun autre creancier & conſeruent ſeulement leur ordre de priorité & de poſteriorité auec tous les autres creanciers de telle nature qu'ils ſoient : de ſorte que ſuiuant ce principe, qui n'eſt point ſiſceptible de difficulté, dans la Couſtume, l'acquereur n'ayant aucun priuilege à cauſe de la garentie qui luy eſt deuë contre les autres creanciers qui ont contractez auec ſon vendeur auparauant luy, rien n'empeſche qu'ils ne puiſſent l'obliger à les payer ou à deſguerpir en vertu de l'action en declaration d'hypotheque.

56. Il resulte assez de ce que nous auons dit cy-deslus, qu'il est de tres-grande consequence en cette Coustume de faire ensaisiner les contracts de constitutions, & qu'il arriue souuent que les creanciers de rentes ne viennent pas en ordre faute d'auoir pris cette precaution, ce qui donne lieu à vne difficulté qui se presente assez frequemment entre le cedant & le cessionnaire d'vne rente auec clause de garentir, fournir & faire valoir : On demande si le cessionnaire ayant negligé de prendre saisine sur les biens du debiteur, & en consequence ayant esté preferé par d'autres creanciers de rentes constituées qui s'estoient fait ensaisiner posterieurement au transport, il peut exercer son recours de garentie contre son cedant apres que les biens du debiteur ont esté discutez, sans qu'il ait pû estre payé, & si le cedant peut luy opposer pour fin de non receuoir sa negligence. Maistre Iulien Brodeau en son Commentaire sur Monsieur Loüet lettre F. nomb. 2. traite la question fort au long, & apres auoir rapporté des Arrests contraires interuenus, tant pour le pays de namptissement, que pour les Coustumes de saisine, où les raisons de decider sont semblables, il prend le party du cessionnaire, pretendant que le cedant ne peut pas s'empescher de luy garentir son transport par la consideration de ce qu'il ne s'est point fait namptir, ou ensaisiner. I'estime aussi que cette opinion est la meilleure, & qu'il la faut suiure : parce qu'en vn mot la saisine, ou le namptissement concerne le tiltre de la debte que le cessionnaire n'est pas obligé de rendre meilleure qu'elle ne luy auoit esté donnée, & c'est assez pour pouuoir exercer son recours, qu'il la conserue auec les mesmes aduantages qu'elle luy a esté transportée, en ne la ssant point perir les hypotheques & les seuretez que la rente auoit lors du transport, & le cedant a d'autant plus de mauuaise grace d'opposer le defaut de saisine, que c'est luy qui a commis la premiere faute en ne la prenant pas.

a *A la charge desdites rentes ensaisinées.*] Cela a esté corrigé par vn non vsage, par la raison que i'ay desia touchée plusieurs fois, que la nature de ces rentes estoit lors inconnuë. Et toutesfois il y en a plusieurs qui se trompent en cet endroit, & croyent que cette clause a esté introduite en faueur de la rente & du creancier, ce qui n'est pas ; car l'on n'a iamais douté que ces rentes ne fussent racheptables toutes fois & quantes qu'il plaisoit au debiteur : mais il ne pouuoit iamais estre contraint à les rachepter, parce que l'assignat de ces rentes passoit tousiours sur l'heritage qui estoit leur seule asseurance : de sorte que le creancier n'auoit pas suiet de se plaindre & de demander le rachapt, quand les heritages qui luy estoient obligez, estoient passez par decret, & le debiteur auoit interest que son heritage fust vendu à la charge de la rente, parce que l'argent estant lors rare, il eust esté difficile d'en trouuer vn grand prix content ; & d'ailleurs il en demeuroit deschargé *distractione pignorum*, veu que les assignats estoient lors limitatifs : mais comme on a mieux reconnu la nature de ces rentes, qu'elles ont produit des obligations pures personnelles & hypothequaires generales contre les constituants, & qu'ils n'estoient plus deschargez par la vente forcée de leurs heritages, ſi la rente n'eſtoit racheptée, l'vſage a du tout changé & cette clauſe n'a plus eu de force ; dé ſorte que l'on ne ſçait plus ce que c'eſt que de vendre maintenant à la charge d'vne rente enſaiſinée.

b *S'il y a aucun qui les mette à prix à la valeur de ce, & non autre-* ment.] Cette fin iuſtiſie encore ce que nous venons de dire, pour monſtrer qu'il ne deſpendoit pas du creancier de faire prononcer cette charge : car ſi cela euſt eſté, il euſt eu droit d'empeſcher que l'heritage obligé à ſa rente, n'euſt eſté vendu par decret, ſinon à la charge de ſa debte.

CCLXXVI.

Item, il conuient que les creanciers deſdites rentes proprietaires & rentes enſaiſinées & infeodées, ou de celles qui ne ſont enſaiſinées, s'oppoſent, ſi bon leur ſemble, auſdites criées, auant l'adiudication & ſeellé *a* du decret : ou s'ils ne s'oppoſent, ils perdront leur droit de rente & hypotheque, tant pour le principal, que les arrerages, ſur leſdits heritages criés, & ſur celuy à qui ils auront eſté adiugez.

a *Auant l'adiudication & le ſeellé.*] On obſerue en cette Couſtume l'article 5. de l'Ordonnance des criées, qui veut que les oppoſitions afin de diſtraction ou de charge, ſoient faites & vuidées auant le congé d'adiuger ; autrement & ſi elles ſont formées apres le congé d'adiuger, elle ne valent que pour conſeruer,

CCLXXVII.

Item, quand aucun detenteur & proprietaire d'aucun heritage, ſoit par decret ou autre titre particulier, a acquis ou acquiert aucune rente conſtituée ſur ledit heritage, icelle rente eſt confuſe & eſteinte, *a* & ne ſe peut ledit proprietaire ou detenteur ayder contre les autres creanciers ayans droit de rente ou hypotheque ſur iceux heritages, poſé ores qu'ils fuſſent ſubſecutifs en datte deſdites rentes, *b* ou rente confuſe, ſi ce n'eſtoit toutefois, que la proprieté deſdits heritages fuſt euincée par Iuſtice dudit detenteur & proprietaire : auquel cas par ladite Couſtume, ledit acqueſteur de rente ou autre charge de qui ſeroit euincée la proprieté deſdits heritages, pourroit valablement demander ſes droits & actions de rentes & autres charges par luy acqueſtées, tant ſur leſdits heritages euincés, comme ſur les autres non euincez, ainſi que les autres creanciers ; & tout ainſi qu'il euſt pû faire auparauant l'acquiſition de la proprieté deſdits heritages.

a *Efteinte.*] Cet article fuppofe l'affignat particulier & limitatif des rentes conftituées, ainfi qu'il fe pratiquoit autrefois, & que nous auons expliqué en la note que nous auons faite fur l'article 106. Car maintenant que nous confiderons les rentes conftituées comme perfonnelles, il eft certain que quoy que nous acquerions vn heritage hypothequé à noftre rente, nous pouuons encore la demander non feulement au principal debiteur : mais mefme faire appeller en declaration d'hypotheque les acquereurs qui fe trouueront pofterieurs à nous,

b *Pofé ores qu'ils fuffent fubfecutifs en datte defdites rentes.*] Cecy doit s'entendre d'vne action directe : mais fi le detenteur de l heritage fait voir que la rente qu'il a acquife, & qui eft anterieure en hypotheque aux autres creanciers abforbe entierement la valeur de l'heritage, & qu'ainfi le defguerpiffement qu'il en pourroit faire n'apporteroit aucune vtilité aux autres creanciers, & ne produiroit autre effect que de confommer vne partie en frais de Iuftice, ie crois en ce cas que *exceptione doli mali*, & par vne raifon d'équité, qui doit toufiours eftre embraffée par les Iuges, on

doit fans difficulté conferuer le detenteur en la poffeffion de fon heritage, dont le prix fe trouue abforbé par fa rente qui eft la premiere en hypotheque, & en ce faifant le defcharger des hypotheques des autres creanciers. Et mefme fi la valeur de l'heritage n'eftoit point confommée par la rente, i'eftime qu'il feroit fort iufte de le difpenfer de le defguerpir, en fuppléant la iufte eftimation aux creanciers qui le fuiuent : puis que par ce moyen ils font mis entierement hors d'intereft, & que la Iuftice n'admet pas d'actions inutiles. Ce qui fe pratique tous les iours dans vne efpece femblable, & lors que l'acqueteur d'vn heritage a encore le prix entre fes mains ; les creanciers eftans obligez de fe contenter que ce prix foit diftribué entr'eux, à moins qu'ils ne faffent connoiftre qu'il eft moindre que la iufte valeur de l'heritage.

Si ce n'eftoit toutesfois que la proprieté defdits heritages fuft euincée, &c.] Cecy eft conforme à la difpofition de la loy *fi quid poffeffor* 31. §. 1. *& 2. D. de hæredit. petit. & l. fi Dominus* 57. *D. de vfufr.* Comme auffi à l'article 15. de l'Ordonnance du Roy Charles VII. du mois de Nouembre 1441.

CCLXXVIII.

Item quand aucun heritage eft crié & fubhafté, le droit de cens ou fonds de terre Seigneurial, doit preferer tous les autres droits de rentes conftituées ou autre droit, foit proprietaire, enfaifiné ou infeodé, pofé ores qu'aufdites criées ledit Seigneur fe foit oppofé ou non, combien que fi le Seigneur n'eft oppofant, il perdroit les arrerages de tel droit de cens.

CCLXXIX.

Item, droit de cens & fonds de terre deu à aucun Seigneur, ne fe perd point par criées, & ne peut eftre prefcrit.

Et fons de terre,] *Scilicet* Seigneurial, & qui tienne lieu de cenſiue, comme il arriue quelquefois, particulierement dans l'eſtenduë de cette Couſtume, qu'vn heritage n'eſtât point chargé de cens doit champart, ou vne autre eſpece de redeuance Seigneuriale, qui emporte lots & ventes, & qui a pour ce regard autant de priuilege que la cenſiue. Car pour ce qui eſt des autres rentes foncieres & proprietaires, par la diſpoſition de l'article 276, cy-deſſus, elles ſe purgent par decret : comme les autres debtes, ſi celuy qui en eſt le creancier ne s'y eſt point oppoſé.

CCLXXX.

Item, quand aucun heritage eſt mis en criées, tel heritage crié, ſubhaſté & adiugé, eſt franc de toutes autres charges, excepté de celles des oppoſans, & auſquelles tel heritage eſt adiugé, auec les droits de cenſiue & fonds de terre.

De toutes autres charges.] Qui ſoient preſentes & eſcheuës : Car ſi elles ſont en ſuſpens, comme le doüaire & le *fideicommis* auparauant qu'ils ſoient acquis à ceux qui y ſont appellez, le decret ne les purge point ſuiuant cette regle de droict, *contra non valentem agere non currit præſcriptio*, & ainſi que nous auons fait voir pour le doüaire par les Arreſts que nous auons rapportez ſur l'article 177. il faut pourtant obſeruer cette difference, que quoy que regulierement les fideicommiſſaires & les doüairiers ayent droict en faiſant caſſer le decret de reuendiquer la proprieté de l'heritage qui leur appartient à tiltre de doüaire ou de ſubſtitution : neantmoins ſi l'adiudication auoit eſté faite à la requeſte d'vn creancier anterieur au doüaire & au fideicommis, elle ſubſiſteroit, & les enfans & les fideicommiſſaires ont ſeulement droict en ce cas d'appeller de l'ordre & de ſe pouruoir contre les creanciers poſterieurs à eux, pour leur faire rapporter ce qu'ils ont touché iuſques à concurrence de doüaire ou du fideicommis.

CCLXXXI.

Item, quand vn heritage eſt mis en criées & adiugé par decret au plus offrant, ſans la charge de l'oppoſition d'aucun qui pretendoit y auoir droit, qui ne s'y eſt oppoſé ; tel non oppoſant par l'adiudication du decret qui en eſt fait, perd le droit reel qu'il y pretendoit, & qu'il euſt pû demander ſur ledit heritage crié, & d'iceluy droit en eſt debouté, excepté le Seigneur, pour ſondit droit de cenſiue & fonds de terre, comme deſſus eſt dit.

CCLXXXII.

Item, le creancier qui fait faire leſdites criées d'aucun heritage, n'eſt tenu de faire ſignifier leſdites criées, & l'adiudication

dication du decret, aux autres creanciers ayant droit d'hypotheque fur lefdits heritages criez, fi bon ne luy femble, fi lefdits creanciers ne s'eftoient oppofez aufdites criées, en la
main du Sergent executeur, ou Greffier du lieu auquel fe doit
faire ledit decret, auquel cas leur feroit donné iour, pour dire
leurs caufes d'oppofition.

CCLXXXIII.

Item, quand aucun heritage eft mis en criées, chacun eft
habile à foy oppofer aufdites criées, & à iceluy heritage rencherir, iufques à ce que ledit decret foit figné & feellé en iugement du feel du Iuge pardeuant lequel eft fait l'adiudication dudit decret de l'heritage ainfi crié que dit eft. Apres lequel feel ainfi appofé, aucun n'eft receuable à foy oppofer, n'à
y mettre enchere, mais auant qu'iceluy decret foit feellé, fera
apporté en iugement tout preft & groffoyé, & fera fignifié que
la huiétaine enfuiuant il fera feellé & expedié.

CCLXXXIV.

Item, pour valider & rendre valables les criées faites d'aucuns heritages, pour eftre vendus par decret au plus offrant &
dernier encherifleur, par vertu des lettres obligatoires ou con-
demnations fur ce faites, conuient & eft requis, que les criées
de tels heritages que l'on veut ainfi vendre par decret, foient
faites publiquement, aux Sieges où lefdits heritages feroient
vendus. *a* Et fi les heritages criez font affis en autre Chaftellenie que celle où ils font vendus, conuient qu'ils foient criez
au Siege & Auditoire ordinaire de la Chaftellenie & Preuofté
où font affis tels heritages, par Sergent ayant pouuoir de ce
faire, foit par obligation ou condemnation à faute de payement, ou de garnifon de meubles pour fatisfaire au deu, par
quatre quatorzaines fans difcontinuation : & fi conuient qu'elles foient rapportées ou relatées par efcrit au Iuge, pardeuant
lequel le decret de tel heritage ainfi crié fe doit adiuger, &
auffi que le debteur fur lequel fe font lefdites criées, foit adiourné à fa perfonne, ou à fon domicile, pour voir adiuger tels
heritages par decret. Et lefdites criées faites & parfaites, &
huit iours auparauant l'adiudication par decret de tels heritages criez, en feront mifes attaches ou affiches par efcrit, à la
porte de l'Eglife & Parroiffe en laquelle lefdits heritages criez
feront fituez & affis, & à la porte de l'Auditoire, & autres
lieux publics, où telle adiudication fe fera.

a. Conuient & eſt requis que les criées de tels heritages que l'on veut ainſi vendre par decret, ſoient faites publiquement aux ſieges ou leſdits heritages ſeront vendus, &c.] Cette formalité de faire les criées aux Sieges & Auditoires ne s'obſerue plus, ayant eſté abolie par la diſpoſition de l'article 3. de l'Ordon-

nance des criées qui porte *que les criées ſeront faites & continuées ainſi qu'il eſt accouſtumé faire aux iours de Dimanches & iſſuë de grand Meſſe Parochiale, tant és Villes qu'és Villages, ſans ce qu'il ſoit beſoin faire leſdites criées és Auditoires, ainſi que l'on auoit accouſtumé de faire.*

CCLXXXV.

Item, & l'aſſignation eſcheant que ſe doit faire l'adiudication deſdites criées, ſera procedé à ladite adiudication, ſans faire droit prealablement ſur la priorité ou poſteriorité des creanciers & oppoſans auſdites criées, & ſauf à faire diſcution apres ladite adiudication faite, auſſi bien qu'au precedent.

Nous receuons ſans difficulté l'appel des decrets, tout ainſi que des Sentences iuſques à 30. ans, & en conſequence la Cour par Arreſt donné au Roolle de Senlis, le Lundy 1. Fevrier 1621. reprouua le ſtile du Bailliage de Beauuais, & fit deffences de plus faire les adiudications par decret à la charge que l'adiudicataire ou le pourſuiuant, ne ſeroit pas garend des nullitez pretenduës apres dix ans, & ordonna que l'Arreſt ſeroit leu au ſiege de Beauuais.

Il a eſté iugé par Arreſt ſolemnel du 29. Nouembre 1650. donné en l'Audience de la Grande Chambre, conformément aux Concluſions de Monſieur l'Aduocat General Bignon, apres que lecture euſt eſté faite de quelques Arreſts, que l'on pretendoit contraires, que les Receueurs des Conſignations ne peuuent prendre leurs droicts, ny receuoir les Conſignations des deniers procedans des Adiudications par decret faites dans les Iuriſdictions ſubalternes; auec deffenſes aux Greffiers des Iuſtices ſubalternes, de prendre aucun droict ſur les deniers conſignez, ſur peine de concuſſion. Cet Arreſt donné entre Monſieur l'Eueſque de Laon, & le Receueur des Conſignations de la meſme Ville.

CCLXXXVI.

Item, quand aucun a pris vn heritage à rente, & à ce s'eſt obligé à touſiours ou à temps, & promis ledit heritage entretenir, a tellement que ladite rente y puiſſe eſtre perceuë, tel preneur ne ſe peut departir dudit contract de priſe, ne renoncer à icelle priſe, ſans l'exprez conſentement du bailleur, ou de celuy qui aura cauſe de luy.

a *A touſiours ou à temps, & promis ledit heritage entretenir.*] Il faut
entendre cette clauſe coniointement ; de ſorte qu'il ne ſuffit pas que
le preneur ſe ſoit chargé de payer la
rente à touſiours ou à temps, pour
l'exclure du déguerpiſſement : mais
il faut auec cela qu'il ait promis entretenir l'heritage en valeur : *vt mi-
nùs lædatur ius commune* ; l'effet de
cette particule, *&*, eſtant de ioin-
dre, ou de diſioindre, ſuiuant la qualité de la diſpoſition dans laquelle
elle eſt employée, quoy que die Loyſeau, liu. 4. chap. 11. num. 9. du déguerpiſſement, où il interprete autrement cet article de noſtre Couſtume. Et en effet ſi on expliquoit
les termes de cette clauſe ſeparement, il s'enſuiuroit que le deſguer-
piſſement n'auroit iamais de lieu en
matiere de rentes foncieres dans noſtre Couſtume : veu qu'il n'y a point
de contract de bail à rente dans lequel le preneur ne ſe ſoit obligé de
payer la rente à touſiours ou à
temps.

A touſiours ou à temps.] Les rentes foncieres & de Bail d'heritages,
que cette Couſtume appelle en pluſieurs articles proprietaires, ſont
perpetuelles & non racheptables de
leur nature : de ſorte meſme que ſi
le preneur a ſtipulé dans le contract
la faculté de rachapt en ſa faueur,
cette faculté, comme n'eſtant qu'v-
ne action perſonnelle & contre laquelle la qualité du contract recla-
me ſe preſcrit par 30. ans ; ainſi qu'il
eſt ſingulierement decidé par l'article 120. de la Couſtume de Paris qui

eſt receu dans les autres Couſtumes,
comme eſtant fondé ſur vne raiſon
vniuerſelle. Toutesfois les rentes
foncieres qui ſont creées ſur les maiſons de Ville & Fauxbourgs, ſont
racheptables à touſiours, en vertu
des Ordonnances de Nouembre
1440. Feurier 1539. Ianuier 1552. &
May 1553. à raiſon du denier 20. ſi
elles ne ſont ſtipulées racheptables à
plus haut prix ; leſquelles ſont en
vigueur, & en conſequence ſont interuenus diuers Arreſts qui en ont
ordonnez l'execution dans la Ville
de Beauuais, & meſme la Cour l'a
iugé en bien forts termes à l'eſgard
des Villes qui ſont ſouſmiſes aux
Couſtumes de Paris & d'Orleans :
Car quoy qu'elles ayent eſté refor-
mées depuis les Ordonnances, &
que la premiere en l'article 121. ne
parle que de la Ville de Paris, &
l'autre en l'article 270. de la Ville
d'Orleans ſeulement, par le moyen
dequoy il ſemble qu'elles ayent voulu exclure les autres Villes, neantmoins le contraire a eſté iugé par les
Arreſts, & particulierement par
deux des 13. May 1648. & 11. Aouſt
1657. pour les Villes de Pitiuiers &
de Boiſgency, le premier rendu entre Iacques Vidier d'vne part, &
Iean Malidore d'autre, ſur l'appel
d'vne Sentence renduë par le Preuoſt de Pitiuiers, & la deuxieſme entre Gabriel Langlois & les Marguilliers de la Fabrique de S. Fir-
min de Boiſgency, ſur l'appel d'v-
ne Sentence du Preuoſt du meſme
lieu.

CCLXXXVII.

Item, vn locateur de maiſon, le terme dudit loüage écheu,
peut faire executer le conducteur, & luy faire garnir la main

de biens pour le deu. Et s'il s'en part hors de ladite maiſon loüée, & tranſporte tous ſes biens, ledit locateur peut contraindre par Iuſtice, à remettre les biens meubles en ladite maiſon loüée, pour faire execution ſur leſdits biens, ainſi remis que dit eſt, iuſques à la concurrence du deu dudit loüage.

Vn locateur de maiſon.] La diſpoſition de cet article eſt differente de celle de l'article 171. de la Couſtume de Paris, en ce que celuy-cy ne parle point des Fermes des champs, & ne porte point meſme que le proprietaire ait priuilege ſur les meubles qui ſont en ſa maiſon contre vn autre creancier du locataire qui les aura fait ſaiſir le premier : mais ſeulement qu'il a droict d'obliger le locataire de garnir la maiſon de meubles, ou du moins de remettre ceux qu'il en a oſté ; au lieu que la Couſtume de Paris paſſe plus auant, & eſtablit que le proprietaire doit eſtre payé le premier, non ſeulement ſur les biens de ſon locataire qui ſont en la maiſon de Ville qu'il tient de luy : mais auſſi ſur ceux qui ſe trouuent en ſa ferme des champs.

Si bien que la queſtion eſtant entiere dans noſtre Couſtume, & celle de Paris, qui eſt ſinguliere en cette occaſion, n'ayant aucun empire ſur les autres, on en a abandonné la diſpoſition pour ſuiure la raiſon eſcrite, qui a diſtingué les maiſons des Villes d'auec les Fermes des champs, en donnant priuilege aux proprietaires ſur les meubles qui ſe trouuent dans les premieres, & non point dans les autres. *Eo iure vtimur, vt quæ in prædia vrbana inducta, illataue ſunt, pignora eſſe credantur, quaſi id tacité conuenerit. In ruſticis prædijs contra obſeruatur l. eo iure 4. D. in quib. cauſ.*

pign. l. item quia D. de pactis & l. certe 5. C. de locat. & cond.

Le fondement de cette Iuriſprudence, & la raiſon pour laquelle le droict Romain n'a accordé aucun priuilege au proprietaire ſur les meubles qui ſont dans ſa Ferme, reſulte de ce que regulierement les edifices conſtruits ſur vne Meſtairie n'entrent pas en conſideration pour augmenter le prix du fermage, lequel ne ſe paye qu'à proportion des heritages dont la ferme eſt compoſée : ſi bien que le maiſtre doit ſe contenter d'auoir ſon priuilege ſur ſa choſe, & ſur les fruits qui prouiennent de ſes heritages, ſans vouloir l'eſtendre ſur les autres biens du Fermier qui procedent de ſon induſtrie particuliere, & quoy que ce ſoit, qui ne doiuent rien pour leur occupation : attendu que les baſtimens d'vne Ferme ne ſont faits principalement que pour loger les grains & les autres fruits de la terre.

Cette raiſon, ſur laquelle la deciſion des loix eſt eſtablie, nous doit faire dire que lors que dans la Campagne il ſe trouue des baſtimens qui ſont loüez, par la conſideration de ce qu'ils ſont, & non point par reſpect aux heritages dont ils deſpendent : comme ſont les Hoſtelleries baſties aux champs, & tous autres edifices qui meritent vn loyer particulier, les meubles du locataire qui s'y rencontrent ſont affectez, auec priuilege au proprietaire pour le payement du loyer qui luy eſt deu.

Ce qui conuient fort bien aux termes des loix, & à l'esprit du droict ciuil, qui ne distinguoit point la qualité des heritages par leur situation: Mais par leur matiere & leur substance, pour raison dequoy nous auons vn texte qui semble fait pour confirmer nostre pensée ; c'est en la loy *Vrbana* 1, 8. *D. de verb. signif. vrbana prædia*, dit le Iurisconsulte, *omnia ædificia accipimus, non solum ea quæ sunt in oppidis, sed etsi fortè stabula sunt, vel alia meritoria in villis & vicis, vel prætoria voluptati tantum deseruientia : quod vrbanum prædium non locus facit, sed materia.*

Et ainsi la decision du droict Romain estant fondée en raison, & d'ailleurs nostre Iurisprudence Françoise en ayant tiré la matiere des hypotheques, particulierement pour ce qui est des priuileges ; l'hypotheque legale des dots & des tutelles, n'ayans point d'autre fondement parmy nous que l'exemple de ce droict, nous n'auons pas deu sans doute nous en esloigner en cette occasion : & ce d'autant plustost qu'il s'agit d'estendre vn priuilege, ce que nous ne pouuons point faire sur l'authorité seule de la Coustume de Paris, qui ne peut pas auoir force de loy dans les autres Coustumes : Tellement que sa disposition estant particuliere, elle doit estre renfermée dans son territoire.

Aussi voyons-nous que la Cour ne s'y est pas arrestée quand nostre question s'est presentée dans les autres Coustumes, dont nous auons mesme vn Arrest pour la Coustume de Senlis, duquel Maistre Anthoine Mornac fait mention sur la loy *in prædijs* 7. *D. in quib. cauf. pign. sed vt translata aliò coloni mobilia per-*

sequi liceat, ce sont ses termes, *soli Parisiensium mores admittunt cà.*171. *vetuit enim hoc ipsum Ordo amplissimus apud Syluanectenses, causam agente Petro Germano, licet contermina sit regio.*

Ie n'ignore point que Maistre Iulien Brodeau en son Commentaire sur Monsieur Loüet, lettre F. nomb. 4. fait mention d'vn Arrest contraire interuenu en la cinquiéme Chambre des Enquestes le 9. Feurier 1630. par lequel il dit auoir esté iugé en la Coustume de Vitry, qui ne termine point cette question, non plus que la nostre, que le proprietaire d'vne Ferme des champs, deuoit estre preferé à vn creancier saisissant sur les grains, meubles & bestiaux trouuez dans la Ferme. Et mesme i'ay esté fort surpris, quand ayant veu depuis peu les additions qui ont esté imprimées aux notes que Maistre Gilles Fortin a faites sur la Coustume de Paris, qui ont esté tirées de mes escrits contre ma volonté, attendu que ie ne les auois faites que pour mon vsage particulier, i'y ay rencontré quatre ou cinq remarques que celuy qui m'a fait cette surprise y a mis de sa façon, entre lesquelles il y en a vne sur l'article 171. qui concerne nostre question, & dans laquelle il a tenu l'opinion contraire à la nostre sur des fondemens supposez. Et quoy que ce soit l'Arrest dont parle le sieur Brodeau, ayant esté rendu sur vn procez par escrit, il est impossible de sçauoir s'il est interuenu sur la these generale, & s'il n'a pas eu pour motifs les circonstances particulieres qui pouuoiët se rencontrer dans la contestation des parties.

Et de fait la question s'estant depuis peu presentée en l'Audience de la Grand Chambre, la Cour s'est tenuë aux principes, & à ce qu'elle auoit auparauant iugé pour la Couſtume de Senlis, en decidant pareillement dans la Couſtume de Rheims qui ne termine point cette difficulté non plus que la noſtre, que le proprietaire n'auoit point de priuilege ſur les meubles de ſon Fermier pour les arrerages de fermages qu'il luy deuoit, par Arreſt du Lundy 22. Nouembre 1655. interuenu ſur les concluſions de Monſieur l'Aduocat General Talon.

CCLXXXVIII.

Item, vn locateur de ſoy, ſe peut gager ſur les biens de ſon conducteur, pour ledit loüage, ſans autre Sergent ou homme de Iuſtice, quand il void ledit conducteur s'en partir de ladite maiſon ou heritage loüé auec ſes biens, ſans payer ledit loüage par luy deu, & ce fait le denoncer incontinent à Iuſtice.

CCLXXXIX.

Item, vne cedule priuée, qui portera promeſſe de payer, emporte hypotheque du iour de la confeſſion d'icelle cedule faite en iugement, & ſera le debteur tenu garnir ſuffiſamment de biens, iuſques à la concurrence du contenu en icelle, és mains du creancier, en baillant caution ſuffiſante par ledit creancier.

Confeſſion.] Ou que par iugement elle ſoit tenuë pour confeſſée faute d'aller reconnoiſtre : ou du iour de la verification, en cas qu'elle ſoit deſniée, ce qui equipolle à confeſſion.

CCXC.

Item, vn reſpit ne peut auoir lieu contre le deu d'aucun à luy adiugé par Sentence diffinitiue & contradictoire, & pour les deſpens adiugez & taxez, loüage de maiſon, arrerages de rente, moiſſon de grain & debtes des mineurs contractées auec leſdits mineurs ou leurs tuteurs durant leur minorité.

Moiſſon de grain.] Iugé en l'Audience de la Grand Chambre par Arreſt du 14. Ianuier 1607. infirmatif de la Sentence du Bailly de Senlis, que la femme d'vn Fermier obligée ſolidairement auec ſon mary & duquel elle auoit accepté la communauté, n'eſtoit pas receuable au benefice de ceſſion.

CCXCI.

Item, en matiere de deſconfiture, chacun creancier vient à

contribution au ſol la liure, ſur les biens meubles du debteur & n'y a point de prerogatiue.

Et n'y a point de prerogatiue.] *Scilicet* entre les creanciers ordinaires, *secus* s'il s'en rencontre de priuilegez eſtablis par le droict commun, leſquels nous admettons dans cette Couſtume.

Il a eſté iugé en cette Couſtume par Arreſt donné au Roolle de Senlis le dernier Ianuier 1617. que les Gardiens eſtrangers, en la poſſeſſion deſquels les meubles ſaiſis ont eſté actuellement depoſez, n'eſtoient pas deſchargez apres deux mois du iour des oppoſitions iugées, & qu'ils ſont obligez de les repreſenter iuſques à ce qu'ils les ayent rendus, ou qu'ils ſe ſoient faits deſcharger.

A. GVILLARD, N. THIBAVLT, N. MOREL, I. ROVSSEL.

Fin du Couſtumier du Bailliage de Senlis.

PROCEZ VERBAL
DES COVSTVMES
DV BAILLIAGE DE SENLIS.

E Samedy feiziefme iour du mois d'Aouft l'an mil cinq cens trente-neuf, Nous André Guillard Confeiller du Roy noftre Sire & Maiftre des Requeftes Ordinaires de fon Hoftel, Et Nicole Thibault auffi Confeiller & Procureur General dudit Seigneur, Commiffaires commis par le Roy, pour la reformation & reduction des Couftumes du Bailliage de Senlis & anciens reffors d'iceluy, partifmes de la Ville de Paris pour aller en la Ville de Senlis pour faire publier & arrefter les Couftumes du Bailliage dudit Senlis & anciens reffors d'iceluy, En enfuyuant le contenu des lettres Patentes & Commiffion du Roy noftre Seigneur à nous addreffans : defquelles la teneur enfuyt.

Françoys par la Grace de Dieu Roy de France, A nos amez & feaux Confeillers Maiftre André Guillard Maiftre des Requeftes Ordinaires de noftre Hoftel, Et Nicole Thibault noftre Procureur General, falut & dilection. Comme fuyuant le voûloir, intention & Ordonnance de nos Predeceffeurs Roys de France, nous ayons par l'aduis & deliberation de plufieurs bons, grans & notables perfonnages de noftre Confeil Priué, tant de noftre Sang qu'autres, ordonné pour le bien & foulagement de nos fubiets, certitude, & reiglement d'iceux quant aux Couftumes des pays & Prouinces où ils font demourans, & obuier aux frais, mifes & defpens qu'il leur conuiendroit faire pour la preuue & verification defdites Couftumes, & ofter toute ambiguité & difficulté d'icelles preuues, & auffi toute matiere de proces prouenant bien fouuent de l'incertitude de la preuue defdites Couftumes, & que toutes chafcunes les Couftumes des Bailliages & Senefchaucées de noftre Royaume appellez les trois eftats en chafcun defdits Bailliages & Senefchaucees, & fur ce leur aduis & deliberation, feroient redigees par efcrit par certains Commiffaires qui à ce faire feroient par nous deputez, & reformees, où elles fe trouueroient en aucun endroit abufiues & defraifonnables au prouffit & vtilité de nos fubiets ou contre nos droits, prerogatiues, & auctoritez, & icelles redigees feroient publiees par nofdits Commiffaires és Sieges tant principaux que particuliers de nofdits Bailliages & Senefchaucees. En faifant par eux, de par nous inhibitions & defenfes à tous nos

Dd

ſubiets de n'alleguer autres Couſtumes que celles qui ſeroient redigees par
eſcrit, & de faire d'oreſnauant preuue d'icelles Couſtumes en aucune maniere que ce ſoit, ſi ce n'eſt par l'extrait du Regiſtre d'icelles, & que leſdites Couſtumes ainſi redigees ſeroient rapportees en noſtredite Cour de Parlement pour en icelle eſtre emologuees & enregiſtrees. Et ſi à la reduction
deſdites Couſtumes ou aucunes d'icelles y auoit oppoſition formee, que les
oppoſans ſeroient ſommairement ouys par noſdits Commiſſaires, pour puis
apres en ordonner ou en faire par eux leur rapport en noſtredite Cour, afin
d'en eſtre par elle ordonné ainſi qu'il appartiendra par raiſon. Et ce ſans la
retardation de la reduction & publication deſdites Couſtumes, à la charge
de ladite oppoſition quant aux articles, pour le regard deſquels ladite oppoſition ſeroit formee. Et ſuyuant noſdits vouloir, intention & Ordonnance ont eſté leſdites Couſtumes redigees par eſcrit en la plus part des Bailliages & Seneſchaucees de noſtredit Royaume, excepté noſtre Bailliage de
Senlis & anciens reſſors d'iceluy & quelques autres. Pour ce eſt il que nous
voulans pourueoir à la tranquillité, repos & ſeureté de nos ſubiets en noſtredit Bailliage de Senlis & anciens reſſors d'iceluy, & oſter le plus que poſſible ſera toute matiere & occaſion de proces, deüement aduertis de voz
bonnes diligences, ſoing, prouidence, ſcience & experience, vous man-
dons & par ces preſentes commettons & enioignons vous tranſporter en
noſtre Ville & cité de Senlis lieu capital dudit Bailliage, & illec faites aſſembler les trois eſtats ou la plus grande & ſaine partie d'iceux en reformant
par leurſdits aduis & accord ce que lon trouuera eſtre à reformer és Couſtumes anciennement gardees audit Bailliage, & y adiouſtez & diminuez
ce que verrez eſtre à faire & trouuerez eſtre fait par l'aduis & deliberation
de ladite aſſemblee, ou de la plus grande & ſaine partie, comme dit eſt. Et
s'il y a aucunes oppoſitions formees à la reduction & reformation deſdites
Couſtumes, orrez ſommairemēt les oppoſans, & ordonnerez promptement ſe faire ſe peut, ou reſeruerez à en faire voſtre rapport en noſtre dite
Cour de Parlement, pour eſtre par elle fait droit ſur leſdites oppoſitions en
procedant à l'emologation & enregiſtrement deſdites Couſtumes, ſans pour
ce differer de proceder à la reduction & publication deſdites Couſtumes,
tant au ſiege dudit Senlis qu'autres particuliers de noſtredit Bailliage & anciens reſſors. A la charge toutesfois & ſans preiudice des oppoſitions qui
ſeront formees à ladite reduction & publication quant aux articles, pour le
regard deſquels leſdites oppoſitions auront eſté formees tant ſeulement, &
ſauf à y faire droit preallablement par noſtredite Cour, auant que de proceder à l'emologation & reduction deſdits articles, pour le regard deſquels
ladite oppoſition auroit eſté formee. Et en faiſant faire ladite publication,
ferez deffenſe à tous noz ſubiets demourans en noſtre Bailliage de Senlis &
anciens reſſors d'iceluy, & à tous autres d'alleguer autres Couſtumes que
celles qui ſeront redigees par eſcrit, & d'en faire autre preuue que par l'extrait du Regiſtre d'icelles, vous donnant au demourant mandement & pouuoir eſpecial de faire tout ce que verrez eſtre vtile & neceſſaire pour la reduction, reformation & publication deſdites Couſtumes, combien que la
choſe requiſt mandement plus expres, & de contraindre tous ceux qui pour

ce feront à contraindre à y obeyr par toutes voyes deües & raifonnables, ainfi que verrez que le cas requerra, Car tel eft noftre plaifir. Donné à Paris le dixiefme iour de Iuillet l'an de Grace mil cinq trente-neuf. Et de noftre Regne le vingt-cinq. Ainfi figné par le Roy. De la Chefnaye. Et feellé fur fimple queuë de cire iaune, &c.

Pour les gens d'Eglife de la Chaftellenie de Senlis, Reuerend Pere en Dieu Monfieur l'Euefque & Comte de Beauuais Per de France, qui eft comparu par Maiftre Iean le Roy fon Procureur audit Comté, affifté de Maiftre Françoys Piochet Baillif dudit Seigneur, lefquels tant pour ledit Seigneur Euefque, que pour autres fes Officiers & fubiets ont dit qu'à caufe des droits, priuileges & prerogatiues de fa Perrie & de fondit Comté qu'il tient en Perrie du Roy noftredit Seigneur, il n'eft tenu plaider ne comparoir au moyen de quelques affignations à luy baillees ailleurs qu'en la Cour de Parlement, & n'eft en riens fubiet du Bailliage & Chaftellenie de Senlis, ne fefdits Baillifs & Officiers, mais font les appellations de fondit Baillif reffortiffans neüement en la Cour de Parlement. Et à cefte caufe n'eft ledit Reuerend Pere ne fefdits Baillifs, Officiers n'autres fes fubiets tenus d'obeyr à l'adiournement & commandement à luy faits de comparoir audit Senlis & à fefdits Officiers touchant lefdites Couftumes. Mefmement qu'en fadite Comté de Beauuais y a Couftumes localles generallement gardees en iceluy Comté & Perrie, lefquelles font diftinctes & differentes des Couftumes de la Chaftellenie dudit Senlis : mais neantmoins par ce que ledit Reuerend Pere a plufieurs terres & Seigneuries affifes en diuers lieux, doubtant qu'aucune chofe ne fuft faite audit Senlis au preiudice de fes droits & de fes fubiets efdites terres, il auoit enuoyé audit Senlis fefdits Baillifs & Procureur, lefquels ont protefté & proteftent que ladite comparence ne puift nuyre ne preiudicier à fefdits droits, prerogatiues, n'a fefdits Officiers & fubiets de fondit Comté. Proteftant auffi que ce qui fera fait audit Senlis ne puift preiudicier aux Couftumes localles & particulieres de fefdits Comté & Vidame de Gerberoy, n'à fefdits droits. Declarant outre qu'il empefchoit & s'oppofe à ce qu'aucune chofe ne fe face au preiudice de fefdits droits & prerogatiues & defdites Couftumes de fadite Comté, lefquelles il entend bailler en la Cour de Parlement. En laquelle Cour il requiert eftre renuoyé le debat qui pourroit eftre fur ce que lon voudroit faire audit Senlis contre lefdits droits de Perrie & Couftumes localles de fondit Bailliage de Beauuais & Vidame de Gerberoy, requerant lettre de ce. A laquelle proteftation & oppofition ledit Procureur du Roy a refpondu qu'il ne veut denier que la Comté de Beauuais ne foit en Perrie, & que les droits, prerogatiues & preeminences de Perrie ne foient gardez & entretenus à la raifon au proufit de Mondit Seigneur de Beauuais, & que pour les droits de fadite Perrie & de fes dommaines il les puift pourfuyir en la Cour de Parlement fur la proprieté, & en la Cour des Requeftes fur la poffeffion, ou deuant ledit Baillif de Senlis fi bon luy femble. Mais en tant que touche la Iurifdition ordinaire adminiftree par fes Iuges & Officiers entre fes fubiets, la connoiffance & reffort par appel en a efté notoirement tenue, gardee & obferuee par deuant ledit Baillif de Senlis ou fon Lieutenant en fes affifes du

D d ij

dit Senlis, & ainſi en a eſté vſé de tout temps, & n'eſt memoire d'homme
au contraire iuſques à certain temps a, que les predeceſſeurs dudit Eueſque ont empeſché le reſſort ordinaire de ladite Iuriſdition, ſur leſquels empeſchemens ſe ſont meuz pluſieurs procès en demandant & en deffendant
en diuerſes inſtances & pour diuers cas entre mondit Seigneur & ſes Officiers, & ledit Procureur du Roy & autres parties particulieres pour leur intereſt, la plus part deſquels & les principaux ſont en la Cour de Parlement
indecis & ſans diſcuſſion du different de ladite Iuriſdition. Et à ces cauſes
ledit Procureur du Roy ſouſtient que ſuppoſé que le reſſort de ladite Iuriſdition ordinaire dudit Baillif & autres Officiers de Beauuais demouraſt en
ladite Cour de Parlement, comme ils le pretendent par le priuilege de Perrie, Neantmoins la choſe eſt notoire, & ne le ſçauroit ignorer mondit Seigneur de Beauuais ne ſes Officiers, que ladite Ville & Comté de Beauuais
eſt aſſiſe, comprinſe & encloſe és fins & mettes de ladite Chaſtellenie de
Senlis, & par conſequent dudit Bailliage, & qu'il ſoit ainſi, ledit Seigneur
à preſent Eueſque de Beauuais à ſon aduenement a requis & eu la main leuee du temporel dudit Eueſché ſaiſy & eſtant en la main du Roy par le treſpas de ſon predeceſſeur, par deuant ledit Baillif de Senlis ou ſon Lieutenant
General audit lieu, auec ledit Procureur du Roy, & l'Aduocat dudit Seigneur audit Bailliage. En quoy appert ledit Comté & Ville de Beauuais
eſtre dudit Bailliage de Senlis & de la Iuriſdition & reſſort d'iceluy, & eſt
par l'acte & connoiſſance que ledit Baillif de Senlis ou ſondit Lieutenant a
eu de ladite main leuee, demonſtré que s'il euſt eſté ou eſtoit autrement,
ledit Eueſque n'euſt requis ladite main leuee ne l'enterinement des lettres
ſur ce par luy obtenues du Roy par deuant ledit Baillif de Senlis ou ſondit
Lieutenant, & ne ſe voudroit pas aduotier d'vn autre Bailliage que de Senlis
ou d'vne autre Chaſtellenie particuliere en iceluy Bailliage de Senlis, & eſt
plus condigne & decent eſtre ſous la Chaſtellenie de Senlis, qui eſt le chef
lieu & la plus noble Chaſtellenie des autres, ſous laquelle Chaſtellenie a ces
tiltres & moyens ledit Comte de Beauuais, ſeroit & eſt ſubiet & reſponſable és cas Royaux, reſeruez au Roy. Ces choſes conſiderees il s'enſuyt bien
& n'y a point de repugnance au priuilege de Perrie n'au reſſort de ladite Iuriſdition, ſoit en la Cour de Parlement, ou ſoit au ſiege de Senlis que ladite
Ville & Comté de Beauuais ne ſoit aſſiſe & compriuſe en ladite Chaſtellenie de Senlis, & par conſequent en termes generaux, eſtre à reigler & conduire ſelon les Couſtumes, vſages & ſtiles generaux de ladite Chaſtellenie
de Senlis ſans preiudice aux Couſtumes localles deſdites Ville & Comté de
Beauuais, & des droits particuliers que mondit Seigneur y a & peut auoir
deſrogeans à ladite Couſtume generalle. Surquoy a eſté par nous ordonné
que leſdits Eueſque & Procureur du Roy, *hicinde*, auront lettres de leur-
dites proteſtations, & ſur l'oppoſition formee par ledit Eueſque nous l'a-
uons renuoyé à la Cour, & neantmoins declaré que nous paſſerons outre à
tout le moins par maniere de prouiſion entant qu'à luy eſt. Reuerend Pere
en Dieu Monſieur l'Eueſque de Senlis par Pierre de ſainct Gobert ſon Procureur. Les Doyen, Chanoines & Chapitre de l'Egliſe ſainct Pierre de
Beauuais par Maiſtre Anthoine Pilan Chanoine de ladite Egliſe, & Maiſtre

Martin Thierry leurs Procureurs. Les Doyen, Chanoines & Chapitre de l'Eglise Noftre Dame de Senlis, par Maiftre Pierre Foucquet Archediacre, & Nicole Truyart Docteur en Theologie Chanoines de ladite Eglife, Procureurs & deleguez d'icelle. Les Doyen, Chanoines & Chapitre de l'Eglife Collegiale fainct Rieule de Senlis par Iean Defprez leur Procureur en la prefence dudit Truyart, Doyen & Chanoine de ladite Eglife. Les Doyen, Chanoines & Chapitre de S. Frambould de Senlis par ledit Defprez, auffi leur Procureur. Les Religieux, Abbé & Conuent de Chaaliéts, l'Abbé prefent & les Religieux & Conuent par Pierre de Bonuiller leur Procureur. Les Religieux, Abbé & Conuent de S. Vincent de Senlis par Iean Defprez leur Procureur. Les Religieux, Abbé & Conuent de la Victoire lez ledit Senlis, Arnoult de Ligny Abbé prefent, & les Religieux & Conuent par Iacques Methelet leur Procureur. Les Religieux, Abbé & Conuent de Royaulmont par Loys Foucquet leur Procureur en la prefence de frere Iean Charpentier l'vn defdits Religieux. Le Prieur & Conuent de fainct Maurice de Senlis par frere Lambert Horman Prieur en perfonne. Les Religieux, Prieur & Conuent de fainct Nicolas Dacy lez ledit Senlis par Pierre Lobry leur Procureur en la prefence de frere Andry Boucher Soufprieur, le Prieur de fainct Chriftofle en Hallate en perfonne. Les Religieufes, Abbeffe & Conuent de Chefles fainéte Bauptaire à caufe d'vn fief qu'elles ont à Barton par Iean Defprez leur Procureur. Les Religieux, Abbé & Conuent de fainéte Geneuiefue à Paris Seigneurs de Borrets, abfens. Contre lefquels audit Procureur du Roy ce requerant, auons donné & ottroyé deffaut à faute de comparoir ny autre pour eux fauf deux iours prochains. Et neantmoins & nonobftant ledit, fauf, nous auons dit tant pour eux que pour les autres abfens & deffaillans cy-apres nommez, qu'il fera procedé au fait de la redaction, reformation & efmologation des Couftumes dudit Bailliage felon lefdites lettres patentes du Roy, auffi bien en leur abfence comme en leur prefence, comme il appartiendra par raifon Les Religieufes, Abbeffe & Conuent de Mortmartre Dames de Barbery, abfentes. Le Commandeur de fainct Iean de Senlis & de Laigny le Secq, pour lequel Iean Defprez Procureur à Senlis a dit eftre Procureur en fes caufes, offrant comparoir pour luy, duquel il a dit ne fçauoir recouurer promptement procuration efpecialle par ce qu'il dit eftre en l'Ifle de Malte Gouuerneur des Nauires des Cheualiers de l'Ordre de fainct Iean de Hierufalem, à la conferuation de la Chreftienté. Sur quoy a efté donné deffaut, & par vertu d'iceluy a efté ordonné comme deffus Les Religieux, Abbé & Conuent de fainct Denys en France Seigneurs de Plailly Eftrees, fainct Denys Moyniller Goumeulx & autres terres à eux appartenans affifes au Bailliage de Senlis, par ledit Defprez leur Procureur en la prefence de frere Matthieu Frezon Religieux de ladite Abbaye. Les Religieufes, Abbeffe & Conuent du Moncel Dames vfufructuaires de Pontpoingt, par Daniel Vizet leur Procureur. Les Religieux, Prieur & Conuent de fainct Leu Defferens par Loys Foucquet leur Procureur en la prefence de frere Oliuier Pot Soufprieur & Aumofnier dudit Prieuré. Le Prieur de Frefnoy en Beauuoifis, abfent. Le Prieur de Pontz fainct Maixence, abfent. Le Prieur de fainct

D d iij

Martin lez Longueane, abſent. Contre leſquels a eſté donné deffaut comme deſſus, ſauf deux iours. & le xix. iour dudit moys d'Aouſt eſt comparu ledit Prieur de ſainct Martin lez Longueane en ſa perſonne, qui a eſté releué dudit deffaut.

Pour les Nobles de la Chaſtellenie, y ſont comparuz haut & puiſſant Seigneur Meſſire Anne de Montmorancy Cheualier de l'Ordre du Roy, premier Baron, 1 Conneſtable, Grand Maiſtre de France, Comte de Beaumon, par Yuon Pierres Eſcuyer Seigneur de Bellefontaine ſon Maiſtre d'Hoſtel, & Iean Deſprez ſes procureurs. A l'euocation de laquelle comparition, par Maiſtre Symon le Grand Baillif de Beaumont, a eſté dit que combien que mondit Seigneur le Conneſtable Comte dudit Beaumont ſoit appellé en ce lieu de Senlis par deuant nous pour la reformation & redaction des Couſtumes du Bailliage de Senlis, Ce neantmoins ledit Comté n'eſt en riens ſubiet au Bailliage de Senlis, mais c'eſt vn Bailliage du tout diſtinct & ſeparé où il y a tous Officiers Royaux, non ſubiets au Baillif de Senlis, meſme eſtoit Baillif en chef du Comté dudit Beaumont & tel receu en la Cour de Parlement ſans aucun contredit. A ceſte cauſe ledit le Grand a proteſté que la comparence qu'il fait par deuant nous en ce lieu ordonné & eſleu par le Roy pour proceder au fait de la redaction deſdites Couſtumes dudit Senlis & Beaumont par vn meſme moyen, 2 au ſoulagement du peuple, ne luy puiſt nuyre ne preiudicier, n'a ſes ſucceſſeurs Baillifs. Et par Maiſtre Henry de Trumegines Procureur du Roy audit Comté ont eſté faites pareilles proteſtations que deſſus, & declaré que ſadite comparence eſtoit ſous la commiſſion du Roy à nous donnee, & non autrement. Par le Procureur du Roy audit Bailliage de Senlis aſſiſté de l'Aduocat dudit Seigneur a eſté dit que par charte dont il a fait apparoir promptement & de tout temps & ancienneté, ledit Comté de Beaumont auoit eſté & eſtoit dudit Bailliage de Senlis & ancien reſſort d'iceluy, & comme eſtant tel, eſtoit mandé par leſdites lettres patentes à nous adreſſans pour le fait & acte de preſent appeller les eſtats dudit Comté au ſiege dudit Senlis par deuant nous. Ce qui auoit eſté fait à iuſte cauſe. Et pareillement la comparence que ledit Seigneur Conneſtable y faiſoit, lequel il auoit fait appeller pource qu'il tient ledit Comté à faculté de rachat faiſant proteſtation contraire à celle deſdits Baillif de Beaumont & Procureur du Roy audit lieu. Surquoy a eſté par nous ordonné que leſdits Baillif, Procureur du Roy de Beaumont & Procureur du Roy audit Bailliage de Senlis aurōt lettres de leurs declaratiōs, remonſtrances & proteſtations. Noble & puiſſant Seigneur Meſſire Françoys de Montmorancy Seigneur de la Rochepot & de Mello, 3 Conſeiller Chambellan Ordinaire du Roy, Cheualier de ſon Ordre, Gouuerneur de Paris & Yſle de France, à cauſe de ſa Baronnie, Chaſtel & Chaſtellenie de Mello & des terres de Maiſel & autres à luy appartenans en ſa perſonne aſſiſté de Maiſtre Nicole le Bel licentié és loix ſon Baillif, & Loys Foucquet ſon Procureur. Iean de Maricourt Eſcuyer Seigneur Baron & Chaſtellain de Moncy le Chaſtel par Maiſtre Iacques Barthelemy licentié és loix ſon Baillif, & Daniel Vizet ſon procureur. Ledit de Montmorancy Seigneur Conneſtable, à cauſe de ſon Chaſtel, terres & Seigneuries de Chantily, Mont Eſ-

1 De l'Iſle de France, depuis erigé en Duché de Montmorancy. C. M.

2 Quia vna& eadem conſuetudo. C. M.

3 Frere du Conneſtable.

pilloer, Chauercy, & autres Seigneuries affifes en la Chaftellenie dudit Senlis par lefdits Yuon Pierres & Iean Defprez fefdits Maiftres d'Hoftel & procureur. Iacques Vauldray Efcuyer Seigneur de Mouy fur Therain par Iean Hubert fon procureur: Gilles de Fay Efcuyer Seigneur de Chafteaurouge par Pierre de Bonuiller fon procureur: en appellant lequel de Fay Loys Foucquet procureur de Loys de Fay Efcuyer Seigneur de Fercourt a protefté que ladite comparance & qualité de Seigneur de Chafteaurouge que prenoit ledit Gilles de Fay ne luy puift preiudicier, par ce qu'il pretendoit ladite Seigneurie de Chafteaurouge luy competer & appartenir en partie. Au contraire ledit de Bonuiller pour ledit Gilles de Fay a maintenu ladite Seigneurie luy appartenir, & fouftenu que ladite qualité luy deuoit demourer, faifant proteftation contraire à celle dudit Loys de Fay. Sur-quoy nous auons ordonné que lefdites parties auront acte de leurfdites declarations & proteftations. Loys de Fay Efcuyer Seigneur de Fercourt par Loys Foucquet fon procureur, à l'appellation & comparence duquel ledit procureur du Roy audit Comté de Beaumont a dit que le fief & Seigneurie de Fercourt eft tenu du Roy à caufe dudit Comté, & pource ne doit ledit de Fay eftre appellé & comparoir fous la Chaftellenie de Senlis, mais fous ledit Comté en fon ordre & lieu. Le Procureur du Roy au Bailliage de Senlis dit qu'audit de Fay appartenoient autres terres, fiefs & Seigneuries que ledit Fercourt tenuës en fief tant de Mello, Moncy le Chaftel que Mouy, affis audit Bailliage & Chaftellenie, & qu'en tout euenement ladite comparence doit demourer pour le regard defdites Seigneuries affifes audit Bailliage de Senlis. Sur-quoy a efté par nous dit qu'en ce qui touche & regarde les terres, fiefs & Seigneuries appartenans audit de Fay Seigneur de Fercourt affis audit Bailliage de Senlis, la prefentation & comparence faite à prefent par luy, demourra fans preiudice au furplus des droits & proces des parties. Meffire Adrian de Ligny Cheualier Seigneur de Rary, par Françoys Defprez fon procureur. Loys de fainct Lymon Efcuyer Seigneur de Raffe & du Pleffier Choifel, par Robert de Bonuiller fon procureur. Pierre le Maire Efcuyer Seigneur de Parififontaine, par Daniel Vizet fon procureur. Denys le Boucher Seigneur du Faiet, par ledit Vizet fon procureur. Guillaume de Marle Efcuyer Seigneur de Verfagny en fa perfonne. Loys de Pontaillier Efcuyer Seigneur de Ballagny lez Senlis abfent, deffaut. Iean de la Fontaine Efcuyer Seigneur Dongnon, par François Defprez fon procureur. Nicolas de la Fontaine Efcuyer Seigneur de Malgeneftre, par ledit Françoys Defprez. Nobles hommes Robert Anthoins & Maiftre Gilles Anthoins Seigneurs de Barron, ledit Robert en fa perfonne, & pour ledit Maiftre Gilles. Marc de la Fontaine Efcuyer Seigneur de Bachetz, par Françoys Defprez fon procureur. Robert de Moncy Efcuyer Seigneur de la Monraigne en fa perfonne. Charles du Croc Efcuyer Seigneur d'Apremont, prefent. Loys Cromain Efcuyer Seigneur de Fontaines lez Cornus, par Loys Foucquet fon procureur. Pierre des Friches Efcuyer Seigneur de Fraffenzes abfent, deffaut. Noble homme Maiftre Nicole Thibault Confeiller du Roy & fon Procureur General Seigneur de Montaigny fainct Felice en perfonne, qui a conftitué fon procureur Daniel Vizet à ce prefent.

Noble homme & ſage Maiſtre René Baillet Conſeiller du Roy en ſa Cour de parlement à paris, Seigneur de Seilly en Meulcien abſent, deffaut comme deſſus. A l'appellation duquel eſt comparu Iean poulain Eſcuyer pour ladite Seigneurie de laquelle il a dit eſtre Seigneur en partie. Sur-quoy Françoys Deſprez ſoydiſant procureur aux cauſes dudit René Baillet a dit au contraire iceluy Baillet eſtre Seigneur dudit lieu, & a proteſté que la comparence que s'efforceroit faire ledit poulain en la qualité deſſuſdite ne puiſt preiudicier audit Baillet, diſant ledit poulain n'auoir aucun droit de Iuſtice audit Seilly. Deſquelles proteſtations a eſté ordonné que leſdits poulain & Deſprez pour ledit Baillet auront lettres. pierre de Hagues Seigneur du pleſſier Belleuille, par Iacques Liore ſon procureur. Dame Marie Deſtouteuille veufue de feu Meſſire Gabriel d'Allegre Dame d'Oiſſery & ſainct patheur abſente deffaut, ſauf deux iours. Damoiſelle Antoinette de Boſqueaux Dame de Verderonne, Montigny & la Briere par pierre de Bonuiller ſon procureur. Chriſtofle de paris Eſcuyer Seigneur de Boiſſy le Chaſteau, par Iean Deſprez ſon procureur. Meſſire Anthoine du prat, Cheualier Seigneur de Namptoullet à cauſe de ſa Seigneurie de Marchemorel abſent, deffaut ſauf deux iours. Les Seigneurs d'Armenonuille & pontharmé par Iacques Methelet leur procureur. Le Seigneur de Ver ſous Dampmartin, abſent, deffaut. Meſſire Iean de Rambures Seigneur dudit lieu à cauſe de ſa femme Dame vſufructuaire de Verneul ſur Oize, abſent, deffaut. Les Religieux, Abbé & Conuent de ſainct pierre de Laigny ſur Marne pour leurs Seigneuries de Droizelles, Ducy & Ongnes, par pierre de ſainct Gubert leur procureur. Noble homme & ſage Maiſtre Iean Iacques de Meſmes, pour ſa Seigneurie de Mallaſſize, par Iacques poullet ſon procureur, à l'appel & comparence dudit de Meſmes le procureur du Roy en la Chaſtellenie de Creeil audit nom & pour la Royne de Nauarre Dame vſufructuaire dudit Creeil, a empeſché que ladite comparence ne fuſt faite ne receüe ſous la Chaſtellenie dudit Senlis, par ce qu'il a dit, ladite Seigneurie de Mallaſſize eſtre neuëment de la Chaſtellenie dudit Creeil. Sur ce le procureur au Bailliage de Senlis garny de l'Aduocat dudit Seigneur a dit au contraire, ladite Seigneurie eſtre de ladite Chaſtellenie & Bailliage de Senlis, & que ladite comparence deuoit demourer en l'eſtat qu'elle eſtoit, ce qu'a denyé ledit procureur du Roy de Creeil, alleguant que pour le Relief de ladite Seigneurie y auoit different & proces entre luy pour le Roy & ladite Royne de Nauarre, & ledit procureur du Roy audit Bailliage de Senlis. Auquel proces il a dit Sentence auoir eſté donnee à ſon prouſit. Ce que pareillement a denyé ledit procureur du Roy à Senlis, & où aucune Sentence ſeroit interuenue, ſi n'eſtoit elle telle que la pretendoit ledit procureur du Roy à Creeil, & ſi auoit appel interietté d'icelle par ledit procureur du Roy à Senlis. Sur-quoy nous par prouiſion ſans preiudice à leurs droits & proces pour raiſon du reſſort de Iuriſdition pour ledit lieu de Mallaſſiſe: Auons dit & ordóné que la comparence dudit Seigneur de Mallaſſize à cauſe de ladite Seigneurie, ſera enregiſtree comme eſtant aſſiſe audit Bailliage de Senlis. Dame Ieanne de Rieux Dame de Seurnillees & Bertherand Foſſe, par Iean Deſprez ſon procureur. Gilles de Fay, Yde l'Orfeure ſa femme. Iean Seigneur de

Pippemont,

ᴘippemont, Marie l'Orfeure fa femme, à caufe defdites femmes, Seigneurs Chaftellains de ᴘontz fainѐte Maixence, comparant lefdits de Fay & fa femme, par ᴘierre de Bonuiller, & lefdits de ᴘippemont & fa femme, par Iean Defprez leurs procureurs. A l'euocation defquels Seigneurs Chaftellains de ᴘontz, ledit ᴘrocureur du Roy a empefché que les deſſufdits ne foient receuz à comparoir n'eftre appellez efdites qualitez de Seigneurs Chaftellains de ᴘontz, mais comme eux difans Seigneurs Chaftellains dudit lieu, par ce qu'il difoit le Roy eftre Seigneur direct. Lefdits Defprez & de Bonuiller pour lefdits de Fay, de ᴘippemont & leurs femmes, ont fouftenu que ladite qualité deuoit demourer, par ce qu'ils ont maintenuz eftre Seigneurs Chaftellains dudit ᴘontz, ioint qu'en l'aſſemblee faite pour accorder les Couftumes dudit Bailliage en l'an mil cinq cens & fix le Seigneur ou Seigneurs Chaftellains dudit ᴘontz qui eftoient audit temps, ont efté appellez & receuz en ladite qualité de Seigneurs Chaftellains, Et fur ce ledit Defprez comme procureur dudit Seigneur, Anne de Montmorancy, Conneftable de France, Seigneur de Chantilly, s'eft ioint auec les deſſufdits pour fouftenir auec eux la qualité par eux prinfe comme fes vaſſaux tenans de luy, à caufe de ladite Seigneurie de Chantilly en foy & hommage ladite Chaftellenie de ᴘontz, employant ce que par eux a efté dit cy-deſſus. Et par ledit ᴘrocureur du Roy a efté comme deſſus empefché ladite qualité, tant à l'encontre d'eux que dudit de Montmorancy, alleguant que par Sentence donnee au fiege du Bailliage de Senlis, il auoit efté dit que lefdits de ᴘippemont & de Fay feroient dits & intentez eux difans Seigneurs Chaftellains dudit ᴘontz. Sur-quoy veu le cayer & regiftre au proces verbal de l'aſſéblée faite en l'an mil cinq cens & fix, pour le fait des Couftumes dudit Bailliage, par lequel appert ᴘierre l'Orfeure foy eftre préfenté lors & eftre comparu en ladite qualité de Seigneur Chaftellain de ᴘontz, nous auons dit par prouifion & fans preiudice aux droits & proces defdites parties fur ladite qualité pretendue par lefdits de Fay & de ᴘippemont, qu'icelle qualité en laquelle ont efté appellez & font comparuz, demourra, dont ledit ᴘrocureur du Roy a appellé. Dame Adriane de Launoy, Dame de Beaurepaire comparant, par Iacques Methelet fon ᴘrocureur. Noble homme Maiftre Robert Daniel Confeiller du Roy & préfident des Comptes, Seigneur de la Tour d'Araines. Noble homme & fage Maiftre René Brinon Confeiller du Roy & préfident en fa Cour de ᴘarlement à Bordeaux, Seigneur de Cires lez Mello, par ᴘierre de fainct Gobert fon procureur. Iean de Herlaut Efcuyer Seigneur de Villers fous fainct Leu, abfent, deffaut, nonobftant la comparence qu'ayent offert faire pour luy Daniel Vizet fon procureur aux caufes à Senlis, Iean Bourgeois fon ᴘreuoft, & Iean Godart fon procureur audit Villers non ayans procuration fpecialle de luy. Les Religieux Abbé & Conuent de fainct Lucian lez Beauuais par ledit Maiftre Iean le Roy leur procureur. Les Religieux Abbé & Conuent de fainct Quentin lez Beauuais, par Loys Foucquet leur procureur. Les Religieux Abbé & Conuent de fainct Symphorien lez Beauuais, par Daniel Vizet leur procureur. Les Chanoines & Chapitre Noftre Dame au Chaftel de Beauuais, par Loys Colart leur procureur. Les Chanoines & Chapitre fainct Michel de Beau-

uais, par Loys Foucquet leur procureur. Les Chanoines & Chapitre ſainct
Barthelemy dudit Beauuais comparans par ledit Colart leur procureur. Les
Chanoines & Chapitre ſainct Nicolas dudit Beauuais auſſi par ledit Colart
leur procureur. Les Chanoines & Chapitre ſainct Vaaſt dudit Beauuais,
par Pierre de Bonuiller leur procureur. Les Chanoines & Chapitre ſainct
Laurens dudit Beauuais, par Iacques Methelet leur procureur. Les Maiſtre, frere & ſœurs de l'Hoſtel Dieu dudit Beauuais, par Loys Foucquet
leur procureur. Le Maiſtre & Adminiſtrateur de l'Hoſtel ſainct Ladre dudit Beauuais, par ledit Foucquet ſon procureur. Frere Iean de Ronquerol-
les Abbé du Gar, Seigneur de Chaſtillon, Trocy & Anneul, par Iean Deſprez ſon procureur. Les Religieux Abbé & Conuent de ſainct Germer de
Flay Seigneurs de Tardonne, par Germain Clopin leur procureur. Laquelle comparence faite en ceſte matiere par leſdits de ſainct Germer, ledit Maiſtre Iean le Roy pour ledit Eueſque & Comte de Beauuais Per de France, a
proteſté qu'elle ne puiſt preiudicier audit Seigneur Eueſque, par ce qu'il a
maintenu leſdits de ſainct Germer eſtre ſubiets & vaſſaux d'iceluy Eueſque
à cauſe de ladite Seigneurie de Tardonne, par eux tenue de luy en foy &
hommage à cauſe dudit Comté de Beauuais, & par tant leſdits de ſainct Germer en ladite qualité n'eſtre en riens tenus, ſubiets ne reſponſables au ſiege
dudit Bailliage de Senlis, mais par deuant le Baillif de Beauuais & d'illec en
la Cour de Parlement à Paris à cauſe de ſadite Perrie. Et par le Procureur du
Roy audit Bailliage de Senlis aſſiſté de l'Aduocat dudit Seigneur, a eſté dit
que les demourans audit Comté de Beauuais eſtoient reſponſables par appel au ſiege dudit Bailliage de Senlis, comme ils auoient eſté & eſtoient de
tout temps & ancienneté, faiſant proteſtation contraire à celle dudit le Roy
audit nom. Sur quoy nous auons ordonné que leſdits le Roy au nom deſſuſdit & Procureur du Roy auront acte de leur dire & proteſtations, &
neantmoins qu'il ſera procedé au fait de la reduction & emologation des
Couſtumes dudit Bailliage quant auſdits de ſainct Germer en la qualité en
laquelle ils ſe ſont preſentez, comme il appartiendra. Frere Matthieu Ron-
din prieur du Prieuré d'Aneul abſent deffaut. Les Maire & Pers de la Ville
de Beauuais comparans par ledit Maiſtre Martin Thierry leur procureur,
en laquelle comparence ledit le Roy pour ledit Eueſque & Comte de Beauuais a fait pareille proteſtation pour le regard deſdits Maire & Pers qu'il a
dit eſtre ſes ſubiets ayans leur ſiege & Iuriſdition en la Ville de Beauuais,
que cy deſſus il a fait en la comparence faite par les Religieux, Abbé &
Conuent de ſainct Germer de Flay pour leur Seigneurie de Tardonne. Et
par ledit Maiſtre Martin Thierry, pour leſdits Maire & Pers a eſté fait proteſtation contraire à celle dudit le Roy, proteſtant que ſon dire ne puiſt preiudicier auſdits Maire & Pers leurs droits, Iuſtices, Priuileges, vſages, franchiſes, libertez, auctoritez & preeminences, diſant que ledit Eueſque de
Beauuais ne peut faire, n'introduire quelques Couſtumes locales en ladite
Ville de Beauuais, ſauf toutesfois où il voudroit ce faire auſdits Maire &
Pers, d'eux oppoſer, deſduire leurs cauſes d'oppoſition, & faire tout ce
qu'il appartiendra en temps & lieu. Maiſtre Françoys Piochet Baillif de
Beauuais en ſa perſonne, qui pour luy & en ladite qualité a employé ce que

cy-deſſus. En la comparence dudit Eueſque de Beauuais a eſté dit par le procureur dudit Eueſque, tant pour ledit Eueſque que pour ſes Officiers. Et au
contraire le procureur du Roy a employé la reſponce qu'il y a faite. Et a eſté
ſur ce donné par nous tel appointement que fait a eſté pour iceluy Eueſque
audit endroit. Pour les Nobles du Comté de Beauuais ſont comparuz Meſſire Nicolas de Mouy Seigneur Chaſtellain de Beauuais, par Germain Clopin ſon procureur. Meſſire Adrian de Piſſeleu Cheualier, Seigneur de ſaint
Leger, par Iean Dole ſon procureur. Meſſire Iean de Liſle Cheualier, Seigneur de Mariuaux, Seigneur d'vn fief aſſis à Senesfontaine, en ſa perſonne. Noble homme Iean de Roncherolles Seigneur Danneul, par Iean Deſprez ſon procureur. Iean de Brunaulieu Seigneur de la Neufuille ſur Anneul, par Loys Foucquet ſon procureur. Entant que touche leſquels de
Mouy, de Piſſeleu, de Liſle, de Roncherolles & de Brunaulieu que ledit
le Roy procureur dudit Eueſque de Beauuais a dit eſtre les vaſſaux d'iceluy
Eueſque à cauſe de ſondit Comté pour les Seigneuries & fiefs deſſus declarez à eux appartenans. Ledit le Roy a fait pareille remonſtrance & proteſtation qu'auſſi il a fait cy deſſus en la comparence des Religieux, Abbé &
Conuent de ſainct Germer de Flay & des Maire & Pers de la Ville de Beauuais. Et a pareillement eſté ſur ce donné ſemblable Ordonnance ou appointement. Nicolas d'Auuergne Seigneur d'vn fief aſſis à Autheul, par Nicolas
Billouet ſon procureur. Marguerite le Brun veufue de feu Anthoine de Gan-
dechart à cauſe des fiefs de Villotren & Meſangny abſent, deffault. Pierre
le Maſſon Seigneur de la Neufuille, Meſſire Guernier en ſa perſonne. Noble homme & ſage Iean Danet Cheualier preſident en la Cour des Generaux de la Iuſtice à Paris, Pierre le Maire & Iean de Villers Seigneurs de Ber-
neu, ledit Dannet par Iean Deſprez ſon procureur, leſdits le Maire & de
Villers, abſens, deffaut. Encores ledit de Villers Seigneur de Vaulx, abſent
deffaut. La vefue de feu Meſſire Anthoine le Viſte en ſon viuant Conſeiller du Roy & Preſident en ſa Cour de Parlement à Paris, & le Seigneur de
la Foreſt Seigneurs d'Autheul, abſens, deffault. Claude de Montmorancy
Seigneur d'Aumont abſent, deffaut. Iean de Mailly Seigneur d'Aumareſts,
Seilly & Tillart, par Philippes Thureau ſon procureur. Eſtienne Morel Seigneur de Crecy & Haulteuille, par Iean Deſprez ſon procureur. Magdaleine de Marigny Dame de Fraincourt abſente, deffaut. Iean du Val Seigneur de Barthecourt en partie abſent, deffaut. Ledit du Val Seigneur de
Villers ſur There, en partie abſent, deffaut. Le Seigneur de Monſtreul ſur
Therain abſent, deffaut. Iean de Micault Seigneur de Leſpine & de Lauer-
cines en partie, par Pierre de Bonuiller ſon procureur. Loys Deſcourtils
Seigneur de Marlemont en la Chaſtellenie de Mello abſent, deffaut. Pha-
raon de Hannoilles Seigneur de Vuaruis en partie, en ſa perſonne. Noble
homme & ſage Maiſtre Nicole de Hacqueuille Seigneur de Villers ſainct
Barthelemy, par Iean Deſprez ſon procureur. Maiſtre Guy de Cotteblan-
che Seigneur de Bracheu, par Loys Foucquet ſon procureur. Pierre parent
Seigneur de Bourgaignemont, par Loys Foucquet ſon procureur. Le Seigneur de Dampierre & dudit Bourgaignemont en partie abſent, deffaut.
Meſſire Vaſpazien Carnoiſin Seigneur d'Achy, par Nicolas Laurens ſon

procureur. Noble homme Maiſtre Iean Danet Seigneur de Frocourt & Berneul, par Iean Deſprez ſon procureur. Robert Damboug Seigneur de Villembray, par Germain Cloppin ſon procureur. Nicolas le Seellier Seigneur de Bizencourt abſent, deffaut. Yuon de   Seigneur de Lonenzes abſent, deffaut. Françoys de la Marche Seigneur de Blicourt abſent, deffaut. Balthaſar de Chantelou Seigneur de Lihus, par Iean Deſprez ſon procureur. Noble Seigneur Anthoine de Haluyn Seigneur de Piennes & de Lihus en partie, par Iean Deſprez ſon procureur. Françoys de Launoy Eſcuyer Seigneur de Moruiller abſent, deffaut. Le Seigneur de Granuille à cauſe de la Seigneurie de Tilloy, par Iean Deſprez ſon procureur. Meſſire Iean des Monceaux Cheualier Seigneur dudit lieu, Gremeuiller, Hermentiers & Hanoilles, par Germain Cloppin ſon procureur. Iean de Baaleu Seigneur dudit lieu abſent, deffaut. Meſſire Gobert d'Appremont Cheualier Seigneur de Thalin & de Troiſſireulx, & Dame Anthoinette de Biſſipat ſa femme, par Iean Deſprez ſon procureur. Meſſire Françoys de Serens Seigneur de Sonions abſent, deffaut. Iean le Veneur Seigneur dudit Sonions en partie abſent, deffaut. Maiſtre Iacque Brion Seigneur de Sanegines abſent, deffaut. Philippes Rogine Seigneur de ſainct Germain abſent, Pierre le Baſtier Seigneur de Boutauant & de Grincourt, par Loys Foucquet ſon procureur. Maiſtre Iean Triſtan Seigneur de Houſſoy le Farſy & Parroiſſe de Troiſſereux, par Iean Deſprez ſon procureur. Pour les Officiers du Roy audit Bailliage ſont comparuz Meſſire Iean de Sains, Cheualier, Seigneur de Marigny Eſchanſon du Roy Baillif & Capitaine de Senlis, en ſa perſonne. Noble homme Maiſtre Nicolle Morel licentié és droits ſon Lieutenant General, en ſa perſonne. Noble homme Maiſtre Philippes le Bel Eſcuyer licentié és loix, Lieutenant Particulier dudit Baillif, en ſa perſonne. Nobles hommes & ſages Maiſtres Iacques Barthelemy, Aduocat du Roy audit Bailliage, en ſa perſonne. Nicole Coulon Procureur du Roy auſſi audit Bailliage en ſa perſonne, Iean le Preuoſt Reçeueur Ordinaire dudit Seigneur en iceluy Bailliage en ſa perſonne. Maiſtre Iean Greffin licentié és loix, Preuoſt Forain de Senlis en garde pour le Roy en ſa perſonne, qui a requis ce mot & qualité de Preuoſt Forain eſtre oſté & rayé & eſtre mis, intitulé Preuoſt de Senlis ſimplement qu'il a dit eſtre la qualité & tiltre qu'ont eu & dont ont vſé de tout temps & ancienneté iuſques à preſent luy & ſes predeceſſeurs Preuoſts. Sur-ce Maiſtre Claude Thureau Preuoſt de la Ville dudit Senlis a dit que ladite qualité de Preuoſt Forain deuoit demourer, & ne ſe deuoit ledit Greffin dire n'intituler à preſent n'en autres actes Preuoſt de Senlis, par ce qu'il a dit eſtre Preuoſt de la Ville dudit Senlis & de banlieüe d'icelle. Ledit Greffin a ſouſtenu au contraire, ioinct qu'en l'aſſemblée faite audit Senlis en l'an mil cinq cens & ſix des trois eſtats, pour accorder les Couſtumes dudit Bailliage, ſon predeceſſeur auoit eſté preſenté & receu à comparoir en ladite aſſemblée en ladite qualité de Preuoſt de Senlis. Et à ceſte fin a requis le cayer ou Regiſtre de l'aſſemblée dudit temps de l'an mil cinq cens & ſix eſtant en Iugement eſtre leu au paſſage & endroit de la comparence de ſondit predeceſſeur. Et par les Aduocat & Procureur du Roy audit Bailliage a eſté dit qu'en la matiere & diffe-

rent d'entre lesdits Preuosts pour ladite qualité , le Roy n'auoit interest.
Surquoy par nostre Ordonnance a esté leu ledit cayer sur la presentation &
comparence faite par le predecesseur dudit Greffin audit Office de Preuost,
& par ce est apparu lesdites presentation & comparence auoir esté & estre
faits par ledit predecesseur comme Preuost de Senlis. Aussi ont esté ouys
les Baillif dudit Senlis , son Lieutenant General & les lieux tenans dudit Baillif à Chaulmont , & Compiengne , en chascun desquels lieux & Chastellenies y a deux Preuosts comme audit Senlis , sur la maniere vser ausdites
Villes & Chastellenies au tiltre de nomination des Preuosts desdits lieux
autres que les Preuosts de Ville, Qui ont dit, c'est à sçauoir, lesdits Baillif
& son Lieutenant General qu'en les assises dudit Senlis , ledit Preuost de
Senlis auoit esté & estoit aucunesfois nommé & intitulé Preuost Forain , &
aucunes fois Preuost de Senlis. Aussi qu'en la plus part des Sentences données au siege dudit Bailliage pour les appellations interiettées dudit Preuost,
aucunesfois il est aussi nommé Preuost de Senlis & autresfois Preuost Forain , & lesdits lieux tenans de Chaulmont & de Compiengne qu'en chascun desdits lieux auec vn Preuost de Ville y a vn autre Preuost qui ordinairement est nommé Preuost Forain , & l'autre Preuost de la Ville. En quoy
faisant & auant qu'appointer lesdits Preuosts ont ordonné de leur different &
matiere, Maistres Nicole de Croisetes Aduocat, Robert de Bonuiller procureur, Paoul de Cornuailles & Christofle le Bel Marchans Gouuerneurs & Es-
cheuins de ladite Ville de Senlis à ce presents, tant pour eux que pour les autres manans & habitans de ladite Ville fondez de pouuoir & delegation
d'eux, dont ils ont fait apparoir & qu'ils ont mis deuers nous. Et pareillement
ledit Thureau Preuost de la Ville de Senlis auec eux , ont fait dire & remon-
strer que les habitans dudit Senlis & de la banlieüe auroient interest à la
qualité de Preuost de Senlis que s'efforçoit prendre & dont vouloit vser ledit Greffin , mesmes qu'iceluy Greffin eust connoissance & iurisdition des
matieres personnelles & reelles pour raison de rentes & proprieté des heritages assis en ladite Ville & banlieüe, pource que les fraiz de proces par deuant ledit Greffin Preuost, estoient plus grans que par ledit Preuost de Ville, le Greffier duquel n'auoit que deux deniers parisis , pour vn appointement, ne valloit l'amende d'vn deffaut & autre simple amende deuant luy
que deux sols six deniers parisis : & deuant ledit Greffin se prenoit par le
Greffier six deniers parisis pour vn appointement, & si estoit deu sept sols
six deniers parisis pour vn deffaut & simple amende & autres causes alleguées par lesdits Gouuerneurs. Nonobstant lesquelles ledit Greffin a per-
sisté à la correction de ladite qualité soustenant qu'elle deuoit estre & demourer comme Preuost de Senlis, dont il auoit vsé iusques à present , requerant que sur la possession qu'il a dit ses predecesseurs & luy dudit tiltre
de Preuost de Senlis, fussent ouys & enquis tous les procureurs & practi-
ciens au siege dudit Senlis à ce presens. Sur-quoy auons ordonné par prouision que la qualité de Preuost Forain en laquelle ledit Greffin a esté presentement appellé, contenné & enregistré cy dessus demourra quant à present, sans preiudice toutesfois des droits pretendus par lesdits Preuosts, dont
ledit Greffin a appellé. Sont aussi comparuz Iacques Methelet Lieutenant

E e iij

General dudit Preuoſt, auſſi en perſonne, Maiſtre Pierre Pammart, Preuoſt d'Angy en garde pour le Roy en ſa perſonne, Guillaume Englart, ſon
Lieutenant General, en ſa perſonne, Maiſtre Claude Thureau, licentié és
loix, Preuoſt de la Ville dudit Senlis, en ſa perſonne, Maiſtre Guy de Lo-
ris, Preuoſt de Pontz ſaincte Maixence, en ſa perſonne, Nicolas Mannef-
ſier, Maire de Brenulle, en garde pour le Roy, en ſa perſonne, Iean Rouſſet, Preuoſt de Pontpoing pour le Roy, en ſa perſonne: Les Gouuerneurs,
manans & habitans de la Ville dudit Senlis, par Maiſtre Iean Chaſtellain
Aduocat, Daniel Vizet procureur, Iean Goſſet, & Iaques du Puys, Marchans eſleus & deleguez, par leſdits habitans pour eux & la communauté
d'eux, & par Maiſtre Nicole de Croiſettes Aduocat, Robert de Bonuiller
procureur, Paoul de Cornuailles & Chriſtofle le Bel Marchans, Gouuerneurs & Eſcheuins de ladite Ville de Senlis, auſſi deleguez, par leſdits habitans, fondez de pouuoir & delegation ſpecial. Pour les Aduocats dudit
Senlis, ſont comparus ledit Maiſtre Iean Chaſtellain, en ſa perſonne, Maiſtre Nicole le Bel, en ſa perſonne, Maiſtres Nicole Goſſet, Iean Barthelemy, Claude Martin, Mathieu Barthelemy, Claude Martine, Nicole Gue-
rin, Raoul Coulon enqueſteur, Eſtienne le Bel, Antoine Harſant, Nicole
de Bonuiller, Eſtienne Methelet, Nicole Potdeuin, en leurs perſonnes:
Pour les procureurs, Maiſtres Daniel Vizet, Philippes Thureau, Iean Deſprez, pierre Lobry l'aiſné, Guillaume Sanguin, Iean Rouſſel, Michel Vizet, Loys Colat, pierre de Bonuiller, Robert de Bonuiller, Loys Foucquet,
Françoys Deſprez, Daniel Guillot, Iean Dole, Iaques poulet, pierre de
ſainct Gobert, Raoulant Thureau, pierre Chaton, pierre Fortier, Nicolas Laurens, Iacques Vizet, Nicolas Billouet l'aiſné, Noël poullaillier,
Iean de Briquegny, Iaques du Queſnoy, Nicolas Lourdet, Iean Broullart,
Clement Ancquier, pierre poulet, Nicolas Billouet, pierre Cornuel, Adam
Germain, Claude Peger, philippes Seguin, pierre Mareſcot, Iean l'A-
mant, Robert Vizet, pierre Lobry le ieune, pierre Tempe, Antoine pen-
neton, Iean Truyart, Antoine Trudelle, tous preſens: Nicolas Dole, Iean
de Beauuais, Noël poullaillier, Guillaume Foucquet, Rieule Methelet,
pierre Rapine, Iean, Barthelemy, Symon Debonnaire abſens, default:
Sont auſſi comparus pour les eſtats de la Chaſtellenie de Compiengne, &
de l'exemption de pierrefons, ſortiſſant audit Compiengne, c'eſt à ſçauoir
pour les gens d'Egliſe: les Religieux, Abbé & Conuent de ſainct Cornille
de Compiengne, par Daniel Vizet, leur procureur; le prieur de ſainct pierre dudit lieu abſent, defaut: les Doyen & Chanoines de ſainct Clement dudit Compiengne abſens, defaut: Le prieur & Religieux de ſainct Nicolas
au pont de Compiengne abſens, defaut: Le prieur de ſainct Nicolas le petit
audit lieu abſent, defaut: Frere Iaques de Harquembourg, Commandeur
du Temple dudit lieu abſent, defaut: Maiſtre Iean Sabre, maiſtre de ſainct
Iean le petit abſent, defaut: Maiſtre Nicole Chapuſor, Chappellain de la
Chapelle du Roy audit Compiegne abſent, defaut: Maiſtre Bertrand de la
Vernade, maiſtre de la Maladerie de Compiengne abſent, defaut: Les Religieux, Abbé & Conuent de ſainct Loys de Royallieu, par Arnauld de Ligny, prieur, en ſa perſonne: Les Religieux, prieur & Conuent de ſainct

Pierre au mont de Chaſtres, par Pierre de Bonuiller, leur procureur: Les Religieux, Prieur & Conuent de la Ioye abſens, defaut: Le Prieur de Rethondes abſent, defaut: Le Prieur de Chryſi abſent, defaut: Le Prieur des bons hommes pres Choiſy abſent: defaut: Les Religieux, Prieur & Conuent de ſainɛte Croix ſoubz Auffemont, par ledit Robert de Bonuiller: Le Prieur de ſainɛt Leger au Boys abſent, defaut: Les Religieux, Abbé & Conuent Dourcamps, à cauſe de leur Seigneurie de Bailly, & autres abſens, defaut: Les Doyen & Chapitre Noſtre Dame de Thourotte abſens, defaut: Le Prieur de ſainɛt Amant pres ledit Thourotte abſent, defaut: Les Religieux, Prieur & Conuent d'Eſlincourt ſainɛte Marguerite abſens, defaut: Le Prieur de Vignemont abſent, defaut: Le Prieur de Moncy le Perreux abſent, defaut: Le Prieur Noſtre Dame de Bouquy abſent: pour les gens d'Egliſe de l'exemption de Pierrefons, Monſieur l'Eueſque de Soiſſons, à cauſe de ſa terre de Septmôs & autres, par Loys Foucquet, ſon procureur: Le Chapitre de Soiſſôs, à cauſe de la terre & Seigneurie d'Amblegny & autres abſens, defaut: Les Religieux, Abbé & Conuent de ſainɛt Marc de Soiſſons, à cauſe de leur terre & Seigneurie de Vix ſur Aiſne & autres abſens, defaut: Les Religieux, Abbé & Conuent de ſainɛt Creſpin de Soiſſons, à cauſe de leur terre & Seigneurie de Pernand & autres abſens, defaut: Les Religieuſes Noſtre Dame aux Nonnains de Soiſſons, à cauſe de leur Seigneurie de Courmilles reſſous, le long & autres abſens, defaut: Le Threſorier de l'Egliſe de Soiſſons, à cauſe de la Seigneurie qu'il a és Fauxbourgs ſainɛt Chriſtofle reſſous le long & autres lieux abſent, defaut: Les Doyen, Chanoines ſainɛt Pierre au Paruy, à cauſe de leur Seigneurie qu'ils ont à Crennes abſens defaut: Le Prieur de Vix ſur Aiſne abſent, defaut: Le Preuoſt de la Val abſent, defaut: pour les Nobles de ladite Chaſtellenie de Compiengne, comparurent ledit Meſſire François de Montmorancy, Seigneur de la Rochepot, à cauſe de ſes Seigneuries d'Auffemont, ſainɛt Creſpin, Tracy, Hollencourt & autres auſſi en ſa perſonne, aſſiſté de ſon Baillif eſdites Seigneuries, ledit Meſſire Iean de Sains, Baillif de Senlis, pour ſa Seigneurie de Marigny & autres lieux en ſa perſonne: Le Seigneur de Coudum abſent, defaut: Noble & puiſſant Seigneur Meſſire Iean de Humieres, Cheualier de l'Ordre du Roy, Seigneur de Moncy le Perreux & autres lieux abſent, defaut: Guillaume du Hamel, Eſcuyer, Seigneur de Belle-Egliſe & d'Eſlincourt en partie abſent, default: Iaques de Francieres, Eſcuyer, Seigneur de Iaulx & de Freſnel abſent, default: Iean de Belques, Eſcuyer, Seigneur de Bouchelles & de Molicoq en partie abſent, defaut: Nicolas de Bombers, Eſcuyer, Seigneur de Rangenlieu abſent, defaut: Le Seigneur de Marchateglise abſent, defaut: Le Seigneur du Lude, à cauſe de ſa terre & Seigneurie de Pimprez abſent, defaut: Maiſtre Iaques de Barthelemy, Eſcuyer, Seigneur de Bienuille en partie par Iean Deſprez, Iean Barthelemy, Eſcuyer, Seigneur d'Annel abſent, defaut: Nicolas de Ponnereux, Eſcuyer, Seigneur du Pleſſier Brion abſent, defaut: Robert de Broulis, Eſcuyer, Seigneur de Cheurieres abſent, defaut: Damoyſelle Françoiſe de Ferieres, Dame de Nieulx le Val & autres lieux, par Iean Deſprez ſon procureur: Raoul le Feron, Seigneur de la Bruyere abſent, defaut: François de Sermoyſes, Seigneur de Verneul

en partie abſent, defaut : Le Seigneur de Tracy le Val abſent, defaut : Antoine de Bournonuille, Eſcuyer abſent, defaut : Le Seigneur Deſmoulins,
nommé Gerard de Verſin abſent, defaut : Maiſtre Iean Louuet, Aduocat
à Compiengne, & Damoyſelle Iaqueline le Tondeur ſa femme, à cauſe
d'elle, Seigneurs du fief & Seigneurie de la Bruyere ſur Oize en partie, appelé le fief Robert du Ru, par Regnault Picard, leur procureur : pour les
Nobles de ladite exemption de Pierrefons, Charles Daumalle, Eſcuyer,
Seigneur de Nanſel abſent, defaut : Iean Guieret, Eſcuyer, Seigneur de
Vitry en partie abſent, defaut : Vvaleran de Lignieres, Eſcuyer, Seigneur
dudit lieu en partie abſent, defaut : Hugues Colot, Seigneur du pont ſainct
Marc en partie abſent, defaut : Vincent d'Aſnieres, Eſcuyer, Capitaine du
Chaſteau de ſainct Aubin abſent, defaut : Meſſire Iean Deſtrées, Cheua-
lier, Seigneur de Vviercy abſent, defaut : Nicolas de Thumery, Eſcuyer,
Vicomte de Billy abſent, defaut : Iean de Courtignon, Eſcuyer, Seigneur
de Guny en partie abſent, deffaut : Pour les Officiers du Roy en ladite
Chaſtellenie de Compiengne, noble homme Maiſtre Laurens Thibault,
Lieutenant audit Compiengne dudit Baillif de Senlis en ſa perſonne : Maiſtre Martin Fillion, Aduocat du Roy audit lieu preſent, Maiſtre Pierre Bau-
det, Procureur du Roy audit lieu preſent, Maiſtre Iacques le Caron licentié és loix, Preuoſt Forain dudit Compiengne, Seigneur de Caulx en partie,
& du fief de Becquerel lez ledit Caulx en ſa perſonne : Iean du Ruiſſel, Preuoſt de l'exemption de Pierrefons ſortiſſans audit Compiengne en ſa perſonne : Regnault Picard, Preuoſt de la Ville de Compiengne en ſa perſonne : Antoine Meurien, Preuoſt de Marigny, lez ledit Compiengne, en ſa
perſonne, Bernard de Carluis, Preuoſt de Ioncqueres, pour le Roy en ſa
perſonne : Les Attournez & Gouuerneurs de la Ville de Compiengne, par
Daniel Vizet, leur procureur : Maiſtre Iean Louuet l'aiſné, licentié és loix,
Aduocat, par Regnauld Picard ſon procureur, Maiſtre Iean de Henault,
licentié és loix, Eſleu dudit Compiengne abſent, deffaut : Maiſtre Antoine
le Caron, licentié és loix, Lieutenant dudit Preuoſt Forain abſent, defaut :
Maiſtre Iaques de Barthelemy, Aduocat, par Iean Deſprez ſon procureur :
Maiſtre Iean Carnelle, Aduocat abſent, defaut : Maiſtre Iean le Caron,
Aduocat abſent, defaut : Maiſtre Nicole le Clerc, Aduocat abſent, defaut,
Maiſtre Iaques du Clerc, preſent : Maiſtre Nicole Thibault, Aduocat ab-
ſent, defaut : Maiſtre Helye Seroulx, Aduocat abſent, defaut : Paul d'Au-
brine, procureur abſent, defaut : Iean Neret, procureur abſent, defaut :
Yſaac l'Aſnier, procureur abſent, defaut : Flourens Neret, procureur ab-
ſent, defaut : Antoine Coyn, procureur abſent, defaut : Antoine Chatmo-
lue, Laurens l'Aſnier, Flourens l'Aſnier, Iacques Alard, Iaques Thibault,
Creſpin Deniſet, Iean du Clerc, Iean de l'An, procureurs abſens, defaut :
Semblablement ſont comparus, pour les eſtats de la Chaſtellenie de Ponthoiſe, c'eſt à ſçauoir, pour l'eſtat de l'Egliſe, Reuerend Pere en Dieu,
Monſieur l'Archeueſque de Rouën, par Loys Foucquet, ſon procureur :
L'Abbé de ſainct Martin ſur Bionne lez Ponthoiſe, & les Religieux dudit
lieu, par frere Nicole Muſſet, l'vn deſdits Religieux, & Iean Deſprez, leur
procureur : L'Abbé de l'Egliſe & Abbaye du Val Noſtre Dame, & les Re-

ligieux

ligieux de ladite Abbaye, par Pierre de sainct Gobert, leur procureur: Les
Religieuses, Abbesse & Conuent de Maubuysson, Dames de Bessencourt,
Songnelles & Sepillon en ladite Chastellenie dudit Ponthoise absentes, defaut: Les Doyen, Chanoines & Chapitre de l'Eglise Collegiale de sainct
Melon dudit Ponthoise absens, defaut: Les Doyen, Chanoines & Chapitre de l'Eglise Nostre Dame de Paris, pour leur Seigneurie Dandresy & terres qu'ils ont en ladite Chastellenie de Ponthoise, par Philippes Thureau,
leur procureur, qui a dit & remonstré audit nom que ledit lieu & village
Dandresy, appartenances & appendances d'iceluy n'estoient en rien suiets
an Bailliage dudit Senlis: mais estoient de la Preuosté & Vicomté de Paris,
& que pour raison de ce estoit meu proces, entre les gens du Roy du Cha-
stellet de Paris, & les Officiers du Roy audit Bailliage de Senlis, pendant
au siege de Ponthoise, & par ce n'entendoient lesdits de Chapitre, ledit village Dandresy, ses appartenances & appendances estre suiets ne reiglez,
selon les vs & Coustumes dudit Bailliage de Senlis, lesquels ne se deuoient
estendre, n'obseruer audit village & sesdits appartenances & dependances.
Et à ces causes declaroit ledit Thureau, audit nom, que la comparence qu'il
faisoit à'present, n'estoit pour assister au fait desdites Coustumes: mais seulement pour faire la declaration & remonstrance dessusdite. Et par le Procureur
du Roy, audit Bailliage de Senlis, par l'instruction du Preuost Vicontal de
Ponthoise, a esté dit & maintenu ledit lieu Dandresy, estre situé & assis en
ladite Chastellenie de Ponthoise audit Bailliage de Senlis, & par ce estre à
reigler selon les Coustumes de ladite Chastellenie & Bailliage, & par consequent ausdits de Chapitre, deuëment adiournez & appelez, par deuant
nous, pour le faict de la redaction & emologation desdites Coustumes, &
pour ladite Seigneurie estre tenus comparoir, ce que neantmoins ils ne faisoient: Parquoy nonobstant le dire & remonstrance dudit Thureau audit
nom, requeroit defaut luy estre donné contre iceux de Chapitre: Lequel
defaut a esté par nous donné & octroyé, & par vertu d'iceluy, auons ordonné qu'il sera procedé au faict & acte dessusdit comme de raison, nonobstant
ladite remonstrance: Dont ledit Thureau audit nom, a protesté appeler ce
venu à la connoissance desdits de Chapitre: Frere François de Chastillon,
Prieur de sainct Pierre dudit Ponthoise absent, defaut: Les Religieuses,
Prieure & Sœur de l'Hostel Dieu dudit lieu absentes, defaut: Maistre Nicole Chauluin, procureur de sainct Remy de Marines absent, defaut: Maistre Nicole Mussel, Prieur de Vaulmandois, en sa personne, Le Prieur de
Gouzengrez, Le Prieur & Curé d'Anuers, Le Prieur de sainct Godégrand
de l'Isle Adam: Maistre Guillaume Cossart, Curé de sainct Maclou de Ponthoise, Le Curé de l'Eglise Nostre Dame dudit lieu. Le Curé de l'Eglise
sainct Pierre: Maistre Perraulx Piedefer, Curé de Nouiard le franc. Le
Curé de Damethy: Maistre Pierre Boussart, Curé de Mery: Maistre Iean
Foulxdis, Curé de sainct Martin de Nogent, Messire Nicole Aucher, Curé
de Fontenelles, Maistre Pierre du Val, Chapellain de la Chapelle de la
Magdaleine de l'Isle Adam, Messire Antoine le Feure, Curé de Nesle, Messire Nicole Guillemin, Prebstre, Vicaire de l'Abuille, Messire Gillebert
de Meslignes, Messire Marc Cauet, Vicaire de Vessencourt, Messire Ia-

ques Alain Vicaire de Ioy le Monſtier, Maiſtre Iean le Heurteur , Curé de
Rangny , le Curé de ſainct Ouin lez Ponthoiſe , Maiſtre pierre l'Eueſqueau,
Curé Deſpiez , Meſſire Antoine Gobelet , Curé de Griſy , le Curé de Ha-
ranuiller , Maiſtre Loys le Vuatier , Curé de Mily , le Curé du Heaulme , le
Curé de Brançon , Maiſtre Nicole Laillé, Curé de Geincourt, Meſſire Richart
Lair , Curé d'Ennery , Maiſtre Michel le Veau , Curé de Geincourt, Mai-
ſtre Euſtace petit , Curé de Cormeilles , le Curé de Doſny , Maiſtre Nicole
Caillet , Curé de Boiſſy , Maiſtre Simon Gruyne , Curé de Mongeroult , le
Curé de Courcelles , Meſſire Iean panée , Curé de puiſieulx , Meſſire André Guillemin , Curé de Beruille , Maiſtre Thomas Vallier , Curé de Meſ-
ſieres , maiſtre Iean Titrier , Vicaire de ſainct maclou , meſſire Henry pelle-
tot , preſtre , administrateur de la maladerie ſainct Ladre dudit ponthoiſe:
Tous les deſſuſnommez abſens : Contre leſquels a eſté donné defaut : pour
les Nobles de ladite Chaſtellenie , ſont comparus ledit Seigneur de montmorancy , Conneſtable de France , à cauſe de ſa Seigneurie & Chaſtellerie
de l'Iſle Adam , par ledit Yuon pierres, Seigneur de Bellefontaine ſondit
maiſtre d'Hoſtel , & Iean Deſprez ſon procureur , meſſire Claude de montmorancy , Cheualier , Capitaine dudit ponthoiſe abſent , defaut : Meſſire
Adrian Tiercelin , Cheualier , Seigneur de marines , par noble homme Iean
de Dampont , ſon procureur , meſſire mery d'Orgemont , Cheualier , Seigneur de mery , par Maiſtre Nicole de Hallo , ſon procureur , meſſire Iean
de Rouuray , Cheualier , Seigneur de Sandricourt abſent , defaut , meſſire
René de Buſſi , Cheualier , Seigneur de Beruille , & Henouuille abſent ,
defaut : meſſire Antoine de Cugnac , Cheualier , Seigneur de Neſle abſent ,
defaut : meſſire Iaques Dampichan , Cheualier , Seigneur de Roſnel abſent ,
default : meſſire Nicolas de pilloix , Cheualier , Seigneur d'Ableiges , par
noble homme Iean de Dampont , ſon procureur , meſſire Richard de Vau-
celles , Cheualier , Seigneur de Balancourt abſent , defaut : meſſire George
d'Ançoy , Cheualier , Seigneur de Chauençon abſent , defaut : Damoyſelle
marie Leullier , Dame Chaſtellaine de Nourard le Franc abſente , defaut:
A l'euocation ou appel de laquelle Damoyſelle ledit Iean Deſprez , comme
procureur dudit Seigneur de montmorancy, Conneſtable de France , Seigneur Chaſtellain de l'Iſle Adam , a dit , qu'audit lieu de l'Iſle , ledit Seigneur auoit Chaſtellenie & reſſort , lequel droit n'auoit , & n'appartenoit à
aucuns des lieux terres , & Seigneuries , & fiefs ſuiets & aſſis en ladite
Chaſtellenie , és fins & limites d'icelles , ou qui en eſtoient tenus , meſmes
n'appartenoit tel droit à ladite Damoyſelle marie Leullier , laquelle partant ne pouuoit ſoy dire & intituler , Dame Chaſtellaine dudit Nourard , &
ne deuoit eſtre à ce receuë , requerant ladite qualité & tiltre de la Chaſtellenie eſtre rayez : Autrement pour l'abſence & non comparance d'elle , proteſtoit qu'elle ne puiſt preiudicier audit Seigneur , Conneſtable , Seigneur
Chaſtellain de l'Iſle Adam , n'aux droits & preeminences de ſadite Chaſtellenie : Sur ce Iaques Vizet , procureur à Senlis , ſoy diſant procureur aux
cauſes de ladite Damoyſelle , a requis eſtre receu à comparoir pour elle , &
aſſignation luy eſtre donnée à deux iours , d'huy , pour venir dire pour elle
ce qu'il appartiendra ſur le dire & proteſtation dudit Seigneur de l'Iſle

Adam : Surquoy a esté ordonné que ledit defaut sera , sauf, iusques à deux iours prochains , & neantmoins sera comme dit est , cependant procedé en ceste matiere, comme de raison , sans preiudice à la remonstrance & protestation dudit Seigneur Connestable , Seigneur de l'Isle, dont il aura lettres : Noble homme Barthelemy de l'Isle , Seigneur d'Andrely , par ledit Iean de Dampont, son procureur : Noble homme Pierre d'Espinay , Seigneur de Breançon absent, defaut : Iean de Dampont , Escuyer , Seigneur d'Vs , présent : Bertherand de Dampont , Christofle de Dampont , Guillaume de Montblaru , Escuyer , Charles de Guery , Escuyer , Raouland le Blanc absent , defaut : Iaques Poulain , Escuyer , Seigneur de Groslay , present : Nicolas de Conteuille , par Iean Malfuzou , son procureur : Ioachim de Villers , Fleurans de quatre Cordons , tous Escuyers , Maistre Iean du Val , Escuyer , Seigneur d'Estres : Iean Chenu , Escuyer , Maistre Iean du Verger , Escuyer : Noble homme Maistre Iean Bariot , Seigneur de Moncy , André Marais Secretaire du Roy absens , defaut : Damoyselle Françoise de Ferieres , Dame Damblamuille , par Maistre Claude Roze , son procureur , Maistre Iean de soubz le Four , Gilles de Hangest , Escuyer , Seigneur d'Hargenlieu , Philippes de Houblieres , Seigneur de Maluoisine absens , defaut : Les Seigneurs de Hiacrechy du fief de Genly , & du fief Coppin , par Loys Foucquer , leur procureur : Noble homme , André de Dampont , Seigneur de Cormeilles , Nicolas Crespin , Seigneur de Berragny , Philippes de Venisle , Escuyer , Seigneur du Metz absens , defaut : Pour les Officiers & gens du tiers estat de ladite Chastellenie : Nobles hommes , Maistre Iean d'Auuergne , licentié és loix , Lieutenant dudit Baillif de Senlis , en son siege audit Ponthoise present , Maistre Charles Guedon , licentié és loix , Preuost Vicontal dudit Ponthoise , en sa personne , Maistre Guillaume Crespin , Preuost , maire dudit lieu absent , defaut : Maistre Emond d'Amesines , Aduocat du Roy , Pierre Gueriteau , procureur du Roy en ladite Chastellenie , en leurs personnes , Maistre Nicole Deslions , Alexandre Chasteau , Iean Mesnet , Iean Habert , Simon Bredoulle , Mathurin Charton , licentié és loix , Aduocats audit Ponthoise absens , defaut : Toussains Hierosine , aussi licentié és loix , Aduocat audit lieu , present : Maistres Iean Oger , Regnauld prieur , Michel du Val , Pierre Bagin , Laurens Thibault , Philippes Ioliuet , Estienne Cheroinse , Thibault du Boys , Iean du pré , Iean Laier , Regnault Roffet , François le poiure , Iean Geruais , Pierre Camberonne , Gilles Charton , tous procureurs & praticiens audit Ponthoise absens , defaut : Iean Oger & Iean Fructier , Gouuerneurs de la ville de Ponthoise & Guillaume Regnier , procureur d'icelle , tous absens , defaut : pour les estats de la Chastellenie de Chaulmont & escroissement de Marigny , sont comparus , c'est à sçauoir . Maistres Iean prieur , prestre , Curé de Nencourt Leage , & Claude Voisin , aussi prestre , Curé de Hardiuiller , en leurs personnes , esleus & deputez , speciallement pour l'estat de l'Eglise de ladite Chastellenie de Chaulmont : Maistre Iean Villery , prestre , Curé de Guery , Doyen de Marigny , & Domp Iaques de Marigny , Religieux , prieur de Bourris , en leurs personnes , esleus & deputez , speciallement pour les gens d'Eglise dudit escroissement de Marigny : Aussi sont comparus lesdits Reli-

F f ij

gieux, Abbé & Conuent de ſainct Germer de Flay, par Germain Cloppin, leur procureur, à cauſe des terres & Seigneuries qu'ils ont aſſiſes en ladite Chaſtellenie de Chaulmont : Noble & puiſſant Seigneur Loys de Seilly, Seigneur Chaſtellain de la Rocheguion : Gilles de Chaulmont, Eſcuyer, Seigneur de Boiſſy, Meſſire Iean de l'Iſle, Cheualier, Seigneur de Mariuaulx, Charles pelleué, Eſcuyer, Seigneur de Iouy, & Guillaume pillauoine, Eſcuyer, Seigneur de Billerceaux, en leurs perſonnes, eſleus auſſi & deputez, ſpeciallement pour l'eſtat des Nobles, & tenant fiefs deſdites Chaſtellenies de Chaulmont & eſcroiſſement de Magny : Enquoy faiſant, Maiſtre philippes Fromont, a dit qu'il comparoiſſoit au preſent acte ou negoce, comme procureur de haut & puiſſant prince, Monſeigneur le Duc Deſtouteuille, à cauſe de Madame la Ducheſſe ſa femme, Et auſſi pour Dame Iaqueline Deſtouteuille, à cauſe des terres, Chaſtellenies & Seigneuries de la Rocheguion, Trie & Freſne le Guillon, & autres terres à eux appartenans, aſſiſes en la Chaſtellenie de Chaulmont & eſcroiſſement de Maigny, preuoſté & Chaſtellenie de ponthoiſe : Et proteſtoit pour leſdits Seigneur & Dames Deſtouteuille, que la qualité du Seigneur de la Rocheguion prinſe par ledit Seigneur Loys de Seilly, ne leur puiſt aucunement preiudicier. Et que l'aduis, deliberation ou conſentement de Seilly & autres deleguez en ceſte partie, pour aucuns des Nobles de ladite Chaſtellenie de Chaulmont, pourroient eſtre faits audit preſent acte ou negoce, ne puiſt rien preiudicier à iceux Seigneur & Dames Deſtouteuille, n'aux droits qu'ils ont és terres & Seigneuries deſſus declarées : par ledit de Seilly, Seigneur de la Rocheguion a eſté dit, que ledit de Fromont, n'a procuration ne mandement general ne ſpecial, pour comparoir en la qualité par luy prinſe, ne faire les proteſtations tel que deſſus, & qu'à ceſte fin fuſſent venuës les procurations par luy miſes en Cour, & quand il y auroit mandemẽt, à ceſte fin, il n'y auroit propoſ de la part dudit Fromont, par ce que ledit de Seilly, Seigneur de la Rocheguion, eſt appelé preſentement, comme l'vn & le principal des deleguez, par les Nobles de la Chaſtellenie de Chaulmont, conuoquez audit lieu de Chaulmont, & en la preſence dudit Fromont procureur deſſuſdit, pour leurs terres & Seigneuries de Trié & Freſne, meſmes qu'és autres aſſemblées qui ſe ſont faites audit lieu de Chaulmõt & ailleurs, tant pour raiſon des Couſtumes qu'autrement, Meſſire Berthin de Seilly en ſon viuant, Cheualier, ayeul dudit Loys de Seilly, eſt comparu, ou procureur pour luy, comme Seigneur dudit lieu de la Rocheguion, & feu Charles de Seilly ſon fils, & la veſue dudit de Seilly, au nom, & comme ayant la garde noble dudit Loys de Seilly & autres enfans, comme proprietaires & paiſibles poſſeſſeurs de la terre & Seigneurie de la Rocheguion, le tout ſans contredits, debat ne proteſtation contraire à ladite qualité de Seigneur de la Rocheguion : Ce neantmoins, entant que meſtier ſeroit fait proteſtation contraire à la proteſtation dudit Fromont, & par ledit Fromont audit nom, a eſté dit, qu'il a pouuoir ſuffiſant de faire les declarations & proteſtations cy deuant contenuës, & s'en fera aduouer quand beſoin ſera : & quant à ce qu'il dit qu'il a eſté delegué en ce preſent negoce, en la preſence dudit Fromont, dit ledit Fromont que iamais il ne fut preſent, n'appelé à faire ladite delegation, & ne l'a conſenti,

& à ceſte cauſe iceluy Fromont y compare ordinairement, pour leſdits Seigneur & Dames Deſtouteuille, & ſi en autres aſſemblées, leſdits feus Berthin de Seilly, & Charles de Seilly ſont fils, ont prins ladite qualité de Seigneur de la Rocheguion, en la preſence de ladite Dame Deſtouteuille ou de ſon procureur, ſans l'auoir debatu, n'en ſçait rien, & ne le croit pas: mais quand ainſi ſeroit que non toutes-fois, pour cela ne s'enſuiuroit que ledit Seigneur & Dames le puiſſent faire de preſent: Au moyen dequoy ledit Fromont perſiſte en ſeſdites proteſtations: Sur-quoy auons ordonné que leſdits de Seilly & Fromont audit nom auront lettres deſdites proteſtations: Auſſi ſont comparus honorables hommes, Maiſtres Nicole Delandres, Lieutenant dudit Baillif de Senlis, en ladite Chaſtellenie de Chaulmont & eſcroiſſement de Magny, Iean Néeſle, preuoſt Forain dudit Chaulmont, auſſi en garde pour le Roy, André Bouer, preuoſt de ladite Ville dudit Chaulmont, auſſi en garde pour le Roy, Iean le Couſturier, procureur du Roy en ladite Chaſtellenie, en leurs perſonnes, & ſi ſont comparus honorables hommes, Simon de Gamaches, Theaulmet petit, pierre le Gros, Seigneur de Harchemont, Iean de l'Eſpinay, Baſtian d'Aueſmes, Guillaume de Bourront, Iean Iſard, Regnault Flameng, & Iean Meuneſſier l'aiſné, en leurs perſonnes, eſleus, commis,& deputez, ſpecialement pour le tiers eſtat, meſmes pour l'eſtat de labour deſdites Chaſtellenies de Chaulmont & eſcroiſſement de Maigny: Laquelle comparance deſdits deleguez ainſi faite, ſont comparus, en leurs perſonnes, Nicolas Malard & Noël Auſouyn, Marguilliers du lieu du Couldray ſainct Germer, en ladite Chaſtellenie de Chaulmont, & Loys Foucquet; procureurs audit Senlis, comme procureurs des manans & habitans dudit lieu, leſquels ont dit que leſdits habitans n'auoient eſté appelez audit Chaulmont, & pource n'eſtoient comparus à l'aſſemblée faite audit lieu, fait election, ne donné conſentement à la delegation deſdits deleguez & comparans par deuant nous, pour les trois eſtats de ladite Chaſtellenie, pour le faict de la redaction & emologation des Couſtumes d'icelle & dudit Bailliage: Et pource comparoiſſoient à preſent pour entant qu'à eux eſtoit, eſtre ouys accorder ou diſcorder leſdites Couſtumes, & aſſiſter à la redaction & emologation d'icelles, requerans y eſtre receus: Ce qui a eſté ordonné faire: Encores ledit Foucquet, comme procureur des habitans de Vaulxroux en ladite Chaſtellenie, en vertu des lettres de procuration d'eux, A fait pareille declaration, remonſtrance & comparance pour leſdits habitans, en la preſence de Iean de France l'vn d'iceux: A quoy il a eſté auſſi receu auſdites fins: pour le Comte de Beaumont & les eſtats d'iceluy, ſont comparus Domp Iean probi, Docteur en Theologie, prieur du prieuré dudit Beaumont, & Maiſtre Antoine Charlet, Curé de praeſles, en leurs perſonnes, eſleus & deleguez pour l'eſtat de l'Egliſe dudit Comté: Meſſire Robert de Freſnoy, Cheualier, Seigneur dudit lieu, & de Nully en Thelles, Loys de Fay, Eſcuyer, Seigneur de Fercourt, & Guillaume de Belloy, Eſcuyer, Seigneur dudit lieu de Belloy en France, & de Morengles en leurs perſonnes, eſleus & deleguez ſpecialement pour l'eſtat des Nobles dudit Comté. pour les Officiers, Noble homme, Maiſtre Simon le Grand Baillif de Beaumont, qui en ceſt endroit a employé la remonſtrance & pro-

teftation par luy, & par le Procureur du Roy audit Comté, faits cy deffus
au lieu & endroit de la comparence faite par Monfeigneur le Conneftable
de France, comme Comte dudit Beaumont, & le Procureur du Roy au
Bailliage de Senlis, la refponce par luy faite au contraire, Maiftre Iean de
fainct Leu fon Lieutenant Particulier, Iean le Bel, procureur dudit lieu en
garde pour le Roy, Henry de Ieumegines, Procureur du Roy audit Comté, Euftace Mofnier, procureur & Efcheuin de la Ville de Beaumont, Noël
Vaultier, Marguillier de l'Eglife & Parroiffe dudit lieu, tous en leurs perfonnes : Et fi font comparus, Antoine Deaubonne, Receueur dudit Beaumont, Nicolas de Therines practicien audit lieu, & Iaques Thiboult, Mar-
chant, efleus & deleguez fpecialement pour le tiers eftat dudit Comté, auffi
en leurs perfonnes : Apres la comparence defquels deleguez Officiers & autres eftats dudit Beaumont, Maiftre Claude Roze, Aduocat, & Pierre de
Trumegines, procureur de Damoyfelle Françoife de Ferieres, Dame Chaftellaine de Meru, & Maiftre Charles Paillard, comme procureur de Damoyfelle Catherine Oliuier, Dame Chaftellaine de Perfant : Ont dit & re-
monftré que lefdites Damoyfelles refpectiuement entant qu'à elles eftoit
n'auoient donné confentement, efleu ne delegué aucun des eftats dudit
Comté, pour comparoir & affifter par deuant nous à la redaction & emologation defdites Couftumes ; Pource proteftoient pour elles chacun en fon
regard, que l'election & delegation de ceux, qui à prefent comparoiffoient
pour lefdits eftats, & ce qui pourroit eftre fait par eux au faict & acte deffufdit, ne leur puift preiudicier : Requerans eftre receus à comparoir pour elles
par deuant nous, pour accorder ou difcorder lefdites Couftumes, & à la
redaction & emologation d'icelles eftre ouys & dire ce qu'il appartiendroit :
Laquelle Requefte ouye par le Procureur du Roy audit Comté de Beaumont à ce prefent, il a dit que ladite qualité de Chaftellenie, que lefdits procureurs s'efforçoient prendre pour lefdites Damoyfelles ne deuoient eftre
receuë : mais rayée, parce qu'elles n'auoient droit de Chaftellenie de Meru
& Perfant, & ne leur appartenoit ledit tiltre : Et par lefdits procureur a efté
fouftenu le contraire : Surquoy a efté ordonné que lefdits procureurs, feront
tenus à comparoir & affifter pour lefdites Damoyfelles à la redaction &
emologation defdites Couftumes, & dire en la matiere ce qu'ils verront
eftre à faire : Et quant au different d'entre elles & ledit Procureur du Roy,
auffi refpectiuement pour ledit droit & qualité de la Chaftellenie, les auons
renuoyez à la Cour pour eftre ouys & en ordonner : Pour les eftats de la
Chaftellenie de Creeil, font comparus, Noble & difcrete perfonne, Maiftre Iean de Moncy, Bachelier és droits, Chanoine & Curé dudit Creeil,
& Maiftre Gilles Sarrazin Prebftre, Curé du Pleffier lez Longueane, en
leurs perfonnes, efleus, ordonnez & deputez pour l'eftat de l'Eglife de ladite Chaftellenie : Noble homme, Maiftre Simon de Mouffi, Efcuyer,
Lieutenant dudit Baillif de Senlis audit Creeil & Iean de Margny, Efcuyer,
Seigneur de Moncy fainct Eloy, en leurs perfonnes, efleus & deputez pour
l'eftat des Nobles de ladite Chaftellenie : Pour les Officiers, ledit Maiftre
Simon de Mouffi, Lieutenant en fa perfonne : Maiftres Noël Potdeuin,
Preuoft dudit Creeil en garde pour le Roy, Iean de la Haye, procureur du-

dit Seigneur audit lieu, & Iean Preudhomme, Receueur, en leurs perfonnes : Et fi font comparus, ledit Preudhomme, Receueur & Blanchet Ma-
caire Marchand, en leurs perfonnes, efleus, ordonnez & deputez pour le
tiers eftat de ladite Chaftellenie de Chambly, font comparus, Maiftre Pierre Voyer, Prebftre, efleu & delegué pour l'eftat de l'Eglife, Maiftre Loys
Foucquet, procureur & Confeiller audit Senlis, efleu & delegué pour l'e-
ftat des Nobles : Pour les Officiers, honorables hommes, Maiftre Pierre
Hacherte, Lieutenant dudit Baillif de Senlis audit Chambly, Robert Hu-
rel, Preuoft dudit lieu en garde pour le Roy, Charles Puillart, Procureur
du Roy audit lieu : Et fi y font comparus, Abraham Hure l'vn des Gouuerneurs de ladite Ville, & Maiftre Guillaume Vaterie, procureur d'icelle,
efleus & deleguez pour le tiers eftat, tous en leurs perfonnes : Ce faict apres
que les efleus & deleguez de ladite Ville de Senlis, & defdites Chaftellenies
de. Chaulmont & efcroiffement de Magny, de Crecil, Chambly, & du
Comté de Beaumont, & pareillement les procureurs des perfonnes deffuf-
nommées, appelées pour le faict de la redaction & emologation defdites
Couftumes non comparans en perfonnes : Ont chacun en fon regard exhibé
les actes des elections, deputations & procurations fpecialles qu'ils auoient
requifes au cas & matiere : Et iceux mis par deuers le Greffe, ledit Procureur du Roy audit Bailliage de Senlis garny de l'Aduocat dudit Seigneur, a
dit qu'en enfuiuant lefdites lettres patentes du Roy & noz lettres de commiffion, & auffi par vertu des lettres de commiffion decernées fur icelles
par ledit Baillif de Senlis ou fon Lieutenant General, il auoit fait fignifier
lefdites lettres patentes & de commiffion, d'icelle baillé coppie & deuëment & competamment fait adiourner par deuant nous à huy. A la fin contenu en icelles lettres les eftats de la Ville de Crefpy & Duché de Valois, &
de la Ville & Comté de Clermont en Beauuoifis comme chacun defdits
lieux, Duché & Comté ayans efté de tout temps & ancienneté, & eftans de
l'ancien reffort dudit Bailliage de Senlis, ainfi que le Procureur du Roy, difoit eftre contenu & apparoir par certaines lettres de chartre qu'il a exhibées, auec les rapports & exploicts defdits fignification & adiournemens
faits aufdits eftats : Lefquels ce neantmoins n'eftoient comparus ne comparoiffoient, n'autres pour eux deleguez dont il apparoit : Au moyen dequoy
requeroit defaut luy eftre donné alencontre d'eux & chacun refpectiuement:
Et pour y paruenir, a requis lecture eftre faite, tant defdites lettres de chartres que defdits rapports & exploicts : Lequel defaut en tant que touche les
eftats de ladite Ville de Crefpy, & Duché de Valois, à faute de comparoir
par eux n'autres pour eux dont apparu nous foit, apres que par noftre Ordonnance lecture a efté faite des rapports & exploicts de fignification defdites lettres patentes du Roy, & de noz lettres de commiffion, & de l'adiournement contre eux fait en cefte matiere : Et iceux veus, auons donné &
octroyé defaut alencontre defdits eftats d'iceluy Duché de Valois & Ville
de Crefpy audit Procureur du Roy : Et pour luy en adiuger le profit, luy
auons ordonné produire vers nous lefdites lettres de chartre, lettres patentes du Roy, & ce que bon luy femblera : Et quant aufdits eftats des Ville &
Comté de Clermont, luy auons declaré, & audit Aduocat du Roy, que le

iourd'huy auions receu lettres patentes du Roy de pareille forme, pouuoir
& effect que leſdites lettres patentes à nous adreſſans, pour la redaction &
emologation des Couſtumes dudit Bailliage de Senlis : Par leſquelles lettres
dudit iourd'huy, eſtoit mandé eſtre par nous procedé à la redaction & emologation des Couſtumes dudit Comté de Clermont particulierement ſur les
lieux d'iceluy : Et que pour ces cauſes le defaut requis par ledit Procureur du
Roy, ne luy ſeroit par nous dóné, ſans preiudice toutes-fois au droit du reſſort
ancien dudit Bailliage de Sēlis, auquel il maintenoit & pretédoit ledit Comté de Clermont eſtre aſſis, ſuiet & reſpōſable: Et au ſurplus que ferions mention deſdites lettres de chartre en noſtre proces verbal pour luy ſeruir ce que
de raiſon : Apres leſquelles choſes leſdits Lieuxtenans Particuliers dudit
Baillif de Senlis auſdites Chaſtellenies, & ledit Preuoſt d'Angy ont eſté par
nous enquis, ſi deuëment & ſuffiſamment chacun en ſon regard, pouuoir
& Iuriſdition, ils auoient fait publier par attaches miſes és lieux publiques
d'iceux, & à ſon de trompe ou cry public les coppie & contenu deſdites lettres patentes du Roy, & de noz lettres de commiſſion à eux enuoyées par
ledit Baillif de Senlis ou ſon Lieutenant General, pour le faict de la redaction
& emologation deſdites Couſtumes, leſdites coppies deuëment fait ſignifier aux perſonnes des trois eſtats & lieux requis de leurſdits pouuoirs & Iu-
riſditions, auec l'aſſignation du iourd'huy pour ledit fait : Tous leſquels &
chacun d'iceux particulierement ſur le deü & ſerment de leurs Offices ont
dit, affermé & certifié l'auoir ainſi fait chacun en ſon regard : Ce qu'a auſſi
affermé & certifié ledit Baillif de Beaumont, pour le regard dudit Comté
& des eſtats d'iceluy, ſous les proteſtations par luy faites cy deſſus : Et ce
que dit eſt ainſi fait, auons à tous les deſſuſ-nommez comparans de chacun
deſdits eſtats, és noms & qualitez qu'ils ſont comparus, fait faire ſerment
ſolennel en tel cas accouſtumé, iuſtement & loyaument en leurs conſcien-
ces' & ſans faueur conſeiller le Roy, la choſe publique deſdits eſtats, &
nous en ceſt affaire, & pour l'execution deſdites lettres : Ce qu'ils ont iuré
& promis faire, meſmes ledit Maiſtre Iean le Roy, Procureur dudit Eueſque de Beauuais, apres ce que par luy en ladite qualité, en continuant &
ſuiuant les remonſtrances & proteſtations par luy faites poûr iceluy Eueſque, cy deſſus, a eſté de rechef proteſté que le ſerment & iurement fait par
luy, & autres ſes ſuiets & vaſſaux dudit Eueſque comparans, ne luy peuſt
auſſi preiudicier, n'au droit d'exemption du reſſort & Iuriſdition dudit Bailliage de Senlis par luy pretendu, tant pour luy que pour ſeſdits ſuiets du
Comté de Beauuais, à cauſe de ſa Perrie: Et qu'à ladite proteſtation, le
Procureur du Roy audit Bailliage de Senlis, a employé la reſponſe par luy
faite aux autres empeſchemens & proteſtations dudit Eueſque.

E T le dixneufiéme iour dudit mois d'Aouſt, auons commencé à faire
faire lecture par ledit Rouſſet Greffier, du cayer des Couſtumes Generales dudit Bailliage, à nous exhibé, par Noble homme & ſage Maiſtre Nicole Morel, Lieutenant General d'iceluy Bailliage, & à ce faire continué
les autres iours enſuiuans.

 Et ſur le premier article de la Rubriche des diuiſions des Duchez &
Comtez,

Comtez, dont la teneur s'enfuit.

Audit Bailliage de *Senlis*, eſt le Duché de Valois, auec les Chaſtellenies & Preuoſtez qui en dependent, reſſortiſſans en Iuriſdition Ordinaire par appel, par deuant le Gouuerneur de Valois, les appellations duquel & de ſes lieuxtenans reſſortiſſent par appel en Parlement, quant à ladite Iuriſdition ordinaire : Et quant aux cas Royaux ledit Duché demoure au Bailliage de Senlis : Et lequel Duché ſouloit tenir en empanage de la Couronne de France, en ſon nouuel aduenement, le Roy Loys XII. par lequel nouuel aduenement iceluy Duché & ſes appartenances, ont eſté remis à icelle : Et aucun temps apres, a eſté ſemblablement baillé iceluy Duché en empanage, à Monſeigneur le Comte d'Angouleſme, qui encores de preſent le tient & en iouyſt & poſſede : Ouy les Officiers dudit Bailliage & autres des trois eſtats, a eſté ordonné, qu'attendu que ledit Duché de Valois, eſt en la main du Roy, & de preſent erigé en Bailliage, au lieu de l'article deſſuſdit, ſera mis l'article contenu au cayer des Couſtumes dudit Bailliage cotte vn.

Sur le deuxieſme article de la Rubriche, le Procureur du Roy en la Chaſtellenie de Compiengne, a proteſté qu'au cas que les lieux & Chaſtellenies de Pierrefons, Bethiſy & Verberie, eſtans de preſent ſous ledit Duché de Valois en la main du Roy, auquel ils auoient eſté adiointes pour l'erection dudit Duché, & pour ce faire eſtre diſtraites de ladite Chaſtellenie de Compiengne, eſtoient cy apres par aucun moyen diſtraites dudit Duché de Valois & baillées en empanage ou miſes en autre main que du Roy, d'auoir par ledit Baillif de Senlis, ou ſon Lieutenant audit Compiengne, le reſſort & Iuriſdition deſdits lieux quant aux cas Royaux, comme d'ancienneté, ayans eſté de ladite Chaſtellenie de Compiengne, ſitué & aſſis le plus pres d'icelles : Et ledit Baillif de Senlis ou ſon Lieutenant audit Compiengne en eſtans le prochain Iuge ſuperieur : Laquelle proteſtation, auons ordonné eſtre inſerée en noſtre proces verbal.

Sur le troiſieſme article de ladite Rubriche contenant : En iceluy Bailliage de Senlis eſt encores le Comté de Clermont en Beauuoiſis, auec les Chaſtellenies & Preuoſtez qui en dependent, que tient en empanage de la Couronne de France, Monſeigneur le Duc de Bourbon, Comte dudit Clermont, reſſortiſſant quant à la Iuriſdition ordinaire en la Cour de Parlement : Et quant aux cas Royaux par deuant ledit Baillif de Senlis : Auſſi ouys leſdits Officiers du Roy & autres des trois eſtats, a eſté ordonné qu'au lieu dudit article, ſera mis le troiſieſme article contenu audit cayer.

Sur le quatrieſme article de ladite Rubriche contenant : Sous ledit Comté de Clermont, y a pluſieurs terres exemptes, reſeruées à la Iuriſdition du Roy deuant le Baillif de Senlis en ſon ſiege audit Senlis : Ledit Procureur du Roy en ladite Chaſtellenie de Compiengne s'eſt oppoſé, à ce que ledit article ne demeure en l'eſtat qu'il eſt : Par ce qu'il a dit & maintenu, parties deſdites terres reſeruées à la Iuriſdition du Roy, eſtre reſſortiſſans audit Compiengne d'ancienneté : ſur-quoy ouy le Baillif de Senlis & ſon Lieutenant General, dit a eſté du conſentement d'iceux, & dudit Procureur du Roy à Compiengne, que l'article deſſuſdit demourra & ſera mis par eſcrit, tel qu'il eſt contenu au quatrieſme article dudit cayer.

G g

Auſſi ledit Procureur du Roy à Compiengne ſur ledit article a dit, que d'ancienneté le lieu de Remy en Beauuoiſis eſtoit de la Chaſtellenie dudit Compiengne, & reſſortiſſant en Iuriſdition audit lieu : Lequel comme depuis acquis par les Comtes dudit Clermont, auoit par eux eſté reuny & ioint audit Comté, qui à preſent eſtoit appartenant au Roy & tenu en ſes mains, & conſequemment ledit lieu de Remy : Parquoy a proteſté qu'au cas que ſi apres le lieu deſſuſdit, fuſt diſtrait dudit Comté mis en autre main que le Roy & la Couronne, ou baillé en empanage, d'auoir la Iuriſdition & reſſort des ſuiets dudit lieu quant aux cas Royaux par ledit Baillif de Senlis ou ſon Lieutenant audit Compiengne, comme ils auoient eu au temps deſſuſdit : Ouye laquelle proteſtation, nous auons ordonné qu'elle ſera inſerée en noſtre proces verbal.

Sur l'vnzieſme article de ladite Rubriche eſtant de la forme qui s'enſuit : Beaumont ſur Oize qui ſouloit par cy deuant tenir du Roy Loys à preſent regnant, en empanage de la Couronne de France, à ſon nouuel aduenement à icelle : Par lequel ledit Comté luy a eſté reüny, & eſt demeuré Chaſtellenie ſuiete audit Bailliage, ainſi qu'elle eſtoit auparauant ledit empanage.

Iean Deſprez Procureur audit Senlis dudit Seigneur Anne de Montmorancy, Conneſtable de France, Comte dudit Beaumont, a requis ledit article eſtre intitulé, & ſur iceluy eſtre mis ces mots, Comté de Beaumont, pour en faire ſeparation d'auec les Chaſtellenies dudit Bailliage & du Chapitre ou Rubriche d'iceluy, & ledit tiltre monſtrer de ladite ſeparation & diſtinction : Par ce que c'eſtoit vn Comté ancien, que comme tel denoit auoir & porter intitulation telle que dit eſt : Et au ſurplus qu'audit article, doit eſtre adiouſté & mis que ledit Comté appartient à heritage audit Seigneur Conneſtable : Les Aduocat & Procureur du Roy audit Bailliage de Senlis, ont empeſché ledit tiltre particulier & la ſeparation dudit Comté, d'auec leſdites Chaſtellenies : Par-ce qu'iceluy Comté, auoit eſté d'ancienneté l'vne des Chaſtellenies dudit Bailliage de Senlis, mis & enregiſtrez ſous le tiltre des Chaſtellenies d'iceluy : Declarans qu'ils ne vouloient empeſcher qu'audit article fuſt mis, que ledit Comté appartenoit à heritage audit de Montmorancy, Seigneur Conneſtable, à la charge que les Officiers d'iceluy Comté, ſeront & demourront Royaux.

Pareillement Maiſtre Simon le Grand, Baillif dudit Beaumont, en employant les proteſtations par luy faites cy deſſus, a requis que ces mots de Chaſtellenie de Beaumont fuſſent oſtez & rayez du Chapitre des Chaſtellenies dudit Bailliage de Senlis, requerant auſſi que ledit Comté de Beaumont fuſt mis en ordre au Chapitre des Comtez, & apres le Comté de Valois, parce que le Comté de Valois & le Comté dudit Beaumont, ont eſté reünis & remis à la Couronne par le feu Roy Loys à ſon aduenement, à la Couronne en vn meſme temps. Ce qui auroit auſſi eſté empeſché par ledit Procureur du Roy audit Bailliage de Senlis, pour les cauſes deſſuſdites : Surquoy a eſté dit ſuiuant les declarations deſdites parties que ledit article demourra & ſera mis par eſcrit en la forme contenuë en l'vnzieſme article dudit Couſtumier.

En faiſant lecture des xiij. & xiiij. articles de ladite Rubriche, Maiſtre

Iean d'Auuergne Lieutenant Particulier du Baillif de Senlis à Ponthoife, & Maiftre Charles Guedon Preuoft Vicomtal dudit Ponthoife, en ce que lef-dits articles contiennent qu'audit Baillif de Senlis ou fon Lieutenant en fon fiege capital dudit Senlis, appartient la connoiffance du faict de tout le dommaine du Roy & de tout ledit Bailliage : Ont dit que lefdits articles eftoient trop generaux, en ce regard eux oppofans, tant pour eux que pour les au-tres Officiers de la Chafteilenie dudit Ponthoife, à ce qu'ils ne demeurent en l'eftat qu'ils font, en ce qu'il concerne la connoiffance du dommaine, au moins qu'à iceluy ne foient adiouftez & mis ces mots, excepté en la Cha-ftellenie de Ponthoife : Par ce qu'ils ont maintenu eux & lefdits Officiers audit lieu auoir eu d'ancienneté connoiffance du dommaine de ladite Cha-ftellenie, chacun en fon regard, quand le cas s'y eftoit offert : mefmes ledit Guedon qui comme Preuoft Vicomtal auoit à caufe dudit Office, charge & entremife de recepte dudit dommaine en aucunes parties d'iceluy en la-dite Chaftellenie, & de ce auoir iouy comme ils difoient faire encores à pre-fent : Lefquels correction dudit article & referuation requis par lefdits Lieu-tenant & Preuoft de Ponthoife, lefdits Baillif de Senlis & fon Lieutenant General, Aduocat & Procureur du Roy audit Bailliage, ont empefché, deniant aufdits Officiers de Ponthoife, qu'ils ayent conneu & leur appar-tienne la connoiffance dudit dommaine audit lieu : mais au contraire la con-noiffance leur en appartenir : en auoir conneu & iouy audit Senlis, enfem-ble leurs predeceffeurs de tout temps & ancienneté, Mefmement quant aux fiefs eftans de la Chaftellenie & fuiets à icelle, faifie, reliefs, main leuée & expedition d'iceux & autres droits concernans ledit dommaine & depen-dans d'iceluy : Sur lequel droit de Iurifdition, preeminence & poffeffion d'i-celuy, ils auoient n'agueres obtenu Arreft de la Cour à leur profit contre lefdits Officiers de Ponthoife, & Officiers des autres Chaftellenies parti-culieres dudit Bailliage : Oultre lequel y auoit Edict du Roy, par lequel la connoiffance de tel dommaine eftoit attribuée aux Iuges Prefidiaux, ou leurs Lieutenans en leurs fieges principaux : Lefdits Lieutenant & Preuoft de Ponthoife, ont dit que fuppofé qu'en la matiere fuft interuenu aucun Arreft, fi en eftoient les parties en proces fur l'execution d'iceluy : Et par ce mefme, nonobftant le dire defdits Officiers de Senlis, fur ledit Edict, ont perfifté en leur Requefte, remonftrance & oppofition deffus contenus : Surquoy apres lecture faite de l'Edict, a efté dit par prouifion que lefdits articles de-mourront felon leur forme & teneur, fans preiudice toutesfois aux droits & preeminences defdits Lieutenant & Preuoft de Ponthoife, à caufe de leurfdits eftats & Offices. Et au principal de la matiere fur le different d'en-tre lefdites parties fur le reffort, connoiffance & Iurifdition dudit dommai-ne du Roy, les auons renuoyez & renuoyons en ladite Cour, où ils ont dit auoir proces pendant entre eux, fur l'execution de l'Arreft, alleguez par lefdits Officiers de Senlis.

Sur le feiziefme article de ladite Rubriche, contenant : Le Preuoft de Sen-lis, qui eft le Iuge ordinaire de toute la Chaftellenie.

Apres qu'il a efté dit en enfuiuant la Requefte, faite à cefte fin, par Mai-ftre Claude Thureau, Preuoft de la Ville dudit Senlis, & l'Ordonnance ou

G g ij

appointement donné de nous cy deffus entre lefdits preuofts, que ledit preuoſt de Senlis fera mis & intitulé preuoſt Forain. Le Baillif dudit Senlis &
fon Lieutenant General, ont requis qu'en la fin dudit article, fuffent adiouſtez & mis ces mots, fans preiudice, à l'Edict fait par le Roy, faifant
mention des cas & matieres dont la connoiffance par iceluy eſt attribuée aux
Baillifs, Senefchaux, & Iuges prefidiaux: Auffi pierre paumart, preuoſt
d'Angy en garde pour le Roy, & ledit Thureau, preuoſt de la Ville de Senlis, refpectiuement pour leurs droits & Iurifditions, fe font oppofez, à ce
que ledit article demeure en l'eſtat qu'il eſt, en ce qu'il contient ledit preuoſt Forain de Senlis, eſtre Iuge ordinaire de toute la Chaſtellenie dudit
Senlis: Au moins qu'audit article, fuffent mis ces mots excepté, c'eſt à
fçauoir, quant audit preuoſt d'Angy, ladite preuoſté d'Angy, fuiets & eſtenduë d'icelle. Et quant audit preuoſt de Ville, la Ville & banlieuë de Senlis,
par ce qu'ils ont maintenu eſtre Iuges ordinaires : Sçauoir eſt, ledit paumart
de ladite preuoſté d'Angy, fuiets & eſtenduë, & ledit Thureau de ladite
Ville & banlieuë, & auoir tout droit de Iuſtice fur les habitans & fuiets d'iceux, auec Iurifdition & connoiffance de tous cas & matieres d'entre lefdits habitans & fuiets, pour le regard des heritages, fituez & affis en dedans lefdits preuoſtez d'Angy & banlieuë de Senlis, auffi refpectiuement:
pareillement pour raifon des chofes immeubles & droits reels, perceuables
& pretendus fur iceux, fors quant au regard des gens d'Eglife, Nobles &
communautez quant audit preuoſt d'Angy: & fur ce Maiſtre Iean Chaſtellain, Aduocat, Daniel Vizet, procureur, Iean Goffet & Iaques du puys,
Marchans, auec les Gouuerneus & Efcheuins de ladite Ville de Senlis, deleguez pour les autres habitans d'icelle & de la banlieuë, ont fait pareille
oppofition & Requeſte, afin d'eſtre conuenus & traittez és cas deffufdits &
chacun d'iceux, par deuant ledit preuoſt de la Ville de Senlis, duquel ils ont
aduoüé & dit eſtre fuiets efdits cas, & eſtre Iuge à eux deputé & delegué par
lettres de chartre des Roys de France, prefentement exhibées par eux, de
laquelle ils ont requis lecture eſtre faite par Maiſtre Iean Greffin, preuoſt
Forain dudit Senlis. Quant à la Requeſte faite par ledit Baillif de Senlis ou
fon Lieutenant, ladite Requeſte a eſté par luy confentie & accordée, & au
faict & oppofition defdits paumart, preuoſt d'Angy, Thureau, preuoſt de
la Ville de Senlis & des deleguez, manans & habitans d'icelle Ville, il les a
empefchez, & maintenu au contraire eſtre Iuge ordinaire de toute ladite
Chaſtellenie de Senlis, à la referuation & modification dudit Edict quant
audit Baillif de Senlis ou fon Lieutenant, & confequemment eſtre Iuge ordinaire defdits preuoſté d'Angy, Ville & banlieuë de Senlis, qui eſtoient
affis & comprins en ladite Chaſtellenie de Senlis, dont la Ville de Senlis
eſtoit le lieu principal & chef d'icelle Chaſtellenie: Mefmement quant au
droit de haute Iuſtice, connoiffance & Iurifdition des matieres, pour raifon
d'heritages & droits reels entre autres droits & toutes perfonnes, ainfi que
le contenoit mefmes ledit feiziefme article, qu'à prefent lefdits preuoſts requeroient eſtre corrigé, le contenu auquel ledit preuoſt Forain employoit
pour la preuue & verification du droit & preeminence du Iuge Chaſtellain à
luy appartenans entre autre preuue. Alleguans par luy que fur le different,

eſtant pour raiſon de ce entre ledit preuoſt de Ville, & luy ou leurs predeceſſeurs y auoit procez pendant & indecis en la Cour de parlement : Surquoy
quant au different d'entre leſdits preuoſt & habitans de la Ville de Senlis,
les auons renuoyez & renuoyons à la Cour, En laquelle, ils ont dit, ledit
proces eſtre pendant entre iceux preuoſt Forain, & de Ville ou leurs predeceſſeurs, pour raiſon des droits & preeminences de leurs Offices, pour chacun deſdits preuoſts & parties deſſuſ-nommées, eſtre ouyes en ladite Cour,
& ordonner par elle deſdits differens, comme elle verra eſtre à faire. Et
quant audit Baillif de Senlis & ſon Lieutenant & ledit preuoſt Forain, dit a
eſté par prouiſion ſuiuant leurs declarations & conſentemens que ſans preiudice de l'Edict fait par le Roy pour le reiglement des Baïllifs & preuoſts de
ce Royaume, ledit ſeizieſme article demourra en la forme qu'il eſt contenu
audit cayer ſous ſemblable cotte.

Sur le vingtieſme article de la Rubriche, eſtant de la forme qu'il s'enſuit:
Le ſiege de la Mairie de Brenoulle, ſe tient à Rieux, qui eſt vn village, ioi-
gnant du village de Brenoulle.

Le procureur du Seigneur dudit lieu de Rieux, a dit que puis certain temps
en ça, il auoit acquis tel droit de Iuſtice & autre que ſouloit auoir le Roy audit Rieux : parquoy empeſchoit que d'oreſenauant le ſiege dudit Maire de
Brenoulle y fuſt plus tenu.

Les Aduocat & procureur du Roy au Bailliage dudit Senlis, ont confeſſé
ladite acquiſition : Mais diſent icelle eſtre faite à la charge de faculté de rachat perpetuel, conſentant que le ſiege dudit Maire en fuſt oſté & diſtrait,
& tenu d'oreſenauant à Brenoulle : Surquoy en enſuiuant les declarations
deſdites parties & dudit Maire de Brenoulle qui a eſté ouy, dit a eſté que
ledit Seigneur de Rieux aura acte de la declaration & remonſtrance faite
par ſondit procureur : Et au ſurplus que le ſiege dudit Maire de Brenoulle
ſe tiendra audit Brenoulle.

Sur le vingt-vnieſme article de la Rubriche contenant telle forme : Leſdits preuoſt d'Angy & Maire de Brenoulle n'ont point de connoiſſance des
gens d'Egliſe, Nobles & Communautez : mais ſont reſeruez au preuoſt Forain de Senlis, qui comme dit eſt deſſus, eſt Iuge Chaſtellain.

Leſdits Baillif de Senlis & ſon Lieutenant General, conſideré l'edict du
Roy, par lequel la connoiſſance & Iuriſdiction ſur les gens d'Egliſe, Nobles & Communautez leur eſt attribuée, & aux autres Baillifs, Seneſchaux
& Iuges preſidiaux, ont requis ledit article eſtre rayé : Surquoy ont eſté ouys
leſdits preuoſts d'Angy, Maire de Brenoulle & preuoſt Forain de Senlis,
leſquels, c'eſt à ſçauoir leſdits preuoſt d'Angy & Maire de Brenoulle l'ont
ainſi conſenty. Et quant au preuoſt Forain de Senlis, il a declaré qu'il ne veut
empeſcher qu'en la fin dudit article ſoit mis & adiouſté, fors & excepté les
gens Nobles de la Chaſtellenie de Senlis, deſquels ledit Baillif de Senlis &
ſes Lieutenans, auront la connoiſſance, pour le regard des cas concernans
leſdits Nobles declarez audit Edict & ſelon iceluy, laquelle addition leſdits
Baillif & ſondit Lieutenant ont auſſi accordé en la forme deſſuſdite, quant
aux Nobles & autres deſſuſ nommez és cas dudit Edict · Sur ce Maiſtre Antoine Pilan, Chanoine & procureur de Chapitre de Beauuais, aſſiſté de Mai-

ſtre Martin Thierry, a proteſté pour leſdits de Chapitre que ce ne leur peut
preiudicier ſpecialement quant à leur garde gardienne & autres droits, priuileges, auctoritez, preeminences & prerogatiues d'iceux : Surquoy dit a
eſté que leſdits de Chapitre auront lettres de leurdite proteſtation : Et au
ſurplus ſuiuant les declarations deſdits Baillif, Lieutenant, Preuoſt Forain,
Preuoſt d'Angy & Maire de Brenoulle, dit a eſté que ledit article demourra
& ſera mis par eſcrit en la forme qu'il eſt contenu au vingt-vnieſme article
dudit cayer.

En faiſant lecture du vingt-quatrieſme article qui eſtoit tel qu'il s'enſuit :
Ledit Preuoſt de Senlis par grand' preeminence à luy appartient, & eſt Iuge
ordinaire de toutes les appellations interiectées des Seigneurs hauts Iuſticiers, moyen & bas & de leurs Officiers eſtans en toute ladite Chaſtellenie,
entant que touche haute Iuſtice & au deſſous ſeulement : & quant aux Seigneurs Chaſtellains, ſubalternes, ils reſſortiſſent & ſont ſuiets par deuant
ledit Baillif de Senlis en toute ladite Chaſtellenie de Senlis : Et ſi a, comme
dit eſt, ledit Preuoſt Forain de Senlis connoiſſance des gens d'Egliſe, Nobles & Communautez.

Apres que Maiſtre Claude Thureau, Preuoſt de la Ville de Senlis, a employé le plaidoyé par luy fait cy deſſus contre Maiſtre Iean Greffin, Preuoſt
Forain dudit Senlis, pour ledit tiltre de Preuoſt Forain : Et au contraire ledit
Greffin auſſi ſon plaidoyé, & que ſur leur different a eſté par nous dit que
ledit Greffin ſera mis & intitulé Preuoſt Forain : Meſſire Iean de Sains, Cheualier, Baillif de Senlis, & Maiſtre Nicole Morel ſon Lieutenant General,
ont requis qu'auec ledit Maiſtre Iean Greffin, Preuoſt Forain dudit Senlis,
il fuſt dit qu'audit article en ce qu'il faiſoit mention de la connoiſſance qu'il
contient ledit Preuoſt Forain auoir ſur les gens d'Egliſe, Nobles & Communautez, ſeroient mis & adiouſtez ces mots, ſans preiudice à l'Edict du
Roy, fait pour les Baillifs & Seneſchaux ſur la connoiſſance & Iuriſdition
deſdits gens d'Egliſe, Nobles & Communautez : Et ſi ont leſdits de Sains,
Baillif de Senlis & Morel ſon Lieutenant General dit & remonſtré qu'au
reſte & ſurplus dudit article, il eſtoit notoirement abuſif, deſraiſonnable &
contre toute diſpoſition de droit : car le Preuoſt de Senlis, ayant en premier
lieu la connoiſſance des appellations interiectées des Seigneurs hauts Iuſticiers de la Chaſtellenie dudit Senlis ou leurs Officiers, & du Preuoſt de
Ville audit lieu, L'on peut encores appeler par deuant ledit Baillif ou ſon
Lieutenant, & d'eux en la Cour de Parlement, qui ſont trois appellations
diuerſes, pour raiſon d'vne meſme matiere : D'auantage que c'eſt vn circuit
de Iuriſdiction qui vient totalement au detriment de la choſe publique &
au grand intereſt, vexation, perte & dommage des ſuiets de ladite Chaſtellenie : Par ce que ſi aucun en premiere inſtance eſt pourſuiuy, & mis en cauſe, par deuant le Preuoſt ou Garde de Iuſtice du Seigneur haut Iuſticier,
moyen & bas, & il veut fuyr & delayer, comme ſouuent il s'en trouue de
tels, Il appelle à toutes heurtes, ne luy chault à quelle occaſion, ſoy con-
fiant auſdites trois appellations, & ſçachant que de long temps, partie ne
peut auoir expedition de ſa matiere : L'appel releué par deuant ledit Preuoſt
Forain, la cauſe principalle eſt retardée de ſix ou huit moys, aucunes-fois

d'vn an & plus : dise ledit Preuost ce qu'il voudra par sa Sentence, il est derechef appelé de luy deuant ledit Baillif de Senlis ou son Lieutenant, où le proces d'appel, peut prendre encores long trait : car l'appelant pour toûjours delayer veut bailler griefs hors le proces : l'inthimé, respondre à iceux & faire quelques productions nouuelles, en vertu de lettres Royaux qu'ils obtiennent ou autrement : Par ce moyen les droits des pauures parties sont longuement retardez, les proces rendus immortels & n'y a point de fin : Plus lesdites appellations releuées en Preuosté, sont proces par escrit ou appellations verballes : Des appellations verballes tout volontiers, il s'en fait des proces par escrit, & sont les parties appointées à estre deliberé de leur faire droit sur leur cause d'appel, & à escrire par aduertissemens additions & responsifs, qui est nouuelle pasture pour les Aduocats & Procureurs du siege : Quant au Preuost il prend espices pour la visitation desdits proces, salaires & vacations de luy & ceux qui sont appelez au Iugement : S'il est appelé de la Sentence dudit Preuost soit bien ou mal en Bailliage, pareillement ledit Lieutenant General prend espices pour la visitation de luy & ceux du Conseil : Ainsi occulairement les pauures parties sont vexées & affligées de doubles espices, & de frais & mises superflues, qu'il leur conuient faire à la conduite & poursuite de ces deux appellations pecuniaires, tellement qu'aucunesfois attediées de la longue demeure & despens, ils delaissent lesdites poursuites & perdent leurs droits : Brief tout consideré au cas qui s'offie, il n'est question que de profit particulier des Iuges, Aduocats & Procureurs & du bien public : A quoy toutes-fois principallement on doit auoir egard. D'abondant, il auient souuent que si ledit Preuost Forain dit bien iugé, ledit Lieutenant General par conseil dit au contraire mal iugé par ledit Preuost, en maniere que les parties sont en perplexité telle qu'elles ne sçauent auquel iugement des deux soy arrester : A ceste cause lesdits Baillif & Lieutenant se sont opposez & opposent, empeschans que ledit article & autres dependans d'iceluy, ou corroborant iceluy escrits audit liure Coustumier de Senlis n'ayent lieu : soustenans qu'ils doiuent estre rayez à ce que ledit Preuost n'ait la connoissance desdites appellations, & où promptement ne pourrions discuter dudit different, que ce soit, sans preiudice à l'Edict du Roy, fait sur la Iurisdition des Baillifs & Preuosts, publié & enregistré és Registres de Parlement & de la Cour de ceans, & à la Iurisdition desdits Baillif de Senlis & sondit Lieutenant General. Pareillement Iean Desprez au nom & comme procureur dudit Seigneur Anne de Montmorancy, Connestable de France, pour les terres & Seigneuries, & Iustices, que ledit Seigneur a assises en la Chastellenie dudit Senlis : Messire François de Montmorancy, Cheualier de l'Ordre du Roy, Gouuerneur & Lieutenant pour le Roy à Paris & Isle de France, pour ses terres & Seigneuries de Mesel, & le fief de la grand Chaussée de Cires lez Mello en sa personne : Pierre de sainct Geobert, procureur de l'Euesque de Senlis : Maistre Martin Thierry, comme procureur des Doyen, Chanoines & Chapitre de l'Eglise de Beauuais pour les terres, Seigneuries & Iustices qu'ils ont assises en ladite Chastellenie de Senlis, aussi comme procureur des Maire & Pers de la Ville de Beauuais : François Desprez au nom & comme procureur des Religieux, Abbé & Con-

uent de la Victoire, auſſi comme procureur des Seigneurs de Raray, Dongnon, Malegeueſtre & lieu de Bachetz, pour leſdites Seigneuries : Robert
de Bonuiller, comme procureur de Loys de S. Simon, Eſcuyer, Seigneur
du Pleſſier Choiſel & Yuiller : Philippe Thureau, comme procureur du Seigneur de Runneſcul, pour les terres, Seigneuries & Iuſtices qu'il a en ladite
Chaſtellenie : Charles du Croq, Eſcuyer, Seigneur d'Appremont en ſa perſonne, ledit Iean Deſprez, comme procureur des Doyen, Chanoines &
Chapitre de l'Egliſe de Senlis : Auſſi pour les terres, Seigneuries & Iuſtices
qu'ils ont en ladite Chaſtellenie : Encores luy, comme procureur de Dame
Ieanne de Rieux, Dame de Bertheſaufoſſe : Loys Foucquet au nom & comme procureur des Religieux, Abbé & Conuent de Royaulmont, auſſi pour
les terres qu'ils ont en ladite Chaſtellenie, & auſſi des Religieux de S. Leu :
Et Pierre de Bonuiller au nom & comme procureur de Iean de Micault, Seigneur de Leſpine, leſdits procureurs fondez de lettres de procuratiõ, auſſi par
eux miſe au Greffe, ſe ſont chacun d'eux reſpectiuement & en leur regard
oppoſez, & ont ſouſtenu que leſdits articles doiuent eſtre rayez, & que ledit
Preuoſt Forain ne deuoit connoiſtre deſdites appellations pour les raiſons cy
deuant alleguées par leſdits Baillif de Senlis & Lieutenant General qu'ils ont
employées, & autres par eux reſpectiuement deſduites chaſcun en ſon eſgard, pour le reſſort des appellations qui ſeront interiettées de leurs Iuges
& Gardes des Iuſtices de leurſdites terres, Seigneuries & Iuſtices pour l'abbreuiation deſdites appellations, ſoulagement d'eux, leurs ſubiets & de la
choſe publicque. Et par ledit preuoſt Forain de Senlis a eſté dit que la connoiſſance deſdites appellations eſt de ſa Iuriſdition ordinaire à luy & ſes predeceſſeurs preuoſts attribuée par les princes & priuilege eſpecial de temps
immemorial, & de quatre cents ans & plus à l'inſtitution & erection d'Office de preuoſt, & par autres pluſieurs moyens iuſtes & raiſonnables à alleguer cy apres par deuant Iuge competant & où il appartiendra, & dont
luy & ſes predeceſſeurs preuoſts ont touſiours iouy en la preſence & connoiſſance des Baillifs dudit Senlis & leurs Lieutenans Generaux & particuliers
& tous autres Et que les lettres patentes à nous adreſſans, tendent effe-
ctuellement afin de veoir corriger, reformer, redacter & eſmologuer les
Couſtumes dudit Senlis, les trois eſtats pour ce faire appellez, & que la connoiſſance du droit deſdites appellations n'eſt de noſtre commiſſion & depen-
dance d'icelle. par ce meſmementque les articles faiſant mentiõ deſdites appellations & autres droits appartenans audit preuoſt ne ſont couchez ſous la
Rubriche des Couſtumes dudit Senlis : mais ſous le tiltre d'vne declaration
faite comme notoire & indubitable par les gens deſdits trois eſtats, appellez
par cy deuant pour redacter leſdites Couſtumes. Auſſi que quand autres cas
regardans le fait de la Iuriſdition dudit preuoſt de Senlis, ont eſté debatus en
nos preſences en procedant à la reformation deſdites Couſtumes auons declaré que n'en prendrons aucune connoiſſance. Et ont eſté par nous renuoyez les differéts par deuant Meſſeigneurs de la Cour de parlement ſuyuant
laditecommiſſion. A ceſte cauſe ſouſtiét ledit preuoſt que ne deuons en vertu
de ladite commiſſion connoiſtre ne decider du droit deſdites appellations,
& qu'en ce regard ſommes Iuges incompetans. Et par ledit procureur du
Roy

Roy au Bailliage de Senlis a esté dit que de tout temps & ancienneté y a eu audit Senlis vn preuost Chastellain lequel par grande preeminence & prerogatiue, & pour la conseruation de la souueraineté & droit de Chastellenie appartenant au Roy au siege & lieu capital du Bailliage de Senlis, a conneu & connoist indifferemment & par preeminence des gens d'Eglise, Nobles & Communautez de ladite Chastellenie, desquels les hauts Iusticiers & Iuges subalternes ne peuuent auoir la connoissance, & par preeminence de toutes matieres d'entre les subiets de ladite Chastellenie. Et semblablement de toutes les appellations interiettées de tous les Iuges subalternes d'icelle Chastellenie, tant des Iuges, Maires & pers de la Ville de Beauuais, sainct Pierre dudit Beauuais, que generalement de tous les autres Iuges subalternes de ladite Chastellenie, en signe & demonstrance de Souueraineté pour le Roy par dessus les autres Chastellenies dudit Bailliage, tellement que ladite Ville de Beauuais, le pays de Beauuoisis & autres Iustices subalternes sont de ladite Chastellenie & preuosté de Senlis. Et sont responsables par appel, ressort & Iurisdition par deuant ledit preuost : lesquels neantmoins par tous les moyens à eux possibles pretendent à eux exempter de ladite Chastellenie de Senlis, au grand interest & dommage du Roy & au preiudice de sa Iustice, Chastellenie & Iurisdition ordinaire dont il a iouy par temps immemorial, en ayant tousiours preuost Chastellain audit Senlis, qui a conneu & connoist entre autres choses desdites appellations par souueraineté & preeminence comme dit est, & ainsi qu'a accoustumé faire le preuost de Paris & le preuost de Meleun. Laquelle connoissance desdites appellations & droit de Chastellenie appartiennent au Roy, & n'est ledit article comprins sous le tiltre des Coustumes du Bailliage de Senlis, lesquelles est question de reformer & accorder : mais est vne preeminence & droit appartenant au Roy, qui est vn degré de Iurisdition lequel ne doit sous correction estre osté audit Seigneur ou son preuost, attendu que en ce faisant le dommaine, auctorité, preeminence & prerogatiue du Roy seroient grandement diminuez, tant pour les causes dessusdites, comme à cause des amendes adiugées au Roy à cause desdites appellations que de son Greffe & autres droits à luy appartenans par le moyen de l'exercice de ladite preuosté. Et si seroit du tout osté ledit degré de Iurisdition, ainsi que ledit procureur entend plus amplement declarer en temps & lieu empeschant à cette fin que ledit article soit rayé. Sur-quoy entendu que du droit pretendu par ledit preuost Forain au ressort & connoissance des appellations dont est question, est faite mention, en l'article de present qui est contenu & enregistré au cayer & liure des Coustumes dudit Bailliage, duquel a esté faite lecture apres que ledit preuost a esté par nous requis & sommé de declarer s'il auoit autre tiltre ou priuilege dudit droit & preeminence par luy pretendu. Qui a fait response qu'ouy, estant comme il disoit en la Chambre des Comptes à Paris, qu'il auoit intention recouurer & en faire apparoir par deuant Iuge competant en temps & lieu. Nous auons dit & disons que les Officiers, gens des estats & autres comparans & assistans, serons par nous enquis & ouys sur l'vtilité ou inutilité du contenu audit article quant au ressort & connoissance des appellations dont est question, pour les aduis d'iceux ouyz,

H h

ordonner du different, cas & matieres deſdites appellations comme il appartiendra par raiſon. De laquelle Ordonnance ou appointement ledit Preuoſt Forain a appellé. Auquel auons declaré que nonobſtant ledit appel &
ſans preiudice à iceluy, ſuyuant leſdites lettre patentes & le pouuoir à nous
donné par icelles, ſera par nous paſſé outre & procedé en la matiere, dont
il a derechef appellé comme de Iuge incompetant, proteſtant d'attempter.
En enſuyuant lequel appoinctement, ſans preiudice audit appel, ont eſté
par nous prins & enquis les aduis & oppinions de chaſcun des Lieuxtenans
Particuliers dudit Baillif de Senlis, Chaſtellenies particulieres dudit Bailliage, Aduocats, Procureurs du Roy, Preuoſt & autres Officiers deſdites
Chaſtellenies, Baillif, Procureur du Roy au Comté de Beaumont, Baillif
& procureur pour l'Eueſque de Beauuais, Nobles deſdites Chaſtellenies
aſſiſtans les deleguez comparans pour les trois eſtats en ladite aſſemblée &
de pluſieurs autres comparans. Leſquels & chaſcun d'eux ont eſté d'aduis
& oppinion que c'eſtoit inuolution de proces & circuyt trop long & conſequemment l'intereſt de la choſe publicque que les appellans des Iuges de
Seigneurs ſubalternes de ladite Chaſtellenie de Senlis fuſſent reſſortiſſans
par deuant ledit Preuoſt, ne qu'il en euſt la connoiſſance immediatement,
mais eſtoit l'abbreuiation deſdites appellations, diminution de fraiz & deſpens, & choſe vtile & raiſonnable que leſdites appellations fuſſent d'oreſenauant releuées pourſuyuies & terminées directement immediatement par
deuant ledit Baillif de Senlis ou ſes Lieuxtenans. Duquel aduis ont eſté meſmement les Lieutenant & Procureur du Roy à Compiengne auec le Preuoſt de l'exemption de Pierrefons : qui neantmoins ont dit ſembler que la
diſcuſſion & termination du different & matiere deſſuſdite deuoit eſtre par
nous reſerué iuſques à la fin de l'aſſemblée, ou eſtre arbitré ou prefixé audit
Preuoſt Forain de Senlis aucun temps, ou delay raiſonnable s'il le requeroit, pour pendant iceluy recouurer par luy & faire apparoir d'aucun tiltre
& priuilege s'aucun en auoit, faiſant mention du droit & preeminence par
luy pretendu & eſtre ouy plus amplement. Et apres leſdits aduis & oppinions prins, & que par nous a eſté requis & demandé à tous leſdits aſſiſtans
s'il y auoit aucun qui voulſiſt dire ou alleguer aucune choſe contraire à
iceux, & qu'aucun n'a voulu ce faire, ledit Preuoſt Forain a eſté derechef
par nous ſommé de dire & declarer s'il pretendoit auoir aucun tiltre ou priuilege dudit droit & preeminence. En vouloir faire apparoir & requerir
delay pour ce faire. Lequel a dit & reſpondu qu'ouy, ſans preiudice à la fin
à laquelle par ſon dire & plaidoyé cy deſſus il a tendu, & par proteſtation de
ne ſoy en departir. Surquoy nous auons ordonné que le Iugement, deciſion
& termination du cas & matiere dont eſt queſtion, ſeront & les auons reſeruez & reſeruons iuſques à Lundy prochain, en dedans lequel pour tout le
iour ledit Preuoſt pourra recouurer & faire apparoir du tiltre ou priuilege par
luy pretendu s'aucun il en a, & auſſi dire en la matiere ce que bon luy ſem-
blera, pour ce fait ordonner de ladite matiere comme de raiſon. Lequel
iour de Lundy luy auons donné & aſſigné pour toutes prefixions & delaiz &
ſans autre forcluſion, *alias*, l'auons de ce faire deſmaintenant pour lors declaré & declarons deceu. Et le Mardy xxvi. iour dudit moys d'Aouſt ledit

Preuoſt Forain en ſa perſonne s'eſt declaré & porté pour appellant, en ad-
herant aux appellations par luy deſſus interiettées des Ordonnance, appointement, ou appointemens deſſus contenuz donnez de nous. Auſſi Maiſtre
Nicole Goſſet Aduocat pour la Communauté des Sergeans à Cheual dudit
Bailliage & Preuoſté Foraine de Senlis, pour le Greffier du ſiege de ladite
Preuoſté, & pour le Fermier des exploits d'icelle, A dit que leſdits Sergeans,
Greffier & Fermier des exploits, ont eſté n'agueres aduertis que ledit Baillif de Senlis & ſon Lieutenant General auoyent requis par deuant nous qu'il
fuſt inhibé audit Preuoſt Forain de plus connoiſtre des appellations interiettées des Iuges inferieurs & ſubalternes de la Chaſtellenie dudit Senlis. Et
pour ce que c'eſtoit à la diminution des droits & proufits des Offices deſdits Sergeans, des deniers du Roy quant audit Fermier des exploits & Greffier : c'eſt à ſçauoir audit Greffier pour les commiſſions, actes, appointemens & Sentences en cas d'appel qui en pouuoient aduenir par deuant ledit Preuoſt & audit Greffe & le proufit d'iceux & audit Fermier des exploits
pour les amendes deſdites appellations qui pouuoient eſtre adiugées & luy
aduenir. Se ſont oppoſez à ce que leſdites inhibitions ſoient faites, ne que
la Requeſte faite par leſdits Baillif de Senlis & ſon Lieutenant, par laquelle
ils requeroient que l'article faiſant mention de la preeminence dudit Preuoſt Forain de connoiſtre deſdites appellations, leur fuſt adiugée, & ont
leſdits Fermier & Greffier pour leur intereſt ſommé audit Procureur du
Roy, qu'il euſt à conſeruer les droits deſdits Fermiers, & leur garantir :
Qui a fait reſpondre, qu'il ſe garderoit de meſprendre. De laquelle oppoſition & ſommation deſdits Sergeans, Fermier & Greffier, ordonné a eſté
qu'ils auront lettres. Laquelle oppoſition deſdits Sergeans, Greffiers ouye
par leſdits de Sains Baillif de Senlis, Morel ſon Lieutenant, procureur dudit
Seigneur Conneſtable de France, & conſors deſſuſnommez, ils ont dit en la
preſence de Iacques Methelet Lieutenant & procureur dudit Preuoſt Forain, que par l'appointement donné de nous cy deſſus, il a eſté ordonné audit Greffin Preuoſt Forain ſur la Requeſte par luy faite à ceſte fin, & s'eſt
iceluy Greffin lyé & aſtrainct de faire apparoir en dedans le iour de Lundy
dernier du priuilege par luy pretendu qu'il diſoit eſtre enregiſtré en la chambre des Comptes à Paris, *alias*, deſlors l'en aurions debouté, parquoy à
faute d'auoir ce fait, requierent les deſſuſdits que ledit appointement ſortiſſe ſon effect. N'y fait riens de dire que par temps immemorial il a eu la connoiſſance deſdites appellations : car il n'y a que quarante ou cinquante ans
qu'audit Senlis n'y auoit Preuoſt en garde, ains ſe bailloit ladite Preuoſté à
Ferme pour deux ans comme les autres Fermes muables du Roy, & Preuoſts Fermiers qui n'auoient connoiſſance deſdites appellations. Auſſi comme deſſus a eſté deſduit, c'eſt vn abus au preiudice de la choſe publique en
diſant par luy que ledit article n'eſt de noſtre pouuoir & Iuriſdiction, par ce
qu'il n'eſt comprins comme il dit, ſous la Rubriche des Couſtumes de Senlis, il n'y a propos : Car ledit article eſt eſcrit au liure Couſtumier dudit
Bailliage auec autres droits baillez à pluſieurs perſonnes par Couſtume, &
ont eſté leuz par noſtre Ordonnance à la Requeſte deſdits trois eſtats pour
Couſtumes. Parquoy deuions paſſer outre à le faire rayer auec autre con-

H h ij

cernans iceluy, ſelon l'aduis & deliberation par nous prins deſdits trois
eſtats, leſquels tous concordablement, *nemine diſcrepante*, ont eſté d'aduis
qu'il ſe deuoit ainſi faire. De dire que ſur ledit different auons renuoyé les
parties en la Cour de Parlement, il appert du contraire par le plaidoyé meſmes qu'il a fait Mardy dernier par denant nous. Et quant au Procureur du
Roy qui s'efforce ſeul ſans conſeil de l'Aduocat dudit Seigneur monſtrer
qu'en rayant ledit article, le Roy ſeroit intereſſé pour aucunes amendes de
lx. ſols pariſis, & la diminution du Greffe de ladite Preuoſté, diſent les deſſuſdits qu'au contraire le Roy aura grand prouſit, Car les appellations premierement deduites au ſiege du Bailliage, s'en vuydera beaucoup plus qu'en
Preuoſté, où ſouuent elles demeurent ſans pourſuyte au moyen de la longue
demeure, vexations, fraiz & miſes ſuperfluës des pauures parties. Et s'il eſt
dit mal iugé, le Roy aura ſon amende ſur la garde de Iuſtice, ſi au contraire,
il aura amende ſur l'appellant, & ne peut faillir. D'auantage le Greffe de la
Preuoſté eſt erigé en tiltre d'Office, & le tient vn nommé Ginot, qui en
prend ſeul les prouſits, mais le Greffe de Bailliage eſt baillé à Ferme de deux
ans en deux ans ſous le Roy, lequel en augmentera grandement au prouſit
du Roy. Auſſi il eſt vray ſemblable que le Roy deſirant l'abbreuiation des
matieres, de releuer ſes ſubiets deſdites vexations, pertes & dommages, entend preferer le bien public à tel petit intereſt que de ſoixante ſols pariſis
d'amende, & ne ſe doit tolerer tel circuit de Iuriſdiction. De dire par ledit
Procureur du Roy que ledit Preuoſt eſt iuge Chaſtellain, qui a connoiſſance des Nobles ſur les Seigneurs haut Iuſticiers, *nihil eſt*. Bien peut eſtre Iuge ordinaire és matieres non concernans ledit Edict: mais que ſous ombre
de ce il doyue auoir connoiſſance deſdites appellations, il n'y a propos, &
eſt vne repugnance qu'il ſoit Iuge ordinaire & Iuge d'appel. Auſſi par ledit
liure Couſtumier le Preuoſt de la Chaſtellenie de Chaulmont dependant
dudit Bailliage eſt bien intitulé Iuge Chaſtellain, & les autres Preuoſts pareillement, leſquels touresfois ne connoiſſent d'appel. De vouloir faire
comparaiſon dudit Preuoſt au Preuoſt de Paris, il y a difference trop grande, car ledit Preuoſt de Paris eſt plus que Baillif, & ſortiſſent directement
les appellations interiettées de luy en la Cour de Parlement. Et ſi le preuoſt
de Meleun a conneu de telles & ſemblables matieres, que non, c'eſt allegué inconuenient, & a eſté par vſurpation ou priuilege ſpecial du Roy.
Quant à l'adionction des Sergeans & Fermiers des exploits dudit Bailliage,
nihil impertinemment, & ne vient l'intereſt par eux pretendu en conſideration, mais fait ladite adionction formellement pour ledit Baillif de Senlis
& conſors pour monſtrer de la vexation, fraiz, & impenſes ſuperfluës dont
les pauures parties ſont affligées par ledit circuit & Iuriſdiction, car tout de-
duit, il n'eſt queſtion que du prouſit particulier dudit preuoſt, Aduocats &
procureurs, auec leſquels leſdits Sergeans veulent paſturer à leur endroit,
qui eſt vn abuz. A ceſte cauſe nonobſtant le dire dudit Procureur du Roy,
lequel *præter omnem opinionem*, ſans conſideration s'efforce faire ledit empeſchement, non ayant regard au bien public, & dudit Greffier, preuoſt &
Sergeans, ſouſtiennent leſdits Baillif & conſors que leſdits articles doyuent
eſtre rayez, & que par prouiſion ſans preiudice aux appellations interiet.

tées par ledit Greffin, qui ne cherche que moyens obliques & subterfuges
où ne voudrions discuter dudit different principal, ils doyuent estre rayez,
& defenses estre faites audit preuost de ne connoistre desdites appellations,
employans ce que dessus a esté par eux dit, requerans que l'assignation qui
escheoit à huy en ceste matiere entre les parties fust continuée iusques à de-
main. Ce qui a esté par nous fait auec ledit Methelet, Lieutenant & procureur dudit preuost Forain. Et ledit iour de lendemain Mercredy vingt sep-
tiesme iour dudit moys d'Aoust comparans ledit Lieutenant General en sa
personne & pour ledit Baillif, & ledit preuost Forain par ledit Methelet son
procureur a esté sommé ledit Methelet audit nom de faire apparoir du tiltre
ou priuilege pretendu par ledit preuost Forain de connoistre des appellations
interiettées des Iuges subalternes de ladite Chastellenie de Senlis. A quoy
ledit Methelet audit nom a respondu que ledit preuost Forain estoit appellant, & ne vouloit dire ne produire autre chose pour le present. partant auons
derechef fait faire lecture dudit article en la presence de tous les assistans, &
icelle lecture ouye, Auons ordonné du consentemét desdits estats que par maniere de prouisió, attendu que l'article dessusdit estoit fondé seulemét en Coustume qu'il seroit rayé en ce qu'il fait mentió du droit & preeminence de có-
noistre par ledit preuost Forain des appellations interiettées des Iuges subalternes, sans preiudice toutesfois des droits pretenduz par ledit preuost Forain
au principal. pour desquels connoistre & decider nous l'auons renuoyé, ensemble les parties ordinaires du Bailliage dudit Senlis au parlement aduenir.
Et quant au surplus du contenu audit article faisant mention de la connoissance des gens d'Eglise, Nobles & Communautez, que sans preiudice de
l'Edit fait par le Roy sur la limitation, declaration & reigle de la Iurisdition
& connoissance des Baillifs, eneschaux & Iuges presidiaux, ledit article
demourra de la forme contenuë au xxiiii. article dudit cayer : dont ledit Methelet audit nom a appellé entant que ladite Ordonnançe, appointement ou
Sentence fait contre ledit preuost.

En faisant lecture du xxv. article de ladite Rubriche, commençant ces
mots.

A Senlis y a vn autre preuost, nommé le preuost de Ville, qui n'a que
moyenne & basse Iustice, & connoissance des matieres personnelles, les
appellations duquel ressortissent par deuant ledit preuost Forain de Senlis,
comme les appellations des Seigneurs subalternes dont dessus est parlé.

Maistre Claude Thureau preuost de la Ville dudit Senlis a dit & maintenu auoir en ladite Ville & banlieuë d'icelle tout droit de Iustice, haute,
moyenne & basse, auec connoissance de tous cas, crimes & delicts & de
toutes matieres personnelles & reelles sur les heritages & subiets desdites
Ville & banlieuë pour raison des heritages & choses immeubles situez &
assis en iceux, Requerant à ceste cause ledit article estre corrigé en ce qu'il
fait mention du droit de moyenne Iustice seulement. Ce qu'ont aussi requis les deleguez pour les manans & habitans de la Ville de Senlis & les
Gouuerneurs d'icelle, employant par ledit preuost & eux ce que cy deuant
a esté dit en autre article faisant mention des preuosts Forain & de Ville dudit Senlis, empeschant aussi par eux & pareillement par ledit Baillif dudit

H h iij

Senlis & ſon Lieutenant General & autres Seigneurs ſubalternes de la Chaſtellenie dudit Senlis, deſſuſ-nommez, que le preuoſt Forain dudit Senlis
ayt la connoiſſance des appellations interiettées d'eux reſpectiuement chaſcun en ſon regard, pour les cauſes deſſus alleguées. Ledit preuoſt Forain a
maintenu le contraire, employant le contenu audit article à l'encontre dudit Preuoſt de Ville & autres deſſuſ-nommez pour la preuue & verification
de ſon fait. Sur quoy quant au different d'entre ledit Preuoſt Forain de
Senlis, & ledit Preuoſt de Ville pour les droits de leurs Offices & Iuriſdi-
tions en la Ville dudit Senlis, les auons ſuyuant l'appointement donné cy
deſſus, renuoyez à la Cour. Et quant auſdites appellations, le Iugement &
deciſion de la matiere a eſté mis en ſurſeance, iuſques à ce qu'il fuſt diſcuté
de l'article precedent. Ce qui a eſté fait, & depuis ordonné par maniere
de prouiſion que ledit article ſeroit rayé depuis ces mots, les appellations
duquel reſſortiſſent, Sans preiudice audit Preuoſt Forain de ſoy pourueoir
à la Cour.

Apres lecture du vingt & ſixieſme article de ladite Rubriche eſtant de
ceſte forme. Sous le nom de moyenne Iuſtice ledit Preuoſt a & peut auoir
connoiſſance de larcin commis en furt ſans autre circonſtance aggrauant,
comme crocketerie ou autre effort. Et pareillement a connoiſſance de l'homicide de chaulde colle, & peut iuger à mort les criminels, & les faire executer à la Iuſtice de Senlis. Neantmoins telle condamnation à mort, n'eſt
reputée par la Couſtume que moyenne Iuſtice.

Ledit Preuoſt Forain de Senlis d'vne part, & ledit Preuoſt de la Ville dudit Senlis & habitans d'icelle d'autre, ont employé l'vn à l'encontre de l'autre ſur ledit xxvi. article, en ce qu'en la fin d'iceluy il contient que la condemnation à mort y declarée n'eſt reputée par la Couſtume que moyenne
Iuſtice, Les empeſchemens & dire par eux faits ſur le different dont fait
mention le xxv. article, qui eſt l'article precedent. Sur-quoy auons ordonné, qu'entant que ledit xxvi. article donne puiſſance au moyen & bas Iuſticier de condemner à mort naturelle & auoir fourches patibulaires, il ſera
mis en ſurſeance iuſques à ce qu'a la Rubriche des droits des moyens & bas
Iuſticiers en ſoit diſcuté. Et depuis a eſté ordonné par maniere de prouiſion
du conſentement deſdits eſtats, excepté aucuns de la Nobleſſe, que ledit article ſeroit corrigé en ce qu'il donne auctorité au moyen & bas Iuſticier de
condemner à mort naturelle, & auoir fourches patibulaires, ſauf aux oppoſans d'eux pouruoir à la Cour, ſi bon leur ſemble, & ſans preiudice aux
droits dudit Preuoſt de Ville au principal dont eſt proces en ladite Cour, &
demourra l'article ainſi qu'il eſt couché au vingt & ſixieſme article dudit
cayer.

Sur le xxvii. article dont la teneur s'enſuyt. Les fourches des hauts Iuſticiers ne ſont auſſi qu'à deux pilliers: mais il y a difference à aſſeoir leſdites
fourches, c'eſt à ſçauoir que les liens deſdites fourches des haults Iuſticiers
ſont par dehors les pilliers, en ſigne que leſdits hauts Iuſticiers ont regard
aux champs & eſtenduë de haute Iuſtice & Seigneurie. Et au contraire les
liens des fourches des moyens Iuſticiers ſont par dedans les pilliers, en ſignifiant qu'ils ont par deſſus eux, & ſont liez & clos ſous autruy.

Ledit article a esté mis en surceance comme l'article precedent, & depuis
corrigé par prouision sans preiudice aux moyens & bas Iusticiers d'eux pourueoir deuers la Cour ou ailleurs ainsi que bon leur semblera, & a esté mis
en la forme contenuë au xxvii. article dudit cayer.

· Sur les xxviii. xxix. xxx. xxxi. xxxii. & xxxiii. articles. Les Baillif & Procureur de l'Euesque & Comte de Beauuais ont fait protestation & opposition telle qu'elle est contenuë cy dessus en leur comparence. Et le Procureur du Roy a protesté au contraire aussi comme dessus. Surquoy auons ordonné par maniere de prouision que les articles demourront en l'estat qu'ils
sont & au principal se pouruoyront les parties en la Cour.

Suyuant le xxxiii. article y auoit vn article dont la teneur s'ensuyt. Ledit
Comte de Beauuais a vn autre Iuge des exempts par appel de la Comté de
Beauuais, & est Iuge Royal. Et pour ce qu'en l'assistance n'y a eu aucun
qui ayt sceu dire auoir veu le pretendu Iuge des exempts par appel au Comté de Beauuais exercer ladite Iurisdition n'en parler, auons ordonné qu'il
sera rayé.

A la lecture du xxxiii. article de ladite Rubriche. Le Seigneur & Baron de
Mello en sa persoñe, assisté de son Baillif & le procureur du Seigneur & Baron de Moncy le Chastel, ont dit que lesdites Baronnies & Chastellenies n'e-
stoiët de la Chastellenie de Senlis, parquoy ne deuoient estre mises, nommées
& enregistrées sous la Chastellenie dudit Senlis, n'estre dite d'icelle: mais deuoient estre nommées & mises par escript estre assises au Bailliage de Senlis.
Sur-quoy Maistre Iean Greffin Preuost Forain dudit Senlis a dit qu'il ne
vouloit contester sur le dire ou remonstrance desdits Barons & Seigneurs
Chastellains: mais veu ledit article, consideré le contenu en iceluy, & que
sous le tiltre ou Rubriche d'iceluy article lesdites Seigneuries, Baronnies &
Chastellenies estoient enregistrées & contenuës. A dit que ledit article deuoit demourer comme il gist. Ce qu'ont empesché lesdits Seigneurs, au
moins ont requis que ce mot aussi estant le premier mot dudit article soit
osté Surquoy a esté ordonné du consentement desdits Seigneurs & Preuost
qu'audit article sera mis qu'au Bailliage de Senlis sont lesdites Baronnies &
Chastellenies de Mello & Moncy.

Sur le xxxviii. article dont la teneur ensuyt. Le Preuost Forain de Senlis
le premier, le Preuost d'Angy, le Mayre de Brenoulle, le Preuost de Pontz,
le Iuge des exempts de Beauuais, le Preuost de Pontpoing, le Maire d'Angy pour le Roy & sainct Frambould. Ouys les Officiers du Roy & autres
des trois estats, a esté ordonné que ledit article seroit corrigé entant qu'il
fait mention du Iuge des exempts de Beauuais pour les causes, & que par
prouision seroit adiousté audit article le Preuost de la Ville dudit Senlis, &
ledit article mis ainsi qu'il est contenu au xxxviii. dudit cayer.

Sur le xl. article de ceste forme. Ladite Preuosté de Pontz est vne Preuosté ordonnée au moyen d'vne association que l'on dit auoir esté faite au Roy
par les Seigneurs Chastellains de Pontz, & a ledit Preuost de Pontz pour le
Roy, sa connoissance & ses droits limitez sans riens entreprendre sur les
droits du Seigneur Chastellain.

Le Procureur du Roy audit Bailliage de Senlis a fait quant à iceluy pareil

empefchement qu'il a fait en l'acte de la comparence faite en cefte affem-
blée par les Seigneurs Chaftellains de Pontz, & a dit qu'il n'y a eu aucune
affociation faite du Roy par lefdits Seigneurs de Pontz par cy deuant ou
d'ancienneté en la Seigneurie & Iuftice dudit Pontz : mais qu'au Roy feul
auoit appartenu & appartenoit la Seigneurie & Preuofté dudit Pontz. Parquoy proteftoit que le contenu audit article faifant mention de ladite affociation & limitation des droits & Iurifdition du Roy & defdits Seigneurs ne
puift preiudicier au Roy n'aux droits qu'il a en ladite Seigneurie & Preuofté, & par les procureurs defdits Seigneurs a efté fait proteftation contraire. Sur quoy a efté ordonné que lefdites parties auront lettres de leurfdites
proteftations.

Sur le xliiii. Les Baillif & procureur dudit Euefque & Comte de Beauuais ont protefté comme dit eft, & au contraire ledit Procureur du Roy, &
ont efté renuoyez à la Cour comme deffus.

Sur le xlviii. article, A efté mis en furceance pour le different d'entre ledit Baillif de Senlis & fon Lieutenant & ledit Preuoft Forain, & depuis corrigé par maniere de prouifion entant que touche ledit Preuoft Forain, par ce
qu'il ne doit auoir la connoiffance des caufes d'appel. Et entant que touche
l'Euefque de Beauuais il aura acte de fa proteftation & le Procureur du Roy
au contraire. Et neantmoins a efté ordonné que l'article demourroit en la
forme qu'il eft contenu audit cayer.

Suyuant ledit article y auoit autre article dont la teneur enfuyt. Les appellations reffortiffans par deuant ledit Preuoft fe relieuent à iour ordinaire
par ce qu'il n'a point d'affife en dedans xl. iours comme deffus eft dit. Lequel a efté ordonné eftre rayé comme deffus.

Sur le xlix. article, Les Officiers de l'Euefque de Beauuais ont repeté les
proteftations & oppofitions cy deffus faites, & le Procureur du Roy au contraire : furquoy ils ont efté renuoyez à la Cour.

Sur le lvii. article A efté mis en delay & furfeance entant qu'il fait mention des appellations reffortiffans par deuant le Preuoft Forain. Et depuys a
efté corrigé par maniere de prouifion comme deffus eft mis en la forme qu'il
eft contenu audit cayer & fous pareille cotte.

Sur le lviii. article contenant. Pource que le Preuoft de la Ville de Senlis
n'eft pas reputé haut Iufticier pour les caufes & ainfi que deffus eft dit, les
appellans font condemnez en deux amendes chafcun de lx. fols parifis, comme les Baillifs & Iuges fubalternes dont deffus eft parlé.

Le Preuoft Forain de Senlis a requis ledit article entant qu'à luy eft demourer felon fa forme & teneur en ce qu'il fait mention que le Preuoft de
Ville dudit Senlis n'eft pas reputé haut Iufticier. Sur quoy a efté fait l'empefchement dudit Preuoft de la Ville & autres oppofans contenu és articles
cy deffus faifans mention des Preuofts Royaux fur le different des Iurifdictions defdits Preuofts. Et en ce regard ont efté renuoyées les parties à la
Cour. Et quant au furplus dudit article fur ce qu'il contient que les appellans font condemnez en deux amendes quand ils fuccombent, & que ledit
Preuoft de la Ville de Senlis & Preuofts des Villes de Chaulmont, Ponthoife & Compiengne ont dit que lefdites amendes quand il n'y en auroit qu'vne
doyuent

doyuent appartenir aux Fermiers de leurs exploits, & non aux Fermiers des exploits des Iuges superieurs & d'appel, que ledit Procureur du Roy audit Bailliage de Senlis a dit au contraire, que lesdites amendes doyuent appartenir au Fermier des exploits desdits Iuges Superieurs. Dit a esté prins les aduis des estats & de leur consentement, que ledit lviii. article sera corrigé & mis selon qu'il est contenu au cayer sous pareille cotte.

Sur les lxxv. & lxxvi articles. Le Preuost de l'exemption de Pierrefons & le Procureur du Roy en la Chastellenie de Compiengne ont dit que non seulement ladite Preuosté a esté ordonnée audit Compiengne pour les Eglises & exempts de la Iurisdition & Duché de Valoys, pource que seulement au temps de la creation de ladite Preuosté ledit Duché estoit baillé par empanage & hors la main du Roy, mais a esté ladite Preuosté ordonnée auec le siege d'icelle audit Compiengne par le Roy comme perpetuelle par donation dudit Seigneur & priuilege special. Et pource ont protesté que le contenu esdits articles en ce qu'ils pourroient contenir chose preiudiciable audit Office & priuilege, qui ne puist preiudicier au Preuost n'aux droits, Ordonnance, siege de ladite Preuosté & situation d'icelle, Surquoy a esté dit que de ladite protestation ils auront acte.

Sur le lxvii. article. Le Preuost de la Ville de Compiengne a dit auoir autre Iurisdition, droits & preeminences de ladite Ville de Compiengne que le Preuost de la Ville de Senlis n'a audit Senlis, par ce qu'il a maintenu auoir en ladite Ville de Compiengne droit de haute Iustice auec la connoissance de toutes matieres indifferemment entre les habitans d'icelle, & en estre en possession immemoriale iusques à present. Ce qu'a denyé le Preuost Forain dudit Compiengne, qui au contraire a maintenu le droit de haute Iustice en ladite Ville luy appartenir auec la connoissance de toutes matieres, mesmes des matieres reelles entre les habitans d'icelle. Sur lequel different desdits preuosts, leur auons declaré que n'en voulions prendre connoissance n'en terminer, & qu'ils eussent à eux pouruoir par deuant le Baillif de Senlis ou son Lieutenant, ou en la Cour comme ils verroient estre à faire.

Sur le lxxiii. article. A esté remonstré par les Officiers du Roy en la Ville de Ponthoise que le lieu de la Villeneufue le Roy qui par cy deuant estoit au Roy a esté vendu par ledit Seigneur, à faculté de rachat perpetuel, à Thomas Turquan, & pource de present estoit Iustice subalterne.

Sur le lxxxi. article. Maistre Andry Bouer preuost de la Ville de Chaulmont a dit qu'à cause dudit Office il a droit de haute Iustice en ladite Ville de Chaulmont, & sur les subiets & habitans d'icelle. Sur quoy par Iean Neelle preuost Forain dudit Chaulmont, à ce present, a esté declaré qu'il consentoit, consent & accorde audit Bouer preuost de Ville, droit de haute Iustice en icelle Ville de Chaulmont & sur les habitans qui y sont demourans & subiets. Le procureur du Roy audit Chaulmont pour ledit Seigneur & les deleguez ou comparans par deuant nous pour les estats de ladite Ville ont esté ouys & ont declaré qu'ils n'ont aucun interest au consentement dudit preuost Forain, & se rapportent aux parties de conuenir entre elles pour raison dudit droit comme elles verront estre à faire. Et sur ce noble homme Charles peleué dit Malherbe Seigneur de Ioy & de la Tour au Besgue s'est

I i

oppoſé, à ce que ledit preuoſt de la Ville de Chaulmont ayt droit de haute Iuſtice en ladite Ville, par ce qu'anciennement ladite preuoſté n'eſtoit que Mayrie, ayant ledit preuoſt de Ville ſeulement moyenne & baſſe Iuſtice en icelle ainſi que le preuoſt de la Ville de Senlis & non plus, proteſtant que le conſentement cy deſſus fait par ledit preuoſt Forain de Chaulmont au preuoſt de la ville dudit lieu dudit droit de haute Iuſtice, ne luy puiſt preiudicier, par ce qu'il a maintenu qu'à cauſe de ſa Seigneurie de ladite Tour au Beſgue, il a tout droit de Iuſtice haute, moyenne & baſſe audit Chaulmont & en pluſieurs lieux tant ſur les voyries à luy appartenans que ſur les hoſtes & ſubiets, & dependances de ladite Seigneurie, meſmes ſur les vendans & achetans marchandiſes audit Chaulmont pour le droit de Couſtume dudit lieu à luy appartenant. Auſſi Maiſtre Anthoine Pilan Chanoine de l'Egliſe de Beauuais, & Maiſtre Martin Thierry procureur des Doyen, Chanoynes & Chapitre de ladite Egliſe ont fait pareille proteſtation que ledit relleué, pour pluſieurs terres, fiefs, Seigneuries, droits, priuileges, franchiſes, & libertez qu'ils ont dit auoir & leur appartenir. Pareillement le Preuoſt Forain dudit Senlis a proteſté que ledit conſentement fait par ledit Preuoſt Forain de Chaulmont au Preuoſt de la Ville dudit lieu, quant au droit de haute Iuſtice, ne puiſt preiudicier aux droits à luy appartenans à cauſe de ſondit Office, & au different qu'il en a à l'encontre du Preuoſt de la Ville de Senlis. Lequel Preuoſt de la Ville de Senlis a proteſté au contraire, que le conſentement deſſuſdit puiſt valoir, & ſeruir aux droits de ſondit Office, & ſur leſdits differents. Sur-quoy a eſté par nous ordonné que tant du conſentement & declarations faits par ledit Preuoſt Forain de Chaulmont au proufit du Preuoſt de la Ville dudit lieu, que des proteſtations cy deſſus contenuës les parties deſſuſ-nommées auront acte.

Sur le xciii. article. Les procureurs des Seigneurs Chaſtellains de Mello, Moncy, l'Iſle Adam, de la Rocheguyon, de Meru, & Perſant, ont dit qu'outre les droits contenus audit article leur appartiennent pluſieurs droits particuliers qu'ils ont par leurs denombremens, anciens tiltres, & autrement. Requerans iceux eſtre adiouſtez audit article. Ce que le Procureur du Roy audit Bailliage de Senlis aſſiſté de l'Aduocat dudit Seigneur a empeſché pour les cauſes par luy alleguées. Sur-quoy nous auons ordonné que les parties en auront lettres. Auſſi le Procureur du Roy en la Chaſtellenie de Compiengne a dit qu'és Preuoſtez dudit Compiengne & exemption de Pierrefons ſortiſſant audit Compiengne, au Roy ſeul appartient tenir & faire tenir aſſiſes par ſon Baillif de Senlis ou ſon Lieutenant General, d'auoir ſeel autentique, & Tabellions, & de ce eſt en poſſeſſion immemorial, negatiue & excluſiue à tous autres, & n'ont les Seigneurs qui ſe diſent Chaſtellains, comme le Seigneur ou Seigneurs de Thorotte, les Religieux, Abbé & Conuent de S. Mard lez Soiſſons, à cauſe de leur terre de Vix ſur Aiſné, & autres, ſi aucuns ſe diſent Chaſtellains, aſſiſes, reſſort, ſeel autenticque, ne Tabellions. Requerans à ce moyen qu'entant que touche leſdites Preuoſtez & reſſors de Compiengne, ledit article ſoit reſtraint & limité, & proteſté que la lecture faite preſentement ne puiſt preiudicier aux droits & poſſeſſions du Roy. Et au contraire a eſté ſouſtenu par Meſſire Iean de

Sains Cheualier, Seigneur dudit Thorotte. Sur quoy les parties ont esté renuoyées à la Cour pour en ordonner, & neantmoins ce pendant par prouision demourra l'article en sa forme & teneur.

Sur le xcv. Le procureur du Roy en la Chastellenie de Compiegne a employé la declaration & protestation par luy faite sur le xciii. article en ce qu'il touche la Seigneurie de Thorotte à l'encontre de Messire Iean de Sains Cheualier Seigneur dudit Thorotte, auquel de Sains ledit procureur du Roy a confessé le droit de Chastellenie & haute Iustice audit Thorotte, dont ledit de Sains a requis lettres, qui luy ont esté ottroyées, & ordonné que mention en sera faite en nostre proces verbal. Et par le procureur du Roy au Bailliage de Senlis a esté dit que les droits contenus esdits xciii. xciiii. & xcv. articles appartiennent aux Seigneurs Chastellains qui ont quelque similitude aux Barons, & sont seuls Seigneurs en leurs terres, & non aux autres Chastellains qui ne sont seuls Seigneurs esdites terres, qui du commencement de leur erection ne sont que gardes de Chasteaux, & depuis se sont nommez Chastellains, ou Seigneurs Chastellains, à aucuns desquels pourroit appartenir droit de haute Iustice: mais ils n'ont assise ny ressort, ny les autres droits esdits articles designez. parquoy protestoit que lesdites Chastellenies simples sous couleur desdites Coustumes ne puissent pretendre plus grand droit qu'il leur appartient en leurs fiefs, dont aussi il a requis lettres qui luy ont esté accordées.

Sur le xcvi. article. Apres lecture d'iceluy faite, le procureur du Roy au Bailliage de Senlis a requis la correction dudit article entant qu'il attribue aux hauts Iusticiers connoissance des ports d'armes de chaude colle, disant qu'au Roy seul & à ses Officiers appartenoit la connoissance du port d'armes. Ce qui a esté empesché par ceux des trois estats, gens d'Eglise, Nobles, & autres. Mesmement par les Officiers de Monseigneur de Beauuais, qui ont dit qu'audit Seigneur Euesque à cause de sa perrie appartient connoissance de tous ports d'armes indifferemment & que par Arrest de la Cour de parlement la connoissance desdits ports d'armes luy auoit esté adiugée. Ce qui a esté denié par le procureur du Roy au Bailliage de Senlis. Surquoy prins les oppinions des assistans quant au different dudit Euesque, consideré l'Arrest de la Cour allegué par son procureur, Auons renuoyé les parties en ladite Cour, & neantmoins & ce pendant par prouision quant aux Euesques, auons ordonné que ledit article demourra. Et quant aux autres simplement que pareillement il demourra. Aussi sur ledit article Maistre Martin Thierry procureur des Mayre & pers de la Ville de Beauuais, a dit que lesdits Mayre & pers ont plusieurs beaux priuileges à eux conferez par les Tres-Chrestiens Roys de France, confermez par le Roy à present regnant, & qu'en l'Hostel de ladite Ville de Beauuais de tout temps & ancienneté sont aulnes & mesures à estallonner dont vsent les habitans d'icelle Ville & banlieuë, & n'est loisible à autres d'auoir lesdites aulnes & mesures pour estallonner, sinon ladite Ville parquoy a protesté que les mots apposez audit article touchant lesdites mesures ne peuuent preiudicier ausdits Mayre & pers ny à leurs droits, priuileges & auctoritez, & qu'ils se puissent pouruoir contre qui il appartiendra, selon & ainsi qu'ils verront estre à faire.

Requerans de ce lettres par ledit Thierry, qui luy ont eſté ottroyées.

Sur le xcvii. article. Le procureur de l'Eueſque de Beauuais & les Seigneurs Chaſtellains & hauts Iuſticiers aſſiſtans en ladite aſſemblée ont dit qu'outre les droits contenus audit article, leur appartiennent & ont droit d'aubeine & des ſucceſſions des baſtards. Ce qui a eſté debatu par le procureur du Roy diſant que leſdits droits appartenoient au Roy neüement. Auſſi a dit que tous threſors trouuez en ſon Royaume, ſpeciallement quand ils ſont en or, ils luy appartiennent priuatiuement contre tous autres, Requerant l'article eſtre corrigé entant que touche leſdits threſors. Ce qui a eſté empeſché par les deſſuſdits. Sur quoy auons ordonné par prouiſion que ledit article demourra ſans y faire aucune addition ou correction, ſauf aux parties d'eux pourueoir en la Cour ſi bon leur ſemble.

Sur le xcix. article. Le procureur de l'Eueſque de Beauuais, le procureur de l'Egliſe dudit Beauuais, le Seigneur de la Rochepot Seigneur Chaſtellain de Mello : le Baron & Seigneur de Moncy le Chaſtel, & pluſieurs autres hauts Iuſticiers ont dit qu'ils ont connoiſſance du ſeellé Royal, meſmement entre leurs ſubiets, leſquels ne peuuent proroguer Iuriſdiction en leur preiudice, & peuuent faire & adiuger decrets ſur l'obligation faite ſous le ſeel Royal, ſouſtenu au contraire par le procureur du Roy audit Bailliage. Sur-quoy prins l'oppinion des aſſiſtans & ouys les eſtats de l'Egliſe & autres du tiers eſtat, la pluſpart deſquels ont dit que l'article doit demourer. Nous auons ordonné par prouiſion que ledit article demourra en l'eſtat qu'il eſt, & ſur les oppoſitions des deſſuſ. nommez les auons renuoyé à la Cour.

Sur le cent quatrieſme article. Les Aduocat, procureur du Roy, & deleguez des eſtats pour la Ville de Compiengne ont dit qu'en ladite Ville y a Couſtume localle communement obſeruée, qu'ils ont dit eſtre telle. C'eſt à ſçauoir, qu'on peut proceder par voye d'Arreſt ſur les Forains, ou faire arreſter leurs biens ou leurs corps pour choſe connuë & à connoiſtre en action pure, perſonnelle ſur toutes perſonnes non priuilegées de clergie ou de Nobleſſe, meſmes ſur les biens des Nobles. De laquelle Couſtume ils ont dit auoir vſé par cy deuant, & en vſer communement comme telle auoir eſté accordée en l'aſſemblée faite audit Compiengne des eſtats de la Chaſtellenie dudit lieu pour le fait des Couſtumes de ladite Chaſtellenie, & miſe par eſcrit au cayer par eux fait deſdites Couſtumes ſuyuant les lettres patentes du Roy. De laquelle Couſtume a eſté faite lecture, proteſtant que le contenu audit cent quatrieſme article ne puiſt preiudicier à ladite Couſtume localle, l'article de laquelle ils ont requis demourer comme il giſt. Sur ce les deleguez des eſtats de la Ville de Senlis Gouuerneurs d'icelle, le procureur de la Ville de Beauuais, le procureur de Chapitre dudit lieu, & autres eſtats comparans & aſſiſtans chaſcun d'eux en leur regard, & pour leurs intereſts & cauſes reſpectiuement par chaſcun d'eux deſduites, ſe ſont oppoſez, & empeſché que ladite Couſtume localle de Compiengne ayt lieu, ne fuſt receuë. Surquoy a eſté dit par prouiſion que ledit cent quatrieſme article demourra en ſa forme & teneur ſans preiudice à ladite Couſtume localle de Compiengne. Et ſur les oppoſitions des deſſuſdits les auons renuoyez à la Cour.

Sur le cent cinquiefme article. Les Nobles de la Chaftellenie de Chaulmont comparans, ont dit, qu'en ladite Chaftellenie y auoit plufieurs d'entre-eux ayans feulement droit de moyenne & baffe Iuftice en leurs Seigneuries & fiefs affis en ladite Chaftellenie, à caufe defquelles leur appartenoit
droit de trauers, auec la connoiffance, punition, & correction des infracteurs & tranfgreffeurs dudit droit, eux oppofans à ce que ledit article ne
demeure en l'eftat qu'il eft, mais requeroient qu'à iceluy fuft adioufté que
ledit droit de trauers appartient aux moyens & bas Iufticiers, auec la connoiffance & punition de l'infraction d'iceluy, Et où ainfi ne feroit fait, que
ce qui feroit ordonné fur ledit article fuft fans preiudice à leurfdits droits &
Iurifditions. Sur quoy a efté ordonné que le contenu audit article demourra comme il gift, fans preiudice aufdits moyens & bas Iufticiers dudit droit
de trauers, Iuftice, & punition des infracteurs d'iceluy en leurfdites Seigneuries, fi aucuns droits ils en ont.

Sur le cent fixiefme article. Aucuns moyens & bas Iufticiers en la Chaftellenie de Chaulmont ont dit qu'à caufe de leurs moyennes & baffes Iuftices ils ont droit de donner congé, de prendre pris pour ioüer à la paulme, aux
barres & autres ieux & affemblées licites & honneftes comme les hauts Iufticiers, requerans ce que dit eft eftre adioufté audit article. Auffi le procureur des Mayre & pers de la Ville de Beauuais a dit que l'Euefque & Comte
dudit Beauuais ne pouuoit faire faifir en la Ville dudit lieu les biens de fes
fubiets & habitans, n'en faire faire inuentaire fans en eftre requis ou fes
Officiers, & ainfi en auoit efté & eftoit vfé en ladite Ville. Et que par traité
& accord appellé la grand' compofition faite entre l'Euefque de Beauuais &
ladite Ville en l'an mil deux cens foixante & feize au moys d'Aouft, Il eft
prohibé & deffendu aux Officiers dudit Euefque de proceder à confection
d'inuentaire fans Requefte comme dit eft. parquoy proteftoit que le contenu audit tiltre ne peut preiudicier aux droits, priuileges & prerogatiues de
ladite Ville. Et par Maiftre Iean le Roy procureur dudit Euefque a efté fait
proteftation contraire à celle defdits Mayre & pers pour les droits dudit
Euefque, en continuant & perfiftant és autres proteftations par luy faites
deffus. Sur-quoy a efté dit que ledit article demourra felon fa forme. Et au
furplus que lefdits moyens & bas Iufticiers, Mayre & pers & Euefque de
Beauuais auront acte de leurs declarations & proteftations.

Sur l'article ancien fuyuant le cxviii. contenant ce qui s'enfuyt. Selon ladite Couftume e moyen Iufticier a la connoiffance, punition & correction
totalle iufques à la mort naturelle *inclufiuè* de l'homicide fait, commis &
perpetré de chaude colle & de fimple larcin & peut auoir fourches patibulaires à deux pilliers feulement pour faire l'execution defdits delinquans.
Mais quant à mort ciuille comme de bannir à temps ou à toufiours, abfcifion
de membre ou autre punition publique n'en a ledit moyen Iufticier aucune
connoiffance, correction & punition, ains appartient aux hauts Iufticiers.

Le procureur de l'Euefque & Comte de Beauuais a dit que les moyens Iufticiers de fon Comté tenans de luy en fon fief ou arrierefief n'ont point de
fourches patibulaires & ne peuuent donner condemnation de mort par la
Couftume gardée audit Comté & Vidamé de Gerbroy, & à cefte caufe em-

pefche & s'oppofe à ce que ledit article ne foit receu. Le procureur du Chapitre de Beauuais a dit qu'és terres & Seigneuries où lefdits de Chapitre ont
moyenne & baffe Iuftice ils ont les droits declarez audit ancien article, mefmes fourches patibulaires à trois pilliers dont il iouy & en ont Arreft contre
le Seigneur d'Aufac, requerant l'article demourer comme il gift. Iacques
Methelet Lieutenant du Preuoft Forain de Senlis, les Preuoft de Compiengne, Procureur du Roy audit lieu, Preuoft de Chaulmont, Ponthoife, de
Creeil & Procureur du Roy à Beaumont, les procureurs des Dames de
Perfant & de Meru & chafcun d'eux, & pareillement les Aduocat & Procureur du Roy au Bailliage de Senlis ont empefché ledit article & le contenu
en iceluy en la claufe contenant, que le moyen & bas Iufticier a connoiffance, punition & correction totale iufques à la mort, d'homicide commis de
chaude colle, & d'auoir fourches patibulaires, par ce qu'ils ont dit ledit
droit n'appartenir aufdits moyens & bas Iufticiers, requerans la correction
dudit article en ce regard. Les Nobles de la Chaftellenie de Chaulmont &
deleguez comparans pour lefdits Nobles, eftat & la Communauté d'iceux,
ont dit qu'en ladite Chaftellenie de Chaulmont qui eft de grand' eftenduë y
a peu de hautes Iuftices, & à cefte caufe & que les delicts ne demouraffent
impunis a efté delaiffé aux Seigneurs moyens Iufticiers la connoiffance, correction, & punition totalle entre autres droits de l'homicide commis de
chaude colle & de fimple larcin, à la difference du haut Iufticier auquel appartient la connoiffance & punition corporelle de tous autres cas comme le
contient le Chapitre precedent: & eftoit bien raifon que le moyen Iufticier
qui approche dudit haut Iufticier felon le degré de comparaifon, participaft
d'aucune chofe de fa puiffance, & que pour le moins luy fuft delaiffé la punition dudit homicide commis de chaude colle & fimple larcin, qui font delicts priuez & fimples non qualifiez, & dont lefdits moyens Iufticiers ont
toufiours conneu par tout ladite Chaftellenie de Chaulmont, & de ce droit
ont iouy eux & leurs predeceffeurs de fi long temps qu'il n'eft memoire du
contraire, comme de droits à eux appartenans, à caufe de leurs Iuftices qui
font reputées heredirables & patrimoniales. Et en figne de ce ont toufiours
eu fourches patibulaires erigées en leurfdites terres, efquelles ils ont fait
pendre & executer plufieurs delinquans pour lefdits cas au veu & fceu des
Officiers du Roy & hauts Iufticiers, Sans ce que iamais leur ayt efté donné
contredit n'empefchement. Et fi ont d'aduantage lefdits moyens Iufticiers
de ladite Chaftellenie de Chaulmont droit de voyries par tout lefdites terres. Ce que n'ont les moyens Iufticiers de la Chaftellenie de Senlis qui par
tout l'argument qu'on veut fonder fur eux de dire qu'ils n'ayent droit de releguer ne deporter, n'auffi d'abfcifion de membres. Et que confequemment, ils ne doyuent auoir connoiffance ne pouuoir de punir à mort ne mu-
tile & ne peut eftre prins au preiudice defdits moyens Iufticiers dè ladite
Chaftellenie de Chaulmont, par ce que la caufe qui pourroit eftre que lefdits moyens Iufticiers de ladite Chaftellenie de Senlis, ne peuuent releguer
ne deporter, eft à raifon de ce qu'ils n'ont voyrie ne territoire, ce qui ceffe
aufdits Seigneurs moyens Iufticiers dudit Chaulmont, qui comme dit eft,
font Seigneurs voyers, & ont territoire par tout leurfdites terres limité de

tout temps pour pouuoir releguer & deporter, dudit droit de voyrie & re-
legation banniſſement à deportation, ont ſemblablement touſiours iouy de
ſi long temps qu'il n'eſt memoire du contraire, Comme de toutes ces choſes ils offrent faire apparoir tant par tiltres & Sentences que par teſmoings,
requerans à ce eſtre receuz. Et pour ces cauſes empeſchent que leſdits droits
leur ſoient oſtez, ne l'article faiſant mention d'iceux corrigé, entant qu'à
eux touche, mais pluſtoſt requierent qu'ils y ſoient adiouſtez quant à eux,
la connoiſſance & pouuoir de releguer & deporter hors de leurſdites terres
auec abſciſion de membre, meſmes de pouuoir faire coupper oreilles &
autres choſes faire, que deſia on leur veut oſter par ledit article. Autrement qui du tout leur voudroit tollir la connoiſſance & punition deſdits cas,
ce ſeroit les reduire & remettre à pareille condition que pourroit eſtre vn
ſimple bas Iuſticier, ce qui ne ſe doit faire. Le procureur des Religieux,
Abbé & Conuent ſainct Germer de Flay, pour les terres, Seigneuries &
Iuſtices moyennes & baſſes qu'ils ont aſſiſes en ladite Chaſtellenie de Chaulmont & Bailliage de Senlis a employé ce que par leſdits Nobles a eſté dit
cy deſſus & fait pareil empeſchement & Requeſte qu'eux. Les Aduocat &
Procureur du Roy en la Chaſtellenie de Compiengne, ont dit que les
moyens & bas Iuſticiers de ladite Chaſtellenie, n'ont aucunes fourches patibulaires. Sur le cas & matiere duquel article ont eſté prins les aduis & oppinions des Officiers du Roy, gens d'Egliſe & gens des eſtats comparans,
autres que leſdits Nobles de la Chaſtellenie de Chaulmont, & ſelon leſdits
aduis & oppinions, Nous auons dit que ledit article ſera rayé ſans preiudice
aux droits deſdits Nobles, de Chapitre de Beauuais, & Religieux de ſainct
Germer, qu'ils vouloient pretendre, ou leur pourroient appartenir és cas
contenus audit article & dont eſt queſtion, en quoy ils ſeroient fondez autrement que par la Couſtume. De laquelle Ordonnance ou appointement
leſdits Nobles de la Chaſtellenie de Chaulmont, c'eſt à ſçauoir, Loys de
Seilly Seigneur de la Rocheguyon, Meſſire Iean de l'Iſle Cheualier, Seigneur de Mariuaux, Gilles de Chaulmont Eſcuyer, Seigneur de Boiſſy,
Charles Peleué dit Malherbe Seigneur de Ioy & Guillaume Pillauoine Eſcuyer, Seigneur de Villerceaulx, tant pour eux que comme deleguez & procureurs de l'eſtat des Nobles de ladite Chaſtellenie, ont appellé. Et pareillement en a appellé Maiſtre Anthoine Pilan Chanoine de Beauuais, & Maiſtre Martin Thierry procureur deſdits de Chapitre.

Sur les cxxiiii. & cxxv. articles. Le Procureur du Roy en la Chaſtellenie
de Compiengne, a remonſtré qu'en la Preuoſté de l'exemption de Pierrefons ſortiſſans audit Compiengne, en aucuns lieux l'amende dont ſont mention leſdits articles eſt de lx. ſols ncretz qui vallent trente ſix ſols pariſis. Surquoy a eſté ordonné que leſdits articles demourront comme ils giſent & que
de la declaration & remonſtrance faite par ledit procureur du Roy ſera faite
mention en noſtre proces verbal.

Sur le cxxvi. & autres ſubſequens iuſques à cxxxi. Le procureur du Chapitre de Beauuais a dit que ladite Egliſe ſont de tout temps tenus aucuns fiefs
appellez Mayries qui ne ſont que Sergeantiſes qui ne ſe diuiſent point, qui
ne doyuent eſtre comprins ſous les termes deſdits articles, & proteſté que

le contenu en iceux ne puist preiudicier ausdits de Chapitre n'aux droits defdites Mayries.

Sur le cxxxii. article. Le Seigneur & Baron de Mello en sa personne assisté de son Baillif. Le procureur du Seigneur & Baron de Moncy le Chastel. Et pareillement les procureurs de Monseigneur le Connestable de France, Baron de Lisle Adam, des Seigneurs de Marines, de Vs & Andresy ont dit, que les fiefs tenus d'eux à cause desdites Baronnies & de leurs Chastellenies & Seigneuries, relieuent d'eux de toutes mains & mutations, & ont requis qu'où la Coustume contenuë audit article soit receuë, accordée & auroit lieu, que ce soit sans preiudice à leursdits droits. Aussi le procureur de Chapitre de Beauuais a fait sur ledit article pareille protestation qu'il a fait cy dessus au cxxxii. article pour les Mayries & Sergeantises d'iceux de Chapitre. Et si a dit qu'ils ont plusieurs fiefs, terres & Seigneuries, à cause desquels sont tenus & mouuans d'eux en foy & hommage plusieurs fiefs estans de nature & condition enuers eux que les puisnez pour leurs pars & portions des fiefs à eux appartenans ainsi tenuë d'eux ne peuuent releuer leursdites pars & portions de leur aisné, mais sont tenus les releuer & en faire la foy & hommage à eux comme leurs Seigneurs feodaux. Protestant pour ces causes que ce qui seroit fait & arresté sur ledit article ne puist preiudicier au droit particulier dessus declaré appartenant ausdits de Chapitre. Sur-quoy a esté ordonné que ledit article demourra selon sa forme par prouision, sans preiudice aux droits pretendus par les Seigneurs dessusnommez. Et si auront acte lesdits de Chapitre de Beauuais de leur declaration & protestation.

Sur le cxxxix. article, contenant. En succession de ligne directe & collateral representation n'a point de lieu, 1 c'est à sçauoir le fils ou fille du frere ne representeront point leur pere trespassé à l'encontre de leur oncle ou tante en la succession de leur ayeul ou ayeulle, mais emporteront la succession lesdits oncle ou tante desdits enfans pource qu'il est plus prochain en degré de ligne audit ayeul son pere, excepté toutesfois en la Ville & banlieuë de Beauuais qui est en la Chastellenie de Senlis. Auquel lieu representation a lieu en ligne directe.

A esté remonstré que ledit article estoit desraisonnable & contre tout droit naturel pour le regard de la ligne directe où representation doit auoit lieu, & ne doyuent les petits enfans perdre la succession de leur ayeul par la mort de leur pere ou mere. Aussi a esté remonstré que sur ledit article y a eu plusieurs differents. A sçauoir si par contract de mariage les pere ou mere pouuoient accorder droit de representation aux enfans de leurs enfans. Et si en accordant representation à l'vn on accordoit representation aux autres ce qui seroit conuenable à esclairer en ladite assemblée. Et ce fait en a esté demandé aux trois estats & Officiers du Roy assistans en ladite assemblée, qui ont esté tous d'aduis que pour l'aduenir ledit article deuoit estre corrigé, & qu'on deuoit accorder representation en ligne directe. Et neantmoins pour elucider la difficulté dessusdite pour le passé, ils ont esté d'aduis que par contract de mariage on a peu accorder ladite representation. Et en l'accordant à l'vn des enfans, on l'accordoit à l'autre, & l'ont veu ainsi practiquer & aucuns d'eux en ont veu donner iugement contradictoire. Parquoy nous

auons

nous auons ordonné que ledit article sera corrigé pour le regard de ladite re-
prese.tation en ligne directe, & neantmoins que de ce que dit est ferions
mention en nostre proces verbal. Et dudit article ont esté faits deux articles
contenus sous la cotte du cxxxix. & cxl. articles dudit cayer.

Sur le cxliii. article dont la teneur ensuyt. Homme & femme conioints
ensemble par mariage, par testament & ordonnance de derniere volonté
peuuent laisser l'vn à l'autre tous leurs meubles, acquests & conquests immeubles, auec le quint de leurs propres heritages à tousiours & l'vsufruit
du surplus desdits propres heritages sa vie durant, au preiudice de leurs propres heritiers, soit qu'il y ayt enfans ou non de leurdit mariage.

A esté remonstré que ledit article contenoit manifeste iniquité, en ce
qu'il estoit permis au pere ou mere donner au suruiuant d'eux deux tous
leurs biens au preiudice de leurs enfans sans distraire la legitime, & ne leur
laisser qu'vne nuë proprieté des heritages propres s'aucuns en y auoit sans
l'vsufruit. Aussi on voit plusieurs inconueniens aduenus de ladite Coustume par les suggestions qui se font aux malades quand il est question de faire
leurs testaments, & tellement que plus par contrainte qu'autrement sont faites telles donations & aucunesfois le mary spolie la femme & la femme le
mary par trop grande amytié qu'ils ont l'vn à l'autre, sans auoir regard à
leurs enfans, & apres les enfans delaissez le suruiuant se remarie & peut
auoir autres enfans. Tellement qu'on a veu souuent les enfans de tels testateurs, desnuez de tous biens, combien que leur pere ou mere eussent
bien dequoy à l'heure de leurs trespas. Et a esté prins l'oppinion des assistans
sur ce qui sont du commencement tombez en diuersité d'oppinions : & depuis la plus-part d'iceux condescendus à rayer ledit article, & à faire Coustume contraire, telle & semblable qu'en la Preuosté & Vicomté de Paris.
Ce qui a esté ordonné estre fait en la forme & maniere contenuë en l'article
inseré audit cayer sous pareille cotte de cxliii.

Ce fait Loys de Seilly Seigneur de la Rocheguyon a protesté que la mu-
ration qui a esté faite de ladite Coustume ne luy puist preiudicier n'au proces pendant en la Cour entre luy & la Dame Destouteuille & ses consors
audit proces, où il dit auoir posé en fait ladite Coustume telle qu'elle estoit
contenuë audit article auant ladite mutation, dont par cy deuant lon vsoit
audit Bailliage de Senlis, & qu'il entendoit auoir deuëment prouuée & verifiée audit proces par tourbe audit proces frisant les autres protestations à
ce pertinentes. Et par Maistre Philippes Fromon procureur des Seigneurs
Duc & Dame Destouteuille a esté fait protestation au contraire, disant que
par la Coustume de la Chastellenie de Chaulmont audit Bailliage de Senlis,
l'homme & la femme ne pouuoient, ne peuuent donner l'vn à l'autre que
les meubles, acquests & conquests immeubles, & encores pourüeu qu'il
n'y ayt enfans du mariage, & qu'ainsi en auoit lon vsé en ladite Chastellenie de Chaulmont & escroissement de Magny. Parquoy empeschoit que ledit article eust lieu en la Chastellenie de Chaulmont. Sur-quoy auons ordonné qu'ils auront lettres de leurs protestations.

Sur le cxliiii. contenant ceste forme. Homme & femme conioints ensem-

K k

ble par mariage peuuent faire l'vn à l'autre don mutuel de tous leurs biens
meubles, acquests & conquests immeubles, ensemble du quint de leurs
propres heritages seulement à tousiours, & de l'vsufruit du surplus desdits
propres heritages au suruiuant, Pourueu qu'ils n'ayent aucuns enfans, &
qu'iceux conioints soyent esgaux en aage & cheuance.

Ouy la lecture duquel article les Officiers du Roy en la Chastellenie de
Ponthoise, ensemble ceux des trois estats d'icelle Chastellenie, ont dit que
ladite Coustume n'a lieu audit Ponthoise: mais qu'en la modifiant & re-
straingnant ils sont contens eux submettre en ce qui sera aduisé en ladite assemblée. Sur-quoy nous auons prins l'oppinion des assistans, qui ont esté
d'aduis qu'on deuoit distraire de ladite Coustume le quint & vsufruit des
propres heritages, & que le donataire deuoit acquitter les heritiers du donateur des debtes mobiliaires, obseques & funerailles du donateur. Ce qu'a-
uons ordonné estre fait en la maniere contenuë audit cxliiii. article.

Apres que ledit Loys de Seilly Seigneur de la Rocheguyon a dit que l'ancienne Coustume de la Chastellenie de Chaulmont permettoit lesdites donations mutuelles, supposé qu'il y eust enfans du mariage des donateurs, &
pource protestoit que la correction qui en a esté faite ne luy puist preiudicier.
Et au contraire le procureur du Seigneur Duc & Dame Destouteuille a dit
que par la Coustume de Volxin le Françoys, homme & femme ne peuuent
faire donation l'vn à l'autre que des meubles, acquests & conquests immeubles, & pourueu qu'il n'y ayt point d'enfans nez en mariage d'eux deux,
& que les conioints soyent esgaux en biens, & que par tel don l'vn d'eux ne
soit point plus aduantagé que l'autre, & ainsi en auoir tousiours esté vsé en
ladite Chastellenie. Parquoy proteste que la mutation qui a esté faite de ladite Coustume, ne peut nuire ne preiudicier ausdits Seigneurs, Duc & Dame & aux droits, ia à eux acquis: Et par ledit Seigneur de la Rocheguion,
a esté fait protestation contraire: Surquoy nous auons ordonné qu'ils auront
lettres de leurs protestations.

Sur le cxlvi. Les delegnez des estats de la Chastellenie de Compiengne,
ont dit que par cy deuant par la Coustume ancienne, particuliere & localle
de ladite Chastellenie au cas contenu audit article, auec ce que le suruiuant
Noble, peut prendre & apprehender les meubles demeurez du deces du
trespassé, & oultre lesdits biens meubles, doiuent appartenir audit suruiuant les acquests & conquests dudit trespassé: Et qu'en l'assemblée faite audit Compiengne desdits estats pour le present faict des Coustumes du Bailliage de Senlis, a esté conclud que ledit suruiuant ne prendroit, n'auroit, &
ne luy appartiendroit lesdits acquests & conquests: Et neantmoins consen-
toient de ladite Coustume particuliere estre ordonné, & en vser en ladite
Chastellenie de Compiengne, selon ce que par nous en seroit diffiny sur la
Coustume Generale dudit Bailliage: Et sur ce Messire Iean de Sains, Cheualier, Seigneur de Marigny, s'est opposé, à ce que lesdits acquests & conquests fussent ou soient distraits: Au moins a protesté que ce qui seroit fait
& diffiny au contraire sur ledit article ne luy puist preiudicier, n'à la maniere d'vser par le temps passé de ladite Coustume en ladite Chastellenie de

Compiengne : Surquoy nous auons dit que ledit article demourra selon sa forme & teneur : Et que neantmoins sera fait mention en nostre procés verbal de la declaration desdits estats de Compiengne : Et si aura ledit de Sains lettres de sadite protestation.

Et suiuant l'article cxlviii. estoit mis l'article qui s'ensuit : Il loist aux heritiers d'vn trespassé requerir & demander aux executeurs du testament d'iceluy defunct, ledit testament pour iceluy accomplir, en baillant par lesdits executeurs pleige & caution suffisante d'accomplir ledit testament : Lequel article selon l'opinion de tous les estats & du consentement d'iceux, Nous auons ordonné estre rayé, & que d'oresenauant ne sera plus vsé de ladite Coustume y contenuë.

Sur le cli. article qui estoit de telle forme : Quand aucuns enfans ont esté mariez, de biens communs de leurs pere & mere, & l'vn d'eux, soit le pere ou la mere, va de vie à trespas : Si iceluy enfant ou enfans ainsi mariez, veulent venir à la succession de tel trespassé, auec les autres enfans non mariez, faire le pourront, en rapportant la moitié de ce qu'il leur a esté donné en mariage, ou autrement aduantagez, & si tous deux, c'est à sçauoir le pere & mere estoient decedez, tels aduantagez rapporteront le tout : Ledit article prins les oppinions de tous les estats, & de leur consentement, a esté corrigé & mis en la forme contenuë audit cayer sous pareille cotte.

Sur ledit article, par Maistre Philippes Fromont, procureur des Seigneurs, Duc & Dame Destouteuille, a esté dit que par la Coustume de la Chastellenie de Chaulmont, il ne loist à quelque personne que ce soit qui a enfans, aduantager l'vn plus que l'autre, ne donner aucune chose, sinon au traitté de son mariage, laquelle Coustume a de tout temps & ancienneté esté gardée & obseruée, & en a lon vsé en ladite Chastellenie de Chaulmont & escroissement de Magny. Parquoy il s'opposoit & empeschoit que ledit article ainsi qu'il est posé au cayer des Coustumes anciennes dudit Bailliage, ait lieu en ladite Chastellenie de Chaulmont : Et où il en seroit par nous fait aucune correction, immuattion ou modification, a protesté qu'elle ne puist preiudicier, ne nuyre ausdits Seigneur, Duc & Dame Destouteuille, & aux droits, ia à eux acquis, & requiert estre expressement dit que l'vsance que d'oresenauant lon en pourroit auoir, si aucune correction en estoit faite, sera comme nouuelle Coustume, par ce que de toute ancienneté elle estoit autre en ladite Chastellenie de Chaulmont & escroissement de Magny : Et par ledit de Seilly, Seigneur de la Rocheguyon, en sa personne, garny de ses Conseillers, a esté faite protestation contraire à icelle desdits Seigneur, Duc & Dame Destouteuille : Surquoy auons ordonné, que desdites protestations, lesdites parties auront lettres, & que par nous en sera fait mention en nostre proces verbal.

Sur les clii. cliii. & cliiii. articles la teneur ensuit : Si l'vn de deux Nobles, conioints ensemble par mariage, ayans enfans mineurs, va de vie à trespas, le suruiuant desdits desdits deux conioints ou eux decedez, l'ayeul ou ayeulle pourra auoir & accepter la garde noble desdits enfans, & en acceptant ladite garde, aura les meubles de tels mineurs, & si iouyra de leurs heritages, ſans payer quelque droit de relief, en offrant les foy & hommage au Seigneur ſeulement, auec le chambellage ſelon la nature du fief; pource que de pere à fils ou fille non mariée, n'y a que la bouche & les mains.

Item, celuy qui a la garde d'aucuns mineurs Nobles, iceux gardiens font les fruits des heritages deſdits mineurs à eux, ſans en rendre compte à iceux mineur ou mineurs, quand ils viendront en aage: Et en ce faiſant, ſeront tenus de garder, nourrir & entretenir leſdits mineurs bien & honneſtement ſelon leur eſtat, & entretenir les heritages deſdits mineurs ou mineur: Et les rendre en fin en auſſi bon eſtat qu'ils eſtoient, quand ils prindrent ladite garde noble, payer les debtes, teſtamens, obſeques & funerailles, acquiter les mineurs, bien regir & gouuerner les Iuſtices deſdits mineurs, & à la fin icelles Iuſtices rendre quittes & deſchargées de tous troubles & empeſchemens, mis & donnez eſdites Iuſtices.

Item, ſi la mere qui aura ainſi prins, que dit eſt, la garde de ſes enfans ſe remarie, à cauſe dudit mariage, ſera tenu ſondit mary releuer & payer relief audit Seigneur feodal, pour raiſon de ſeſdits enfans mineurs.

Le Procureur du Roy, a requis la correction deſdits articles, en ce que ladite garde noble, eſt deferée à l'ayeul ou ayeulle deſdits mineurs: Semblablement le procureur dudit Seigneur de Montmorancy, Conneſtable de France: Meſſire François de Montmorancy, Gouuerneur de Paris & Iſle de France, en perſonne & pluſieurs autres Gentils-hommes, ont requis ladite correction: Surquoy a eſté la matiere miſe en deliberation: & prins l'aduis des aſſiſtans, Officiers du Roy, & autres des trois eſtats, a eſté accordé que leſdits trois articles, ſeront corrigez en la maniere qu'ils ſont contenus audit cayer ſous pareilles cottes.

Sur le clv. article contenant ceſte forme.

Item, vn enfant Noble, maſle, eſt reputé aagé à vingt ans & vn iour, & vne fille à ſeize ans & vn iour. A eſté accordé par les aſſiſtans, que pour plus ample declaration dudit article, ſeront adiouſtez ces mots, toutesfois n'eſt permis l'alienation d'aucun immeuble, iuſques à aage de droit, qui eſt de vingt cinq ans accomplis. Auſſi a eſté accordé par tous les aſſiſtans que l'article qui s'enſuit ſeroit rayé, & neantmoins en ſeroit faite mention au proces verbal, comme de Couſtume ancienne. Si pluſieurs mineurs n'ont parent en ligne directe, ou que tel parent en ligne directe, ne vueille prendre la garde noble deſdits mineurs, les parens en ligne collateral, pourront prendre le bail de tels enfans, entre leſquels parens ſera preferé l'aiſné, qui atteindra tels mineurs au plus prochain degré. Lequel bailliſtre ſera tenu releuer les fiefs deſdits mineurs, entrer en foy & hommage pour iceux mineurs & payer finance: Et ſera tel bailliſtre les fruits de tels heritages deſdits mineurs ſiens: deſquels heritages, il ſera tenu vſer comme bon pere de famille doit faire, ſans ce qu'il ſoit tenu ne ſuiet au compte, A la charge qu'il ſera tenu payer les debtes, teſtament, obſeques & funerailles du treſpaſſé, nourrir & entretenir leſdits mineurs, bien & ſuffiſamment ſelon leur eſtat, & rendre en la fin les heritages d'iceux en bon eſtat, & leurs Iuſtices depeſchées de tous troubles & empeſchemens. Et ſi ſeront tenus inuento rier, garder & rendre compte des meubles defdits mineurs qu'ils auoient à l'heure que le bail a efté prins : Sur-ce Raouland Thureau, procureur à Senlis du Seigneur de Rauetoft, garny de Maiftre Antoine Harfent fon Aduocat audit Senlis, a protefté pour ledit Seigneur que l'abrogation de ladite Couftume & le contenu en l'article deffufdit, qui en fait mention, ne puift nuyre ne preiudicier audit Seigneur, au proces que luy & fa femme, ont en demandant alencontre du Seigneur de Raffe, pour raifon du bail noble de Mery, de fainct Simon mineur, frere de la femme dudit Seigneur de Rauetoft, qui eft encores indecis en la Cour de Parlement à Paris : Et par Robert de Bonuiller, procureur dudit Seigneur de Raffe, a efté fait proteftation contraire, dont lefdites parties auront lettres.

Sur le fept vingt-feiziefme article, dont la teneur enfuit : En ligne directe en matiere de fief, comme de pere a fils n'eft deu aucune finance pour le droit de relief : mais feulement bouche & mains auec le chambellage, qui eft felon la nature dudit fief : Excepté les Chaftellenies de Mello & Money le Chaftel & les fiefs qui en dependent, qui fe relieuent de toutes mains & mutations, tant en ligne directe que collateral : Ont efté faites plufieurs remonftrances & proteftations, tant par Monfeigneur l'Euefque de Beauuais, le Seigneur de Ioy, le Seigneur de Frefnoy en Thelles, la Dame Deftouteuille qu'autres, dont leur a efté accordé lettres hors ce proces verbal, par ce qu'il n'eft queftion que de droits particuliers, qui ne font introduits par la Couftume : Et neantmoins pour accorder la Couftume cy deffus efcrite, auec la Couftume localle de Velxin le François, les affiftans font condefcendus à la Couftume, telle qu'elle eft contenuë audit article clvi. dudit cayer.

Sur le clxi, article dont la teneur s'enfuit : Quand aucun enfant eft aduantagé en mariage ou autrement par donation faite entre vifs de fes pere ou mere en ligne directe, tel aduantagé fe peut tenir au tranfport à luy fait, fans ce qu'il puift eftre contraint à venir à fucceffion, & rapporter tel aduantage. Les Officiers du Roy, en la Chaftellenie de Ponthoife, adherans auec eux les deleguez des trois eftats d'icelle Chaftellenie, ont dit que par la Couftume ancienne de ladite Chaftellenie de Ponthoife, il n'eftoit loifible à aucun aduantager fes enfans, fors & excepté en mariage tant feulement, & neantmoins fe font condefcendus eftre reiglez felon la Couftume dudit Baillinge contenuë audit clxi, article pour l'aduenir. Auffi le Seigneur de la Rocheguion & le procureur de la Dame Deftouteuille, ont repeté les proteftations cy deffus par eux faites : Surquoy prins les oppinions des affiftans, qui ont efté d'aduis qu'on deuoit adioufter audit article la referuation de la legitime aux autres enfans du donateur. A efté ordonné ainfi eftre fait en la maniere qu'il eft contenu audit liure Couftumier en l'article fous pareille cotte, & neantmoins que mention feroit faite en ce prefent proces verbal de la declaration faite par les Officiers & eftats de ladite Chaftellenie de Ponthoife cy deffus, fur l'ancienne Couftume localle de ladite Chaftellenie de Ponthoife, & des proteftations faites par les deffufdits.

Apres lecture faite des anciennes Couftumes dudit Bailliage, eftans fous

tiltre & Rubriche des ſucceſſions des fiefs & autres heritages roturiers &
biens meubles, & les corrections & additions cy deſſus faites, leſdits eſtats,
ont accordé les Couſtumes contenuës és articles clxix. clxx. clxxi. clxxii. &
clxxiii. eſtre inſerées & adiouſtées audit Couſtumier ſous ledit tiltre & Rubriche pour eſtre d'oreſenauant gardées & obſeruées audit Bailliage, comme Couſtumes generalles & ſans preiudice du paſſé : Excepté les Procureurs des Religieux, Abbé & Conuent de Chaalictz & de Royaulmont, qui
pour le regard du clxxi. ont dit auoir priuilege de ſucceder : Surquoy auons
ordonné par prouiſion pour le regard dudit clxxi. article & pour les autres
ſimplement, que tous leſdits articles ſeront inſerez audit Couſtumier, ſelon les aduis & conſentement deſdits eſtats, ſans preiudice au priuilege, pretendu par leſdits de Chaalictz & de Royaulmont.

Sur le clxxv. article. L'eſtat de Nobleſſe, a dit & remonſtré que le doüaire ne deuoit eſtre acquis à la femme, ſinon qu'elle eut couché auec le mary.
Ce qui a eſté mis en deliberation, & pour la diuerſité des opinions, a eſté
ordonné que par prouiſion ledit article & autres ſubſequens, faiſans mention de l'acquiſition du doüaire demourroient, Sauf auſdits Nobles à eux
pouruoir à la Cour ſur ladite Requeſte.

Sur le clxxvii. article. Les trois eſtats de la Chaſtellenie de Compiengne,
ont dit que par l'ancienne Couſtume de ladite Chaſtellenie, il n'eſtoit defendu d'eſtre heritier & doüairier enſemble : mais ſe condeſcendoient eſtre
reiglez ſelon la Couſtume generalle dudit Bailliage pour l'aduenir. Ce qui
a eſté ordonné eſtre fait.

Sur le clxxix. article. Les eſtats de la Chaſtellenie de Ponthoiſe, ont dit
que par l'ancienne Couſtume localle de ladite Chaſtellenie, la femme n'e-
ſtoit ſaiſie du doüaire Couſtumier : mais le prenoit par les mains des heritiers, neantmoins conſentoient pour l'aduenir eſtre reiglez ſelon la Couſtume generalle dudit Bailliage. Ce qui a eſté auſſi ordonné eſtre fait. A eſté
fait lecture d'vn article dudit ancien Couſtumier contenant ce qui s'enſuit.
Combien que ladite femme ait eſté doüée de doüaire prefix comme dit eſt,
neantmoins incontinent apres le treſpas de ſon mary ou que doüaire aura
lieu, peut ladite femme delaiſſer le doüaire prefix, & prendre le doüaire
Couſtumier : Lequel article du conſentement de tous les eſtats & aſſiſtans à
ladite aſſemblée, a eſté rayé & abrogé, & a eſté dit qu'il ſeroit fait Couſtume contraire telle qu'elle eſt contenuë au clxxxiii. article du cayer. Et neantmoins a eſté ordonné qu'en ce preſent proces verbal, ſeroit fait mention de
ladite Couſtume ancienne deſſus declarée pour le paſſé.

Apres lecture faite des articles anciens, eſtans ſous la Rubriche des doüaires & des corrections & additions faites ſur leſdits articles, leſdits trois eſtats
& aſſiſtans, ont accordé les clxxxvi. & clxxxvii. articles eſtre adiouſtez audit Couſtumier pour eſtre obſeruez cy apres, ſans preiudice du paſſé. Ce
qui a eſté ordonné eſtre fait.

Sur le cxcix. & cc. articles contenant ceſte forme. Quand aucuns biens,
heritages ou rentes, ſituez & aſſis en la haute Iuſtice d'aucun Seigneur, ſont
dits & declarez confiſquez, ledit haut Iuſticier, ne ſera tenu payer aucune

debte ne rente n'arrerages d'icelle, si telle rente n'est proprietaire, ensaisinée ou infeodée, si c'est rente constituée.

Item, si lesdits heritages ainsi chargez que dit est de ladite rente constituée, non ensaisinée ou infeodée, sont remis au dommaine dudit Seigneur
feodal ou censuel par faute d'homme, droits & deuoirs non faits, confiscation par auboine ou commission de fiefs, en ce cas ledit Seigneur feodal ou
censuel, ne seroit tenu de ladite charge ou rente non ensaisinée ou infeodée,
& en demourra quitte. Par le Procureur du Roy, a esté requis qu'audit article, fust adiousté que le Seigneur haut Iusticier, soit tenu des debtes du
confiscant & les payer & aquitter, ainsi qu'il disoit auoir esté aduisé en l'assemblée faite des estats audit Senlis, pour le fait des Coustumes dudit Bailliage en l'an mil cinq cens & six. Et si a esté dit par luy que le droit d'aubeine n'appartient à autre qu'au Roy, requerant en cela correction desdits
articles, surquoy la matiere a esté mise en deliberation, & prins l'opinion
des assistans Officiers du Roy & autres des trois estats. A esté accordé que
lesdits articles, seront rayez & ostez dudit liure Coustumier, & en lieu d'i-
ceux, seront mis les deux articles cottez comme les precedens, ainsi qu'ils
sont escrits audit liure Coustumier.

Sur le ccx. article : Le procureur du Seigneur de la Rocheguion, a protesté que le contenu audit article ne puist preiudicier au proces d'entre luy &
la Dame Destouteuille, par ce qu'il a maintenu que donation faite du mary à
la femme, ou de la femme au mary par don mutuel estoit bonne & vallable,
& l'entendoit l'auoir ainsi verifié audit proces. Le procureur de ladite Dame Destouteuille, a dit que par la Coustume de la Chastellenie de Chaulmont de tout temps & ancienneté gardée & obseruée, L'homme & la femme, ne peuuent donner l'vn à l'autre que leurs meubles, acquests & conquests immeubles, pourueu qu'ils n'eussent point d'enfans d'eux deux &
qu'ils fussent esgaulx en biens, & que par tel don, l'vn ne fust plus aduantagé que l'autre, dont il disoit auoir esté vsé iusques à present, & a fait protestation contraire à celle dudit Seigneur de la Rocheguion, desquelles protestations ils auront lettres.

Sur le ccxiii. article. Le procureur de la Dame Destouteuille, & le Seigneur de la Rocheguion, ont repeté les protestations cy dessus escrites, dont
ils auront lettres.

Sur le ccxxiiii. article. Germain Clopin, au nom & comme procureur des
Religieux, Abbé & Conuent de sainct Germer de Flay, Seigneur de Couldray sous Marquest, Puisieux, Railly & Tardonne, Nobles personnes,
Messire Iean de la Marche, Cheualier de l'Ordre & Chambellan du Roy,
Nicolas de Mouy, Seigneur Chastellain de Beauuais, Iean de Monceaux,
Seigneur dudit lieu, Houdenc, Haunouailles, Harmentieres, Germinuil-
ler & Martincourt, Robert Auboug, Seigneur de Neufuillette, Villembray & Lame, & de Iean le Veneur, Seigneur de Songeons, a remonstré
qu'ausdits Seigneurs, respectiuement appartenoit droit de relief, sur les
terres roturieres tenuës d'eux à censiue, lequel droit est de douze deniers
parisis pour chacune mine de terre labourable, cinq sols parisis pour cha-

cun arpent de vigne, & autant pour arpent de pré, & cinq ſols pariſis pour meſure, lequel droit de relief eſtoit deu, ſur peine de ſoixante ſols pariſis d'amende. A ces cauſes ont proteſté que les Couſtumes generalles, poſées au cayer dudit Senlis, qui pourroient concerner & faire mention des droits de ventes, de relief, & autres deus auſdits Seigneurs ne leur ſoit preiudiciable, & que dorefenauant ils puiſſent comme ils ont fait de tout temps, prendre & perceuoir ledit droit : Surquoy a eſté ordonné que de ladite proteſtation leſdits Seigneurs auront lettres.

Sur l'article qui s'enſuit. Vn chacun ſoit homme ou femme peut laiſſer par teſtament ou ordonnnce de derniere volonté à vn eſtranger ſes meubles, acqueſts & conqueſts immeubles, auec le quint de ſon propre heritage ou à vie. A eſté aduiſé par les aſſiſtans, que ledit article ſeroit rayé, & au lieu d'iceluy ſeroient faits trois articles, leſquels leſdits aſſiſtans ont accordé, c'eſt à ſçauoir les deux cens dixſept, deux cens dixhuit, & deux cens dixneuf, qui ſont couchez audit liure Couſtumier. Apres la lecture des articles de Couſtume couchez au tiltre des donations, les aſſiſtans & deputez des trois eſtats, ont requis l'article ccxxi. eſtre adiouſté audit Couſtumier pour y ſeruir d'article de Couſtume. Ce qu'auons ordonné eſtre fait du conſentement deſdits aſſiſtans.

Sur le ccxxiii. article contenant ce qui s'enſuit. Item le lignager qui requiert & demande ledit heritage, ainſi vendu que dit eſt, eſt tenu offrir à l'acheteur bourſe & deniers, & à parfaire pour ledit pur ſort principal & loyaux couſtemens, & continuer chacune iournée & aſſignation procedant que ladite cauſe ſert, ou conſigner en main de Iuſtice ledit argent. Si le defendeur qui eſt l'acheteur ne conſent leſdits offres eſtre faites vne fois pour toutes, autrement ledit retrayant decherra de ſadite action en matiere de retrait, & où l'acheteur acquieſceroit aux offres, le retrayant eſt tenu fournir à ſeſdites offres, dedans vingt & quatre heures : *alias*, il decherra dudit retrait. Les aſſiſtans ont eſté d'aduis que ledit article deuoit eſtre corrigé, & qu'il ſuffiſoit faire & continuer leſdits offres iuſques au iour de la conteſtation, iceluy includ, & ſe ſont condeſcendus en l'article cotté de pareille cotte, eſcrit audit liure Couſtumier.

Sur le ccxxiiii. article contenant ce qui s'enſuit. Item, retrait lignager n'a point de lieu, quand vn heritage venu de propré eſt donné ou eſchangé, but à but, ſans ſoulte alencontre d'autres heritages. Et quand ledit eſchange eſt fait d'heritages d'vne meſme nature & ſans dol ou fraulde, comme d'vn heritage tenu en cenſiue alencontre d'vn autre heritage tenu en cenſiue. Les aſſiſtans ont eſté d'aduis, reformer ledit article en la maniere qu'il eſt couché au liure Couſtumier ſous pareille cotte.

Sur les ccxxvi. & ccxxvii. articles dudit Couſtumier. Les gens d'Egliſe & du tiers eſtat des Chaſtellenies de Ponthoiſe & Chaulmont, ont dit que le Seigneur cenſuel ne pouuoit vſer de retenuë des choſes roturiers venduës : Parquoy empeſchoient que ledit ccxxvii. article euſt lieu eſdites Chaſtellenies. Souſtenu au contraire par les Nobles deſdites Chaſtellenies, diſans qu'eſdites Chaſtellenies les Seigneurs cenſuels auoient vſé dudit droit de

retenuë

retenuë des chofes tenuës d'eux à cenfiue venduës, & qu'ils en auoient eu
plufieurs Sentences, mefmement le procureur du Seigneur de Mery, a dit
en auoir eu Sentence aux Requeftes du Palais, contre vn nommé Deufmes,
habitant de Ponthoife: Pareillement Charles l'efleué, Seigneur de Ioy en
Thelles, a exhibé deux Sentences par luy obtenuës contre deux particuliers
en ladite matiere de retenuë cenfuelle: Lefquelles nous auons fait lire, & a
efté trouué que lefdites Sentences auoient efté données du confentement
des parties: Quoy que foit icelles non contredifans, & fur-ce auons inter-
rogé par ferment le Doyen de Magny, l'vn des commis & deputez pour l'e-
ftat de l'Eglife de la Chaftellenie de Chaulmont, fçauoir s'il auoit veu donner Sentence ou iugement contradictoire en cefte matiere, qui a dit que
non, parce que iamais il n'auoit veu, qu'aucun Seigneur cenfuel defdites
Chaftellenies, s'efforçaft ou pretendift retenir aucuns heritages roturiers tenus de luy en cenfiue par puiffance de Seigneurie, quand ils ont efté vendus: Et ce fait auons prins les opinions des affiftans qui ont efté de diuerfes
opinions, & depuis auons fait lire les cayers apportez par les Officiers de
ladite Chaftellenie de Chaulmont & Ponthoife, en ce qu'ils faifoient mention du droit de retenuë, attribué aux Seigneurs par puiffance de Seigneurie, & auons trouué par la lecture d'iceux, qu'és venditions des chofes feodalles, les Seigneurs feodaux auoient ledit droit de retenuë: mais quant aux
chofes cenfuelles & roturieres n'en eftoit faite aucune mention. A cefte caufe
auons ordonné, que quant au ccxxvi. article qui fait mention du droit de retenuë defdites chofes feodalles, il demourroit comme Couftume generalle
& non reuoquée en doubte par tout le Bailliage de Senlis, & Comté de
Beaumont. Et quant à la Couftume, pofée au ccxxvii. article, auons ordonné qu'elle demourroit, pour le regard des Chaftellenies dudit Bailliage &
Comté de Beaumont, autres que les Chaftellenies de Ponthoife & Chaulmont: Et neantmoins auons renuoyé les eftats d'icelles Chaftellenies de
Ponthoife & Chaulmont à la Cour, pour leur eftre pourueu fur ledit pretendu droit de retenuë en matiere de roture, comme de raifon. Apres lecture faite des articles, eftans fous la Rubriche de retrait lignager, les affiftans ont efté concordablement d'aduis, y adioufter les ccxxxiii. & ccxxxiiii.
articles, ce qui a efté ordonné eftre fait.

Sur les ccxxxv. & ccxxxvi. articles defdites Couftumes. Les eftats de la Chaftellenie de Ponthoife & Chaulmont, ont fait pareille remonftrance que
contenu eft cy deffus fur les ccxxvi. & ccxxvii. articles. Et fi ont dit auoir
Couftumes localles pour faifine & deffaifine, & pour les amendes que les
Seigneurs peuuent pretendre. Semblablement les eftats du Comté de Beaumont, Chaftellenie de Chambly & Chaftellenie de Compiengne, ont dit
auoir diuerfes Couftumes efdites matieres de faifine & deffaifine. Et à cefte
fin, ont exhibé leurs cayers refpectiuement, lefquels veus & leus, auons
ordonné que les Couftumes pofées efdits ccxxxv. & ccxxxvi. articles demourront comme Couftumes localles des Chaftellenies de Senlis & de
Creeil, & des Preuoftez & Chaftellenies enclauées en icelles. Et que pour
le regard du Comté de Beaumont & Chaftellenie de Chambly, feroient

leurs Couſtumes localles articulées. Semblablement pour le regard, tant des Chaſtellenies de Chaulmont & Ponthoiſe, que pour la Chaſtellenie de Compiengne, ainſi qu'il eſt contenu és articles deux cens trente-ſept, deux cens trente-huit, deux cens trente neuf, deux cens quarante, ccxli. ccxlii. ccxliii. ccxliiii. ccxlv ccxlvi. & ccxlvii. dudit cayer.

Sur les ccxlviii. & ccxlix. articles, Le procureur de l'Eueſque & Comte de Beauuais, enſemble le procureur du Chapitre de Beauuais, & les Nobles du Comté de Beaumont ſe ſont oppoſez, & ont dit que quand il eſt queſtion de ſaiſir des heritages cenſuels, ils ne ſont tenus de bailler main-leuée aux oppoſans, ſinon en baillant caution : Surquoy prins l'opinion des aſſiſtans qui ont accordé leſdits articles : A eſté dit que leſdits articles demourront pour Couſtume generalle, quant auſdits de Chapitre & Nobles du Comté de Beaumont : Et quant audit Eueſque, auſſi demourront leſdites Couſtumes par prouiſion, ſauf à luy de ſoy pouruoir ſur ſon oppoſition à la Cour, ſi bon luy ſemble.

Sur le cclv. article. Les procureurs dudit Eueſque de Beauuais, de Chapitre de Beauuais & de ſainct Cornille de Compiengne, ont dit qu'oultre la bouche & les mains que doit l'ancien vaſſal, il eſt tenu payer le droit de chambellage, & ainſi en ont vſé és fiefs tenus & mouuans deſdits Eueſque, Chapitre & Abbé de ſainct Cornille : Surquoy prins l'opinion des aſſiſtans, a eſté dit que ledit article demourra pour Couſtume generalle : Nonobſtant l'oppoſitiõ deſdits de Chapitre & de ſainct Cornille. Et quant auditEueſque, a eſté dit ſans preiudice à ſon oppoſition, ſur laquelle il a eſté renuoyé à la Cour, que par maniere de prouiſion ladite Couſtume demourroit. Apres la lecture faite des articles, eſtans en l'ancien cayer dudit Couſtumier, ſous le tiltre & Rubriche de ſaiſine & deſſaiſine : Les praticiens du ſiege de Senlis, ont remonſtré que par leſdites anciennes Couſtumes, n'eſtoit determiné quels droits Seigneuriaux eſtoient deus pour heritages eſchangez. Et ſi ont remonſtré que les Seigneurs cenſuels, ou leurs Receueurs, bailloient lettres de ſaiſine ſans eſtre teſmoignées ou ſoubſcrites d'autres que d'eux, dont il aduenoit pluſieurs querelles & procés, requerans que ſur-ce leur fuſt pourueu : Surquoy auons requis les aſſiſtans, ſur la matiere d'vſer eſdits heritages eſchangez, qui ont tous eſté d'accord qu'en heritages feodaux eſchangez, il eſtoit deu droit de relief, auec droit de chambellage : Et quant aux heritages roturiers n'eſtoit deu que le droit de ſaiſine, ſans ce qu'en fuſt tenu payer aucunes ventes, excepté les eſtats de la Chaſtellenie de Compiengne, qui ont dit qu'en eſchange d'heritages roturiers, aſſis en diuerſes Seigneuries, eſtoit deu droit de ventes & de ſaiſine, & qu'ainſi en auoient vſé de tout temps, auec leſquels ont adheré aucuns des Nobles de la Chaſtellenie de Chaulmont, diſant qu'ils en auoient vſé comme en ladite Chaſtellenie de Compiengne. Auſſi les procureurs de l'Eueſque de Beauuais, & de Chapitre dudit Beauuais, qui ont dit, que tant en heritages feodaux que roturiers, eſtoient deus auſdits Eueſque & Chapitre droits de relief, de chambellage, & des ventes & autres droits particuliers, proteſtans qu'oñ pour raiſon deſdits droits, ſeroit fait article de Couſtume qu'il ne leur puiſt préiudicier : Surquoy prins les oppinions des affiftans , la plufpart defquels, ont dit que defdits droits deuoit eftre fait article comme de Couftume ancienne , Auons ordonné que fans preiudice à l'oppofition faite par ledit Euefque de Beauuais , feroit fait article de Couftume defdits droits Seigneuriaux , deus pour raifon d'heritages efchangez, felon qu'il eft contenu en l'article cclvii. Et quant à la remonftrance faite , pour raifon des lettres de faifine qui ne font tefmoignées, les affiftans ont efté d'aduis qu'on en deuoit faire article de Couftume pour l'aduenir : Ce qui a efté fait felon ce qu'il eft contenu aux cclviii. article.

Sur le cclviii. article. Les Officiers du Roy à Compiengne , ont dit que par cy deuant en la Couftume ancienne , obferuée & gardée en la Ville & Chaftellenie dudit Compiengne , dont fait mention ledit article , auec veuës & efgouts y auoit enclaues, qui pareillement n'acqueroient point de prefcription : Auffi Regnauld Picard , Preuoft de ladite Ville de Compiengne , à caufe de ce que lefdites enclaues, n'eftoient contenus & comprins audit article ; a protefté que ce ne luy puift preiudicier, n'a certain proces & matiere , qui pour raifon de ce, il a dit auoir audit Compiengne : Surquoy a efté ordonné que lefdits Officiers de Compiengne & Picardie , auront lettres de leurs declarations & proteftations , & que d'icelles fera faite mention en noftre proces verbal : Et que neantmoins ledit article demourra comme il gift.

L'article cotté cclxix. a efté trouué au cayer , apporté par les eftats de la Chaftellenie de Ponthoife. Lequel a efté leu , & ont accordé tous les affiftans , ledit article eftre enregiftré comme Couftume generalle dudit Bailliage , ce qui a efté ordonné.

Apres la lecture faite du cclxxxiiii. article qui contenoit cefte forme.

Pour valider & rendre vallables les criées faites d'aucuns heritages , pour eftre vendus par decret au plus offrant & dernier encherifseur, par vertu des lettres obligatoires ou condemnation fur ce faites , conuient & eft requis que les criées de tels heritages que lon veut ainfi vendre par decret, foient faites publiquement aux fieges où lefdits heritages feroient vendus, & fi lefdits heritages criez font affis en autre Chaftellenie que celle où ils font vendus, conuient qu'ils foient criez au fiege & auditoire ordinaire de la Chaftellenie ou Preuofté , où font affis tels heritages par Sergent , ayant pouuoir de ce faire , foit par obligation ou condemnation à faute de payement & biens meubles, trouuez pour fatisfaire au deu par quatre quatorzaines , fans difconuention : Et fi conuient qu'elles foient rapportées ou relatées par efcrit au Iuge , par deuant lequel decret de tel heritage ainfi crié fe doit adiuger : Et auffi que le debteur , fur lequel fe font lefdites criées , foit adiourné à fa perfonne pour voir adiuger tels heritages par decret : Et au cas que le debteur ne pourroit eftre adiourné à fa perfonne , il conuient que fur l'adiournement qui feroit fait à fon domicile , y ait procedure en caufe par deuant ledit Iuge du decret, auec procureur fondé de procuration expreffe pour confentir ou empefcher telle adiudication de decret, & là ou telle folennité n'y auroit efté faite , y conuiendroit auoir auctorifa-

tion du Roy ou de ſa Chancellerie pour valider tel adiournement, les autres
ſolennitez en tel cas requiſes & obſeruées. Les praticiens ont remonſtré,
qu'au moyen des difficultez qui aduenoient eſdites criées pour les diſcuſ-
ſions des biens meübles & autres ſolemnitez introduites par ledit article,
les decrets d'heritages & matieres de criées eſtoient immortels, & ne pouuoient les creanciers eſtre payez de leur deu, requerans que ſur ce leur fuſt
pourueu, & ledit article eſtre corrigé : Surquoy prins les opinions des aſſiſtans, ſe ſont tous condeſcendus que ledit article ſeroit corrigé, & au lieu
d'iceluy ſeroient faits deux articles ainſi qu'ils ſont couchez, és deux cens
quatre-vingts-quatre & deux cens quatre-vingts-cinq articles dudit Couſtumier : Ce qui a eſté ordonné. Apres la lecture faite du cayer & liure
Couſtumier ancien audit Bailliage & les additions, corrections & diminu-
tions cy deſſus mentionnées faites & arreſtées, Les praticiens dudit Bailliage, & aucuns deſdits eſtats nous ont remonſtré qu'encores y auoit eu des
obmiſſions, & que pluſieurs Couſtumes auoient eſté gardées & obſeruées
par tout ledit Bailliage, qui n'eſtoient eſcrites ny adiouſtées audit Couſtumier, c'eſt à ſçauoir les articles parlans de preſcription, cottez audit cayer
cent quatre vingt quinze & cent quatre vingt-ſeize. Auoit eſté auſſi obmis à mettre ſous le tiltre & Rubriche de retrait lignager, l'article cotté
audit cayer deux cens trente-quatre. Auoit auſſi eſté obmis au tiltre de ſaiſine & deſſaiſine les Couſtumes generales contenuës audit cayer, & cottées
deux cens cinquante-neuf, deux cens ſoixante, deux cens ſoixante-vn, deux
cens ſoixante-deux, deux cens ſoixante-trois. Auſſi auoit eſté obmis ſous
ledit tiltre de ſaiſine & deſſaiſine, les Couſtumes localles des Chaſtellenies de Chaulmont & Ponthoiſe, declarées audit cayer, cottées deux
cens ſoixante-trois & ſoixante-cinq. Pareillement a eſté obmis ſous le
tiltre de donations, l'article contenu audit cayer, cotté deux cens vingt-vn.
Auſſi a eſté obmis ſous le tiltre de ſaiſine & poſſeſſion acquerir, la Couſtume contenuë audit cayer en l'article deux cens ſeptante-deux. Plus a
eſté obmis ſous le tiltre de decret d'heritages, les Couſtumes declarées
audit cayer, és articles deux cens quatre-vingts-neuf, deux cens quatre-
vingts-dix, & deux cens quatre-vingts-vnze. A eſté ordonné du conſentement des aſſiſtans, que leſdites Couſtumes ſeroient adiouſtées audit
Couſtumier ſous les tiltres, & ainſi que contenu eſt cy deſſus pour eſtre
gardées comme les autres Couſtumes dudit Bailliage. Sauf que le Procureur de Monſieur de Beauuais a dit que ledit Eueſque de Beauuais
eſtoit Seigneur voyer, & proteſtoit que la Couſtume, poſée en l'article cotté deux cens ſoixante-deux, parlant des chemins Royaux, ne luy
puiſt nuire ne preiudicier : Ce fait, nous Commiſſaires deſſuſ-nommez,
auons inhibé & defendu à tous Iuges, aux perſonnes deſdits eſtats ainſi comparans, aux deleguez d'iceux, & à tous autres, tant en general
que particulier, de n'alleguer ou ſouffrir eſtre allegué pour l'aduenir
autres Couſtumes que celles dont deſſus eſt faite mention, contenuës
audit Couſtumier, & de faire d'oreſenauant preuue d'icelles en aucune
maniere que ce ſoit, ſi n'eſt par l'extrait du cayer ou Regiſtre d'icel-

les , selon & ainsi qu'il nous est mandé faire par lesdites lettres patentes dessus transcrites. A la charge toutes-fois des oppositions formées
par les personnes & parties dessus nommées , dont aussi cy dessus est
faite mention & sans preiudice d'icelles. En tesmoin de ce nous auons
signé ces presentes : Lesquelles nous auons aussi fait signer par ledit Maistre Nicole Morel, Lieutenant General dudit Bailliage. Et par ledit Iean
Roussel Greffier.

A. GVILLARD , N. THIBAVLT , N. MOREL,
I. ROVSSEL.

Fin des Coustumes du Bailliage de Senlis,
auec le procez verbal.

AV LECTEVR.

LE texte de la Couftume de Senlis ayant efté dreffé auec beaucoup de confufion, iufques là que le feul Tiltre des Succeffions contient fix matieres differentes, de forte qu'il efchape fouuent des articles à ceux mefmes qui ont l'vfage de la Couftume, i'en ay fait vn ordre plus methodique, que i'ay fait inferer à la fin du veritable texte de la Couftume, & de mes remarques. Et afin que l'on ait la facilité de trouuer enfuitte les articles en leurs lieux ie les ay fait mettre à la marge, fi bien que le chiffre Romain qui eft au deffus, eft fuiuant mon ordre; & le vulgaire qui fe void à la marge, eft celuy de l'ordre de la Couftume.

COVSTVMES
DV BAILLIAGE
DE SENLIS.

TILTRE PREMIER.

Du droict des Personnes.

I.

E droict de puiſſance paternelle n'a point de lieu au Bailliage de Senlis.

221
Droit de puiſſance paternelle n'a lieu.

II.

Vn enfant noble eſt reputé aagé à vingt ans & vn iour, & vne fille à ſeize ans & vn iour, toutefois n'eſt permis l'alienation d'aucun immeuble iuſques à l'aage de droiƈt, qui eſt les 25. ans accomplis.

155
Enfant maſle noble reputé aagé à 20. ans, & femelle noble à 16.

III.

Femme mariée ne peut eſter en Iugement ſans l'authorité de ſon mary, ou qu'elle ſoit authoriſée du Roy ou de Iuſtice.

170
Femme mariée ne peut eſter en Iugement ſans authorité.

TILTRE II.

De la difference & qualité de biens.

IV.

177
Le doüaire aux
enfans eſt cenſé
propre paternel.

LE doüaire de la femme eſt reputé propre heritage aux enfans iſſus du mariage, & ſera cenſé ledit doüaire procedé du coſté paternel.

V.

230
Heritage acquis
par les conioints
d'vn lignager de
l'vn d'eux auquel
il eſtoit propre, ſi
la part du non li-
gnager n'eſt re-
traict ſur luy, elle
eſt cenſée acqueſt.

Si le mary durant & conſtant le mariage de luy & de ſa femme acquiert aucun heritage qui ſoit propre au vendeur lignager de la femme, ſi apres an & iour du treſpas de ſa femme, ledit heritage n'eſt retiré par re-traict pour ce qui en eſchet au mary, il ſera reputé & tenu pour ſon acqueſt.

VI.

231
*Subrogatum ſapit
naturam ſubrogati.*

Quand aucun heritage eſt baillé par eſchange à au-truy à l'encontre d'vn autre heritage but à but ſans ſoul-te, les heritages ainſi baillez ſont tenus & reputez de telle nature, comme ceux qui ont eſté baillez; c'eſt à ſçauoir s'ils eſtoient tenus & reputez propres, ainſi ſe-ront ceux ainſi baillez par eſchange.

VII.

232
233
Donation quand
propre, quand ac-
queſt.

Quand aucun heritage eſt donné purement & ſim-plement à perſonne ou perſonnes conioints enſemble par mariage (& non pas en mariage, ou en aduance-ment d'hoirie) tel heritage ainſi donné eſt tenu & re-puté acqueſt quand il eſt fait ſans dol ou fraude, & ne chet en retraict (comme dit eſt 233. *Item* ſi vn do-nateur donne ſon propre heritage à ſon lignager du coſté & ligne dont ledit heritage eſt procedé, & le-dit donataire vendoit ledit heritage à perſonne eſtran-ge, iceluy heritage cherroit en retraict.

TILTRE

TILTRE III.

De Fiefs.

VIII.

PAR la Couftume des Chaftellenies de Senlis & de Creil, & des Preuoftez & Chaftellenies y enclauées, quand aucun a vendu aucun heritage, terre ou Seigneurie tenuë en fief, tel vendeur eft tenu voir le Seigneur feodal dedans 40. iours, luy notifier la vendition, luy payer le quint, & foy deffaifir d'iceluy heritage, & requerir par ledit. achepteur en eftre faifi & receu en foy & hommage en payant le droict de chambellage, & lettres d'hommage, ce qu'eft tenu faire le Seigneur feodal apres lefdits 40. iours paffez, s'il ne veut retenir ledit heritage par puiffance de fief.

235
100
101
102
En ventes de fiefs ce que doiuét faire, & payer les vendeur & achepteur à Senlis & Creil.

IX.

Par la Couftume du Comté de Beaumont, & Chaftellenie de Chambly audit cas le vendeur eft tenu dans pareil temps de 40. iours de foy tirer vers le Seigneur feodal, & luy payer le quint denier de la vendition dudit fief, foy en deffaifir au proufit dudit achepteur, & requerir qu'il en foit reueftu, & lequel achepteur doit requerir au Seigneur feodal en eftre receu en foy & hommage en payant les droicts de chambellage, & en luy faifant les foy & hommage dudit fief, ce que font tenus faire lefdits Seigneurs feodaux, s'ils ne veulent retenir ledit heritage par puiffance de fief.

237
A Beaumont & Chambly.

X.

Par la Couftume des Preuoftez foraines de Compiegne & exemptions de Pierrefons fortiffans audit Compiegne, quand aucun vend fon fief, & il s'en deffaifit, l'achepteur eft tenu venir dedans 40. iours faire les droicts vers le Seigneur, autrement ledit Seigneur pourra affeoir fa main & regaler ledit fief, & doit l'achepteur le quint denier auec le chambellage qui eft de vingt fols parifis.

245
A Compiegne & Pierrefons.

XI.

236. 238. 245.
Quand la vente eſt faite francs deniers en tous leſdits lieux.

Item, par leſdites Preuoſtez de Compiegne, & exemption de Pierrefons, en ce qui eſt de la Riuiere d'Oize enſemble par leſdites Chaſtellenies de Senlis & de Creil, & des Preuoſtez & Chaſtellenies y enclauées, Comté de Beaumont & Chaſtellenie de Chambly, ſi la vendition eſt faite francs deniers, leſdits Seigneurs auront pour raiſon de ladite vente quint & requint, c'eſt à ſçauoir le cinquieſme denier de ladite vente, & le cinquieſme denier dudit quint denier.

XII.

156. 244. 266.
A Ponthoiſe & Chaumont, Mello & Moncy.

Les fiefs des Chaſtellenies de Ponthoiſe & Chaulmont, comme auſſi les Chaſtellenies de Mello & Moncy le Chaſtel, & les fiefs qui en deſpendent ſe releuent de toutes mains & mutations.

XIII.

234.
Le lignager retiſant ſur le Seigneur feodal qui auoit retenu eſt obligé luy payer ſes droits.

Quand le Seigneur feodal a retenu par puiſſance de fief, aucun fief tenu & mouuant de luy, & que ledit fief luy eſt depuis euincé par retraict, le retrayant eſt tenu payer audit Seigneur les droicts de quints & requints, ou droict de relief, ſelon les Couſtumes des lieux, où ledit heritage eſt aſſis, auant que ledit Seigneur ſoit tenu le receuoir en foy & hommage dudit fief, ſauf audit retrayant ſon recours contre le vendeur ſi la vente n'auoit eſté faite francs deniers.

XIV.

257.
Pour eſchange eſt deub relief & chambellage.

En matiere d'eſchange en heritages feodaux, nonobſtant qu'il ſoit fait but à but & ſans ſoulte, eſt deub relief auec droict de chambellage.

XV.

215. 214.
En donation eſt deub relief & chambellage, toutefois pour vn dõ recompenſatif eſt deub quint, ſinon à Ponthoiſe & Chaulmont.

En ſimple donation d'heritage noble & tenu en fief, n'en eſt deub quint ne requint, mais ſeulement relief auec le droict de chambellage, qui eſt de vingt ſols pariſis. 214. Mais ſi ledit don eſt recompenſatif, le donataire eſt tenu dedans quarante iours aduertir, & faire apparoir à ſondit Seigneur de ſon don, en payant le quint denier de l'eſtimation de la choſe, & le droict de chambellage, & en faire la foy & hommage, excepté és Chaſtellenies de Chaulmont & de Ponthoiſe, eſquelles eſt deub droict de relief ſimplement auec le droict de chambellage.

XVI.

Pour heritage tenu en fief fuiet au doüaire de la femme, couſtumier ou prefix, incontinent apres le treſpas
du mary, les heritiers ou proprietaires font tenus d'aller vers le Seigneur releuer ledit fief, & pour raiſon d'i-
celuy en faire les foy & hommage, ou obtenir ſouffrance dudit Seigneur, afin que ladite femme puiſſe ioüir &
poſſeder de ſondit doüaire, apres qu'ils en auront eſté
ſommez par ladite vefue.

180. 182.
Pour doüaire.

XVII.

Le Gardien noble fait les fruicts ſiens durant la gardenoble, ſans payer quelque droict de relief, en offrant
les foy & hommage au Seigneur ſeulement auec le chambellage, ſelon la nature du fief, parce que de pere à
fils, ou fille non mariée, n'y a que la bouche & les mains,
ſinon és lieux eſquels reliefs ſont deubs.

151.
Pour la gardeno-
ble n'eſt rien deub

XVIII.

En ligne directe en matiere de fief (comme de pere
à fils) n'eſt deuë aucune finance pour droict de relief,
mais ſeulement bouche & mains auec le chambellage,
qui eſt ſelon la nature du fief, excepté les fiefs qui ſe releuent de toutes mains & mutations.

156.
En mutation en
ligne directe n'eſt
deub que la bou-
che & les mains,
excepté à Chaul-
mont & Ponthoi-
ſe.

XIX.

En ligne collaterale ceux à qui eſcheent leſdits fiefs
doiuent plein relief au Seigneur auec les droicts de
chambellage.

157.
Pour mutation de
fief en ligne col-
laterale eſt deu
relief.

XX.

Les puiſnez peuuent releuer leurs parts & portions de
leur aiſné ou du Seigneur principal, à leur choix pour la
premiere fois ſans payer finance aucune pour le rachapt
des fiefs, dont n'eſt deub finance, & des fiefs dont eſt
deu finance, feront tenus les puiſnez de rembourſer
l'aiſné au prorata pour leur contingente portion, quand
ledit aiſné aura releué le tout du principal Seigneur feodal: mais ſi iceluy fief eſchet à fille, & qu'elle ſoit mariée, pour ce que ſon mary eſt perſonne eſtrange, il
payera plein relief au Seigneur feodal. 166. Ou bien,
ſi elle vient à ſe marier ne l'eſtant point lors, le mary
eſt tenu releuer l'heritage de ſadite femme, Et toutesfois qu'elle ſe mariera, ſera ſemblablement tenuë ou

132.
166. 167.
Les puiſnez peu-
uét releuer de leur
aiſné pour la pre-
miere fois ou du
Seigneur.

Fief eſcheant à
femme mariée, le
mary doit relief,
& autant de fois
qu'elle ſe mariera
ſes marys le de-
uront.

ſondit mary pour elle payer relief.

XXI.

Quand à vne femme mariée eſt venu & eſcheu aucun fief par la ſucceſſion de ſon pere ou autres parens, & que ſon mary pour & au nom d'elle comme mary & bail ait fait les foy & hommage, payé les reliefs, droicts & deuoirs pour ce deubs audit Seigneur duquel eſt tenu & mouuant ledit fief, & apres ledit mary va de vie à treſpas, la femme vefue au moyen dudit treſpas ne doit plus de reliefs, n'autres droicts & deuoirs dudit fief à elle appartenant de ſon chef, ſinon la foy & hommage.

XXII.

Si deux conioints enſemble par mariage font acquiſition d'heritage, ou rente tenu en fief, & le mary ait fait les foy & hommage, & payé les droicts & deuoirs apres le deceds dudit mary, la femme ſuruiuant n'eſt tenuë pour ſa moitié dudit conqueſt payer aucunsdroicts Seigneurieux tant qu'elle ſera en viduité, mais ſeulement faire la foy & hommage au Seigneur feodal pour ſa part. Et ſi la part & portion de ſon mary audit conqueſt luy aduenoit par donation ou autrement, elle eſt tenuë de payer par finance à ſon Seigneur feodal pour ladite part & portion ſelon la nature du fief.

XXIII.

Le mary peut receuoir les foy & hommage des vaſſaux qui tiennent en fief de la Seigneurie de ſa femme, & n'eſt pas requis à ce faire le conſentement de ſadite femme.

XXIV.

Droict de relief eſt le reuenu d'vne année pour vne fois, & ſe doit offrir par vn vaſſal au Seigneur feodal en ſa perſonne ou chef lieu dudit fief Seigneurial en cette maniere, c'eſt à ſçauoir vne ſomme de deniers pour vne fois, ou de trois années l'vne, laquelle il choiſira & declarera, ou le dit des pairs (qui ſont les vaſſaux du Seigneur feodal tenans de luy fief de pareille nature & condition, au cas que ledit fief ou arrierefief n'auroit eſté eſtimé ou apprecié pour le prix du fief, ſoit Eſperons dorez ou autre choſe, & ſi le Seigneur prend & choiſit le dit des pairs, & les pairs par leur appointement difent que l'offre de la fomme eſtoit raiſonnable, la Sentence, appointement & deſpens deſdits pairs fera aux deſpens du Seigneur *ſi contrà* aux deſpens du vaſſal.

XXV.

Par la Couſtume locale des Chaſtellenies de Chaulmont & Ponthoiſe, tous arrierefiefs tenus d'aucun fief quand iceluy fief chet en relief, ſe relieuent chacun de quatre liures pariſis, pourueu qu'ils vaillent leur prix, & s'ils ne le vaillent, d'autant qu'ils ſont eſtimez valoir.

264
A Chaulmont & Ponthoiſe le principal fief tombant en relief, les arrierefiefs ſe releuent chacun de 4. liu. ſi tant valent.

XXVI.

Item, par ladite Couſtume locale quand vn vaſſal laiſſe en la main de ſon Seigneur vn arrierefief, le dit Seigneur peut prendre & auoir les proufits, ſans en rien rendre, ny auoir regard quand le vaſſal vient pour relieuer ſondit arrierefief.

265.
L'arrierefief eſtant laiſſé en ſes mains il en iouït ſans tenir compte des fruicts.

XXVII.

Par la Couſtume generale dudit Bailliage de Senlis, les Seigneurs feodaux apres leſdits quarante iours paſſez depuis l'acquiſition, pour eſtre payez de leurs droicts de quints, de rachapts, reliefs ou autres droicts, peuuent proceder, ou faire proceder par arreſts de leurs Iuſtices ſur leſdits heritages ainſi vendus, lequel arreſt & main miſe, tiendra iuſques à ce que leſdits droicts & deuoirs ayent eſté payez, & les foy & hommage faits: ou ſi bon ſemble auſdits Seigneurs peuuent faire adiourner leſdits vendeur & achepteur pour payer les droicts & deuoirs, faire les foy & hommage, & eſtre infeodez deſdits heritages acqueſtez.

248
Comment le Seigneur ſe peut pouruoir pour le payement de ſes droicts en cas de vente.

XXVIII.

Item, vn hault Iuſticier, moyen & bas, peut mettre ou faire mettre en ſa main les heritages tenus & mouuans de luy eſtans en ſa Seigneurie haute, moyenne & baſſe par faute de tiltre non monſtré, foy & hommage, droicts & deuoirs pour ce deubs non payez.

256.
Comment le Seigneur haut Iuſticier, moyé & bas, peut ſe pouruoir pour tiltre non monſtré, droicts & deuoirs deubs non faits, & non payez.

XXIX.

En matiere de fief incontinent apres le treſpas d'vn vaſſal le Seigneur feodal peut faire ſaiſir, & mettre en ſa main & en la main du Souuerain, en confortant la ſienne, les fiefs, terres, & Seigneuries nobles tenuës

359.
Comment le Seigneur feodal peut agir lors qu'il y a mutation par mort.

de luy par faute d'homme, droicts & deuoirs non faits. Et les quarante iours paſſez apres ledit treſpas peut regaler leſdits fiefs, & faire les fruicts ſiens depuis le iour de la ſaiſie, au cas que dedans les quarante iours apres ledit treſpas, le vaſſal n'aura fait les foy & hommage au Seigneur feodal, ſatisfait des droicts Seigneuriaux, ou fait les offres pertinentes.

XXX.

252.
A faute de denombrement nõ baillé comme le Seigneur ſe doit gouuerner.

A faute de denombrement non baillé, peut le Seigneur feodal faire ſaiſir, & commettre Commiſſaire qui ioüira ſous la main de Iuſtice deſdits fiefs, & tiendra la ſaiſie tant & iuſques à ce que tel vaſſal ait baillé ſon denombrement, & qu'il luy ſoit accordé, & ait la main leuée, ſans que toutefois ledit Seigneur puiſſe faire les fruicts ſiens.

XXXI.

253.
Lors qu'il y a mutation de la perſonne du Seigneur dominant.

Il loiſt au nouueau Seigneur feodal, ſaiſir ou faire ſaiſir les fiefs tenus de luy par faute d'homme, droicts & deuoirs non faits, & ledit arreſt ſignifié ſuffiſamment à la perſonne, ou au lieu des fiefs deſdits vaſſaulx, & apres les quarante iours paſſez de ladite ſaiſie, & que leſdits vaſſaux ou vaſſal, n'auroient fait leur deuoir de faire les foy & hommage, payer les droicts & deuoirs pour ce deubs, ledit Seigneur feodal peut derechef faire ſaiſir leſdits fiefs, & mettre en ſa main, & ladite ſaiſie faire ſignifier ſuffiſamment, & les quarante iours paſſez peut regaler, & faire les fruicts ſiens, ſuppoſé (comme dit eſt) que leſdits vaſſaux euſſent fait les foy & hommage, & payé les droicts & deuoirs pour ce deubs au predeceſſeur Seigneur dudit nouueau Seigneur.

XXXII.

254.
Lors que le Seigneur dominant eſt Duc, Comte, ou Chaſtelain.

Il loiſt aux Ducs, Comtes, & Seigneurs Chaſtelains de faire publier leurs hommages és lieux principaux de leurs Duchez, Comtez, & Chaſtellenies, ou ils ont accouſtumé faire cris & publications en leurſdites Chaſtellenies, & ſuffit telle publication ſans autre ſaiſie ou ſignification faire, & apres ladite publication, & les quarante iours d'icelle paſſez, peuuent faire ſaiſir les fiefs de ceux qui ne ſeroient venus faire les foy & hommage, & faire les fruits à eux du iour de ladite ſaiſie.

XXXIII.

L'ancien vaſſal ne doit que la bouche & les mains à ſon nouueau Seigneur.

256.
L'ancien vaſſal ne doit que la bouche & les mains.

XXXIV.

Quand vn fief eſt mis en la main du Seigneur feodal par faute d'homme, droicts & deuoirs non faits, ledit Seigneur feodal doit ioüir, & luy appartiennent tous les reliefs qui viennent & eſchéent des arrierefiefs tenus en premiere foy dudit fief ainſi ſaiſi pendant & demeurant ladite ſaiſie, & iuſques à ce qu'il ſoit mis à pleine declaration.

259.
Comme le Seigneur ioüit du fief de ſon vaſſal mis en ſa main par faute d'homme, droicts & deuoirs non faits.

XXXV.

Tant que le vaſſal dort le Seigneur veille, & tant que le Seigneur dort le vaſſal veille,

196.
Tant que le vaſſal dort le Seigneur veille & è contra.

XXXVI.

Vn Seigneur ne preſcript point le fief de ſon vaſſal par quelque laps de temps qu'il l'ait tenu en ſa main, ne le vaſſal la teneure, ne fidelité dudit fief.

195.
Le Seigneur & le vaſſal ne preſcriuent l'vn contre l'autre.

XXXVII.

Vn vaſſal ne peut deſmembrer ſon fief ſans le conſentement de ſon Seigneur par diuiſion reelle.

204.
Le vaſſal ne peut deſmembrer ſon fief par diuiſion reelle.

XXXVIII.

Vn vaſſal ſe peut ioüer de ſon fief iuſques à demiſſion de foy & hommage, en telle maniere qu'il peut bailler le tout ou partie d'iceluy à cens ou rente, ou autres droicts Seigneuriaux, & s'il demeure touſiours vaſſal, s'il ne ſe deſmet & deſſaiſit de ſondit fief és mains de ſondit Seigneur feodal, duquel Seigneur eſt requis le conſentement, auant que l'alienation ſortiſſe aucun effet au preiudice dudit Seigneur.

251.
Se peut ioüer de ſon fief iuſques à demiſſion de foy, non toutefois au preiudice du Seigneur.

XXXIX.

Vn vaſſal ne peut charger ſon fief d'aucune rente ou hypotheque au preiudice de ſon Seigneur feodal, ſinon que telle rente ou hypotheque fuſt enſaiſinée ou infeodée par ledit Seigneur feodal.

203.
Comme auſſi l'hypothequer.

XL.

Si tels fiefs ainſi chargez de telles rentes ou hypotheques non enſaiſinées ny infeodées viennent en la main dudit Seigneur feodal par aubeine, confiſcation, ou commiſſion de fief, ou par autre droict feodal, ledit

205. 197.
Le Seigneur n'eſt tenu de ce que le vaſſal a fait ſans ſon conſentement lors que le fief

Seigneur peut regaler, ioüir ou retenir ledit fief entierement, ſans payer aucune choſe deſdites rentes ou
hypotheques non enſaiſinées ny infeodées, & n'en eſt
tenu le Seigneur feodal, ſinon au cas qu'il vint à ioüir
dudit fief à tiltre particulier, ou bien qu'il l'euſt retenu
par puiſſance de fief de l'achepteur.

TILTRE IV.

Des Cenſiues & autres droicts Seigneuriaux.

XLI.

A Vcvn ne peut tenir terre ſans Seigneur.

XLII.

Le Seigneur cenſuel apres les quarante iours paſſez
apres l'acquiſition, pour eſtre payé de ſes droicts de vente, ſaiſine ou autre droicts, peut proceder ou faire proceder par arreſt de ſa Iuſtice ſur leſdits heritages ainſi
vendus, lequel arreſt & mainmiſe tiendra, iuſques à ce
que le detempteur ſe ſoit rendu oppoſant : ou ſi bon
ſemble audit Seigneur peut faire adiourner leſdits vendeur & achepteur pour payer les droicts, & eſtre enſai-
ſinez deſdits heritages acqueſtez.

XLIII.

Si les redeuables deſdits droicts de vente ne les ont
payez au Seigneur cenſuel dedans quarante iours, &
l'achepteur n'eſt enſaiſiné dudit Seigneur, & qu'il ſe
ſoit mis audit heritage acqueſté ſans auoir ſaiſine du Seigneur, ils eſchéent chacun en amende de ſoixante ſols
pariſis enuers le Seigneur cenſuel, pour raiſon deſquels
droicts de ventes & ſaiſines, la main dudit Seigneur miſe & appoſée audit heritage, tiendra iuſques à plein
payement, & ſatisfaction deſdits droicts Seigneuriaux
s'il n'y a oppoſition donnée (comme dit eſt.)

XLIV.

Item, vn hault Iuſticier, moyen & bas, peut mettre
ou faire mettre en ſa main les heritages tenus de luy

eſtans

eſtans en ſa Seigneurie haute, moyenne & baſſe par faute de tiltre non monſtré, champart emporté, cens non
payé, ventes recelées, droiƈts de ſaiſine, & deſſaiſine,
amendes pour ce deuës non payées.

XLV.

Item, droiƈt de champart, & droiƈt de vinage ſe doit
payer ſur peine de ſoixante ſols pariſis d'amende, & le
droiƈt de cens ou autre droiƈt Seigneurial, equipollent
audit cens, ſe doit payer au iour qu'il eſt deub, ſur peine de ſept ſols ſix deniers pariſis, és Chaſtellenies de
Senlis, Compiegne, & de cinq ſols pariſis és Chaſtellenies de Chaulmont, Ponthoiſe, Chambly, Creil, &
Comté de Beaumont.

XLVI.

Auant qu'vne ſaiſine puiſſe preiudicier à vn tiers, il
eſt requis qu'elle ſoit faite en la preſence de deux teſmoins, ou pardeuant deux Notaires Royaux.

XLVII.

Le mary peut bailler les ſaiſines des heritages roturiers vendus, eſtans en la cenſiue & Seigneurie de ſadite femme, & n'eſt pas requis à ce faire le conſente.
ment de ſadite femme.

XLVIII.

Quand aucun a donné aucun heritage roturier, & ledit don eſt recompenſatif, le donataire eſt tenu dedans
quarante iours payer les droiƈts de ventes, qui eſt pour
ſeize ſols pariſis, ſeize deniers pariſis; auec le droiƈt de
ſaiſine, ſur peine de ſoixante ſols pariſis d'amende, lequel droit de ſaiſine eſt de cinq ſols pariſis au plus, & au
deſſous ſelon la Couſtume des lieux.

XLIX.

Mais en ſimple donation n'eſt deub ne vin ne ventes,
mais le donataire doit prendre ſaiſine du Seigneur dedans les quarante iours de la donation ſur peine de ſoixante ſols pariſſs d'amende.

L.

En matiere d'eſchange en heritages roturiers, ſoit eſchangé à fief, ou heritage roturier, eſt deub ſeulement
le droit de ſaiſine, ſuppoſé que les heritages ainſi eſchangez ſoient en diuerſes Seigneuries, pourueu que

---

Marginal notes:

Le Seigneur haut
Iuſticier, moyen
& bas, pour tiltre
non monſtré, chā-
part emporté, cens
non payé, &c.

263.
112.
Droiƈts de cham-
part & vinage, ſe
doiuent, payer à
peine de 60. ſ. p,
& le droit de cens
ſur peine de 7. ſ. 6.
d. p. à Senlis &
Compiegne, & 5.
ſ. p. à Chaulmont,
&c.

258.
Qu'eſt requis pour
rendre vne ſaiſine
valable.

250.
Le mary peut e-
xercer les droiƈts
de ſa femme.

214.
Quels droits ſont
deubs pour dons
recompenſatifs.

215.
Pour don ſimple.

217.
En eſchange.

lefdites efchanges foient faites fans fraude, excepté en la Chaftellenie de Compiegne, en laquelle en matiere d'efchange pour heritages roturiers affis en diuerfes Seigneuries eft deu droiĉt de ventes, felon la valeur & eftimation des chofes efchangées.

L I.

234.
Quand le Seigneur a retenu l'heritage tenu de luy, & que le lignager le retire, il luy doit payer fes droiĉts.

Quand le Seigneur cenfuel a pris & retenu par puiffance de Seigneurié quelque heritage roturier és lieux, ou les Seigneurs cenfuels peuuent vfer de retenuë, & que ledit heritage luy eft du depuis euincé par retraiĉt, le retrayant eft tenu payer audit Seigneur les droiĉts de ventes & faifines, auant que tel Seigneur foit tenu de le receuoir, fauf audit retrayant fon recours contre le vendeur, fi la vente n'auoit efté faite francs deniers.

L I I.

235.
A Senlis & Creil que les droiĉts font deubs pour ventes.

Par les Couftumes des Chaftellenies de Senlis & de Creil, & des Preuoftez & Chaftellenies y enclauées, quand aucun a vendu terre tenuë en cenfiue, tel vendeur eft tenu venir voir le Seigneur cenfuel dedans quarante iours, luy notifier la vendition, bailler & payer les droiĉts de ventes, c'eft à fçauoir feize deniers parifis pour chacun franc, & fera tenu ledit vendeur foy deueftir és mains dudit Seigneur fur peine de foixante fols parifis d'amende, & fi ne peut l'acquefteur fe mettre en tel heritage, finon par la main du Seigneur, fur peine d'autres foixante fols parifis d'amende, ce qu'eft tenu faire le Seigneur, s'il ne veut retenir ledit heritage par puiffance de fief.

L I I I.

236.
Lors qu'elle eft faite francs deniers.

Par ladite Couftume defdites Chaftellenies & Preuoftez, fi la vendition eft faite francs deniers, les Seigneurs auront pour raifon de ladite vendition, lefdites ventes de feize deniers parifis, & les venterolles qui eft le feiziefme denier defdites ventes.

L I V.

237
A Beaumont & Chambly, que les droiĉts font deubs pour ventes.

Par la Couftume du Comté de Beaumont, & Chaftellenies de Chambly, quand aucun a vendu aucun heritage tenu en cenfiue, le vendeur & achepteur font tenus en dedans les quarante iours de la vendition eux tirer vers le Seigneur, luy notifier la vente, & apres la

deſſaiſine faite par le vendeur au profit dudit achepteur,
és mains dudit Seigneur, leſdits vendeur & achepteur
ſont tenus chacun par moitié payer audit Seigneur les
droicts de ventes & ſaiſines, ſur peine pour chacun d'i-
ceux de ſoixante ſols pariſis d'amende, & ſi eſt tenu ledit achepteur de payer les droicts de ſaiſines, leſquels
droicts de ventes ſont de ſeize ſols pariſis ſeize deniers
pariſis.

LV.

Par ladite Couſtume deſdites Com:ez & Chaſtellenies, ſi ladite vendition eſt faite francs deniers, ledit
Seigneur aura pour raiſon d'icelle vendition, de ſeize
ſols pariſis ſeize deniers pariſis, & les venterolles qui eſt
le ſeizieſme denier deſdites ventes.

238
Lors que la ven-
dition eſt faite
francs deniers.

LVI.

Par la Couſtume de la Chaſtellenie de Ponthoiſe,
toutefois qu'aucun proprietaire vend quelque heritage tenu & mouuant à droict de chef cens, champart ou
autre droict Seigneurial d'aucun Seigneur foncier, ou
qu'il rachepte aucune rente fonciere dont ledit heritage ſoit chargé & redeuable, & dont ledit proprietaire
n'ayt eſté ſaiſi par le Seigneur, leſdits vendeur & achepteur ſont tenus, & doiuent aller ou enuoyer dedans
la quinzaine du iour d'icelle vendition ou rachapt, deuers iceluy Seigneur foncier, ou ſon Procureur & commis au lieu de la Seigneurie, & illec leſdits vendeur &
achepteur, ou celuy qui achepte ladite rente ſont tenus
de payer audit Seigneur, & ſon Procureur chacun par
moitié (s'il n'y a promeſſe ou contract au contraire entr'eux) le droict de ventes, lequel droict eſt de douze
denier vn, ou de ſeize denier pour franc, & ſi eſt tenu
ledit achepteur, ou rachepteur de payer au Seigneur ou
à ſon procureur douze deniers pariſis deubs pour le
droict de ſaiſine en payant, lequel droict iceluy Seigneur ou ſon Procureur, eſt tenu de mettre ledit achepteur d'iceluy heritage vendu, ou de la vente acheptée
de celuy qui auroit droict de le perceuoir en ſaiſine du
tout ſans qu'il puiſſe ledit heritage, ou rente retenir.

219.
A Ponthoiſe quels
droicts ſont deubs
pour ventes, &
n'y a droict de re-
traict cenſuel.

LVII.

Item, par ladite Couſtume de Ponthoiſe, ſi iceux ven-

240
Audit Ponthoiſe,

deur, achepteur, ou rachepteur, & celuy dont on rachepte ladite rente ou autres pour eux eſtoient defaillans, ou en demeure de faire les choſes deuant dites, ils ſont tenus & encourent (outre les droicts de ventes, & ſaiſines) enuers le Seigneur foncier chacun en amende de ſoixante ſols pariſis pour leſdites ventes recelées, & iceluy achepteur, ou rachepteur en autres ſoixante ſols pariſis d'amende, à cauſe de la ſaiſine happée, ſinon qu'icelle vendition eut eſté faite francs deniers au vendeur, & quand ledit achepteur prend de luy la ſaiſine, & iouïſſance d'icelle rente ou heritage, ſans en eſtre ſaiſi premierement dudit Seigneur foncier ou de ſon procureur, encourt en l'amende deſdits ſoixante ſols pariſis pour ladite ſaiſine happée.

LVIII.

Item, par la meſme Couſtume, ſi en faiſant le contract deſdites venditions ou rachapts de rentes, ou heritages, il ait eſté accordé entre leſdits vendeur, & achepteur, ou rachepteur, & celuy dont on rachepte ladite rente que l'vn d'eux payera toutes leſdites ventes, en ce cas celuy qui eſt tenu & doit payer toutes icelles ventes, eſt encore tenu outre icelle vente & ſaiſine payer audit Seigneur foncier le droict de venterolles pour celuy deub, lequel droict eſt en effet les ventes au prix deſſus declaré de telle ſomme de deniers que deuoit iceluy qui eſt franc de ce que dit eſt, pour ſa part & moitié deſdites ventes, ſi ainſi eſtoit qu'il n'en fuſt franc & quitte.

LIX.

Par la Couſtume de la Chaſtellenie de Chaulmont, quand aucun heritage tenu à cens, champart, ou autre droict Seigneurial, eſt vendu, ou autrement alié, l'achepteur auant qu'il puiſſe iouïr de tel heritage, ou ſoy mettre dedans eſt tenu dedans quarante iours apres ladite vendition ou tranſlation, venir deuers le Seigneur duquel iceluy heritage eſt tenu & mouuant en cenſiue ou autrement, comme deſſus, ou à ſes Officiers ayans pouuoir de ce, & ſoy faire enſaiſiner, faire & payer les droicts & deuoirs pour ce deubs, ſur peine de payer ſoixante ſols pariſis d'amende auec les droicts de ſaiſine,

& soixante sols parisis d'amende, pour les ventes recelées.

LX.

Item, par ladite Coustume de Chaumont, si ledit
heritage est tenu en censiue, il en eschet pour les ventes
au Seigneur seize deniers parisis pour franc, auec le droit
de saisine, qui est douze deniers parisis.

LXI.

Par la Coustume des Preuostez foraines de Compiegne & exemption de Pierrefons, sortissans audit Compiegne, en vendition d'heritage roturier, l'achepteur
doit au Seigneur, dont tel heritage est mouuant à cens,
champart, ou autre droit Seigneurial pour seize sols parisis, seize deniers parisis, & deux deniers parisis pour
les gants, auec deux sols parisis pour le seel de ladite lettre, & est ledit achepteur tenu venir en dedans quarante iours, apres l'acquisition par luy faite, vers ledit Seigneur, pour de luy auoir la saisine, & satisfaire desdits
droicts, & à faute de ce faire, eschet en amende de soixante sols parisis pour lesdites ventes forcelées.

146. A Compiegne, quels droicts sont deubs pour ventes.

LXII.

Item, par la Coustume desdites Preuostez, ledit
achepteur ne se peut mettre en l'heritage, ou droict par
luy acquis tenus à cens, champart, ou autre droict Seigneurial d'aucun Seigneur, soit haut Iusticier, ou Seigneur foncier, sans premier auoir satisfait desdits droicts
Seigneuriaux, & s'il fait le contraire, il chet en amende
de soixante sols parisis.

247. Amende côtre celuy qui se met en possession sans auoir payé les droicts.

TILTRE V.

Que l'Eglise est incapable d'acquerir heritages.

LXIII.

QVAND aucun a donné, vendu, ou legué aucun
heritage à l'Eglise, soit en augmentation du diuin
seruice ou autrement, le Seigneur de qui est tenu ledit
heritage ainsi donné, vendu ou legué, peut contraindre,

220.

N n iij

les donataires, achepteurs ou legataires, mettre hors de
leurs mains ledit heritage ainſi donné & vendu que diteſt
dedans l'an & iour, que tel don ou tranſport ſera venu
à ſa connoiſſance : & ſeront tels donataires, achepteurs
ou legataires, contraints le mettre hors de leurs mains
en dedans l'an & iour de la ſommation & commande-
mens à eux faits par tels Seigneurs.

TILTRE VI.

De Confiſcation.

LXIV.

199.
Le haut Iuſticier
confiſquant, com-
ment payé les
debtes.

QVAND aucuns biens, heritages ou rentes ſituées
& aſſis en la haulte Iuſtice d'aucun Seigneur, ſont
dits & declarez confiſquez, le haut Iuſticier, qui en vertu de ladite confiſcation apprehendera les meubles, ſera tenu payer les debtes perſonnelles, & pour vne fois
du confiſquant, ſi leſdits meubles ſont ſuffiſans, & iuſques à la concurrence d'iceux, & leſdits meubles diſcutez, ledit haut Iuſticier qui apprehendera les heritages ou rentes dudit confiſquant autremént que par fe-
lonnie, ou à faute d'homme, droicts & deuoirs non
faits, ſera tenu de payer le ſurplus, ſi tant iceux heritages ſe peuuent monter, & iuſques à la concurrence d'i-
ceux, auſſi ſera tenu ledit haut Iuſticier, qui apprehendera leſdits meubles, payer les rentes conſtituées par le
confiſquant non enſaiſinées, ny infeodées, enſemble les
arrerages d'icelles, ſi tant leſdits meubles peuuent monter, & iuſques à la concurrence d'iceux, ſans que le
creancier de telle rente ſe puiſſe addreſſer ſur les heritages confiſquez, pour raiſon deſdites rentes & arrerages, pourueu que le créancier de ladite rente non enſaiſinée ny infeodée, ait eſté negligent de quarante iours,
à compter du iour de la conſtitution d'icelle, de ſoy faire enſaiſiner ou infeoder.

LXV.

200.
Les frais de Iuſti-

Item, quand aucun confiſquera les frais de Iuſtice,

faits en la pourfuitte de la declaration de ladite confifcation, feront prealablement pris fur les biens dudit con-
fifquant, auant tous les autres creanciers.

ce faits pour ladite
confifcation font
preferez.

TILTRE VII.

De complainte.

LXVI.

QVICONQVE à ioüi par an & iour d'aucun heritage paifiblement, *non vi, non clam, non precariò*,
& il eft inquieté en fadite poffeffion & ioüiffance apres
l'an & iour paffé de ladite poffeffion paifible, iceluy pof-
feffeur peut valablement intenter fon cas de nouuelleté, contre celuy qui l'a ainfi troublé dedans l'an & iour
dudit trouble & empefchement.

266. 267.

TILTRE VIII.

De droicts reels hypotheque faifine, & de leurs effets, & du defguerpiffement.

LXVII.

QVAND à diuerfes perfonnes a efté donné ou vendu vn heritage en fief, ou roturier, celuy qui premier aura efté faifi dudit heritage, mis & receu en foy
& hommage, & d'iceluy heritage aura eu apprehenfion
de fait (qui en ce equipolle à faifine) au fceu & confentement du donateur ou vendeur fera preferé audit heritage donné ou vendu, pofé ores qu'il foit le fecond
donataire, & acquefteur, & a le plus clair droict.

216.
De deux acque-
reurs ou donatai-
res le premier en-
faifiné eft preferé.

LXVIII.

Hypotheque a lieu par tout le Bailliage de Senlis, &
ne fe diuife point.

164. 191.
Hypotheque a
lieu, & ne fe diui-
fe point.

LXIX.

Que cedule priuée, qui portera promeffe de payer,

289.
Cedule reconnuë

en Iugement em-
porte hypothe-
que.

emporte hypotheque, du iour de la confeſſion d'icelle
cedule faite en iugement.

LXX.

Meuble n'a point de ſuitte par hypotheque.

208.
Meubles n'ont
ſuitte par hypo-
theque.

LXXI.

Toute franche perſonne vſant de ſes droicts, ayant le
droict gouuernement, & adminiſtration de ſes biens,
peut vendre, aliener, &, conſtituer ſur ſes heritages tenus en fief ou cenſue, ou autre droit reel d'aucun Seigneur, & telle vendition & conſtitution de rente eſt
bonne & valable, poſé ores qu'elle ne ſoit enſaiſinée ny
infeodée.

197.
Conſtitution de
rente ſans ſaiſine
ou infeodation eſt
bonne & valable.

LXXII.

Ladite rente ainſi venduë & conſtituée a cours ſur les
heritages dudit vendeur ou conſtituant, quand ils ſont
tenus & poſſedez par ledit vendeur & conſtituant, ou
ſes heritiers, ou par vn tiers detempteur, ou par le Seigneur feodal à tiltre particulier, autre que comme Seigneur feodal, ſinon que ledit Seigneur feodal eut retenu l'heritage par puiſſance de fief de l'achepteur, auquel cas ſera ledit Seigneur tenu de ladite rente.

198.
Et ladite rente a
lieu contre le con-
ſtituant, ſes heri-
tiers & tiers de-
tempteur de ſes
heritages, & non
contre le Seigneur
feodal, ſinon qu'il
le poſſedaſt à til-
tre particulier, ou
par retraict feo-
dal.

LXXIII.

Quand aucuns biens, heritages ou rentes ſituez &
aſſis en la haute Iuſtice d'aucun Seigneur, ſont dits &
declarez confiſquez, le haut Iuſticier qui en vertu de
ladite confiſcation apprehendera les meubles, payera
les rentes conſtituées par le confiſquant, non enſaiſinées
ny infeodées, enſemble les arrerages dicelles, ſi tant
leſdits meubles peuuent monter, & iuſques à la concurrence d'iceux, ſans que le creancier de telle rente ſe
puiſſe addreſſer ſur les heritages confiſquez pour raiſon
deſdites rentes & arrerages, pourueu que ledit creancier de ladite rente non enſaiſinée ny infeodée ait eſté
negligent de quarante iours, à compter du iour de la
conſtitution d'icelle de ſoy faire enſaiſiner ou infeoder.

199.
Le haut Iuſticier
confiſquant, ne
paye les rêtes que
ſur les meubles
iuſques à concur-
rence, & non ſur
les immeubles, ſi
elles ne ſont en-
ſaiſinées ou infeo-
dées, ou que le
creácier n'aye eſté
en demeure de 40.
iours de le faire.

LXXIV.

Item, vn vaſſal ne peut charger ſon fief d'aucune rente ou hypotheque au preiudice de ſon Seigneur feodal,
duquel eſt tenu & mouuant ledit fief, ſinon que telle
rente ou hypotheque fut enſaiſinée ou infeodée par ledit

201.
Vn vaſſal ne peut
charger ſon fief
de rente, ou hy-
potheque, au pre-
iudice de ſon Sei-

dit Seigneur feodal, au profit de celuy ou ceux à qui sont deuës telles rentes ou hypotheques.

LXXV.

Item, si tels fiefs ainsi chargez que dit est de telles rentes ou hypotheques non ensaisinées ou infeodées, viennent en la main dudit Seigneur feodal par aubeine, confiscation, ou commission du fief, ledit Seigneur peut regaler & retenir ledit fief entierement, sans payer aucune chose desdites rentes ou hypotheques non ensaisinées ou infeodées, & n'en est aucunement tenu ledit Seigneur feodal, sinon comme il est dit cy-dessus.

gneur, si elles ne sont infeodées.

205 Et si le Seigneur met tel fief en sa main, n'en est tenu, que comme il a esté dit cy dessus.

LXXVI.

Tous detempteurs proprietaires ou possesseurs d'aucuns heritages, ou de partie & portion d'iceux, ou autre chose censée, & reputée immeuble, chargez & redeuables d'aucune rente, ou autre charge reelle & annuelle, sont tenus personnellement pour le tout payer, acquitter lesdites charges, ensemble les arrerages desdites rentes, & charges desdits heritages ainsi chargez que dit est, toutesfois lesdits detempteurs proprietaires ou possesseurs desdits heritages, incontinent lesdites charges venuës à leur connoissance peuuent renoncer ausdits heritages, sans pour ce estre tenus payer aucunes debtes, charges, & rentes, ne les arrerages pour ce deubs.

206 Tous detempteurs d'heritage chargé de rente, est tenu personnellemét la payer, s'il ne desguerpit incontinent qu'il en a cónoissance, & ce faisant n'est tenu mesme d'aucuns arrerages.

LXXVII.

Quand aucun a pris vn heritage à rente, & à ce s'est obligé à tousiours, ou à temps, & a promis ledit heritage entretenir tellement que ladite rente y puisse estre perceuë, tel preneur ne se peut despartir dudit contract de prinse, ne renoncer à icelle prinse sans l'exprés consentement du bailleur, ou de celuy qui aura cause de luy.

286 Qui a pris heritage à rente, & a promis de l'entretenir en telle sorte, &c. tel preneur ne peut y renoncer.

LXXVIII.

Item, en matiere de criées, les cens, surcens, droicts Seigneuriaux, rentes proprietaires & charges foncieres ausquelles seroient baillez les heritages criez & subhastez, & les arrerages d'icelles rentes seront preferez deuant toutes autres rentes constituées, infeodées ou non infeodées & par ordre.

274. 278. Aux criées en l'ordre des creanciers sont preferez le cens, surcés, droits Seigneuriaux, rentes proprietaires.

O o

LXXIX.

275.
Enfuitte les rentes enfaifinées, ou infeodées , felon l'ordre de leur faifine ou infeodation.

Item , quand lefdits heritages ainfi criés que dit eft, chargez de rentes conftituées, qui font enfaifinées ou infeodées, les creanciers à qui font deuës lefdites rentes enfaifinées ou infeodées ; font preferez aux autres à qui feulement font deuës rentes conftituées non enfaifinées ou infeodées, pofé ores qu'elles foient de datte fubfequente de celles non enfaifinées ou infeodées, & encore precederont les premieres enfaifinées, felon ce qu'elles font premieres enfaifinées, & fi doiuent lefdits heritages ainfi criez eftre adiugez à la charge defdites rentes enfaifinées ou infeodées, & des arrerages d'icelles, s'il y a aucun qui les mette à prix à la valeur de ce, & non autrement.

LXXX.

273. 201.
Enfuitte les rentes côftituées non enfaifinées ny infeodées, qui viennent par contribution entr'elles.

Et quand lefdits heritages ainfi criés font chargez de rentes non proprietaires, non enfaifinées ny infeodées, mais de rentes conftituées, lefdites rentes font tenuës & reputées pour debtes mobiliaires, feulement en telle façon que les creanciers defdites rentes, qui fe feroient à ce oppofez, viendroient tous à contribution aux deniers qui viendroient de la vendition defdits heritages fans auoir regard à la priorité ou pofteriorité, de la conftitution defdites rentes, combien que par ladite Couftume, tels creanciers de telles rentes font preferez aux autres creanciers, qui fur la proprieté defdites heritages ainfi criés que dit eft, auroient aucun droiĉt d'hypotheque, pour raifon de quelque debte particuliere ou fomme de deniers pour vne fois en efpece de chofe, comme debte de bled, vin ou autrement.

Et enfuitte les dettes pour vne fois payer.

LXXXI.

202. 177.
Creancier de rente fur heritage qu'il poffede, la confond en fa perfonne, & ne la peut faire reuiure s'il ne defguerpit.

Quand aucun detempteur ou proprietaire d'aucun heritage, foit par decret, ou autre tiltre particulier, a acquis ou acquiert aucune rente conftituée fur ledit heritage, icelle rente eft confufe & efteinte, & ne fe peut ledit proprietaire ou detempteur ayder contre les autres creanciers ayans droiĉt de rente ou hypotheque fur iceux heritages, pofé ores qu'ils fuffent fubfecutifs en datte defdites rentes ou rente confufe, fi ce n'eftoit toutesfois que la proprieté defdits heritages, fuft euincée par Iuſtice dudit detempteur & proprietaire, auquel cas par ladite Couſtume , ledit acqueſteur de rente ou autre charge de qui ſeroit euincée la proprieté deſdits heritages pourroit valablement demander ſes droicts & actions de rentes, & autres charges par luy acqueſtez, tant ſur leſdits heritages euincez, que ſur les autres non euincez ainſi que les autres creanciers, & tout ainſi qu'il euſt pu faire auparauant l'acquiſition de la proprieté deſdits heritages euincez.

LXXXII.

Auant qu'vne ſaiſine puiſſe preiudicier à vn tiers, il eſt requis qu'elle ſoit faite en la preſence de deux teſmoins, ou pardeuant deux Notaires Royaux.

258.
Quelles ſolemnitez ſont requiſes pour la validité d'vne ſaiſine.

TILTRE IX.

De Debtes.

LXXXIII.

LEs heritiers d'vn treſpaſſé ſont tenus des faits, promeſſes & obligations d'iceluy treſpaſſé , chacun pour telle part & portion qu'ils ſont heritiers.

149
Les heritiers ſont tenus des debtes pour telle part & portion qu'ils ſont heritiers.

LXXXIV.

Item, les heritiers d'vn treſpaſſé peuuent eſtre pourſuiuis perſonnellement des faicts, promeſſes & obligations du treſpaſſé, pour telle part & portion qu'ils ſont heritiers, & hypothequairement pour le tout, ſuppoſé qu'aucun des heritiers pour le droict d'aiſneſſe , ait plus grande portion que les autres deſdits biens de la ſucceſſion, & n'en eſt point tenu l'aiſné plus que l'vn des autres.

163.
Ils peuuent toutefois eſtre pourſuiuis perſonnellement pour telle part & portion, &c. & hypothequairement pour le tout.
L'aiſné n'en eſt plus tenu que les autres.

LXXXV.

Le pere ou mere, ayeul ou ayeule, ſuccedans aux meubles, acqueſts & conqueſts immeubles de leurs enfans, ou petits enfans, ſont tenus des debtes mobiliaires, & des obſeques & funerailles du deffunct.

141
Les aſcendãs ſuccedans à leurs enfans, comment tenus deſdebtes.

LXXXVI.

Quand aucun habile à eſtre heritier d'vn treſpaſſé,

150.
Habile à eſtre he-

itier, qui prend iufques à 5. fols d'vne fucceffion, eft tenu heritier.

s'immifce & prend de la fucceffion dudit trefpaffé, ou prend & applique à fon profit, iufques à la valeur de cinq fols parifis, il eft tenu & reputé vray heritier du trefpaffé, & comme tel peut eftre valablement pourfuiuy par les creanciers dudit trefpaffé.

LXXXXVII.

178.
Doüairiers ne sôt tenus des debtes.

Les enfans apres le trefpas de leur pere & mere, peuuent prendre & apprehender le doüaire de ladite femme leur mere franchement, fans payer aucunes debtes, pourueu qu'ils renoncent à la fucceffion de leur pere, parce que par la Couftume deffufdite, aucun ne peut eftre heritier & doüairier enfemble.

LXXXVIII.

145.
Le furuiuant des conioints, & les heritiers du predecedé, payent les debtes de la communauté par moitié.

La communauté fe partageant entre le furuiuant des deux conioints, & les heritiers du predecedé, les debtes perfonnelles & mobiliaires, doiuent s'acquitter par moitié.

LXXXIX.

146.
Si le furuiuant noble prend les meubles, il paye les debtes, obfeques & funerailles.

Mais fi entre nobles le furuiuant prend les meubles demeurez du deceds du trefpaffé (comme il peut faire) il paye les debtes deuës au iour du trefpas, obfeques & funerailles du trefpaffé.

XC.

144
Le donataire mutuel eft tenu des debtes mobiliires obfeques & funerailles.

Le furuiuant de deux conioints en acceptant le don mutuel eft tenu acquitter les debtes mobiliaires deuës au iour du trefpas du predecedé, auec les obfeques & funerailles dudit deffunct.

XCI.

152.
Le Gardien noble doit payer les debtes mobiliaires, arrerages de rentes, Teftament, obfeques & funerailles.

L'vn des deux nobles conioints par mariage, furuiuant & acceptant la gardenoble de fes enfans mineurs, eft tenu payer les debtes mobiliaires, & arrerages de rentes, Teftament, obfeques & funerailles, acquitter lefdits mineurs.

XCII

Seigneurs feodaux, & hauts Iufticiers comment payent les debtes.

Seigneurs feodaux, & hauts Iufticiers venans à poffeder les biens de leurs vaffaulx, fuiets ou tenanciers, comment fuiets aux debtes V. T. tit. de confifcation & de droicts reels.

TILTRE X.

D'executions & gageries.

XCIII.

VN locateur de maison, le terme dudit loüage eſcheu peut faire executer le conducteur, & luy faire garnir la main de biens pour le deu, & s'il s'en part hors de ladite maiſon loüée, & tranſporte tous ſes biens, ledit locateur le peut contraindre par Iuſtice à remettre les biens meubles en ladite maiſon louée pour faire execution ſur leſditsbiens ainſi remis quedit eſt, iuſques à la concurrence du deu dudit loüage.

287.
Vn locateur le terme eſcheu peut faire executer les meubles.
Et peut contraindre le conducteur à garnir ſa maiſõ de meubles.

XCIV.

Item, vn locateur de ſoy ſe peut gager ſur les biens de ſon conducteur, pour ledit loüage ſans autre Sergent, ou homme de Iuſtice, quand il void ledit conducteur s'en partir de ladite maiſon ou heritage loüé auec ſes biens, ſans payer ledit loüage par luy deub, & ce fait le denoncer incontinent à Iuſtice.

288.
Vn locateur de ſoy ſe peut gager ſur les biens de ſon conducteur.

XCV.

Vne cedule priuée portant promeſſe de payer conſeſſée en Iugement, le debteur eſt tenu garnir ſuffiſamment de biens, iuſques à la concurrence du contenu en icelle és mains du creancier en baillant caution ſuffiſante par ledit creancier.

289.
Debiteur d'vne cedule reconnuë eſt tenu garnir en baillant caution par le creancier.

XCVI.

Vn reſpit ne peut auoir lieu contre le deub d'aucun à luy adiugé par Sentence diffinitiue & contradictoire, & pour les deſpens adiugez & taxez, loüage de maiſon, arrerages de rente, moiſſon de grain & debtes des mineurs contractées auec leſdits mineurs, ou leurs tuteurs durant leur minorité.

290.
Reſpit contre quelles debtes n'a lieu.

XCVII.

En matiere de deſconfiture, chacun creancier vient à contribution au ſol la liure, ſur les biens meubles du debteur, & n'y a point de prerogatiue.

291.
En deſconfiture chacun vient par contribution.

XCVIII.

104.
Quand on peut proceder par voye de ſaiſie, & execution.

Item, aucun ne peut proceder ou faire proceder par voye d'arreſt ou mainmiſe de fait ſur le corps & biens d'autruy, s'il n'a ſur luy & ſes biens, obligation, condemnation, ou choſe priuilegée qui le vaille.

TILTRE XI.

De Preſcriptions.

XCIX.

188.
Tiers detempteur d'heritage aux tiltre acquiert la proprieté par 10. ans entre preſens, & vingt ans entre abſens.

QViconqve a iouy & poſſedé aucun heritage à iuſte tiltre, & de bonne foy continuellement ſans contredit ou empeſchement aucun, par le temps & eſpace de dix ans entre preſens, & vingt ans entre abſens aagez & non priuilegiez, il a acquis & acquiert par preſcription la proprieté & Seigneurie de tel heritage.

C.

193.
Il acquiert auſſi preſcription par meſme temps, cõtre rente ou autre charge.

Item, quand vn tiers detempteur a iouy & poſſedé aucun heritage, chargé de rente, ou autre charge reelle à bon & iuſte tiltre, & de bonne foy ſans payer, n'eſtre inquieté de telle rente ou charge, par l'eſpace de dix ans entre preſens, & vingt ans entre abſens, aagez & non priuilegiez, il a preſcript, & acquis par preſcription la franchiſe & deſcharge de tel heritage, excepté du droiĉt cenſuel ou Seigneurial, comme dit eſt.

CI.

189.
Actions perſonnelles ſe preſcriuent par 30. ans.
191.

Toutes actions perſonnelles ſont preſcriptes, & eſteintes par le temps & eſpace de trente ans.

CII.

179.
Toutes actiõs hypothequaires ſe preſcriuẽt par 40. ans excepté le droiĉt de cenſiue & fonds de terre Seigneurial, qui ſont impreſcriptibles, les arrerages toutefois ſe preſcriuent par 30. ans.
194.

Toutes actions en matiere d'hypotheques pour rentes & autres droiĉts reels, ſont eſteintes & expirées par le temps & eſpace de quarante ans, excepté le droiĉt Seigneurial, de cenſiue & fonds de terre qui ne ſe preſcript point, combien que les arrerages de ce ſoient preſcripts par trente ans.

CIII.

Preſcription n'a point de lieu contre l'Egliſe, ſinon par le temps & espace de quarante ans.

C I V.

Vn Seigneur ne prescrit point le fief de son vassal par quelque laps de temps qu'il l'ait tenu en sa main, ne le vassal la teneure, ne la fidelité dudit fief.

Prescription con-
tre l'Eglise n'est
que de 40. ans.
195.
Seigneur & vassal
ne prescriuét l'vn
contre l'autre.

TILTRE XII.

De Seruitudes.

CV.

Veves & esgousts n'acquierent point de possession & saisine (par quelque laps de temps que ce
soit) sans tiltre.

268.
Veuës & esgousts
ne se prescriuent.

CVI.

Item, si entre deux maisons, iardins ou autres lieux, y a vn mur mitoyen & edifié entre deux maisons, heri-tages, ou autres lieux appartenans à deux personnes & voisins, & le mur soustient d'vne part, les terres & he-ritages de l'vne des personnes, & il aduient que ledit mur ait besoin de refection & réedification de masson-nerie, la personne de laquelle lesdites terres sont par ledit mur soustenuës, est tenuë contribuer à ladite rée-dification & refection dudit mur, depuis le fonds & bas iusques au rez de terre, pour les deux parts, & l'autre voisin est tenu pour le tiers seulement, & depuis le rez d'icelle terre en amont, ladite reedification & refe-ction se doit payer esgalement par lesdites personnes & voisins, iusques à la hauteur de neuf pieds.

269.
Mur mitoyé com-
ment doit estre
entretenu.

TILTRE XIII.

De Chemins.

CVII.

271.

GRANDS chemins Royaux, paſſans & allans de ville en ville, comme de Compiegne à Senlis, & de Senlis à Paris, Beauuais, Meaux, & autres villes ſemblables, doiuent eſtre & ſeront d'eſpace & diſtance en largeur, par tout le cours d'iceux audit Bailliage de Senlis, c'eſt à ſçauoir en bois & foreſt de quarante pieds pour le moins, & en terre labourable, & autre aſſiette de terre, hors bois & foreſts, de trente pieds auſſi pour le moins.

TILTRE XIV.

De retraiɛt lignager.

CVIII.

222.

Le lignager du coſté & ligne peut retirer l'heritage vendu par ſon lignager, dans l'an & iour de la vente, qui commence du iour de la ſaiſine ou infeodation, en rembourſant le ſort principal & loyaux couſtemés

QVAND aucun a vendu ou autrement cedé & tranſporté par tiltre onereux, equipolent à vendition, ſon propre heritage à perſonne eſtrange de ſon lignager, du coſté & ligne dont luy eſt venu & eſcheu par ſucceſſion ledit propre heritage ainſi vendu, il eſt loiſible au parent lignager dudit vendeur du coſté & ligne dont eſt venu & eſcheu ledit heritage, de requerir & demander par retraiɛt lignager ledit heritage, dedans l'an & iour que ledit achepteur ou acqueſteur, en ſera ſaiſi (s'il eſt tenu en cenſiue) ou qu'il ait eſté receu en foy & hommage: (s'il eſt tenu en fief) en rembourſant ledit achepteur du ſort principal, & des loyaux couſtemens.

CIX.

213.

Formalitez qui

Item, le lignager qui requiert & demande ledit heritage

ritage ainſi vendu eſt tenu offrir à l'achepteur bourſe
& deniers à parfaire pour ledit pur ſort principal &
loyaux couſtemens, & continuer à chacune iournée,
& aſſignation procedant que ladite cauſe ſert iuſques à
la conteſtation faite en cauſe ledit iour includ, ou conſigner en main de Iuſtice ledit argent, ſi le deffendeur
qui eſt achepteur ne conſent leſdites offres eſtre faites
vne fois pour toutes, autrement ledit retrayant eſt deſcheu de ſadite action en matiere de retraïct, & où l'a-
chepteur acquieſceroit aux offres, le retrayant eſt tenu
fournir à ſeſdites offres dedans vingtquatre heures, *alias*
il eſt auſſi deſcheu dudit retraict.

doiuent eſtre gar-
dées au retraict.

C X.

En matiere de retraict, n'eſt pas requis que le retrayant ſoit tenu & reputé le plus prochain en degré de
ligne au vendeur, mais ſuffit qu'il monſtre & enſeigne
ſuffiſamment qu'il eſt parent & lignager dudit vendeur,
du coſté & ligne dont eſt venu ledit heritage vendu par
ſucceſſion audit vendeur, & eſt tel lignager preferé à
vn autre plus prochain, s'il n'intente ſadite action de
retraict le premier.

125.
Le retraict ne s'ad-
iuge au plus pro-
che, mais au plus
diligent.

C X I.

Si vn Seigneur feodal ou cenſuel a retenu par puiſſance de Seigneurie, aucun fief ou heritage tenu à cenſiue ainſi vendu (comme dit eſt) par ſon vaſſal ou tenancier, ledit Seigneur eſt tenu delaiſſer par retraict
lignager au parent du vendeur venu du coſté & ligne
dont eſt venu & eſcheu par ſucceſſion ledit heritage en
fief, ou cenſiue ainſi vendu, en venant dedans an &
iour de ladite retenuë & reünion, quand ladite reünion
eſt faite pardeuant Iuge competant, ou perſonne publique, en apert & non en ſecret.

126. 127. 128.
Le retraict ligna-
ger eſt plus puiſ-
ſant que le feodal,
& le lignager re-
tire ſur le Sei-
gneur.

C X I I.

Si le mary durant & conſtant le mariage de luy & de
ſa femme, acquiert aucun heritage qui ſoit propre dudit vendeur, & ſoit lignager à icelle femme du coſté &
ligne dont vient ledit heritage vendu, vn autre lignager prochain dudit vendeur, ne pourra rauoir par retraict ledit heritage ainſi vendu durant & conſtant ledit mariage, mais apres le treſpas d'elle vn lignager du-

229
230.
Heritage acquis
par les conioints
d'vn l'ignager de
l'vn d'eux auquel
il eſtoit propre, la
part du non ligna-
ger n'eſt retraya-
ble qu'apres la

P p

dissolution du mariage.

dit vendeur, dû costé & ligne dont est venu ledit heritage dans l'an & iour du trespas d'elle, ou de la saisine, s'il n'estoit saisi deuant le trespas de sadite femme, pourra rauoir par retraict la part & portion dudit heritage ainsi vendu audit mary, & dont il iouissoit, en luy remboursant la moitié desdits deniers, & luy offrant bourse & deniers pour le pur sort & loyaux coustemens. *Et è contra*, où le mary seroit lignager du vendeur, & la femme estrange.

CXIII.

214 Retraict n'a lieu en donation, & eschange but à but.

Retraict lignager n'a point de lieu, quand vn heritage venu de propre est donné ou eschangé but à but sans soulte alencontre d'autre heritage, & quand ledit eschange est fait sans dol & fraude.

CXIV.

233. Si le donataire vendoit l'heritage à luy donné par vn lignager auquel il estoit propre, il cherroit en retraict.

Si vn donateur donne son propre heritage à son lignager du costé & ligne dont ledit heritage est procedé, & le donataire vendoit ledit heritage à personne estrange, iceluy heritage cherroit en retraict.

CXV.

232. Heritage donné par mariage, non en aduancement d'hoirie, ou en mariage est censé acquest, & n'y a retraict.

Item, quand aucun heritage est donné purement & simplement à personne ou personnes conioints ensemble par mariage, (& non pas en mariage ou aduancement d'hoirie) tel heritage ainsi donné est tenu, & reputé acquest, quand il est fait sans dol, ou fraude, & ne chet point en retraict, comme dit est.

TILTRE XVI.

De retraict feodal & censuel.

255.226. 227 A Senlis & Creil y a retraict feodal, & censuel.

CXVI.

PAR la Coustume des Chastellenies de Senlis & de Creil, & des Preuostez & Chastellenies y enclaüées, les Seigneurs feodaux ou censuels, peuuent par puissance de fiefs & Seigneurie, si bon leur semble, auant que d'estre payez de leurs droicts, prendre & tenir lesdits fiefs & heritages roturiers, pour les mettre &

retinir à leur domaine , en rendant par ledit Seigneur
audit achepteur les deniers qu'il en auroit baillé auec
les loyaux couſtemens , excepté que ſi leſdits heritages
ainſi vendus , fuſſent propre heritage audit vendeur , &
par luy vendus , & que ledit achepteur fut lignager dudit vendeur , car en ce cas leſdits Seigneurs ne pourront
prendre ne retenir leſdits heritages ainſi vendus.

CXVII.

Item , par la Couſtume du Comté de Beaumont , &
Chaſtellenies de Chambly , les Seigneurs feodaux ou
cenſuels , ſeront tenus infeoder ou inueſtir les acquereurs d'heritages tenus en fief ou cenſiue (apres les ſub-
miſſions faites dedans le temps de quarante iours) apres
leſdits quarante iours paſſez , ſi leſdits Seigneurs ne veulent retenir par puiſſance de fief & Seigneurie leſdits
heritages , ainſi vendus que dit eſt , en rendant auſdits
achepteurs , les deniers qu'ils en auroient baillez (comme dit eſt) ce que faire pourront ſi bon leur ſemble , excepté que ſi leſdits heritages ainſi vendus fuſſent propres
heritages auſdits vendeurs , & que ledit achepteur fut
lignager dudit vendeur.

237.
De meſme à Beau-
mont & Cham-
bly.

CXVIII.

Par la Couſtume de la Chaſtellenie de Ponthoiſe ,
quand aucun vend aucun heritage tenu & mouuant , à
droict de chef , cens , champart ou autre droict Seigneurial d'aucun Seigneur foncier , ledit Seigneur ſes droicts
payez eſt tenu de mettre l'achepteur en ſaiſine , ſans que
ledit Seigneur en puiſſe ledit heritage retenir contre le
vouloir dudit achepteur.

239.
A Ponthoiſe le
cenſuel n'a lieu.

TILTRE XVI.

Des droicts de communauté entre le mary & femme.

CXIX.

LES conioints ſont communs en meubles & conqueſts , & d'iceux le mary eſt maiſtre & en peut diſpoſer & les aliener à ſa volonté , & ſi iouiſt de l'vſufruict

271.
Entre conioints y
a communauté.

des propres de ſa femme pendant ladite communauté.

CXX.

Le mary ne peut toutesfois aliener ou hypothequer le propre heritage de ſa femme, ne le douaire couſtumier ou prefix ſans l'exprés conſentement de ſadite femme & enfans, quant au douaire.

CXXI.

Femme mariée ne peut eſter en iugement ſans l'authorité de ſon mary, ou qu'elle ſoit authoriſée du Roy ou de Iuſtice.

CXXII.

Quand l'vn des deux conioints va de vie à treſpas, les biens de la communauté ſe diuiſent eſgalement entre le ſuruiuant, & les heritiers du treſpaſſé, à la charge de payer chacun par moitié les debtes perſonnelles & mobiliaires.

CXXIII.

Entre nobles le ſuruiuant peut prendre les meubles demeurez du deceds du treſpaſſé, en payant les debtes deuës au iour du treſpas, obſeques & funerailles du treſpaſſé.

CXXIV.

Vn noble homme allant de vie à treſpas, ſa femme ſuruiuant peut renoncer à la communauté incontinent, c'eſt à ſçauoir dedans trois mois du iour du treſpas, & ce faiſant demeurera quitte des debtes perſonnelles que deuoit feu ſon mary auparauant le mariage, & qu'il auoit fait pendant le mariage, pourueu qu'elle ne s'y ſoit obligée.

CXXV.

Quand l'vn dès deux conioints decede & delaiſſe enfans mineurs dudit mariage, ſi le ſuruiuant ne fait faire inuentaire, leſdits enfans peuuent ſi bon leur ſemble demander communauté en tous les biens, meubles & conqueſts immeubles du ſuruiuant, faits depuis la ſocieté contractée, ſans preiudicier aux priuileges des nobles deſſus declarez, poſé meſme que le ſuruiuant ſe remarie, & iuſques à ce que ledit inuentaire ait eſté fait.

Le mary en eſt le maiſtre, & iouït des fruicts & propres de ſa femme.
207

Le mary ne peut aliener ny hypothequer les propres, & douäire de ſa femme.
270.

Femme mariée ne peut eſter en Iugement ſans authorité.
145.

La communauté ſe diuiſe par moitié.
146

Entre nobles le ſuruiuãt peut pẽdre tous les meubles, en payant les debtes, obſeques & funerailles.
147.

Noble femme peut renoncer à la cõmunauté, & ce faiſant s'exempter des debtes.
169.

Continuation de communauté, à faute de faire faire inuentaire par le ſuruiuant.

TILTRE XVII.

De douaires couſtumier & prefix.

CXXVI.

IL y a deux manieres de douaire, l'vn couſtumier & l'autre prefix.

CXXVII.

Le douaire couſtumier dont la femme peut eſtre douée, eſt de la moitié de tous les heritages que le mary auoit au iour de ſes nopces, & de ceux qui luy ſont eſcheus & eſcherront en ligne directe, durant leur mariage.

CXXVIII.

Si le mary apres le treſpas de ſa premiere femme ſe remarie, delaiſſez enfans du premier mariage, la ſeconde prendra pour douaire vn quart ſur tous les heritages ſuiets au douaire de la premiere, & la moitié ſur tous les autres qu'il a au iour de ſon ſecond mariage, & ſur ceux qui luy eſcherront en ligne directe, durant & conſtant ledit ſecond mariage, *& ſic conſequenter* des mariages ſubſequens.

CXXIX.

Douaire prefix eſt quand vne femme eſt accordée en mariage, & que ſon mary ou les parens & amys d'iceluy luy baillent ou aſſignent aucun heritage, rente ou argent.

CXXX.

Femme douée de douaire prefix, ne peut demander le couſtumier, s'il ne luy eſt permis par ſon traicté de mariage.

CXXXI.

Le douaire couſtumier ſaiſit, & non le prefix, qui eſt deu iuſques à ce qu'il ſoit demandé par la vefue ou ſes enfans aux heritiers du treſpaſſé.

CXXXII.

Le douaire couſtumier de la femme, ſoit couſtu-

Le doüaire eſt le propre heritage des enfans.

mier ſoit prefix, eſt reputé propre heritage aux enfans iſſus du mariage, en telle maniere que le ſuruiuant n'en iouyt que quant à l'vſufruict ſeulement, & leſdits enfans en ſont vrays Seigneurs & proprietaires. 207. Et ne peut le mary l'aliéner ne l'hypothequer, ſans l'exprez conſentement de ſa femme & enfans.

CXXXIII.

177.
Et eſt cenſé proceder du coſté paternel.

Et ſera ledit douaire cenſé procedé du coſté paternel.

CXXXIV.

178.
Les doüaires ne ſont ſuiets des debtes.
On ne peut eſtre heritier & doüairier.

Les enfans deſdits conioints peuuent prendre ledit douaire franchement, ſans payer aucune debte, pourueu qu'ils renoncent à la ſucceſſion, parce qu'aucun ne peut eſtre heritier & douairier enſemble.

CXXXV.

186.
Si aucuns ſont doüairiers, aucuns heritiers, les doüairiers n'ont plus grande part que ſi tous eſtoiēt douairiers.

Si deſdits enfans aucun renonce à la ſucceſſion du pere, & accepte le douaire, & les autres ſe portent heritiers, il n'aura plus grande part au douaire, que ſi tous ſe fuſſent declarez douairiers.

CXXXVI.

187.
Les enfans mourans auparauant leur pere, le doüaire demeure eſteint.

Si au precedent, ou apres le treſpas de la mere les enfans iſſus du mariage alloient de vie à treſpas ſans hoirs de leur corps leur pere viuant, le douaire prefix, ou couſtumier ſera eſteint, & en demeurera le pere proprietaire, comme il eſtoit auparauant, ſans toutefois faire preiudice à l'vſufruict de la femme, ſuruiuant ſondit mary.

TILTRE XVIII.

De Gardenoble.

CXXXVII.

152. 154.
Pere ou mere nobles peuuent accepter la gardenoble de leurs enfans mineurs.

SI l'vn des conioints nobles ayans enfans mineurs va de vie à treſpas, le ſuruiuant peut accepter la gardenoble deſdits enfans, & non l'ayeul, ou ayeule, qui pourront toutefois eſtre tuteurs. Et audit ſuruiuant, au moyen de cette gardenoble appartiendront les meubles dés mineurs, & si iouyra de leurs heritages, & fera les fruicts siens. A la charge de garder, nourrir & entretenir lesdits mineurs, iceux faire instruire selon leur qualité, payer les debtes mobiliaires, & arrerages de rente, Testamens, obseques & funerailles, acquitter lesdits mineurs, bien regir & gouuerner leurs Iustices, & soustenir les procez aux despens dudit gardien, entretenir leurs maisons & heritages, & les rendre en aussi bon estat qu'ils estoient lors que ladite garde a commencé. 154. Et à cét effect apres l'acceptation sera tenu en dedans trois mois faire visiter bien & deuëment, par gens experts, qui en feront rapport en iugement, lesdites maisons & edifices, pour reconnoistre s'il les rend en pareil estat, & neantmoins sera tenu faire les reparations dont est tenu vn vsufruictier durant ladite gardenoble, & ce sur peine de soy rendre comptable des fruicts & leuées des heritages desdits mineurs.

Moyennant ce ioüira des fruicts des heritages, & si fera les meubles siens.
A la charge de nourrir & entretenir les mineurs, payer leurs debtes mobiliaires, Testamens, obseques & funerailles du deffunct, entretenir les heritages, & à cét effet faire visiter les lieux.

CXXXVIII.
Gardenoble se doit accepter en iugement.

153.
Gardenoble se doit accepter en Iugement.

CXXXIX.
Ladite gardenoble finit par le mariage du Gardien. 155. Vn enfant noble masle, est reputé aagé à vingt ans, & vne fille à seize ans & vn iour.

152. 155.
Gardenoble finit par remariage du gardien
Masle noble est reputé aagé à vingt ans, & vne fille à seize.

TILTRE XIX.

Des donations.

CXL.
PLVSIEVRS sont especes de dons, il y a dons entre-vifs, dons par testamens & ordonnance de derniere volonté.

209.
Il y a dons entré-vifs, & par Testament.

CXLI.
Donation faite entre-vifs vaut, quand elle est faite par personne aagée de vingtcinq ans vsant de ces droits, ayant le gouuernement de ses biens à personne autre qu'à sa femme, si ce n'est par don mutuel.

210.
Aagé de 25. ans, peut donner par donation entre-vifs à autre qu'à sa femme.

CXLII.

z 11. 212.
Donner & retenir
ne vaut, non pas
meſme retention
d'vſufruict, mais
faut ſaiſine ou ap-
prehenſion de fait,
qui vaut ſaiſine à
l'eſgard du dona-
teur & de ſes he-
ritiers.

Donner & retenir ne vaut rien, poſé ores que le donateur ait de ſoy retenu l'vſufruict, de maniere que ſi
aucun a donné vne maiſon, rente ou autre heritage à ſon
parent ou autre, auant que tel don ſortiſſe ſon effect, il
conuient que le donateur ſe deſſaiſiſſe de tel heritage
ou rente donnée és mains du Seigneur de qui il eſt tenu
& mouuant, & que le donataire en ſoit ſaiſi du viuant
du donateur, autrement le don ſeroit nul, & recherroit en la ſucceſſion, ou que du viuant & conſentement
dudit donateur, il y ait apprehenſion de fait de ladite
choſe donnée qui vault ſaiſine, au preiudice du donateur
& de ſes heritiers.

CXLIII.

216.
De deux donatai-
res, le premier en
ſaiſine, ou qui au-
ra pris apprehen-
ſion de fait, eſt
preferé.

Quand à diuerſes perſonnes a eſté donné vn heritage en fief ou roturier, celuy qui le premier en aura eſté
ſaiſi ou mis & receu en foy, ou d'iceluy heritage aura eu
apprehenſion de faict (qui en ce equipole à ſaiſine) au
ſceu & conſentement du donateur ſera preferé audit heritage donné, poſé ores qu'il ſoit le ſecond donataire,
& a le plus clair droict.

TILTRE XX.

De don mutuel.

CXLIV.

144.

HOMME & femme conioints enſemble par mariage, n'ayans aucuns enfans & eſgaux en aage &
cheuanche, peuuent faire l'vn à l'autre don mutuel de
tous leurs biens meubles, acqueſts ou conqueſts immeubles à la charge que le ſuruiuant ſera tenu de payer
& acquitter les debtes mobiliaires deuës au iour du trefpas du deffunct, auec les obſeques & funerailles dudit
deffunct, en acceptant ledit don mutuel.

TILTRE

TILTRE XXI.

De Teftamens.

CXLV.

AVANT qu'vn Teftament foit reputé folemnel, il eft requis qu'il foit efcrit & figné de la main & feing manuel du teftateur, ou figné de fa main, & à luy lieu, & par luy entendu en la prefemce de trois tefmoins, ou qu'il foit pardeuant deux Notaires, ou pardeuant le Curé de fa Paroiffe ou fon Vicaire General, & vn Notaire, ou dudit Curé ou Vicaire, & deux tefmoins, ou d'vn Notaire & deux tefmoins, ou de quatre tefmoins, iceux tefmoins idoines, fuffifans, & non legataires dudit teftateur, fors & excepté en tant que touche les legs pitoyables, obfeques & funerailles d'iceluy tefta-teur, efquels toutefois, & pour le moins fera gardé la folemnité du droict Canon.

173.
Ce qui eft requis pour la folemnité d'vn Teftament.

CXLVI.

Inftitution d'heritier n'a point de lieu.

165.
Inftitution d'heritier n'a lieu.

CXLVII.

Le teftateur peut difpofer par Teftament au profit de quelque perfonne que ce foit, qu'il aye enfans ou non, de fes meubles, acquefts & conquefts, referué toutefois la legitime aux enfans, fi aucuns y a, fi à ce l'heritage propre ne peut fournir, & s'il n'y a enfans peut pareillement difpofer du quint de fes propres, & s'il y a enfans, il peut difpofer dudit quint, au profit de l'vn ou de plufieurs de fes enfans, renonçans à fa fucceffion, pourueu toutefois qu'aux autres enfans la legitime demeure.

217. 218.
219.
De ce que l'on peut difpofer par Teftament.

CXLVIII.

Homme & femme conioints enfemble, ne peuuent par Teftament ou Ordonnance de derniere volonté leguer aucune chofe l'vn à l'autre, foit qu'il y ait enfans ou non.

143. 158.
219.
Mary & femme ne fe peuuent leguer.

CXLIX.

148.
Les executeurs ſōt
ſaiſis des meubles
pendant l'an.

Les executeurs d'vn Teſtament ſont ſaiſis des biens
meubles du teſtateur, iuſques à concurrence du Teſtament, pour iceluy accomplir dedans l'an & iour.

TILTRE XXII.

De Succeſſions.

CL.

142.
Le plus-prochain
habile à ſucceder
eſt ſaiſi.

LE mort ſaiſit le vif, ſon plus prochain heritier habile à luy ſucceder.

CLI.

139. 140.
En ligne directe
repreſentation a
lieu, non en col-
laterale.

En ligne directe deſcendante, repreſentation a lieu,
non en collateralle.

CLII.

171.
Religieux ne ſuc-
cedent.

Religieux ou Religieuſes, ny leurs Monaſteres ne
ſuccedent.

CLIII.

170
A vn Preſtre on
ſuccede.

A vn Preſtre beneficié ou non, ſes parens ſuccedent,
ores qu'il n'eut aucun propre ne acqueſt.

CLIV.

150
Habile à ſucceder
qui prend iuſques
à 5. ſols eſt reputé
heritier.

Quand aucun habile à ſucceder, s'immiſce & prend
de la ſucceſſion, iuſques à la valeur de cinq ſols pariſis,
il eſt reputé vray heritier.

CLV.

151. 161. 213.
Aduantagé par
pere ou mere, en
renonçāt à la ſuc-
ceſſion, peut ſe
tenir à ſon don.
Neantmoins ſera
tenu de la legitime
des autres *in ſubſi-
dium* d'autres biés

Quand aucun eſt aduantagé par donation entre-vifs
par ſes pere ou mere, ou autre en ligne directe, tel aduantagé ſe peut tenir à ſon don, & renoncer à la ſucceſſion de celuy ou ceux qui luy ont fait tel aduantage,
& neantmoins en ce faiſant ſera tenu de ſuppléer à ſes
autres freres & ſœurs, iuſques à concurrence de leur legitime, ſi le reſte des biens n'eſt ſuffiſant, & quant à ce
ſeront les biens donnez deſlors affectez & hypothequez.

Mais s'il veut eſtre
heritier, ſera tenu
rapporter.

Mais s'il veut venir à la ſucceſſion il le pourra faire, en
rapportant les choſes données ou moins prenant : Et ſi
tel aduantage a eſté fait pendant la communauté, il en
rapportera la moitié à la ſucceſſion de chacun des deux
conioints.

CLVI.

Aucun ne peut eftre heritier & legataire enfemble.

CLVII.

Aucun ne peut eftre heritier & doüairier enfemble.

CLVIII.

En fucceßion (à la referue des fiefs) on fuccede ef-galement fans prerogatiue d'aifneffe, tant en ligne di-recte que collaterale, & fans auoir efgard au double lien, ny à la mafculinité, quand on eft en parité de degré.

160. Nul ne peut eftre heritier & lega-taire.

176. 178. Ny heritier & doüairier.

133. 138. 168. Heritiers ne fuc-cedent efgalemét, à la referue des fiefs. Double lien n'eft confideré.

CLIX.

Toutefois les propres heritages retournent aux plus prochains du cofté & ligne dont ils viennent, fuppofé qu'ils ne foient fi prochains que ceux de l'autre ligne.

162. Toutefois aux pro-pres fuccedent les plus proches du cofté & ligne.

CLX.

Le pere ou mere ayeul ou ayeule, fuccedent à leurs enfans, ou petits enfans decedez fans enfans pour ce qui eft des meubles, acquefts & conquefts immeubles. Et aux propres fuccedent les plus prochains du cofté & ligne, parce que propres ne remontent pas, à la charge de payer par celuy qui aura les meubles, acquefts & con-quefts, les debtes mobiliaires, les obfeques & funerail-les du deffunct.

141. Les afcendás fuc-cedent à leurs def-cendans, decedans fans enfans aux meubles, acquefts & conquefts. Ce faifant payent les debtes mobi-liaires, obfeques & funerailles.

CLXI.

En fucceßion en ligne directe le mafle aifné aura les deux tiers des fiefs pour fa part auec vn principal ma-noir feulement en chacune fucceßion, & le iardin, fi iardin y a, iufques à deux arpens, fi tant en y a, & s'il n'y à manoir ne iardin, aura le vol d'vn chapon, eftimé à vn arpent de terre en fief. 127. Toutefois és fiefs eftans de deçà la riuiere d'Oize, lors qu'il y a plus de deux enfans, le mafle aifné ne pourra pretendre que la moitié au lieu defdits deux tiers, auec le manoir com-me deffus. 129. Mais en la Chaftellenie de Ponthoife, fans diftinction du nombre des enfans le mafle aifné em-portera les deux tiers auec le maiftre manoir, & le clos du iardin, s'il eft au pourpris du manoir. 130. Et s'il n'y a iardin, aura le vol d'vn chappon, eftimé à vn arpent de terre.

126. 127. 128. 129 130. Quelle eft la part & preciput de l'aif-né en directe.

CLXII.

Entre femelles n'y a droict d'aiſneſſe, tant en ligne directe que collaterale.

CLXIII.

En ligne collaterale, entre maſles n'y a auſſi droict d'aiſneſſe.

CLXIV.

Mais les maſles en collaterale excluent les femelles en fiefs, lors qu'ils ſont en pareil degré.

TILTRE XXIII.

De Criées.

CLXV.

POVR rendre valables les criées faites d'aucuns heritages pour eſtre vendus par decret, au plus offrant & dernier encheriſſeur, par vertu de lettres obligatoires ou condemnations ſur ce faites, eſt requis que les criées de tels heritages ſoient faites publiquement aux ſieges où leſdits heritages ſeroient vendus. Et ſi les heritages criez ſont aſſis en autre Chaſtellenie que celle où ils ſont vendus, conuient qu'ils ſoient criez au Siege & Auditoire ordinaire de la Chaſtellenie & Preuoſté où ſont aſſis tels heritages, par Sergent ayant pouuoir de ce faire, ſoit par obligation ou condemnation, & à faute de payement, ou de garniſon de meubles pour ſatisfaire au deu par quatre quatorzaines ſans diſcontinuation, & ſi conuient qu'elles ſoient rapportées ou relatées par eſcrit au Iuge pardeuant lequel le decret de tel heritage ainſi crié ſe doit adiuger, & auſſi que le debteur ſur lequel ſe font leſdites criées ſoit adiourné à ſa perſonne ou à ſon domicile, pour voir adiuger tels heritages par decret : & leſdites criées faites & parfaites, & huict iours auparauant l'adiudication par decret de tels heritages criez, en ſeront miſes attaches, ou affiches par eſcrit à la porte de l'Egliſe & Paroiſſe en laquelle leſdits heritages criez ſont ſituez & aſſis, & à la

porte de l'Auditoire, & aux lieux publics où telle adiudication se fera.

CLXVI.

Et l'assignation escheant que se doit faire l'adiudication desdites criées, sera procedé à ladite adiudication
sans faire droit, prealablement sur la priorité ou posteriorité des creanciers & opposans ausdites criées, &
sauf à faire discution apres ladite adiudication faite,
aussi bien qu'au precedent.

285.
L'ordre doit estre fait apres l'adiudi-cation.

CLXVII.

Quand aucun heritage est mis en criées, chacun est
habile à soy opposer ausdites criées, & à iceluy heritage
rencherir iusques à ce que ledit decret soit signé & seellé en Iugement du seel du Iuge, pardeuant lequel est
faite l'adiudication dudit decret de l'heritage ainsi crié
que dit est. Apres lequel seel ainsi apposé aucun n'est
receuable à soy opposer, ny à y mettre enchere : mais
auant qu'iceluy decret soit seelé, sera apporté en Iugement, tout prest & grossoyé, & sera signifié que la hui-
ctaine ensuiuant il sera seelé & expedié.

283.
Les encheres sont receuës iusques au seellé, & au-parauant que de seeller, le decret doit estre apporté en Iugement, hui-ctaine auparauant que d'estre seellé, & en estre publié le seellé.

CLXVIII.

Le creancier qui fait faire lesdites criées, n'est tenu de
faire signifier lesdites criées & l'adiudication du decret
aux autres creanciers ayans droit d'hypotheque sur lesdits heritages criez (si bon ne luy semble) si lesdits
creanciers ne s'estoient opposez ausdites criées en la
main du Sergent executeur ou Greffier du lieu auquel
se doit faire ledit decret, auquel cas leur seroit donné
iour pour dire leurs causes d'opposition.

282.
Le saisissant n'est tenu signifier les criées aux crean-ciers, mais doiuét s'opposer d'eux-mesmes, & l'ayant fait, doiuent estre assignez pour fournir de moyés, & causes d'oppo-sition.

CLXIX.

Quand aucun heritage est mis en criées, tel herita-
crié, subhasté & adiugé est franc de toutes autres charges, excepté de celles des opposans, & ausquelles tel
heritage est adiugé auec les droits de censiue, ou fonds
de terre Seigneurial, posé ores que le Seigneur ne se soit
opposé, & toutefois ne s'estant opposé il perd les arrerages de tel droit de cens.

276.278.279. 280.281.
Le decret purge toutes sortes de debtes, à la reser-ue des droits Sei-gneuriaux, dont les arrerages sont aussi purgez.

TABLE DES TITRES.

TABLE DES MATIERES CONTENVES
tant au texte de la Couſtume qu'aux
Remarques.

Les Articles ſont ſignifiez par ces trois lettres art.
& les Remarques ſont diſtinguées par pages.

R

TABLE

DES MATIERES.

Extraict du Priuilege du Roy.

PAr Lettres patentes du Roy données à Paris le 28. Iuin 1660. Il est permis à Maistre Iean Marie Ricard Aduocat au Parlement de Paris, de
faire reïmprimer, vendre & debiter les Remarques qu'il a composées sur
la Coustume de Senlis, auec des augmentations qu'il y a nouuellement faites, durant le temps & espace de dix ans, à commencer du iour que lesdites Remarques & augmentations auront esté acheuées d'imprimer, &
deffences sont faites à toutes personnes de quelque qualité & condition
qu'ils soient, d'imprimer, vendre & debiter ledit Liure sans le consentement dudit Exposant, à peine de trois mil liures d'amende, de confiscation
des exemplaires, & de tous despens, dommages & interests; à la charge de
faire enregistrer lesdites Lettres au Registre de la Communauté des Im-
primeurs & Libraires, & ont esté lesdites Lettres regiftrées sur ledit registre le 15. Iuillet de ladite année 1660.

*Et ledit Sr Ricard a cedé & transporté son droict de Priuilege à
Iean Guignard le pere, Marchand Libraire, pour en iouïr par luy pendant le temps contenu audit Priuilege.*

Les Exemplaires ont esté fournis.

Acheué d'imprimer le premier Avril 1664.